U0868895

贵州省社会科学院甲秀文库

后发赶超论坛

【第九辑】

『后发赶超』论坛编委会 编

HOUFAGANCHAO LUNTAN Ⅸ

中央民族大学出版社
China Minzu University Press

图书在版编目（CIP）数据

“后发赶超”论坛．第九辑/“后发赶超”论坛编委会编．—北京：中央民族大学出版社，2022.11

ISBN 978-7-5660-2096-3

Ⅰ.①后…　Ⅱ.①后…　Ⅲ.①不发达地区—区域经济发展—中国—文集　Ⅳ.①F127-53

中国版本图书馆 CIP 数据核字（2022）第 115294 号

“后发赶超”论坛．第九辑

编　　者　“后发赶超”论坛编委会
策划编辑　舒　松
责任编辑　舒　松
封面设计　舒刚卫
出版发行　中央民族大学出版社
　　　　　北京市海淀区中关村南大街 27 号　邮编：100081
　　　　　电话：（010）68472815（发行部）传真：（010）68932751（发行部）
　　　　　　　　（010）68932218（总编室）　　　　（010）68932447（办公室）
经 销 者　全国各地新华书店
印 刷 厂　北京鑫宇图源印刷科技有限公司
开　　本　787×1092　1/16　印张：32.5
字　　数　530 千字
版　　次　2022 年 11 月第 1 版　2022 年 11 月第 1 次印刷
书　　号　ISBN 978-7-5660-2096-3
定　　价　108.00 元

版权所有　翻印必究

本书受中国社会科学院-贵州省人民政府战略合作专项经费资助出版

“后发赶超”论坛（第九辑）
编辑委员会

主　　任：吴大华　张学立

副主任：唐显良　郑云跃　索晓霞　黄　勇

成　　员：许　峰　杨雪梅　张　松　李　妍

贵州省社会科学院甲秀文库出版说明

近年来，贵州省社会科学院坚持“出学术精品、创知名智库”的高质量发展理念，资助出版了一批高质量的学术著作，在院内外产生了良好反响，提高了贵州省社会科学院的知名度和美誉度。经过几年的探索，现着力打造“甲秀文库”和“博士/博士后文库”两大品牌。

甲秀文库，得名于贵州省社会科学院坐落于甲秀楼旁。该文库主要收录院内科研工作者和战略合作单位的高质量成果，以及院举办的高端会议论文集等。每年根据成果质量数量和经费情况，全额资助若干种著作出版。

在中国共产党成立100周年之际，我们定下这样的目标：再用10年左右的功夫，将甲秀文库打造为在省内外、在全国社科院系统具有较大知名度的学术品牌。

贵州省社会科学院

2021年1月

在第九届中国·贵州“后发赶超”论坛上的讲话

任湘生

尊敬的子豪局长，各位专家学者，同志们：

在这万木葱茏、生机勃发的美好时节，来自全国社会科学领域的领导和专家学者齐聚多彩贵州、爽爽贵阳，这是一次共话贵州发展的思想盛宴。我谨代表贵州省政协，对第九届中国·贵州“后发赶超”论坛的召开，表示热烈祝贺！对莅临论坛的各位嘉宾，表示诚挚欢迎！对中国社会科学院长期以来的关心和支持表示衷心感谢！

2010年以来，贵州迎来了发展历史上的“黄金十年”，这个“黄金十年”正是贵州“后发赶超”的十年。十年来，在党中央的坚强领导下，贵州各族干部群众牢记嘱托、感恩奋进，秉持“后发赶超、推动跨越”的主基调，各项事业实现大踏步前进。今天的贵州，全省66个贫困县全部摘帽，923万贫困人口全部脱贫，192万群众搬出大山，脱贫攻坚实现历史性胜利。今天的贵州，地区生产总值增速连续10年位居全国前列，经济总量从2012年的全国第26位提升到第20位，综合实力实现历史性跨越。今天的贵州，全面打通对外大通道，率先在西部实现县县通高速，贵阳成为全国高铁枢纽之一，9个市州均有机场，开放格局实现历史性重塑。今天的贵州，积极抢占大数据发展制高点，2021年中国国际大数据产业博览会昨天在贵阳落下帷幕，大数据成为世界认识贵州的一张靓丽名片，数字经济实现历史性突破。今天的贵州，牢牢守好发展和生态两条底线，坚持多彩贵州拒绝污染，国家生态文明试验区建设稳步推进，环境质量实现历史性提升。今天的贵州，群众幸福指数、安全指数、满意指数越来越高，呈现出团结和谐、安居乐业的祥和景象，人民生活实现历史性改善，谱写了“黄金十年”“后发赶超”的精彩篇章。

今年春节前夕，习近平总书记到贵州视察，作出“在新时代西部大开发上闯新路，在乡村振兴上开新局，在实施数字经济战略上抢新机，在生态文明建设上出新绩”的重要指示，为贵州开启全面建设社会主义现代化新征程提供了行动纲领、指明了前进方向、明晰了目标路径，是我们当前和今后发展的总遵循、总纲领、总指针。全省各族干部群众欢欣鼓舞、倍感振奋、倍增干劲，切实把习近平总书记的关怀厚爱作为强大的政治动力、精神动力、工作动力，推动多彩贵州精彩蝶变。

各位领导，专家学者，同志们：

今天的贵州，大地春潮齐涌动，一派欣欣正向荣。我们深入贯彻落实习近平总书记重要讲话精神，坚持以高质量发展统揽全局，深入实施乡村振兴、大数据、大生态三大战略行动，大力推动新型工业化、新型城镇化、农业现代化、旅游产业化，巩固拓展脱贫攻坚成果，坚定不移走出一条有别于东部、不同于西部其他省份的发展新路，努力为全面建设社会主义现代化开好局、起好步，奋力开创百姓富、生态美的多彩贵州新未来。

在中国社会科学院的大力支持下，“后发赶超”论坛已经成功举办了八届，每届一个主题，每届一个特色，形成了一系列重要成果，为贵州经济社会跨越式发展提供了重要理论服务和智力支持，成为学习贯彻习近平新时代中国特色社会主义思想的重要载体、总结宣传贵州经济社会发展成就的重要窗口、繁荣发展哲学社会科学的重要平台。

今天，我们在贵阳白云隆重举办第九届论坛，我感到，一是时机非常好。在全省上下深入学习贯彻落实习近平总书记视察贵州重要讲话精神，纵深推进党史学习教育的关键时刻，举办这样一个活动，有利于为推动习近平总书记重要讲话精神落深落细落实营造良好氛围。二是主题非常好。这次论坛以“中国共产党与百年乡村振兴”为主题，聚焦中央部署，呼应时代背景，紧扣贵州实际，是贯彻落实“在乡村振兴上开新局”的具体行动和生动实践。三是形式非常好。以论坛的形式，广泛集中大家的智慧。相信大家通过思想火花的碰撞，一定能够迸发出无穷智慧，取得丰硕理论成果。

各位领导，专家学者，同志们：

中国共产党的初心使命，是为人民谋幸福，为民族谋复兴。贵州是中国革命的圣地、福地。百年来，红色血脉一直在贵州大地赓续传承，长征精神、遵义会议精神始终激励着贵州各族儿女坚定理想信念、践行初心使命，在新的长征路上奋勇前行。全面推进乡村振兴，是“三农”工作重心的历史性转移，也是我们党百年初心使命的延续和发展。贵州曾经是脱贫攻坚的主战场，我们希望今后能够成为乡村振兴的主阵地。希望大家围绕会议主题，深入研讨交流，分享智慧成果，从全球的视野、中央的层面、全国的实践、专家的角度，为贵州巩固拓展脱贫攻坚成果、接续推进乡村振兴精准号脉、对症开方，从理念、观念，理论、政策，路径、方法等方面提出更多金点子、好主意，让贵州大地处处呈现“产业兴旺、生态宜居、乡风文明、治理有效、生活富裕”的美好画卷。

有关部门要认真梳理各位专家学者的意见建议，报省委、省政府参阅，在工作中吸收借鉴。

最后，预祝本次论坛取得圆满成功！祝各位领导、专家学者在黔期间工作顺利、生活愉快！

谢谢大家！

作者简介：任湘生，贵州省政协副主席。

在第九届中国·贵州“后发赶超”论坛上的讲话

王子豪

各位领导、各位专家：

大家上午好！

今年“后发赶超”论坛主题为“中国共产党与百年乡村振兴”，以此庆祝中国共产党成立100周年。我谨代表中国社会科学院科研局向前来参加会议的各位领导和专家学者表示热烈欢迎和衷心感谢！

中国共产党自成立伊始，秉持“为中国人民谋幸福，为中华民族谋复兴”的初心和使命，彰显了中国共产党人的历史自觉和政治担当、科学理念和长远眼光、顽强意志和斗争精神。在中国共产党领导中国人民革命、建设、改革的伟大历史进程中，农业、农村、农民问题历来是重要的立足点。开启全面建设社会主义国家新征程，乡村振兴更是关键因素。2021年2月21日印发的《中共中央 国务院关于全面推进乡村振兴加快农业农村现代化的意见》明确指出，民族要复兴，乡村必振兴。要坚持把解决好“三农”问题作为全党工作重中之重，把全面推进乡村振兴作为实现中华民族伟大复兴的一项重大任务，举全党全社会之力加快农业农村现代化，让广大农民过上更加美好的生活。因此，本次论坛的召开具有重要的现实意义和长远的战略意义。

中国脱贫攻坚战全面胜利，为开启乡村振兴新征程打下了坚实的基础，同时也为全面推进乡村振兴提供了宝贵经验和实践路径。接续好脱贫攻坚伟业，总结好脱贫攻坚经验，有助于进一步深化对坚持党的领导和坚定社会主义制度优势的认识。同时，也有利于发挥脱贫攻坚体制机制作用，接续推进巩固拓展脱贫攻坚成果同乡村振兴有效衔接，保持脱贫攻坚政策总体稳定，多措并举巩固脱贫成果。借此机会，我对继续深化脱贫攻坚研究提两点看法，希望能为推进乡村振兴研究提供一点参考。

一、要继续深化对新时代脱贫攻坚成果的研究

党的十八大以来，中国脱贫攻坚取得的成果举世瞩目，到2020年实现我国现行标准下农村贫困人口脱贫、贫困县全部“摘帽”、解决区域整体贫困的脱贫攻坚目标世所罕见。

第一，新时代脱贫攻坚破解了困扰中华民族的绝对贫困问题，创造了中华民族几千年历史的奇迹。新时代脱贫攻坚面临贫困人口贫困程度更深、减贫成本更高、脱贫难度更大，依靠常规举措难以摆脱贫困的问题。以习近平同志为核心的党中央攻坚克难，全面打响脱贫攻坚战，迎来了农村扶贫开发的历史性跨越和巨变。破解了世界上农村人口最多、区域发展非常不平衡的多民族发展中国家绝对贫困问题，包括贫困人口在内的全国人民同步迈进全面小康社会，是中华民族发展史上的重要里程碑。

第二，新时代中国脱贫攻坚实现了高标准脱贫。中国先后有1978年、2008年和2010年三个贫困标准，一次比一次高。新时代脱贫攻坚实现了一个经得起人民和历史检验的高目标。我们的扶贫方式和办法，使得贫困人口实际获得的经营性资产、社会保障和实际生活水平都超过世界银行的标准。例如，我们真正做到了“两不愁三保障”；我们对贫困地区和贫困户的生产性投入、教育培训投入、基础设施投入所增加的物质资本和人力资本，都没有计算在内，特别是各级党政机关、国有企事业单位以及社会组织的投入和帮扶，也都没有计算在贫困人口的平均每天收入之内。我们要从理论、学术和事实多个方面，理直气壮地阐释，中国综合计算生活水平已经超过世界银行的贫困线。

第三，新时代中国脱贫攻坚书写了人类反贫困史的新篇章，创造了人类减贫奇迹，给世界解决农村贫困问题提供了中国经验、中国智慧和中国方案。中国提前10年实现联合国2030年可持续发展议程的减贫目标，具有世界降低绝对贫穷数量治理的标杆意义。中国的减贫事业得到了世界银行、亚洲开发银行、国际农发基金、联合国粮农组织、世界粮食计划署等多边开发机构的积极参与和有力支持，但最终是通过自身有效的反贫困治理，创造性地培育出持续内生动力以实现

农村整体脱贫。中国以自身的反贫困治理的速度、规模和持续性对其他尚未摆脱绝对贫困的国家产生示范作用，因而在国际社会上获得了影响力和尊重，积累了正向的国家“声誉资本”。

第四，中国不仅解决了自身的农村贫困问题，还支持和帮助其他贫困国家摆脱贫困，为世界减贫做出卓越贡献。随着综合国力的持续增长，中国从反贫困国际公共产品的消费者，逐渐成为修正者、建设者，以及供给者、创新者。中国在解决贫困问题方面的不断探索，随着经济建设、社会发展和改革开放进程而不断校正、深化和完善。从自身的经验出发，中国参与全球贫困治理的重点在于提供力所能及的国际公共产品，提升合作伙伴国家减贫能力，注重公路、铁路、电站、电力设施、公共卫生设施的建设，注重减贫成果惠及当地民众。中国为世界减贫事业做出了重要贡献。

二、要继续深化对新时代脱贫攻坚经验研究

党的十八大确定“到二　二　年实现全面建成小康社会宏伟目标”，其中最难实现的就是农村贫困人口脱贫、消除绝对贫困。以习近平同志为核心的党中央站在全面建成小康社会、实现中华民族伟大复兴的战略高度，高度重视脱贫攻坚工作，把脱贫攻坚摆在治国理政的突出位置加以强调，不断加大脱贫攻坚力度，成功走出中国特色扶贫开发道路，形成了一系列具有中国特色的脱贫攻坚重要经验。

第一，加强党对脱贫攻坚的领导。在以习近平同志为核心的党中央的决策部署下，形成了省、市、县、乡、村五级书记抓扶贫、全党动员促攻坚的局面，建立起中央统筹、省（自治区、直辖市）负总责、市（地）县抓落实的扶贫开发工作机制。基层党组织充分发挥战斗堡垒作用，广大党员干部以“不破楼兰终不还”的坚定决心和坚强意志投入脱贫攻坚，把党中央提出的脱贫攻坚重大任务转化为基层的具体工作，抓牢、抓实脱贫攻坚各项工作。新时代中国脱贫攻坚取得决定性成果，最根本在于以习近平同志为核心的党中央坚强领导，全党全国全社会上下同心，集中力量攻坚克难。

第二，把以人民为中心贯穿到脱贫攻坚的整个过程。进入新时代以来，习近平总书记多次强调，“人民对美好生活的向往，就是我们的奋斗目标。”2017 年 10

月，在第十九届中央政治局常委同中外记者见面会上，习近平总书记发出掷地有声的庄严承诺：全面建成小康社会，一个不能少；共同富裕路上，一个不能掉队。并把农村贫困人口脱贫作为全面建成小康社会的基本标志，着力补齐全面小康社会贫困地区贫困人口短板，让发展成果更多更公平地惠及广大贫困群众。人民情怀如同一根红线，贯穿中国共产党的奋斗历程，也体现在脱贫攻坚实践中。

第三，坚持全国一盘棋打造扶贫大格局。在党的领导下，发挥全国一盘棋补全面小康社会短板的社会主义制度优势，弘扬中华民族守望相助、扶危济困的传统美德，广泛动员全社会力量共同参与扶贫开发，是脱贫攻坚的成功经验，是中国特色扶贫开发道路的重要特征。在脱贫攻坚的实践中，以习近平同志为核心的党中央统筹脱贫攻坚，形成了“专项扶贫、行业扶贫、社会扶贫等多方力量、多种举措有机结合和互为支撑的‘三位一体’大扶贫格局”。

第四，以精准扶贫、精准脱贫为基本方略。精准扶贫是新时代脱贫攻坚的鲜明特征，是夺取脱贫攻坚战全面胜利之道。习近平总书记运用辩证思维指导脱贫攻坚。他指出：“治病要找病根。扶贫也要找‘贫根’。对不同原因、不同类型的贫困，采取不同的脱贫措施，对症下药、精准滴灌、靶向治疗。”在精准扶贫实践中，“精准”贯穿脱贫攻坚过程中的每一个环节，防止了搞花拳绣腿和摆花架子，“大水漫灌”式扶贫开发变成了“精准滴灌”绣花式扶贫，确保真扶贫、扶真贫、真脱贫，取得了群众认可、经得起实践和历史检验的脱贫成效。

第五，扶志扶智激发内生脱贫动力。在脱贫攻坚战中，贫困群众既是脱贫的对象，更是脱贫致富的主体。习近平总书记强调要充分发挥人民群众在脱贫攻坚中的主体作用：要“激发内生动力，调动贫困地区和贫困人口积极性”；要注重扶贫同扶志、扶智相结合，把贫困群众积极性和主动性充分调动起来，引导贫困群众树立主体意识，发扬自力更生精神，激发改变贫困面貌的干劲和决心，变“要我脱贫”为“我要脱贫”，靠自己的努力改变命运。党的十八大以来，人民群众脱贫致富积极性大为高涨，在脱贫攻坚中的主体作用日益突出。

消除绝对贫困不是政策终点，下一步还要解决相对贫困问题。消除农村绝对贫困的任务完成后，解决相对贫困还将贯穿我国整个现代化的全过程。到 2035 年基本实现社会主义现代化远景目标，任重道远。我们要高举习近平新时代中国特色社会主义思想伟大旗帜，坚持理论联系实际的学风，提升学术原创能力，用更多高质量为增进人民群众福祉，实现巩固拓展脱贫攻坚成果同乡村振兴有机衔接，为全面建设社会主义现代化国家作出更大贡献。

最后，预祝本次论坛取得圆满成功！

作者简介：王子豪，中国社会科学院科研局副局长，编审。

在第九届中国·贵州“后发赶超”论坛上的致辞

吴大华

尊敬的任湘生副主席，子豪副局长，步岚区长，各位领导、各位专家、记者朋友们：

大家上午好！

欢迎大家来到素有蓬莱仙界、西部“风筝之乡”、高原铝城之称，三线人文底蕴深厚的贵阳市白云区。2021年是中国共产党建党100周年，是“十四五”规划的开局之年，是开启全面建设社会主义现代化国家新征程以及党领导人民打赢脱贫攻坚战，实现“三农”工作重心由脱贫攻坚向全面推进乡村振兴历史性转移的元年。在这不同寻常的历史节点和时间节点上举办第九届中国·贵州“后发赶超”论坛，百名专家共同研讨“中国共产党与百年乡村振兴”中的若干重大理论与实际问题，这是中国社会科学院科研局对我院的厚爱和垂青，也是全国社会科学院兄弟单位对我院的关心和支持。在此，请允许我代表会议主办方，并代表贵州省社会科学院对各位领导和专家的莅临表示衷心的感谢。同时，要特别感谢白云区委区政府对本次会议提供了精心、精细、精致的服务，让嘉宾们有宾至如归的感觉。

追溯我们党的百年光辉历程，中国共产党自成立之初就与中国乡村建设和振兴有着密不可分的联系，可以说，无论是在中国的革命、建设还是改革时期，百年来的中国共产党发展史无不交织着中国乡村的变革史。百年乡村振兴，离不开中国共产党坚强领导。从新民主主义革命时期，发动农民，开展土地革命；到社会主义革命和建设时期，开展土地改革，发展集体经济，兴修农田水利；到改革开放新时期，农村经营体制改革，放开农产品市场，实施惠农政策；再到党的十八大以来，以习近平同志为核心的党中央团结带领全党全国广大农民，强调要“深入推进新农村建设和扶贫开发，全面改善农村生产生活条件”“努力让人民过上更好生活”，组织实施了农村历史上规模最大、力度最强的脱贫攻坚战；再到在党的十九大报告中，习近平总书记明确提出了“坚决打赢脱贫攻坚战”的战略任务，要坚持农业农村优先发展，实施乡村振兴战略。2020年新时代脱贫攻坚目标任务如期完成，现行标准下农村贫困人口全部脱贫，贫困县全部摘帽，易地扶贫搬迁任务全面完成，消除了绝对贫困和区域性整体贫困，创造了人类减贫史上的奇迹。农村人居环境明显改善，农村改革向纵深推进，农村社会保持和谐稳定。“十四五”期间，党中央决定，要坚持把解决好“三农”问题作为全党工作重中之重，把全面推进乡村振兴作为实现中华民族伟大复兴的一项重大任务，设立5年过渡期，要进一步巩固拓展脱贫攻坚成果，接续推动脱贫地区发展和乡村全面振兴，举全党全社会之力加快农业农村现代化，让广大农民过上更加美好的生活。

百年实践证明，党中央驰而不息重农强农的战略决策完全正确，党的“三农”政策得到亿万农民衷心拥护。党带领广大农民农业农村发展取得新的历史性成就，为党和国家战胜各种艰难险阻、稳定经济社会发展大局，发挥了“压舱石”作用。

百年历史表明，中国共产党一直把依靠农民、为亿万农民谋幸福作为自己的责任使命。中国共产党在不同时期实行的农村政策，调动了亿万农民的积极性，带领亿万农民走出了一条前所未有的、具有中国特色的农村发展之路，历史经验弥足珍贵。

回顾建党百年历程，我们党从成立之日起就高度重视“三农”相关的理论与实践问题。当前，我省正深入贯彻学习习近平总书记视察贵州重要讲话精神，坚持以高质量发展统揽全局，按照围绕“四新”主攻“四化”的要求，加快推进农业现代化，奋力推动农业高质量发展，努力在乡村振兴上开新局。

贵州省社会科学院作为省委省政府智囊团、思想库，在巩固拓展脱贫攻坚，全面推进乡村振兴的诸多领域，探索性的做了一些历史性、开创性、原创性工作，积累了不少成功的经验。一是把握先机创造性地建立完善乡村振兴研究机构和基地，为开展研究提供组织和人才保障。联合中社科（北京）城乡规划设计研究院等院外机构，整合近10个研究中心（基地）的院内力量，组建了贵州省乡村振兴战略研究院。2018年被贵州省人才工作领导小组批准为“贵州省乡村振兴战略智库人才基地”，基地已成为全省实施乡村振兴战略的人才培养库和人才聚集库。二是全方位多层次开展脱贫攻坚、乡村振兴战略、农村产业革命、“五步工作法”等理论宣讲。由贵州省新时代农民（市民）讲习所省级讲习员带队，每年组织三级宣讲团深入企业、农村、机关、校园、社区开展对象化分众化互动化高密度地宣讲80多场次，为全省脱贫攻坚、乡村全面振兴等工作注入智库力量。三是高效率高标准编制完成全省和部分市州、县乡村振兴战略规划。集中优势兵力攻关完成《贵州省乡村振兴战略规划（2018-2022年）》，高质量完成毕节市、六盘水市、安顺市、纳雍县、镇远县、雷山县、思南县、盘州市、紫云县等10多地的委托编制《乡村振兴战略规划》。四是一批理论成果在高端平台上公开刊发，把论文写在了大地上。在《光明日报》《经济日报》《贵州日报》等媒体刊发有关乡村振兴的理论文章。《贵州社会科学》杂志开设“农业经济与农村问题研究”专栏，刊发《论乡村振兴战略落实路线图》《乡村振兴战略下的乡土文化价值再认识》等相关学术论文近百篇。五是深化拓展“贵州蓝皮书”、应用型专著的对脱贫攻坚和乡村振兴的服务功能。编纂出版贵州解放70周年重点出版物《贵州脱贫攻坚70年》20余部著作。六是聚焦全局性、战略性、前瞻性的重大现实问题，为国家、省委省政府提供乡村振兴方面的决策建议。一批智库成果通过中央有关部委报送中央领导同志，一批研究成果起到了较好的决策参考作用。七是精心举办了一系列国际性、全国性学术研讨会，汇聚国内外知名学者共同为乡村振兴和脱贫攻坚建言献策。承办了“生态文明与反贫困”高峰会，联合中国社会科学院科研局、农村发展研究所分别在福泉市、习水县举办了第六届“乡村振兴与后发赶超”论坛、“乡村振兴战略与精准脱贫”研讨会暨第十四届全国社会科学农经协作网络大会。这些活动得到了人民网、新华网、光明网等中央媒体的广泛关注和报道，在全国产生了较大影响。

如期打赢脱贫攻坚战不是贵州一个省在战斗；同样，我省巩固拓展脱贫攻坚成果，接续推动脱贫地区发展和乡村全面振兴，除了党中央坚强领导和全国兄弟省区的大力支持，也需要强大的智力支持。希望各位领导和专家倾囊相授，不吝赐教，既务虚又务实，让会议成果转换成贵州全面推进乡村振兴、实现后发赶超的一股力量。

最后，借此机会，我代表贵州省社会科学院，对中国社会科学院长期以来的指导和支持，对贵州省委省政府的坚强领导，对兄弟社会科学院和战略合作单位的关心和帮助，表示衷心的感谢。祝各位专家学者在黔期间身体健康、生活愉快！

谢谢大家！

作者简介：吴大华，贵州省社会科学院党委书记，二级研究员，博士生导师。

在第九届中国·贵州“后发赶超”论坛上的总结讲话

张学立

各位领导、专家学者：

2021 年 5 月，在素有“林城”之称的贵阳成功召开了第九届中国·贵州“后发赶超”论坛。经过一天大会与分组的广泛交流和热烈讨论，特别是今天下午的分组论坛把学术交流推向了高潮，这充分体现了“后发赶超”论坛的优良传统：围绕中心、服务大局，经验互鉴、共同进步。

这次大会确定的“开幕式、大会发言、主旨演讲、分组讨论”四项任务，到现在已顺利完成，圆满完成了两个层次的学术研讨任务，包括 9 位学者的主旨演讲，近 20 位学者大会发言和两个阶段的广泛交流。

本次会议以“中国共产党与百年乡村振兴”为主题，围绕乡村振兴“产业兴旺、生态宜居、乡风文明、治理有效、生活富裕”二十字方针，开展深入研讨，报告精彩，与会人员受益匪浅，现场掌声不断。在下午的小组讨论专场上，十多位学者进行了大会交流发言，不仅展示了各自的研究成果，也展现了专家学者们关照现实、情系群众的优良学风，再一次用实际行动贯彻了习近平总书记关于“把论文写在大地上”“为人民做学问”的重要指示。总的来说，会议精彩纷呈，给大家留下了深刻的印象。

本次论坛取得了三个方面的重要成果：

一是深学笃用习近平新时代中国特色社会主义思想有重大进展。各位专家学者自觉以习近平总书记关于“乡村振兴”重要论述贯穿始终，经过深入研讨，进一步加深了对习近平新时代中国特色社会主义思想的认识。大家充分认识到，党的十八大以来，以习近平同志为核心的党中央高度重视脱贫攻坚工作，举全党全社会之力，深入推进脱贫攻坚，取得了重大决定性成就。大家坚信，随着“十四五”规划的深入实施，全面开启现代化建设新征程，我们必将在复杂多变的国际国内环境中取得乡村振兴的全面胜利。

二是形成了一批高质量的学术论文。本次论坛共收悉了74篇论文，论文总体上围绕着论坛主题进行撰写，同时呈现出视角各异、观点纷呈，有共识、有争议，撰写者有德高望重的老专家，有成果丰硕的学术带头人，也有崭露头角的后起之秀，水平很高，一定程度上展现了社科院系统开展学术交流、推进学术建设的能力和水平。

三是探索了系列乡村振兴的经验共识。社会科学理论以服务决策、服务社会为宗旨。本次会议在主旨发言和大会发言中充分聚焦“乡村振兴的地方视角”，各兄弟社科院领导和专家学者对本地区脱贫攻坚的好经验好做法进行了提炼总结，也对开启下一步乡村振兴的路径进行了探索，这些观点和建议大多具有可行性和科学性，必将对下一步工作起到咨政建言的作用。充分反映了哲学社会科学工作者“经世济民”的人民情怀和理论与实践紧密联系的优良传统。

各位专家学者！

今年是全面开启“十四五”建设的起步之年，对贵州来说意义更加重大。党的十八以来，全省党员干部深入贯彻落实习近平总书记对贵州的指示精神，牢记嘱托、感恩奋进，在党中央、省委的坚强领导下，脱贫攻坚取得了历史性胜利，创造了脱贫攻坚的省级样板，经济增速连续30个季度保持全国前三，经济社会面貌发生了历史性变化。贵州的深刻变化被习近平总书记赞誉为“党的十八大以来党和国家事业大踏步前进的一个缩影”。“十四五”期间，贵州在与全国同步开启全面建设现代化的新征程的路上必然面临许多挑战，需要在理论上得到进一步支撑。再次感谢今天各位专家学者济济一堂，不吝赐教介绍了各地脱贫攻坚和乡村振兴的宝贵经验，对我省推动脱贫攻坚与乡村振兴的有效衔接具有重要启示。

同志们，本次论坛恰逢党的百年华诞，可谓“多喜临门”，让我们紧密团结在以习近平总书记为核心的党中央周围，牢记使命，不懈奋斗，把习近平总书记对贵州的指示批示精神落到实处！

感谢各位对本次会议的支持，希望来年再会！

作者简介：张学立，贵州省社会科学院院长，二级教授，博士生导师。

中国共产党“三农”思想嬗变研究

邹进泰　肖艳丽

摘　要：中国共产党自1921年诞生以来，既展示了中国革命的奋斗史，也展示了党的三农政策实践史。百年奋斗史，有艰辛与坎坷，更有激昂与斗志，中国共产党始终不忘初心，以人民和国家的富裕、强大为航标，以复兴中华民族为己任，坚持以科学理论为引领，结合中国革命与建设实践，带领全国人民实现了“站起来”和“富起来”两次伟大飞跃，迎来了从“富起来”到“强起来”的第三次伟大飞跃。

关键词：三农思想；三农政策；中国共产党党史

中国共产党成长于农业大国，其历史植根于农村，植根于群众，党的奋斗史就是中国“三农”的近代发展史。“三农”问题是中国共产党治国理政的一个重大议题，农民的地位、农业的发展、农村的繁荣与国家经济实力、我党各个时期采取的政策不可分割，“三农”政策的变化也体现了中国共产党的对“三农”问题认识的不断深入。

一、站起来：农民主体地位得到体现

中华人民共和国成立之前的历史，是党和人民在极度缺衣少食和武器、弹药严重不足的艰苦条件下，靠自己的双手和自己的血肉之躯搏出一片天地的历史，是广大农民贡献仅有的糊口粮食和家里的壮丁鼎力支持革命的历史，是党带领人民，尤其是广大农民及无产阶级推翻三座大山，农民主体地位首次得以成功转变的历史。

1927年，毛泽东同志的一篇《湖南农民运动考察报告》充分肯定了农民在中国民主革命中的伟大作用，明确指出在农村建立革命政权和农民武装的必要性，提出解决中国民主革命的中心问题——农民问题的理论和政策，为大革命失败后的农村武装割据奠定了思想基础。党领导下的湘赣边界秋收起义开创了一条新的道路，也开辟了第一个在农村的根据地，初步形成了农村包围城市的战略思想，是开创新道路、开辟农村革命根据地的开始，为后来各地工农红军和农村革命根据地的大规模发展奠定了基础。

1930年，中共领导红军在鄂、豫、皖三省边界以大别山为中心建立了革命根据地。为发展农业生产，根据地党和政府制定了一系列发展农业生产的政策，采取了行之有效的措施，包括减免农业税、发放农业贷款、开展互济、互助运动①，极大地促进了根据地农业的较快发展。

抗日战争时期，中国共产党在敌后抗日根据地所采取的土地政策主要是减租减息。一方面要求地主减租减息，以改善农民的生活条件；另一方面要求农民交租交息，照顾地主、富农的利益。同时，实行“有钱出钱，有力出力”的合理负担政策，提高了贫苦农民的斗志，开始打破农村基层政权由地主富、农霸占的局面。1942年1月28日，中央政治局通过了《中共中央关于抗日根据地土地政策的决定》，该《决定》的贯彻执行，不仅团结了各阶层人民，支持了敌后的抗战，在改变根据地农村社会的经济关系、生产方式、思想观念等方面也起到了直接的推动作用。

总的来说，从建立苏维埃政权、土地革命再到抗日战争，中国共产党引导农民从农村出发，始终坚持农民的生产发展与革命相统一。这一时期的中国革命，中国共产党引导、带领广大无产阶级和农民，逐步探索出一条农村包围城市、武装夺取政权的革命道路，这不仅仅表现为党在总结国际革命斗争经验，更是党在长期革命实践中立足中国是一个农业大国、国民政府在农村的统治较为薄弱这一基本国情下摸索得出的正确革命道路。这一时期的中国革命，不仅充分体现了中国共产党的三农政策，更体现了广大农民群众对革命的巨大贡献，在军民共苦、共情的岁月中走出一条具有中国特色的追求独立自主的新民主主义革命道路，从而建立了中华人民共和国。

---

① 牛建立．鄂豫皖革命根据地的农业建设［J］．淮阴师范学院学报，2015（3）：363-366.

二、富起来：国家发展、壮大依托于“三农”

中华人民共和国成立之初，长达百年动乱之下的中国积贫积弱、一穷二白，百废待兴。面对内忧外患的政治环境和国家安全，我国选择优先发展重工业的艰难道路。面对国家工业化发展的需要，广大农民在刚刚完成了“土地耕者有其田”的历史性变革后，随即开始了农业哺育工业的阶段。通过农业税、工农产品剪刀差等形式为工业化积累资金、集聚资源、贡献力量。据国务院原农业发展研究中心的推算：1953—1978 年的 25 年间，工农业产品价格剪刀差总额估计为 6000—8000 亿元，几近于 1978 年时国家工业固定资产 9000 多亿元的总额。另有武力的计算：改革开放以前国家通过统购统销获取的牌市价差额为 2800 亿元，农业税 897.6 亿元，合计是 3697.6 亿元，占 1978 年时国家工业固定资产的 41%①。以上两数据虽不同，却可以说明同一个事实：我国的农业为国家工业化贡献了巨额的资金②。正因为有了农业为工业化保障重要农产品供给和资金的积累做出的巨大贡献，国家才快速建立了完备的工业体系。

20 世纪 70 年代末，中国的改革开放思潮首先从长江流域中下游安徽小岗村的大包干开始，逐步蔓延到全国广大农村。接下来，中央在全国实行家庭联产承包责任制，一张带有血红手印的“包产到户”的生死契约拉开了中国大地改革的序幕。中国家庭联产承包责任制的确立不仅保障了农产品的供给，为中国的快速发展和中国的富裕、强大做出了重大贡献，也为其他行业的改革，乃至整个国家的改革闯出了一条新路。

随着农民的生产积极性及劳动热情空前高涨，农业生产迅速增长，粮、棉、油、肉等主要农产品连上新台阶。在此背景下，乡镇企业的前身——社队企业首先得到了迅速发展，到 1997 年，乡镇企业的发展呈现出更加迅猛的势头，生产服务几乎涉及国民经济的各个领域，从日用消费品生产到生产资料生产，无所不包。许多产品在行业中所占比重还很大，如原煤占 40%，水泥占 40%，食品、饮料占 43%，服装占 80%。仅这一年，全国国内生产总值的近三

① 武力. 1949—1978 年中国“剪刀差”差额辨正［J］. 中国经济史研究，2001（4）：5-14.

② 胡同恭. 论工业反哺农业［J］. 现代经济探讨，2005（3）：26.

分之一、全国税收的五分之一、全国出口交货值的三分之一都来自乡镇企业。乡镇企业的蓬勃发展使农村大量剩余劳动力“离土不离乡”，实现就地转移就业，这不仅表现为继“包产到户”之后进一步解放乡村生产力，推动经济进入高速增长的通道，更体现了乡镇企业在整个国民经济由计划向市场转向的过程中充当了“马前卒”和探路者的作用。

2005年12月29日，时任国家主席胡锦涛签署第46号主席令，宣布全面取消农业税。这一在中国沿袭了两千年之久的传统税收的终结，不仅减轻了农民的负担，直接惠及9亿农民，更实现了我国由农业哺育工业到“工业反哺农业”的转变，是中国“三农”体制改革的一个重大里程碑。

2013年，习近平总书记在湖南湘西十八洞村调研时首次提出了“精准扶贫”思想。2015年10月16日，国家主席习近平又在减贫与发展高层论坛上首次提出“五个一批”的脱贫措施。同年11月中央扶贫开发工作会议提出“六个精准”和“五个一批”的精准扶贫、脱贫基本方略，标志着我国减贫事业进入新的历史阶段，开始从“大水漫灌”“撒胡椒面”的粗放式扶贫向精准式扶贫转变①。针对不易脱贫的难啃“硬骨头”，因人而异，因地制宜，逐步推进脱贫攻坚。尽管2020年受疫情影响，我国的脱贫攻坚仍完美收官，现行标准下9899万农村贫困人口全部脱贫，832个贫困县全部摘帽，12.8万个贫困村全部出列，区域性整体贫困得到解决，完成了消除绝对贫困的艰巨任务，创造了又一个彪炳史册的人间奇迹，不仅破除了我国作为人口大国发展的又一障碍，更为整个人类反贫历史做出了巨大贡献。

这一时期，农业、农村、农民对于国家工业化贡献巨大，城乡差距逐步扩大。工业化水平达到了一定高度后，党和国家开始了全面惠农政策的新征程，逐步进入工业哺育农业、工业回馈农业阶段。总的来说，这一时期的奋斗历程，中国迈出了改革开放的坚定步伐。

三、强起来：国家繁荣富强带来“三农”巨变

2017年10月18日，习近平同志在党的十九大报告中提出乡村振兴战略，

① 邓维杰．精准扶贫的难点、对策与路径选择［J］．农村经济，2014（6）．

指出农业、农村、农民问题是关系国计民生的根本性问题，必须始终把解决好“三农”问题作为全党工作的重中之重，对于实现“两个一百年”奋斗目标和中华民族伟大复兴中国梦具有重大的现实意义和深远的历史意义。这一时期党和国家的三农政策更加直接、全面，既是开发乡村潜能，更是带动乡村发展，既是对农民的回馈，更是对农业的反哺，既是谋“重点篇”，更是布“高位局”，也更加符合历史逻辑，更加适应农民需求。

在新时代背景下，“乡村振兴”首先要落脚在实现农业现代化和促进农民增收上，这是对“人民美好生活需求”更加精准的把握。

（一）加快农业现代化进程

加快农业现代化进程重点包括三项战略性任务：保障粮食安全和重要农产品的供给，大力发展生物种业，延长农业产业链、价值链。

1. 确保粮食安全和重要农产品有效供给，稳定农业基本盘

我国粮食缺口较大，仅2020年，进口谷物4229.4万吨、大豆10032.7亿吨，粮食进口总量达14262.1万吨。因此，必须坚决守住18亿亩耕地红线，稳定粮食播种面积，提高单产水平，加强粮食生产功能区和重要农产品生产保护区建设，建设国家粮食安全产业带。坚持并完善稻谷、小麦最低收购价政策，完善玉米、大豆生产者补贴政策。深入推进农业结构调整，推动品种培优、品质提升、品牌打造和标准化生产。稳定大豆生产，多措并举发展油菜、花生等油料作物。健全产粮大县支持政策体系。扩大稻谷、小麦、玉米三大粮食作物完全成本保险和收入保险试点范围，支持有条件的省份降低产粮大县三大粮食作物农业保险、保费县级补贴比例。深入推进优质粮食工程。加快构建现代养殖体系，保护生猪基础产能，健全生猪产业平稳、有序发展长效机制，积极发展牛羊产业，推进水产绿色健康养殖。推进渔港建设和管理改革。促进木本粮油和林下经济发展。优化农产品贸易布局，实施农产品进口多元化战略，支持企业融入全球农产品供应链。开展粮食节约行动，减少生产、流通、加工、存储、消费环节的粮食损耗和浪费。

2. 大力发展生物种业，掌握农业“芯片”自主权

目前，我国大豆种子约90%由国外进口，玉米种子国外控制比例达70%，蔬菜种子约50%由国外进口，种猪大部分也由国外进口，我国在种业领域处于很大的劣势。自2018年以来，中美贸易摩擦不断升级，我国由于未能掌握尖端技术的主导权，高新技术产业的发展也受到很大的制约。在未来，中国崛起道路上的阻力还会有很多。为了扫清障碍，第一，形成并落实指向明确的财政资金投入机制，深化科研机构与企业融合。第二，建立并实施导向合理的成果评价机制，深化成果研发与市场需求融合。同时，强化成果的市场化导向，按照推广面积或者形成的产值对科研人员进行绩效奖励，加快科技成果的转化运用。第三，健全服务全面的成果市场化机制，深化科技与产业融合。启动成果转化交易平台服务，授权五家国家农业科创中心探索完善全国农业科技成果编码登记、一站备案、多维转化的“一条龙”政策。第四，快速进行种业全产业链布局，深化种业与农业综合服务、农业产业集群融合。从卖种子到卖系列产品，推进“种药肥一体化”“饲种药一体化”；从卖种子到卖技术、卖服务，融入优势特色农业产业集群发展。

3. 延长农业产业链和价值链

单纯的农业作为第一产业，效益较低，要提升农业的整体效益，增加农民的收入，就必须大力促进农村产业融合，如依托乡村特色优势资源，对农产品进行精深加工和增值转换，扩大农民的收益，通过延长产业链扩大价值链，增加收入。第一，引导农业龙头企业健康发展，筑牢产业化经营底盘。坚持“加大扶持”和“提高效率”同时发力，逐步优化农业龙头企业人才结构，建立多元化利益联结机制。第二，以品牌提升产业链价值。各省明确重点产业、重点品牌，集中力量办大事，快速解决农产品区域公用品牌多、杂、空等问题，改变品牌整合缺章法、部门各自为政的现状。严格质量管控下的品牌农产品标准化生产，固化财政每年在品牌培育上的投入，做好对内、对外的双向品牌保护。

（二）促进农民增收

依靠外贸和投资的经济发展模式可持续性差、韧性弱，抗风险能力不强，当前，我国外贸与投资刺激经济的动力都到了瓶颈期。未来，要实现经济稳定、健康发展，拉动内需必然是最优选择。鉴于我国农村广阔的市场和较大比重人口的国情，通过让农民富裕起来拉动内需是经济增长的重大潜力。

第一，积极作好精准扶贫与乡村振兴的有效衔接。发挥好乡村产业这个大杠杆，撬动乡村这片资源，激发乡村生产要素活力，发挥内需动能。充分挖掘产业所承载的地域特色、乡村价值、独特品质、文化内涵，通过特色产业、特色产品、特色服务，打造“一县一品”“一乡一业”，实现特色化集群发展。第二，大力开展乡村建设行动。在美丽、富足的道路上，不仅城市要富裕、美丽，乡村也要富裕、美丽。通过推进村庄规划，加强乡村基础设施建设，提升农村人居环境，提升农村基本公共服务水平，加快县域内城乡融合发展，强化农业、农村优先发展投入保障，深入推进农村改革，全面促进农村消费，让农民更加富裕，让农民享受更多的优质服务。此外，让农村和农村人口更加富裕，不仅体现着工业反哺农业，更是党和国家对农民和农业贡献的回报与回馈。

四、结语

中国共产党在长达百年的奋斗史中始终依靠广大农民，中国的发展、壮大始终依托于农业、农村和农民。我国重要的粮食主产区和重要农产品供给更是在中国革命及建设发展中发挥着无可替代的重大作用。与此同时，中国共产党在长达百年的奋斗历程中，始终心系广大农民，中国的富裕与强盛也永记农民情和农业恩，中国的繁荣富强也带来了乡村振兴和“三农”的巨变。未来，中国共产党也会一如既往地坚持“思农民之所想，解农民之所急，供农民之所需，馈农民之所求”，始终秉承在实现民族复兴的道路上不落一人的初心，与国同盛，与民共情。让我们一起在时值建党一百年之际，共忆百年奋斗史，同叙华夏“三农”情。

作者简介：邹进泰，湖北省社会科学院农村经济研究所所长、研究员；肖艳丽，湖北省社会科学院农村经济研究所副研究员。

中国共产党乡村经济政策百年演变和历史逻辑

郭跃文　邓智平

摘　要：纵观中国共产党乡村经济政策的百年变迁轨迹，可以将其分为五大历史阶段，并从中梳理出三大历史逻辑：一是解决现代化进程中的人地矛盾，解放土地和劳动力两大要素；二是着眼市场机制下不利于农业发展的产业矛盾，消灭不利于农业和农村，造成城乡发展不平等、不均衡的各类“剪刀差”；三是直面不同历史阶段的城乡二元对立，实现城乡融合发展。展望未来，党的乡村振兴政策需要关注三大重点：一是通过土地制度、农业经营体系、集体产权制度三大改革进一步激发农业农村发展活力；二是促进要素流动以破解不利于农业和乡村发展的各类“剪刀差”；三是以城乡共治建构具有现代性的城乡关系。

关键词：乡村经济政策；剪刀差；农业农村现代化；城乡融合

一、中国共产党乡村经济政策的历史演变

自建党以来，中国共产党一向高度重视解决“三农”问题，可以说，波澜壮阔的百年征程，也是中国乡村现代化的百年变革史。特别是为了振兴和发展中国乡村经济，党在不同时代采取了不同的策略与举措。

（一）1921—1952 年：打碎封建殖民枷锁，建立“耕者有其田”制度

鸦片战争以后，中国传统的封建经济就开始被动地卷入了资本主义市场化的过程。一方面，中国既变成列强的原料供给地，列强“可以用最低价钱尽量

吸收中国所有的一切原料搬到他们自己的祖国工厂制成货品”①，也变成列强工业品的倾销地，列强“用机器生产出来在自己的祖国不能销售而剩余的无数货品，就可以无限量地搬入中国销售于中国的都市乡镇。”②另一方面，辛亥革命没有改变中国乡村的社会性质。民国初年并未改变清末土地恶性兼并的趋势，在乡村经济资本主义化的过程中反而加剧了这种趋势，失地农民“已普遍于全国的任何穷乡僻壤，并且日益严重化了”。③ 这种乡村经济的衰败现象反映了阻碍中国乡村走向现代化的两大枷锁：一是半殖民地社会对中国农业的贸易“剥削”，二是半封建社会对中国乡村资源的垄断“剥夺”。特别是1929—1933年的资本主义世界经济危机，内外因素叠加，进一步破坏了中国乡村脆弱的经济平衡。

从20世纪二三十年代开始，中国共产党以土地革命为抓手在农村建立苏维埃政权和革命根据地，终于在中国乡村大地得以立足。抗日战争时期，为了团结乡村各阶层力量共同抗日，中共修正了“耕者有其田”的具体做法，实施了“地主分坏田、富农财产不没收的”的土地政策。④ 抗日战争胜利后，党的经济政策再次回归“耕者有其田”的主旨。1946年5月4日《关于土地问题的指示》指令各解放区执行“没收地主土地分配给农民”的政策；1947年10月10日颁布的《中国土地法大纲》鲜明地提出“废除封建性及半封建性剥削的土地制度，实行耕者有其田的土地制度”。中华人民共和国成立后，随着《中华人民共和国土地改革法》的确立和土地改革运动的推动，“耕者有其田”得以在全国实践。至1952年末，3亿多农民（占农业人口90%）无偿分得了约7亿亩土地和大批生产资料⑤，封建土地所有制在中国大陆被彻底消灭。

土地改革彻底改变了农村社会的生产关系，使农民从土地的奴隶变为土地

①② 中国社会科学院经济研究所中国现代经济史组编．第一、二次国内革命战争时期土地斗争史料选编［M］．北京：人民出版社，1981：29.

③ 饶漆生．日趋严重的农民离村问题［J］．上海：申报月刊.

④ 1936年7月22日，中国共产党在分析国际国内形势的基础上，政治局常委会做出了《中央关于土地政策的指示》，其对地主阶级做了详细的区分，对于小地主，实行土地不没收的政策；对于大农业企业主拥有的土地，鉴于其生产方式的先进性，对照富农的政策处理其土地，后来，为了巩固抗日民族统一战线，中国共产党对原有的土地政策做了进一步的修改，对地主阶级的土地政策更为宽松，开始实施“停止没收地主土地，实行地主减租减息，农民交租交息”的土地政策。

⑤ 秦兴洪，廖树芳．20世纪中叶以来中国农民五次大解放及其特点［J］．广州：学术研究，2009（121）.

的主人，分得土地的农民受到极大鼓舞，有效促进了农村生产力的向前发展，为后来的社会主义建设和工业化奠定了基础。

（二）1953—1978 年：推进重化工业化，发动乡村合作化和公社化

全国性的土地革命后，中国的乡村发展遭遇新的问题。其一，在生产关系上，农村重新出现贫富两极分化现象，富农为代表的资本主义的个体私有制有所发展。其二，在生产力发展上，"建立在劳动农民的生产资料私有制上面的小农经济限制着农业生产力的发展，不能满足人民和工业化事业对粮食和原料作物日益增长的需要"①。其三，在工农关系上，严峻的内外安全威胁使新中国必须优先发展重工业和军事工业，这必然要汲取乡村资源甚至牺牲农民利益。在这样的历史背景条件下，农业合作化成为一种必然和必须的选项。

在优先重化工业化的背景下，基于土地革命时期劳动互助组织的实践经验，参考苏联集体化的经验和做法，新生的人民共和国在"土地改革运动"的同时开始探索和推广各种"互助合作"。1951 年 9 月的《中共中央关于农业生产互助合作的决议（草案）》迅速将农业生产互助合作运动推向全国，集体所有制逐步确立。同时，统购统销政策也被纳入农业合作化进程当中，农业、农村、农民在经济体制中全部服务于国家工业化的进程。至 1953 年，随着农业合作化运动和集体所有制逐步成熟，党中央正式提出过渡时期的"工业化是主体，三大改造是两翼"的总路线。

1957 年"大跃进"运动中，农业合作化演变为人民公社体制，进一步集中了乡村经济权利以外的政治、文化、社会生活等其他权利，实现了工业化在农村的充分动员。虽然从生产关系看，人民公社并不完全适合于 1950 年代—1970 年代的中国农业，但是从工业化视角看，人民公社仍有其历史性作用。一方面，作为优先工业化的重要政策工具，人民公社最大化地调动农村资源，通过工农业产品"剪刀差"迅速实现了中国工业化的初始积累，保障了城镇工业经济的稳定；另一方面，人民公社大规模地推动农村水利、农田、道路等基础设施的建设，使得中国农业初步接受了现代化农业的"启蒙"。

---

① 《当代中国农业合作化》编辑室．建国以来农业合作化史料汇编［M］．北京：中共党史出版社，1992：165.

（三）1979 年至 20 世纪末：乡村内生工业化，创造和发展中国特色乡村市场经济

1976 年“文革”结束时，由于长期坚持人民公社体制和一系列对农民“左”的方针，农村经济几近崩溃。邓小平指出：“从一九五八年到一九七八年整整二十年里，农民和工人收入增加很少，生活水平很低，生产没有多少发展”①。正是在这种背景下，农村家庭联产承包责任制应运而生，从“包产到户”“包干到户”到家庭联产承包责任制，中国共产党找到了一条坚持集体经济底色、改革经营管理体制、发展农村商品经济和市场经济的发展道路。1983 年中共中央一号文件《当前农村经济政策的若干问题》指出：“这是在党的领导下我国农民的伟大创造，是马克思主义农业合作化理论在我国实践中的新发展”，从而正式为家庭联产承包责任制正名。

家庭联产承包责任制赋予了农民生产经营的自主权，极大地激发了农民的生产热情。同时，家庭联产承包责任制变革了农业的生产方式和农村集体经济的经营方式，创造了农业商品化、市场化的供给侧条件，并引发了农业需求侧的重大变革：1983—1993 年间，党中央逐步压缩直至取消了沿袭 32 年的统购统销政策。1993 年 11 月，中共中央、国务院在《关于当前农业和农村经济发展的若干政策措施》中宣布：“经过十多年来的改革，粮食统购统销体制已经结束，适应市场经济要求的购销体制正在形成。”

家庭联产承包责任制的广泛推行和统购统销体制的结束，使农村商品经济迅速发展起来，带动“乡镇企业”形态的农村内生工业化。一方面，乡镇企业成为我国农民自行转移农村剩余劳动力的一大创举，使农村生产要素在市场条件下重新聚合成新兴生产力。另一方面，乡镇企业成为发展农村经济、加快农村市场化的重要引导力量，深刻改变了农村经济单纯依靠农业发展的格局，为推进中国农村走产业多元化经营道路、实现农业现代化探索出一条成功之路。乡镇企业的影响持续至 21 世纪第一个十年。党的十七届三中全会通过的《中共中央关于推进农村改革发展若干重大问题的决定》充分肯定了乡镇企业的伟

---

① 邓小平. 政治上发展民主，经济上实行改革［M］. 邓小平文选（第三卷），北京：人民出版社，1993：115.

大意义：“乡镇企业异军突起，小城镇蓬勃发展，农村市场兴旺繁荣，农村劳动力大规模转移就业，亿万农民工成为产业工人重要组成部分，中国特色工业化、城镇化、农业现代化加快推进，切实巩固了新时期的工农联盟。”①

（四）21世纪初至2011年：弥补城市乡村现代化差距，建设社会主义新农村

工业化的快速发展导致农业的相对衰落，生产要素的高度集中导致城镇和乡村在现代化进程中的二元对立，这种现代化发展进程中出现的“三农问题”，并非中国所特有。“三农”问题的世界普遍性反映了农业农村现代化在一国现代化进程中的相对滞后，也反映了现代化进程中城乡关系的不平衡。一方面农村剩余劳动力流入城市，中国获得了工业化和城市化的低成本劳动力红利；另一方面，农业、农村在市场竞争条件下处于不利地位，城乡差距不断加大，并由此出现农村生人不增人、农业增产不增收、农民增本不增利的现象，加之缺乏支持、保护农业农村的相关政策，有些地区甚至出现“农民真苦，农村真穷，农业真危险”② 的发展困局。

在这样的背景下，党中央做出中国已进入“工业反哺农业、城市支持农村”阶段的研判③，明确提出了“多予、少取、放活”的政策方针，并在2005年提出“社会主义新农村建设”，对“三农”政策进行重新定位和调整。党的十七大报告进一步提出“建立以工促农、以城带乡长效机制，形成城乡经济社会发展一体化新格局”。在具体经济政策上体现在取消农业税和强化农业基础设施建设两个方面。前者经历了试点、推广、定型、完善四个阶段，于2006年全面取消农业税，2008年形成了粮、种、机、资的直补政策框架，2010年完善了牧业林业和抗旱节水等补贴政策，并一直延续至今。后者从水、路、

---

① 中共中央文献研究室．中共中央关于推进农村改革发展若干重大问题的决定［J］．十七大以来重要文献选编（上），北京：中央文献出版社，2009.

② 2000年2月，湖北省监利县棋盘乡党委书记李昌平向朱镕基总理上书，痛陈农村农业凋敝的现状和问题，提出“现在农民真苦，农村真穷，农业真危险”的警告。

③ 2004年中央农村工作会议明确指出：“纵观一些工业化国家发展的历程，在工业化初始阶段，农业支持工业、为工业提供积累是带有普遍性的趋向；但在工业化达到相当程度以后，工业反哺农业、城市支持农村，实现工业与农业、城市与农村协调发展，也是带有普遍性的趋向。”参考农业农村部网站：http://www.moa.gov.cn/ztzl/nyfzhjsn/nczhy/201208/t20120823_2865003.htm。

气、电起步（2004 年的六小工程）推进农村基础设施建设，2006—2008 年增强了中央投入的范围、规模和力度，逐步扩大到农村环境设施、互联网设施、住房设施、客运设施等方面（10 小工程）。

（五）2012 年至今：乡村全面现代化，实现乡村的“五大振兴”

在党的十八大召开之际，我国农业农村现代化建设面临的形势是，伴随工业化、城镇化深入推进，农业农村发展“呈现出农业综合生产成本上升、农产品供求结构性矛盾突出、农村社会结构加速转型、城乡发展加快融合的态势。”① 进入 21 世纪的第二个十年，我国社会的主要矛盾已经转化为人民日益增长的美好生活需要与不平衡不充分发展之间的矛盾，而在乡村，发展最“不平衡”的关键是城乡发展不平衡，发展最“不充分”的核心是乡村发展不充分。

在这样的背景下，党中央以实施精准扶贫精准脱贫为重点，协同推进农村土地、社会治理等综合改革，从改革、创新和健全体制机制等方面确立了新时代乡村发展道路，为乡村振兴奠定基础。2012 年底，新时代脱贫攻坚的序幕拉开；2013 年，党中央提出精准扶贫理念，创新扶贫工作机制；2015 年召开的全国扶贫开发工作会议发出打赢脱贫攻坚战的总攻令，提出“六个精准”和“五个一批”的具体要求。② 党的十九大以后，精准扶贫政策更注重通过激发贫困人口的内生动力来实现脱贫，形成了“专项扶贫、行业扶贫、社会扶贫”的“三位一体”大扶贫格局。至 2021 年 2 月，我国脱贫攻坚战取得全面胜利，区域性整体贫困得到解决，完成了消除绝对贫困的艰巨任务，中国乡村的现代化站在了一个新的历史性的起点。

脱贫攻坚任务完成后，党的“三农”工作重心历史性转移至全面推进乡村振兴，实现巩固拓展脱贫攻坚成果同乡村振兴有效衔接，重点在推动乡村产业、人才、文化、生态、组织“五大振兴”上做文章，其中推动产业振兴聚合了新时代乡村经济政策的核心内容。

---

① 2013 年中央一号文件《关于加快发展现代农业进一步增强农村发展活力的若干意见》，参见中国政府网：http://www.gov.cn/gongbao/content/2013/content_2332767.htm。

② 习近平．在全国脱贫攻坚总结表彰大会上的讲话［J］．北京：人民日报，2021-02-26.

二、乡村经济政策的历史逻辑

纵观中国共产党百年乡村经济政策的变迁轨迹，可以梳理出三个基本的历史逻辑：一是解决现代化进程中的人地矛盾，解放农业农村土地和劳动力两大要素；二是着眼市场机制下不利于农业的产业矛盾，消灭不利于农业和乡村发展、造成城乡发展不平等不均衡的各类“剪刀差”；三是直面不同历史阶段的城乡二元对立，实现城乡融合发展。

（一）土地和劳动力要素的解放

人地矛盾是农业和乡村发展的基本矛盾。从土地革命到农业合作化，从家庭联产承包责任制到“三权分置”改革，土地制度始终处于党的农村经济政策的核心。土地制度的调整往往意味着经济政策的重大变革。建党初期，彭湃、瞿秋白、毛泽东等中国共产党人，继承马克思主义激进的社会革命思想和中国传统社会的民本思想和平等思想，与中国乡村社会的具体实践相结合，提出以实行孙中山的“耕者有其田”主张为核心观点的乡村改造目标。这种乡村改造主张在严酷的革命斗争和战争中逐渐成熟，演变为与私有制完全相反的“土地革命”思想。在其指导下，中国共产党领导开展了土地改革运动，“耕者有其田”的中国农民通过农业生产支持革命，或直接参加革命战争，有效支撑了中国革命的胜利。1949 年以后，中国共产党将解放区的土地改革运动推向全国，3 年间彻底摧毁了延续千年的封建土地所有制，确立了农民土地所有制。1953 年以后经过合作化运动，中国共产党创造了“政社合一”的人民公社体制，将农村土地公有制的实施范围和程度推进到历史最高水平。但人民公社体制在特定历史条件下超出了当时农业农村生产力发展阶段，反而束缚了农村发展。

如果说建党后半个多世纪的农村经济政策的核心是解放土地要素（1921—1978），那么改革开放后，党的农村经济政策核心则是劳动力要素（农民）的解放。1978 年，中国共产党通过“家庭联产承包责任制”赋予农民土地经营权，通过统购统销制度改革赋予农民产品分配权，从而在经济上使农民挣脱了土地、户籍的束缚，彻底解放了“农民”的劳动力要素，进而迅速推动了中国农业的快速发展和支撑了工业化、城镇化的发展。

当前农村改革中的“三权分置”，是党的十八大之后的重大制度创新，其作用和地位可以与家庭联产承包责任制相媲美。其历史逻辑与土地改革、家庭联产承包责任制相似，核心要义是在土地公有制基础上进一步解放土地要素和劳动力要素，即在确保土地集体所有的基础上，形成所有权、承包权、经营权三权分置，并使长期“固化”的土地要素通过“经营权流转”实现“活化”，促进土地资源合理高效利用，提高土地产出率和资源利用率，提高农业劳动生产率。

（二）消灭不利于农业农村发展的“剪刀差”

农村经济在贸易发展条件、产业发展条件、要素发展条件中存在着天然的劣势，在自由市场经济体制下，极容易出现不利于农业和乡村发展的“剪刀差”。回溯中国共产党百年乡村经济政策的演变，从“乡村改造”到土地改革、从合作化运动到家庭联产承包责任制、从社会主义新农村到乡村振兴，消灭不利于农业和乡村发展的“剪刀差”，是中国“三农”政策的基本走向和农业农村发展的根本趋势。

19 世纪后半叶，近代中国被迫卷入了资本主义世界经济体系，农业成为城市经济的原料附庸和资本主义强国的市场附庸。在不平等的资本主义自由经济体制下，中国乡村社会农产品的价格形成机制完全掌控在西方资本主义国家和城市资产阶级手中，农产品被廉价地销往国内外市场，且中国乡村又不得不在不平等的贸易条件下接受西方资本主义列强的工业品倾销。这种不平等的贸易机制和市场机制，造成 20 世纪二三十年代中国国内市场工业品和农业品持续扩大的“贸易剪刀差”，自给自足的乡村社会持续贫困，濒临破产。在这样的局面下，中国共产党人主张阶级斗争和暴力革命的“乡村改造”，通过土地革命彻底推翻和废除封建性及半封建性的土地制度，实行耕者有其田的土地制度，从而在根本上杜绝不平等的国内外贸易剪刀差、城市乡村贸易剪刀差和工农业贸易剪刀差。

1953 年完成社会主义改造以后，中国现代化的核心任务转变为重化工业优先的工业化。这一时期，中国农业以“工农产品剪刀差”的形式承担了支援工业建设的任务。1978 年以后，家庭联产承包责任制的确立和统购统销制度的废除，使农业效率迅速提高，农业生产规模迅速扩大，农产品市场价格大幅上升，使“工农产品剪刀差”迅速回落。随着社会主义市场经济的不断发展，中国农业和农村陷入了全球化农业发展的“要素困境”——即农业产业各要素的效率显著低于工业和服务业，导致土地、劳动力、资本等大量要素流出农业、流入工业和服务业，这种要素禀赋的不平等导致了更为显著的“要素剪刀差”。党的十六大以后，社会主义新农村建设和“工业反哺农业、城市支持农村”的政策导向阻止了要素“剪刀差”的进一步扩大。特别是党的十八大以来，精准扶贫战略的深入实施和乡村振兴战略中提出的土地制度改革、经营体系改革、集体产权制度改革等等制约城乡要素自由流动的改革加速推进，农业农村现代化水平稳步提高，农业和其他产业巨大的要素差距有效缩小，朝着真正消灭“剪刀差”的方向阔步前进。

（三）从城乡分治到城乡融合

世界现代化史表明，现代化的起点必然是工业化，而初始城市化是工业化的一个必然结果。这是因为，工业以经济的集聚效应而在地理上趋向集中，从而引起国家或区域内要素分布情况、市场发育程度的变化，由于工业效率通常高于农业，使得城市中非农产业产出提高，非农就业人口持续流入，这就形成了城市与乡村工业化进程、速度、深度、广度的巨大差异，而这种差异就导致了城乡的功能性分工并进一步引致和固化了城乡二元结构。这种城乡二元结构必然在工业化中后期遭遇发展瓶颈——农业农村发展停滞。同时，城市的高度文明与乡村的凋敝落后形成鲜明对比，乡村不仅被认为是经济上落后，在思想上、精神上也被认为是传统守旧，与现代化格格不入。所以，城乡分治是全球现代化进程中的一种普遍存在的客观现象，也是“先工后农”现代化方式的必然结果。

中国式现代化进程亦采取了先工后农的策略。与市场机制下的工业化、城镇化发展路径有所区别，中国在“统购统销”市场制度和“合作社/人民公社”产权制度的保障下，“以农支工”的城乡发展战略得以全面落实，甚至形成了制度化的“城乡二元结构”，这固然提高了中国工业化和城镇化的发展速度，但其经济效率低的弊端亦很快显现。改革开放后，家庭联产承包责任制的实施和统购统销的取消，恢复了农民和企业的市场主体地位，重启和繁荣了农业市场，并在乡村创造性地形成乡镇企业和新兴的小城镇。1992 年邓小平南方谈话以后，中国掀起了新一轮的市场化改革的高潮。以发展社会主义市场经济为主要特征的现代化进程迅速拉动大城市和城市群的发展，农村劳动力经历从乡村到小城镇，从小城镇到大城市/城市群的转移过程。高速的工业化和持续的深化的城市化/城镇化，一方面反映了中国先工后农的现代化路径，另一方面也使得中国遭遇城乡分治的必然结果。尽管中国有自身的国情和发展阶段的特殊性，但与其他走工业化道路而实现现代化的国家一样，城乡分治的根本原因在于城市与农村两个现代化的不同步，也必然出现城乡发展不平衡和乡村发展不充分。

另一方面，世界现代化史也表明，如果不消除城乡差距，一个国家的现代化就不算完全实现，而且城乡差别也会成为一个国家现代化向前迈进的制约因素，因而进入现代化中后期的国家总是致力于消除城乡差别，实现城乡融合发展。① 20 世纪 70 年代之后，欧美和日韩等率先进入现代化中后期的国家先后开始了城乡融合发展试验和运动，以消除城乡分治带来的不平等，确保农业这个战略产业的存续。比较典型的包括德国巴伐利亚州试验（城乡等值化）、英国新市镇试验（近郊城市化）和韩国的新村运动。20 世纪末到 21 世纪初，随着现代化程度的深化，中国已经从“乡土中国”进入“城乡中国”阶段②，“三农”问题不仅仅成为中国现代化的一个十分显著的制约因素，更成为威胁产业安全和粮食安全的关键性矛盾。进入 21 世纪以来，国家鼓励和授权各地探索城乡统筹和城乡一体化的经验，就是为了打破自计划经济时期建立起的一套城乡二元体制，消除城市现代化和农村现代化的发展不同步，缩小城乡差距，扭转城乡分治的格局。2006 年开始的社会主义新农村建设和 2017 年开始实施的乡村振兴战略，正是中国版的“城乡融合”道路，其目的是实现城乡共享式的现代化，让农村人口（包括城乡流动人口）分享自身参与的现代化建设带来的成果，充分体现了中国式现代化的社会主义方向。

三、乡村振兴政策的展望

中国共产党成立百年来的乡村经济政策正确引导和有力推动了中国农业农

---

① 李华胤. 论现代化中后期的城乡关系与乡村振兴［J］. 西安：西安财经大学学报，2020（12）.
② 刘守英. 中国步入“城乡中国”阶段［J］. 成都：新城乡，2019（5）.

村现代化进程。在迈向全面建设社会主义现代化强国的新征程上，党的乡村经济政策需要集中关注三大重点：一是通过土地制度改革、农业经营体系改革和集体产权制度改革进一步解放农业农村发展活力；二是深入推进要素流动全面破解不利于农业农村的各类“剪刀差”；三是以城乡共治建构具有现代性的城乡关系。

（一）三大改革：进一步解放农业农村发展活力

其一是土地制度改革。在坚持农村土地集体所有制不动摇的前提下，首先要保障农民的土地权利，稳定承包权的基础权利。通过确权颁证工作，“确实权、颁铁证”，让农民吃上“定心丸”。其次要提高土地要素配置效率，深化土地经营权有序流转体制改革，对农业适度规模经营进行引导规范，使土地由“保命田”转化为“创富田”。再次是推动“两权”抵押改革，进一步放活经营权。鼓励支持正规金融机构开展和扩大承包地经营权抵押贷款业务，同时引导市场资本下乡合理经营现代农业，解决农业现代化过程中的资金制约问题。最后是严格落实中央关于农村“三块地”改革的基本精神和新修订的《土地管理法》的规定，全面系统推进农村宅基地“三权分置”改革、集体经营性建设用地入市改革和农村土地征收制度改革，盘活农村闲置宅基地和集体建设用地，建立与人口和资本流动相适应的土地资源配置体系，为全面建成社会主义现代化强国提供土地制度保障。

其二是农业经营体系改革。首先要在坚持家庭承包经营基础上，培育从事农业生产和服务的新型农业经营主体。在《关于加快构建政策体系培育新型农业经营主体的意见》的基础上，促进和规范家庭农场、农民合作社、龙头企业的发展，发展专业协作、股份合作等多种形式的农民合作社以及专业合作社联合社，发展混合所有制农业产业化龙头企业，培育新型、专业化的农业经营市场主体。其次要发展多元主体、多重形态、充分竞争的农村社会化服务体系，探索和推行合作式、订单式、托管式等服务模式，创新农业社会化服务的供给机制。再次要以农机作业、粮食收储、育秧、农业科技服务等为突破口，推动农业公益性服务政府采购机制的探索完善，引导建立良性竞争的农业公共服务市场。

其三是集体产权制度改革。持续推进《中共中央国务院关于稳步推进农村集体产权制度改革的意见》等重大政策的落实，进一步明晰农村集体产权，推动农村集体产权股份合作制改革，引导农民和村民向股民转变；不断完善集体产权权能，鼓励各地积极探索农民对集体资产股份占有、收益、有偿退出、抵押、担保、继承的各项赋权的具体机制，适时将地方产权改革经验上升为国家顶层设计；激活集体经济中生产要素潜能，提高集体资金、资产、资源管理水平，建立专业化、市场化导向的农村集体经济运营新机制。

（二）要素流动：破解不利于农业和乡村的“剪刀差”

在一个城乡高度融合的经济社会体系中，城乡之间要素的双向流动常态化，乡村不再是单一的要素供给端，也是城市先进要素回流并实现市场化价值增值的要素承载地，“人、地、钱、技、数据”等核心资源要素在城乡之间可以实现自由流动、平等交换和均衡配置。在中国，由于一些不合理制度固化了城乡二元结构进而形成的城乡二元体制，导致城乡之间资金、土地、劳动力等要素配置仍存在严重失衡，这也是“要素剪刀差”的根源。当前，我国农村优质资源向城市单方向集中的趋势并未根本逆转。作为城乡二元结构特征显著、在经济高增长阶段面临不平衡不充分发展的经济体，我国具有通过重塑城乡关系、推动城乡二元结构转化来形成结构优化动能的巨大空间①。为此，要以全面深化改革为契机，持续推进农村要素市场化改革，构建合理的资源要素市场化配置机制，使城乡资源发挥各自优势，实现城乡联动、互补、协同、平等发展。

其一，应跳出“三农”看“三农”，发挥“有效市场”的决定性作用，在以国内大循环为主体、国内国际双循环相互促进的新发展格局中优化配置农业农村发展要素，使具有独立性和流动性的生产要素在市场上实现有效配置，彻底打通国内城乡大循环的堵点。其二，发挥“有为政府”的作用，加快建立农村、农地、生态和粮食生产的利益补偿机制，以“治理有效”保障“产业兴旺”与“生活富裕”；深入推进“三农”投入稳定增长机制、农业补贴政策和农村金融制度创新，引导保障农村、农业发展的关键要素回流。

---

① 高帆．以城乡关系重塑为主线加快构建新发展格局［J］．北京：社会科学报，2020-12-10.

（三）城乡共治：建构现代性的城乡关系

从发达国家的历程来看，城市现代化和农村现代化构成一国现代化的完整图景，和谐互补、互促共进的城乡关系是一国现代化的重要支撑。现代化的城乡关系以城乡高度融合、有机互动、均衡发展为主要特征。世界现代化史中城乡融合的全球经验表明，打破城乡分割的关键是在乡村建构与城市相同或类似的市场环境和要素集聚区域。德国的巴伐利亚州模式，是根据德国小城镇发达的国情，将城乡融合的支点放在小城镇，通过建设与城市“等值”的生产生活设施、产业和市场发展设施及其他公共服务，实现城乡等值化；英国的新市镇试验则选择依托大城市资源，借助城市扩张的国情，将城乡共治的支点放在城郊区域，通过对城市功能的承接，建设与城市核心区等同的产业发展和生活配套设施，形成区域关联、产业共融、生活同质的城乡发展空间；韩国新村运动则将城乡一体化的支点放在乡村，通过建设“美丽乡村”，改善人居环境，并进一步向城市空间扩张，帮助韩国超大城市避免了贫民窟等市政管理、社会秩序领域的矛盾。由此，现代化的城乡关系，一方面可以顺应城市扩张的发展规律，通过选择和建设城市与乡村结合的“支点”实现城乡共融；另一方面则聚焦乡村邻里和城市社区的同频共振，建设城市与乡村等值化的产业社区、人居社区，形成城乡一体的发展空间。

在新发展阶段，中国要将农业农村现代化纳入国家现代化的整体战略中，聚焦“城乡发展不平衡、农村发展不充分”的现代化短板，坚持“跳出三农抓三农”“统筹城乡兴三农”的全局观，同时发挥城市对农村的带动作用和农村对城市的支撑作用，实现城乡共同的现代化。具体来说，以城乡共治建构现代化的城乡关系可以从三个方面展开：第一，坚持农业农村优先，在基础设施建设资源的配置上向农村倾斜、在产业发展资源配置上向农业倾斜，避免农村、农业与城市、工业的两极分化和差距进一步扩大。第二，在城乡之间寻找“纽带”型的发展空间，如“新型城郊”①、小城镇、圩镇、都市圈等，以此为支点推进城乡的空间融合，统一编制城乡国土空间规划体系，实现城乡之间在空间上的平等发展权，破除城乡区分和界限，以空间融

---

① 任路. 城乡融合发展中第三空间的崛起［J］. 南京：学海，2020（4）.

合和互动推进其他方面的城乡融合。第三，引导公共服务资源向农村倾斜，推进全体常住人口的基本公共服务均等化、标准化、优质化，加大新型城镇化、农业转移人口市民化奖励资金等专项资金支持，建立健全乡村公共服务提升可持续投入保障机制。

作者简介：郭跃文，广东省社会科学院党组书记，广东省习近平新时代中国特色社会主义思想研究中心副主任；邓智平，广东省社会科学院改革开放与现代化研究所研究员。

中国共产党乡村建设的百年探索及对黑龙江的启示

刘国会

摘　要：中国共产党的百年发展史也是中国乡村建设的百年变革史。无论是从中国革命到社会主义建设时期，还是从改革开放到新时代，中国共产党始终以人民为中心，维护农民的根本利益，坚持实事求是，适时调整建设重心，围绕农民与土地的关系进行土地制度改革，充分调动农民积极性，发挥农民主体作用。在新的发展阶段，全面推进乡村振兴，黑龙江省必须加强、改善党的领导，须坚持农民主体地位不动摇，必须实事求是、因地制宜，必须用大历史观看待“三农”问题。

关键词：中国共产党；百年乡村建设；经验；启示

农业、农村、农民是关系国计民生的根本性问题。乡村建设事关社会主义现代化全局，事关中华民族伟大复兴，事关广大农村居民的根本利益。2021 年是中国共产党建党百年，在这一重要的历史节点，系统考察中国共产党乡村建设实践，不仅有助于深入总结党在百年乡村建设中积累的基本经验，而且也可以为黑龙江省全面推进乡村振兴提供有益借鉴。

一、中国共产党百年乡村建设的实践探索

中国共产党波澜壮阔的百年征程与中国乡村建设密不可分。从创建时期开始，中国共产党人就重视乡村建设，可以说，中国共产党的百年发展史也是中国乡村建设的百年变革史。

（一）新民主主义革命时期的乡村建设（1919—1949 年）

1. 中国共产党创立时期（1919—1921 年）

中国共产党创立前，李大钊、陈独秀、蔡和森、张太雷等早期产党人就已经关注乡村社会，关心农民疾苦，重视农民的革命性，引导农民开展斗争，以谋求自身解放。1921 年 4 月，《共产党》月刊发表了《告中国的农民》一文，分析了中国乡村阶级状况，探讨了农民受、苦受难的原因，肯定了农民在革命中的重要地位，主张对农民进行革命宣传，提高其阶级觉悟。1921 年 5 月，上海早期共产党组织成员沈定一还组织了浙江萧山衙前农民运动。

2. 大革命时期（1921—1927 年）

中国共产党成立后，陈独秀、瞿秋白、彭湃、张太雷、毛泽东等中共领导人和农民运动领袖撰写了大量的文章，指出农民运动在国民革命中的重要性，而贫农是农民运动的主力。中国共产党的相关决议文件也突出展示了农村和农民问题：1925 年党的“四大”提出了关于组建工农联盟的问题；1925 年 10 月，《中国共产党告农民书》指出“解除农民的困苦，根本是要实行‘耕地农有’的办法”。毛泽东、澎湃等共产党人还在广东创办了农民运动讲习所，培养了大批骨干。此外，还选派共产党员到乡村发展党组织，成立农民协会，推动农民运动蓬勃发展。这一时期，党对农民的政策已涉及土地分配和依靠农民建立政权的问题。

3. 土地革命时期（1927—1937 年）

大革命失败后，中国共产党将革命工作重心由城市转向农村，创建了中国红军，建立了井冈山革命根据地，成立了苏维埃政府，开辟了农村包围城市的革命道路。1928 年，中国共产党颁布了《井冈山土地法》，提出“没收一切土地归苏维埃政府所有，分配给农民耕种”；1929 年，完善形成了《兴国土地法》，将“没收一切土地”改为“没收一切公共土地及地主阶级的土地”。毛泽东在大量实际调查基础上，又经过一系列的探索和实践，中国共产党逐步形成了适合当时中国革命特点、农村实际的土地革命路线。与此同时，中国共产党领导苏区和革命根据地广大人民大力发展乡村经济，调动了农民的生产积极性，建立农业合作社，开展工农业生产，同国统区发展商业贸易；加强文化建设，创建红色学校，开办识字班，提高根据地人民群众的文化素质。

4. 抗日战争时期（1937—1945 年）

为维护、发展抗日民族统一战线，中国共产党根据抗日战争形势发展适时调整乡村建设政策。在根据地创造性地建立了"三三制"政权，在人员分配上实行各占三分之一的原则。"三三制"政权的实行改善了中国共产党与原有乡村精英人士的关系，促进了乡村社会"能人"的脱颖而出，争取了更多的中间势力，进一步团结、壮大抗日力量。在经济上，中国共产党颁布了《关于抗日根据地土地政策的决定》，号召地主减租减息，农民交租交息；实行互助合作政策，扶助农民发展生产，改善生活；实行合理税负，废除苛捐杂税，减轻人民负担；实行劳资两利政策，既改善工人生活，又保障私人工商业者有利可图。

5. 解放战争时期（1945—1949 年）

1947 年，中国共产党颁布了《中国土地法大纲》，提出在所有解放区和即将要解放的地区实行"耕者有其田"的土地政策。土地改革维护了广大农民的切身利益，解放了农村生产力，提高了农民生产的积极性，激发了农民支援解放战争的热情。1948 年，毛泽东在给邓小平的电报中提出"新解放区农村工作的策略问题有全盘考虑之必要"，强调"在解放后的相当时期内，实行减租减息和酌量调剂种子、口粮的社会政策和合理负担的财政政策"。

（二）社会主义革命和建设时期的乡村建设（1949—1978 年）

中华人民共和国成立后，为尽快恢复并发展农业生产，中国共产党在全国范围进一步深化了土地改革，实现了农民土地所有制的改变；引导农民开展互助合作，大力发展集体经济；动员农民兴修农田水利，提高农业抗灾能力；筹建化肥、农机制造企业，积极发展乡村工业和副业；大办农村教育，启动、发展农村小学教育、业余教育和扫盲教育，特别是开展了农村职业教育。党的基层党组织、共青团、妇联等也在乡村被建立起来，国家管理第一次真正下沉到广大乡村地区。这一系列措施促进了乡村经济和社会事业的发展，也满足了当时国家优先发展重工业的工业化需要。生产、农村事业发展的同时，也满足了当时工业化建设的需求。但过度的农村集体化严重挫伤了农民的生产积极性，导致农业生产效率低下；重工业优先战略造成城乡二元分化；"文化大革命"更是严重阻碍了乡村建设的步伐。

（三）改革开放和社会主义现代化建设时期的乡村建设（1978—2017 年）

党的十一届三中全会开启了中国改革开放的序幕。中国共产党以农村作为改革的突破口，尊重群众意愿，破除人民公社体制，实行了以家庭联产承包为基础、统分结合的双层经营体制，激活了长期束缚于土地的乡村资源，农村社会释放出巨大的经济活力。党中央、国务院陆续出台了多个关于农业改革和农村发展的中央一号文件，进一步确立了农村土地集体所有、家庭联产承包经营的生产制度，放开农产品市场，告别统购统销，因地制宜地发展乡镇企业，允许农民进城务工，全面取消农业税。同时，加强基层治理，颁布了《村民委员会组织法》，推行村民自治。随着改革开放的持续推进，农民增收难、农产品价格低、农村生产要素流入城市等问题出现，乡村再次被边缘化。为破解“三农”问题，2005 年中央提出了“工业反哺农业，城市反哺乡村”的社会主义新农村建设。党的十七届三中全会提出“赋予农民更加充分而有保障的土地承包经营权，现有土地承包关系要保持稳定并长久不变”。2013 年，习近平总书记首次提出了“精准扶贫”思想。党的十八大后，党中央加快农业供给侧结构性改革，完善农业支持、保护政策，开展农村生态环境治理。2005—2016 年，国家出台了一系列支农、惠农政策，乡村经济、教育、文化、医疗及基础设施建设取得重要进展。

（四）中国特色社会主义新时代的乡村建设（2017 年至今）

2017 年，党的十九大历史性地提出坚持农业、农村优先发展，按照“产业兴旺，生态宜居，乡风文明，治理有效，生活富裕”的总要求，推进实施乡村振兴战略，并将其作为建设社会主义现代化强国的国家战略。这是党立足于新时代社会主要矛盾，立足于统筹城乡协调发展做出的又一次重大的战略转变。经过努力，乡村振兴实现良好开局，生产、生活方式加快转变，基本形成以绿色生态为导向，促进资源合理利用与生态环境保护的政策体系和激励、约束机制，乡村产业兴旺，生态宜居方面取得明显进展。到 2020 年底，我国现行标准下 9899 万农村贫困人口全部脱贫，区域性整体贫困得到解决，脱贫攻坚战取得了全面胜利。脱贫攻坚取得胜利后，"三农"工作转入全面推进乡村振兴新阶段。

二、中国共产党百年乡村建设的基本经验

（一）始终以人民为中心，维护农民根本利益

纵观中国共产党百年乡村建设历程，无论是从中国革命到社会主义建设时期，还是从改革开放到新时代，党的乡村建设思想和政策都深刻体现了中国共产党始终坚持以人民为中心的价值取向，紧紧围绕农民的利益和需求开展乡村建设，维护农民的根本利益。在新民主主义革命时期，中国共产党以把农民从政治压迫和经济剥削下彻底解放出来作为使命，让广大农民融入革命洪流，翻身做国家的主人。中华人民共和国成立后，特别是十一届三中全会以来，党中央尊重农民意愿与首创精神，围绕土地制度、经营体制、贫困治理、乡村振兴等出台了几十个惠农、强农、富农的文件，高度关注农民群众最关心的教育、医疗、文化、养老等问题，不断健全公共服务体系，努力实现农民对美好生活的向往。

（二）坚持实事求是，适时调整建设重心

中国共产党始终坚持实事求是，根据国情、农情，确立不同时期乡村工作重点，与时俱进地开展乡村建设。在中国共产党的发展历程中，有四次历史性转变都是从农村开始的。新民主主义革命时期，党建立了农村革命根据地，将革命重心从城市转向农村，走出了农村包围城市的革命道路，最终使中国人民站起来了。1978 年 12 月，安徽省凤阳县小岗村的"大包干"拉开了中国改革开放的大幕，此后家庭承包经营、废除人民公社、取消统购统销、发展乡镇企业、改革农产品收储制度等一系列重大改革举措先后实施，乡村成为中国改革开放的试验田。2005 年，党的十六届五中全会提出了建设社会主义新农村，这是在工业反哺农业条件基本成熟后，中国共产党做出的从"汲取"到"给予"的乡村建设战略转变。2017 年，针对城乡发展不平衡、农村发展不充分、四化建设不同步等问题，党的十九大提出乡村振兴战略，并将其列为党和国家未来

发展的“七大战略”之一，确定乡村建设的鲜明目标导向，开启了中国特色社会主义的乡村全面振兴之路。

（三）围绕农民与土地关系，进行土地制度改革

土地是农业最基本的生产资料，也是农民最基本的生计保障。与梁漱溟、晏阳初等知识分子推动的乡村建设运动不同，中国共产党在乡村建设中担当了乡村变革的领导者，围绕农民与土地的关系进行了多次改革创新。大革命时期，党领导农民抗租、抗捐；土地革命时期，党领导农民开展打土豪、分田地、废除封建剥削和债务的土地革命；抗日战争时期，党在根据地实行地主减租、减息，农民交租、交息的土地政策；解放战争时期，党在解放区进行土地改革；中华人民共和国成立初期，实行农民阶级的土地所有制；社会主义改造时期，将土地私有制转变为社会主义公有制；改革开放初期，党在农村实行家庭联产承包责任制，将土地所有权和承包经营权分设；中国特色社会主义新时代，党做出“保持土地承包关系稳定并长久不变，第二轮土地承包到期后再延长三十年”的决定，并修改了农村土地承包法，将农村土地实行“三权分置”制度法制化。无论是在根据地时期，还是中华人民共和国成立后，中国共产党通过领导广大农民，根据在不同时期的历史任务，进行了多次土地改革实践，走出了一条彻底改变乡村社会、彻底改变城乡关系的乡村建设之路。

（四）充分调动农民积极性，发挥农民主体作用

在百年乡村建设中，中国共产党始终坚持群众路线，充分调动农民积极性，发挥农民在乡村经济、政治、文化、社会等建设过程中的主体作用。在民主革命时期，中国共产党根据革命形势需要，领导广大农民打土豪，分田地，建立革命根据地，调动农民参与革命的积极性，最终赢得民主革命的胜利。改革开放以来，中国共产党实行家庭联产承包责任制，推进农产品购销体制改革，完善承包地“三权”分置制度，稳定土地承包关系，构建农业风险化解机制，建立、健全农民保障制度等，极大地调动了农民的农业生产积极性和乡村建设主动性，进一步发挥了农民的主体地位。

三、中国共产党百年乡村建设对黑龙江的启示

"同历史对话，我们能够更好认识过去，把握当下，面向未来。"① 中国共产党百年乡村建设的宝贵经验是在不断革命、建设和改革过程中逐步积累起来的，对新时代黑龙江省全面推进乡村振兴有重要的启示。

（一）推进乡村全面振兴必须加强、改善党的领导

从中国共产党百年乡村建设的历史看，党管农村工作是党的传统，也是农业、农村发展取得历史性成就的根本原因。乡村全面振兴包括产业、人才、文化、生态、组织五大振兴，涵盖农村"五位一体"总体布局，涉及领域广，目标要求高。深入实施乡村振兴战略，必须继承、发扬党管农村工作的优良传统，充分发挥党把方向、谋大局、定政策、促改革的作用，才能落实好党中央关于"三农"工作的决策部署，推进黑龙江省乡村全面振兴。一是完善党领导"三农"工作的体制机制。贯彻落实《中国共产党农村工作条例》和黑龙江省实施办法，建立并完善乡村振兴战略领导责任制，落实五级书记抓乡村振兴工作机制，重点加强县、乡、村党组织书记培训。根据实际需要，把脱贫攻坚中形成的组织推动、要素保障、政策支持、考核督导等工作机制运用到乡村全面振兴中。二是强化基层党组织领导核心地位和作用。认真落实《中国共产党农村基层组织工作条例》，选优配强乡镇领导班子、村"两委"成员，特别是村党组织书记，坚持、完善向重点乡村选派驻村第一书记和工作队制度。整顿软弱、涣散村党组织，在农民合作社、乡村民营企业等建立党组织，提升基层党组织在乡村的治理效能。突出基层党员干部队伍的带头功能，运用好"三个区分开来"，完善容错、纠错机制。

（二）推进乡村全面振兴必须坚持农民主体地位不动摇

农民是推进乡村建设最积极、最活跃的因素。在百年乡村建设中，中国共产党始终坚定地维护广大农民的切身利益，高度重视广大农民的主体作用。全

---

① 习近平关于社会主义文化建设论述摘编［M］. 北京：中央文献出版社，2017：17.

面推进乡村振兴，也必须依靠广大农民，切实维护农民根本利益，保障农民基本权益，发挥农民主体作用，让农民成为乡村振兴的受益主体、建设主体和治理主体。一是充分了解、尊重农民的意愿与需求。坚持以人民为中心的发展思想，充分了解农民在村庄规划、村庄撤并、农村改厕、乡村产业发展、公共服务等方面的需求，尊重农民意愿，不强迫，不命令，不增加农民负担。二是做好农村集体产权制度改革后半篇文章。完善农村集体产权权能，发展、壮大新型农村集体经济，提升农村集体经济组织市场主体能力，让农民通过对集体资产的占有、使用和收益分配实现持续增收。三是提升农民组织化水平。突出培育家庭农场和农民专业合作社两类经营主体，大力发展农村集体经济组织，完善利益联结机制，推进农村第一、第二、第三产业融合发展，实现小农户与现代农业的有机衔接，让农民更多地分享产业发展的增值收益。四是加强农民教育培训。依托“党建+”、乡村振兴大讲堂、农民田间学校等载体，充分利用网络教育资源，分层、分类开展生产经营、非农就业技能等教育培训，使农民成为振兴乡村的主力军。五是建立进城农民返乡保障机制。破除制度和政策壁垒，支持并引导进城农民返乡创业，让农民既能进得了城，又能回得了乡。

（三）推进乡村全面振兴必须实事求是、因地制宜

中国共产党在不同历史时期始终坚持实事求是，把握时代主题，与时俱进地制定相关政策，推进乡村建设。黑龙江省地域辽阔，乡村资源禀赋、区位条件、发展基础、生态环境存在较大差异，乡村发展水平和发展面貌也各不相同。因此在全面推进乡村振兴的过程中，应立足实际，准确把握黑龙江省的区域特殊性和乡村差异性，遵循乡村发展规律，因地制宜，既要尽力而为，又要量力而行，不搞一刀切，不搞形式主义和“形象工程”。一是优化乡村产业布局。结合主体功能区、特色农产品区域布局，以提高乡村产业与资源环境匹配度为基准，因地制宜构建区域化、差异化的乡村产业区域发展新格局。二是优化乡村空间布局。遵循城乡发展建设规律，秉持“规划先行”原则，因地制宜优化县域、镇域内乡村发展布局，合理确定村庄布局分类，明确村庄建设优先序，有序推进“多规合一”实用性村庄规划编制，注重保护乡村特色风貌，体现乡村功能和价值，避免“千村一面”。

（四）推进乡村全面振兴必须用大历史观看待"三农"问题

梳理中国共产党百年乡村建设的历史脉络，能够更好地认识中国乡村建设的过去，明晰新时代中国乡村建设面临的问题与挑战，把握未来中国乡村全面振兴的发展趋势。一是从中国共产党乡村建设的长时段来看"三农"问题。从历史的角度看中国共产党领导的百年乡村建设，有助于深刻理解中国的"三农"问题，有助于充分认识全面推进乡村振兴，加快农业农村现代化的重要性和紧迫感，有助于从中华民族伟大复兴的战略全局对待、推动乡村振兴。二是要从世界历史的宽视野来看"三农"问题。从国际比较视野，看欧美典型发达国家、亚洲发达国家、新兴经济体的乡村建设，有助于概括、总结不同类型国家乡村建设的共性措施，有助于系统分析不同类型国家乡村建设实践中的个性方案，有助于吸收、借鉴国际乡村振兴的先进经验和做法。

参考文献

[1] 燕连福，程诚．中国共产党百年乡村治理的历程、经验与未来着力点［J］．北京工业大学学报（社会科学版），2021（5）．
[2] 谈伟宾．中国共产党百年乡村建设考察及其经验探究［J］．文化学刊，2020（8）．
[3] 郑品芳，李佑新．中国共产党百年农村土地政策制度改革研究［J］．湖南大学学报（社会科学版），2021（3）．
[4] 熊智鹏，吴仁明．大革命时期中国共产党在农村的政治动员及其对乡村振兴战略的启示［J］．成都理工大学学报（社会科学版），2018（9）．

作者简介：刘国会，黑龙江省社会科学院副院长。

中国共产党领导下的百年乡村振兴路径与广东实践

刘　伟

摘　要： 实现乡村振兴是中国共产党领导中国革命与社会主义建设，实现中华民族伟大复兴的一项重大任务。回顾党的百年奋斗历程，在土地革命、合作经济、联产承包、脱贫攻坚等一系列政策实践基础上，逐步形成并坚持了以党的绝对领导为核心的组织理念、“相信农民并依靠农民”的乡村发展理念、以城乡融合和区域协同为核心的协调发展理念及顶层设计与基层实践结合的振兴方略。党的十九大以来，广东立足自身实践，突出组织引领、城乡融合、东西协作，以培育“精细农业、精美农村、精勤农民”为导向，沿着集群化、品质化、多元化方向构建现代乡村产业体系，加快农业、农村现代化，以当代最新实践诠释着中国乡村振兴之路。

关键词： 中国共产党；百年乡村振兴；广东实践

中国共产党扎根中国大地，立足中国乡村。中国乡村的变革反映着中国共产党乡村建设思想的深化，中国乡村的转型印证着中国共产党的艰辛探索。百年来乡村演进史与中国共产党百年奋斗史相互辉映，百年乡村振兴的思想逻辑与中华民族伟大复兴内在一致且紧密相连。习近平总书记在十九大报告中提出乡村振兴重大战略，顺应了亿万农民对美好生活的期待，在中国共产党乡村振兴实践中具有划时代的里程碑意义，关乎决胜全面建成小康社会和全面建设社会主义现代化国家，既是百年来党的乡村建设经验的系统性集成，也是新时代做好“三农”工作的旗帜和总抓手。

乡村振兴有着深刻的历史渊源和现实指向。中国共产党的百年乡村振兴历经革命年代的土地改革与政权建设、中华人民共和国成立初期的合作社及人民公社的政社合一、改革开放后的联产承包责任制与政社分设、新时期以来的脱贫攻坚和乡村治理等诸多实践中可见，乡村振兴战略形成是历史与现实、理论与实践的统一。“产业振兴、人才振兴、文化振兴、生态振兴、组织振兴”是今后促进城乡融合，全面实现农业、农村现代化的内容与路径，深刻体现了中国共产党把发展乡村作为安民之基、治国之要。

一、中国共产党乡村政策的百年实践

1921 年，中国共产党在上海成立。虽然诞生于城市，但伴随农民运动的深入、革命重心的转移，中国共产党走上了“农村包围城市，最后夺取全国胜利”的革命道路，也开启了建设乡村、发展乡村的新篇章。

（一）与时俱进的土地政策

中国共产党的土地政策经过了一个逐渐发展的过程。建党之初，国内军阀割据，农村凋敝，农民贫困。1921 年 9 月，澎湃①率先在广东海丰开展农民运动和乡村实践。1922 年 6 月，“中国共产党对于时局的主张”中明确提出“肃清军阀，没收军阀、官僚的财产，将他们的田地分给贫苦农民”；国民革命时期，提出了“耕者有其田”的口号。1927 年，大革命失败后，中国共产党人开始把土地革命作为中国革命的根本内容，将党的中心工作从城市转入农村。同时，在根据地领导土地革命，采取政策措施发展农业生产，建立并巩固红色政权。1927 年“八七”会议确定了土地革命总方针，在根据地内实行“耕者有其田”的土地制度。秋收起义之后，毛泽东领导的起义队伍于 1927 年 10 月到达井冈山，进行土地革命，组织工农政府，建立地方武装，创建第一个农村革命根据地。1928 年 12 月，毛泽东主持制定我国历史上第一个土地改革文件《井冈山土地法》，该法是党在土地革命初期制定的第一部较为成熟的土地法，从法律上保障了农民对土地的合法权益。该法规定“没收一切土地归苏维埃政

① 彭湃（1896—1929），原名彭汉育，广东省海丰县城郊桥东社人（今广东省汕尾市海丰县海城镇），1924 年加入中国共产党。1927 年 10 月，在广东海陆丰地区（今汕尾市）领导武装起义后，建立了海丰、陆丰县苏维埃政府（中国第一个农村苏维埃政权）。1929 年 8 月 30 日在上海龙华英勇就义，时年仅 33 岁。

府所有。”“一切土地，经苏维埃政府没收并分配后，禁止买卖。”次年4月又制定了兴国县《土地法》，把《井冈山土地法》中的“没收一切土地”改为“没收一切公共土地及地主阶级的土地”。①

1937年2月，为了促进团结抗日，中共中央首次提出“停止没收地主土地之政策”。1937年8月，洛川会议通过了《抗日救国十大纲领》，正式决定以减租、减息作为抗日战争时期解决农民问题的基本政策。1942年1月，中共中央颁布《关于抗日根据地土地政策的决定》。同年2月，又发出《关于如何执行土地政策决定的指示》。这是关于减租、减息的纲领性文件，明确三条原则：一是承认农民是抗日与生产的基本力量，故应实行减租、减息；二是承认地主的大多数是有抗日要求的，故于实行减租、减息之后，又须实行交租、交息；三是承认富农的生产方式带有现时中国比较进步的资本主义性质，对其一部分封建性质的剥削，则须照减租息，同时实行交租、交息。

解放战争期间，1946年5月，中共中央宣布“坚决拥护群众在反奸、清算、减租、减息、退租、退息等斗争中，从地主手中获得土地”，继续推行“耕者有其田”制度。1947年10月，为了统一制定更适合形势的土改政策，中共中央正式公布了《中国土地法大纲》。② 其中规定：“废除封建性及半封建性剥削的土地制度，实行耕者有其田的土地制度”“乡村中一切地主的土地及公地，由乡村农会接收，连同乡村中其他一切土地，按乡村全部人口，不分男女老幼，统一平均分配”。

1950年，中央人民政府颁布《中华人民共和国土地改革法》，该土地改革法规定“实行农民的土地所有制，借以解放农业生产力，发展农业生产力，为新中国的工业化开辟道路”。此后，历经合作化运动与人民公社，到改革开放前期，土地农民私有已经逐步演化为土地集体统一所有、统一经营。

1978年之后，全国农村先后兴起了“包干到户”“双包到户”“包产到户”等各种形式的生产责任制。在1982年、1983年两个中央“一号文件”指导下，家庭联产承包责任制成为我国农村集体组织中最基本的经营形式。1984年1月，中共中央“一号文件”强调，要继续稳定、完善联产承包责任制，延长土

① 傅金碧．论土地革命初期的两部“土地法”——《井冈山土地法》与《兴国土地法》之比较[J]．湘潭师范学院学报（社会科学版），2008（6）：191-193.

② 林益．华南游击根据地的土改和“双减”斗争[J]．广东党史，1997（2）：37-39.

地承包期。规定土地承包期一般应在15年以上。1993年11月，中央及时提出“为了稳定土地承包关系……在原定的耕地承包期到期之后，再延长30年不变”。1995年3月，国务院下发了《批转农业部关于稳定和完善土地承包关系意见的通知》，就延长承包期的原则、方法、步骤及与土地承包相关的问题做出具体的政策规定。[①] 到2000年，全国农村基本完成延长土地承包期工作，第二轮承包期开始。

2017年，党的十九大报告提出“巩固和完善农村基本经营制度，深化农村土地制度改革，完善承包地‘三权’分置制度。保持土地承包关系稳定并长久不变，第二轮土地承包到期后再延长三十年”，为土地流转准备了政策前提。让广大农民吃了“定心丸”。同年，中央农办、原农业部确认广东省佛山市顺德区为全国100个农村集体产权制度改革试点之一，并将该区列为农村集体产权制度改革典型案例。顺德主要以深化改革、完善制度为重点，着力进一步加强股份社的组织管理，进一步清理、核实农村集体资产，进一步完善股份社成员身份确认，进一步规范农村集体资产交易流转，进一步理顺股份社组织登记设置，进一步发展、壮大农村集体经济。

（二）因地制宜的组织建设

共产党人最初认为革命要重点依靠工人和无产者，随着革命实践的深入，特别是历经早期农民运动，对中国乡村和农民重要性的认知逐步清晰起来。

1922年10月，中国农民运动先驱彭湃在海丰建立农会，采取“不劳动，不得食，宜同心，宜协力”原则，年底农会成员达到10万人，1923年1月，组建海丰总农会，将广大农民团结在农会周围，向封建反动势力展开激烈的斗争。此后，广东农民运动迅速发展，成立了“惠州农民联合会”，后又扩大为“广东省农民联合会”。

党的三大上，毛泽东提出必须重视农民运动，认为“没有农民参加的国民革命难以成功”，并形成《关于农民问题的决议案》。在党的四大上，又提出要组建工农联盟，认为农民是“重要成分”，“天然是无产阶级的同盟者”。1931年11月，中华苏维埃工农兵第一次全国代表大会通过了《中华苏维埃共和国

---

① 国务院批转农业部关于稳定和完善土地承包关系意见的通知［EB/OL］. http：//www.gov.cn/zhengce/content/2016-10/19/content_ 5121672. htm.

宪法大纲》，宪法指出“苏维埃全部政权是属于工人、农民、红军士兵及一切劳苦民众的”。

此后中国共产党始终扎根农村，领导、帮助农民组建了很多群众性组织，动员农民加入革命斗争，并逐步形成以中国共产党为坚强领导核心，贫农和无产者为基础的组织网络，为抗日战争、解放战争的胜利提供了坚实支撑。

完成土改后，中国政府积极引导农民建立各种形式的劳动互助和生产合作组织。1951 年 9 月，中共中央颁布《关于农业生产互助合作的决议（草案)》，明确提出，互助组实行劳力互助，畜力、劳力交换，土地、农具等生产资料仍归各户所有。1952 年底，全国被组织起来的农户占总农户的 40%，共有互助组 802. 6 万个；1953 年，在互助组的基础上形成土地合作社；1955 年又组建了高级社，当年底全国农业合作社达 190 多万个，入社农户占总农户的 60%左右。[①] 1958 年 3 月，《中共中央关于把小型的农业合作社适当地合并为大社的意见》公布，小社逐步被合并为大社；1958 年 10 月底，全国 74 万多个农业合作社被改成 2. 6 万多个人民公社，参加公社的农户有 1. 2 亿户，占全国总农户的 99%，农村基本实现了人民公社化。1962 年 2 月起，人民公社建立了以生产队为基本核算单位的“三级所有，队为基础”体制，一直延续到 1984 年。

1983 年 1 月，中共中央下达《关于当前农村经济政策的若干问题的通知》，提出“人民公社体制改革”，实行“政社分设”，即：公社和生产大队的行政管理职能单独设立，变成基层政权组织，分别改为“乡”“村”。1984 年，人民公社被全面取消后，“乡”“村”成为基层政权组织形式。1999 年 2 月，中共中央印发《农村基层组织工作条例》，指出党全面领导乡镇、村的各种组织和各项工作。

党的十八大以来，党中央高度重视农村基层组织建设，2019 年 1 月，再次修订《中国共产党农村基层组织工作条例》，指出：农村工作是全党工作的重中之重，要认真落实全面从严治党要求，大抓农村党支部，建设战斗堡垒。

---

① 中共中央党史研究室. 中国共产党历史(第二卷) (1949—1978) [M]. 北京：中共党史出版社 2011. 1.

（三）因势利导的市场培育

改革开放后，农产品流通逐步放开，乡村经济逐步搞活。党的十一届三中全会提出，允许农村集贸市场作为社会主义经济的附属和补充存在。1979 年后，全国农村集贸市场、早晚集、庙会、骡马大会、物资交流会等集贸市场迅速恢复；1984 年开始，国家允许有营业执照的商贩下乡采购、贩运农副产品，农村个人也可以从事贩运农副产品①；1985 年 1 月，农副产品统购、派购制度被取消；1990 年，国家开始实施粮食购销双轨制；1992 年，开始实施以市场调节为主的棉花流通体制。1993 年 2 月粮票、油票被取消。② 1998 年 5 月，国务院进一步深化粮食流通体制改革，制定主要粮食品种的收购保护价，以保护农民利益。1979 年党的十一届四中全会提出，在抓紧粮食生产的同时，“认真抓好棉花、油料、糖料等各项经济作物”，“实行粮食和经济作物并举”。此后，乡村种植逐步多元化，从以粮为纲向粮食、经济作物、饲料作物等全面多元转化。同期，畜牧业、渔业也得到加强，到 90 年代中期，我国基本实现畜、渔产品供求平衡，奠定了畜牧业、渔业作为农业支柱产业的地位。在市场主体发展方面，随着农村改革的不断深化和农村经济政策的放开搞活，乡镇企业异军突起，成为推动农村产业结构变革的重要力量。1984 年“一号文件”要求农村分工、分业，办好现有社队企业、家庭小工业、国营和社队联办企业等，鼓励转移农村劳动力到小工业和小集镇服务业。此后，国家逐步放开乡镇企业的产业限制。1987 年，乡镇企业产值首超农业产值，农村劳动力就业格局发生显著变化。1997 年《中华人民共和国乡镇企业法》出台，从法律上保障了乡镇企业的发展。进入新世纪，随着农村电商平台发展，越来越多的农民从传统种植环节进入市场营销环节，市场主体规模迅速壮大，市场能力快速提升。

（四）革故鼎新的城乡关系

中华人民共和国成立之初，百废待兴，如何迅速发展经济，建设工业化国家成为巩固社会主义政权最紧迫的问题。1953 年，国家开始实施第一个五年计划，确立了重工业优先发展战略，将经济发展的重心转移到工业化和城市化方

---

① 国务院关于合作商业组织和个人贩运农副产品若干问题的规定. 1984-02-25.

② 国务院关于加快粮食流通体制改革的通知. 1993-02-15.

面，限制生产要素在城乡间流动，而“工农业产品价格剪刀差”最终固化了城乡二元经济结构。

十二届三中全会以后，经济体制改革全面开启。1985年开始，中央和地方政府的改革重心向城市转移；1993年我国正式向市场经济转轨，此后城乡差距逐步拉大，一方面财政资金的分配进一步向城市倾斜，城乡之间消费差距进一步扩大，另一方面，城乡在就业、教育、社保、养老等方面的差距也进一步扩大。为解决这一问题，国家在2006年全面取消农业税，2007年党的十七大提出“工业反哺农业，城乡一体化发展”。2012年党的十八大报告提出“加快改革户籍制度，有序推进农业转移人口市民化”，中央政策突出于破解城乡二元结构，推进城乡要素平等交换和公共资源均衡配置。2014年开始，对农业规模、数量的追求逐步转向效率提升、结构优化，粮食安全与农业现代化、积极推进结构调整成为政策重心。2015年，中央提出“着力加强农业供给侧结构性改革，使农产品供给数量充足，品种和质量契合消费者需要”的思路；2016年中央农村工作会议明确推进农业供给侧结构性改革，政策激励有规划、成规模、有保障、有体系的农业产业化发展新模式，全面激活城乡大市场，激活要素，激活主体。2017年，乡村振兴战略提出，“坚持工业、农业一起抓，坚持城市、农村一起抓，把农业、农村优先发展的要求落到实处”。2018年10月，习近平总书记在考察广东清远市连樟村时，特别指示要搞好“家门口的就业”，并留下“乡亲们一天不脱贫，我就一天放不下心来”的殷殷嘱托。此后，连樟村以现代农业产业园、乡村振兴综合示范区为重要平台，积极构建农村第一、第二、第三产业融合发展体系。如今，连樟村成了全国首个5G村，并建立了“扶贫车间”，村民接受了培训后在家门口就可以务工，月工资收入最高在3000元以上，不仅促进了贫困户及其他村民更好地致富，也让村产业实现了新的跨越式发展。2019年中央一号文件提出坚持农业、农村优先发展的总方针，优先考虑“三农”干部配备，优先满足“三农”发展要素配置，优先保障“三农”资金投入，优先安排农村公共服务，着力推进城乡融合、均衡发展。

（五）彪炳史册的减贫实践

“治国之道，富民为始。”中国共产党始终坚持人民立场，实现共同富裕是社会主义建设的本质要求，是党坚持全心全意为人民服务根本宗旨的重要体现。

中共中央从 1982 年就开始出台扶贫政策，对乡村贫困予以重点关注。1982 年到 1986 年五个中央一号文件中的扶贫政策以集中连片贫困地区整体脱贫为主，重点推进贫困人群基本解决温饱，摆脱贫困状态。扶贫手段以项目扶持、资源开发带动当地经济发展，辅以以工代赈、减免农业税等开发式扶贫手段。从 2004 年到 2013 年十年间，中央扶贫政策除开发式扶贫之外，还综合运用社会救济、生态移民、易地扶贫、产业化扶贫、劳动力转移培训、整村推进、最低生活保障、行业扶贫等多种手段，多维并进，提高扶贫实效。① 2014 年到 2019 年的中央一号文件重点突出"精准扶贫"策略，"精准"既指扶贫对象要精准，也指扶贫手段和扶贫效果要精准，就是通过结对子、立档案、建台账等手段，因户制定扶贫措施，做到精确帮扶、精确管理，确保扶贫实效。2020 年中央一号文件指出，要巩固脱贫成果，防止返贫。认真查找漏洞、缺项，一项一项整改清零，一户一户对账销号。2021 年 2 月，全国脱贫攻坚总结表彰大会在京举行，习近平总书记向世界庄严宣告，我国脱贫攻坚战取得了全面胜利，现行标准下 9899 万农村贫困人口全部脱贫，832 个贫困县全部摘帽，12.8 万个贫困村全部出列，区域性整体贫困得到解决，完成了消除绝对贫困的艰巨任务，创造了人类历史上的又一个奇迹。

二、中国共产党百年乡村振兴的理念升华

百年乡村振兴实践，中国共产党带领农民进行了一系列变革，始终把发展农村作为全党工作的重中之重。新时代，党的乡村振兴战略，坚持农业、农村优先发展，按照产业兴旺、生态宜居、乡风文明、治理有效、生活富裕总要求，建立、健全城乡融合发展体制机制和政策体系，加快推进农业、农村现代化。

（一）坚持以党的绝对领导为核心的组织理念

中国共产党长期立足中国乡村，在领导农民运动的实践中逐步认识到农民

① 孔繁金．改革开放以来扶贫政策的历史演进及其创新——以中央一号文件为中心的考察［J］．当代中国史研究，2018（2）：113-122+130.

是中国革命的主要力量，反帝、反封建斗争由此展开。伴随“农村包围城市”革命道路的明确，农民这一主力军跟上了革命步伐，乡村和农民从此与中国共产党、中国革命紧紧结合在一起；党也更加锐意于乡村建设事业。

抗战时期党领导乡村建设，积极争取国内各阶层的支持，形成统一战线，夺取了胜利。中华人民共和国成立后颁布了《土地改革法》，大力解放农业生产力。改革开放后，党大力推进各个方面的制度改革，为乡村建设和发展提供了领导保障和制度保障。党的十九大以来，进一步压实五级书记抓乡村振兴的政治责任，充分发挥农村基层党组织的战斗堡垒作用，通过全面提升“头雁”工程质量，锻造了一支政治过硬、本领过硬、作风过硬的乡村振兴干部队伍，党的坚强领导是打赢脱贫攻坚战的最根本前提。

（二）坚持“相信农民，依靠农民”的乡村发展理念

百年乡村振兴，共产党始终坚持、尊重农民的主体地位，让农民成为乡村的主要建设者和受益方。2018 年 3 月，习近平总书记在参加十三届全国人大一次会议山东代表团审议时指出：“要充分尊重广大农民的意愿，调动广大农民的积极性、主动性、创造性，把广大农民对美好生活的向往化为推动乡村振兴的动力，把维护广大农民的根本利益、促进广大农民共同富裕作为出发点和落脚点。”这既是对百年乡村振兴思想的提升，更是未来推动乡村振兴战略的关键所在。农民不仅对农村有着深厚情结，还熟悉农业生产发展规律，他们是美好生活的创造者和乡村振兴战略的参与者，要相信广大农民，依靠广大农民。实施乡村振兴战略要坚持从实际出发，充分尊重广大农民的意愿，激发广大农民的内生动力，唤醒广大农民的主体意识、建设意识与角色意识，调动广大农民的积极性、主动性、创造性，让广大农民参与到农村改革的各项事业当中，不断解放、发展农村社会生产力，充分释放农村发展活力。

（三）坚持城乡统筹和区域协同的协调发展理念

“城乡统筹，区域协同”是中国共产党人在长期乡村建设过程中逐步形成的理念。百年乡村建设实践也一再昭示我们：失衡发展不仅仅体现为经济的失衡，也会带来一系列的社会问题。中华人民共和国成立后，在我国长期的“城乡双轨”制度背景下，发展失衡，贫困农村区域并不少。

习近平总书记指出：“协调是发展两点论和重点论的统一，是发展平衡和不平衡的统一，是发展短板和潜力的统一。”一个国家、一个地区乃至一个行业在其特定发展时期既有发展优势，也存在制约因素。在发展思路上既要着力破解难题，补齐短板，又要考虑巩固、厚植原有优势，两方面相辅相成、相得益彰，才能实现高水平发展。协调是发展平衡和不平衡的统一，由平衡到不平衡，再到新的平衡是事物发展的基本规律。强调协调发展不是搞平均主义，而是更注重发展机会公平，更注重资源配置均衡。协调是持续健康发展的内在要求。党的十八届五中全会提出要“重点促进城乡区域协调发展，促进经济、社会协调发展，促进新型工业化、信息化、城镇化、农业现代化同步发展，在增强国家硬实力的同时注重提升国家软实力”。这既是对协调发展提出的具体要求，也是我们面对当前城市越来越大、乡村越来越空的现实困境，把协调发展作为统筹城乡发展必须遵循的核心理念坚定不移地贯彻实施。

（四）坚持顶层设计和基层实践相结合的振兴方略

2017 年 10 月 18 日，习近平总书记在党的十九大报告中首次提出实施乡村振兴战略，2018 年 1 月 2 日，中共中央、国务院印发《关于实施乡村振兴战略的意见》，提出乡村振兴战略的目标任务：到 2020 年，乡村振兴取得重要进展，制度框架和政策体系基本形成；到 2035 年，乡村振兴取得决定性进展，农业、农村现代化基本实现；到 2050 年，乡村全面振兴，农业强、农村美、农民富全面实现。

2018 年 9 月 26 日，中共中央、国务院印发《乡村振兴战略规划（2018—2022 年)》，提出到 2020 年，乡村振兴的制度框架和政策体系基本形成，各地区各部门乡村振兴的思路举措得以确立，全面建成小康社会的目标如期实现。2021 年 2 月，中共中央一号文件《中共中央国务院关于全面推进乡村振兴加快农业农村现代化的意见》指出，要实现巩固、拓展脱贫攻坚成果同乡村振兴有效衔接。坚持、完善东西部协作和对口支援、社会力量参与帮扶等机制。围绕“加快推进农业现代化”提出要强化现代农业科技和物质装备支撑，构建现代乡村产业体系，推进农业绿色发展，推进现代农业经营体系建设。针对大力实施乡村建设行动，提出要加强乡村公共基础设施建设，强化农业、农村优先发展投入保障，深入推进农村改革。同时，加强党对“三农”工作的全面领导。

加强党委农村工作领导小组和工作机构建设，加强党的农村基层组织建设和乡村治理，健全乡村振兴考核落实机制等。

三、新时期广东乡村振兴的探索与成就

2018年10月23日习近平总书记考察广东清远，指出要下功夫解决城乡二元结构问题，力度更大一些，措施更精准一些，久久为功。要坚持辩证思维，转变观念，努力把短板变成“潜力板”，充分发挥粤东西北地区生态优势，不断拓展发展空间，增强发展后劲，加强脱贫攻坚。广东省上下深入领会、全面贯彻落实总书记指示精神，在乡村振兴和打赢脱贫攻坚战中体现广东担当，贡献广东力量，展现广东作为，提供广东智慧。在广东省立足新发展阶段，贯彻新发展理念，构建新发展格局，着力推动岭南特色优势农产品优质化行动，新型农业经营主体标准化生产行动，科技兴种、强农富民行动，农业、农村“双新双创”行动，构建省、市、县质量安全监管网络行动，区域性重大动植物疫情绿色防控行动，节水、节肥、节药行动，畜禽养殖废弃物资源化利用行动，耕地地力保护和质量提升行动，改革创新激活农业、农村发展新动能行动“十大行动”，聚焦“三农”领域突出短板开展“九大攻坚”行动①，把农业做特、做优、做强，促进广东向现代农业强省跨越。广东省科学地编制了《广东省农业农村现代化“十四五”规划》，印发了《关于全面推进乡村振兴加快农业农村现代化的实施意见》，这是新发展阶段广东省抓“三农”工作的具体行动方案和施工图，将引领全省建设彰显岭南地域、文化和历史特色的新乡村，让广东大地展现山清水秀、天蓝地绿、村美人和的新时代画卷。

---

① 一是开展农村违法乱占耕地建房整治攻坚行动，着力破解宅基地“一户多宅”、农村违法建设、农房安全隐患、新建农房管理等重点问题；二是开展高标准农田建设攻坚行动，着力破解农田撂荒问题，推进耕地复耕、复种；三是开展种业翻身仗攻坚行动，着力打造一批广东优势特色种业品牌；四是开展农村生活污水治理攻坚行动，力争到2022年，全省农村生活污水治理率达到50%以上；五是开展农村供水保障攻坚行动，着力实现自然村集中供水全覆盖，农村自来水普及率达到99%；六是开展村内道路建设攻坚行动，着力推动全省自然村符合要求的村内道路面基本实现硬底化；七是开展“美丽圩镇”建设攻坚行动，着力推动每个乡镇打造一条不少于10公里、覆盖圩镇的美丽乡村风貌带，提升圩镇公共基础设施、公共服务水平；八是开展渔港建设攻坚行动，着力推动渔业产业向环境可持续、规范化生产、质量效率型、产业结构与布局转型升级；九是开展金融支持乡村振兴攻坚行动。着力推动涉农保险扩面、增品、提标，提升乡镇银行网点、保险服务，以及行政村基础金融服务的可获得性、便捷性。

首先，强化党组织对乡村振兴的引领和带动。坚持党的绝对领导是实施乡村振兴战略的前提的保障。乡村振兴战略是实现我国富起来的有力抓手，农村基层党组织作为党的组织体系的基层单元，是团结、带领群众建设美好生活的领导核心，是党联系群众的桥梁和纽带，是党在基层组织中的战斗堡垒。如广东东莞市茶山镇选优配强农村（社区）“两委”领导班子，引导外部社会人才和新乡贤投入农村建设，发挥群众主体作用，完善村民议事机制，激活乡村治理内生动力。一方面深入推进“头雁”工程。配强村（社区）“两委”班子，完善村级党组织书记能力提升路径和干事创业激励保障机制；并按照“一个项目、一名领导、一套班子、一抓到底”的“四个一”要求，加快推进重点项目落地、落实。持续开展干部轮岗交流工作，实施党员教育精品工程，创新探索“模拟课堂”“一线课堂”等党员教育精品课程。广州市黄埔区采取“上挂下派”推进“固本强基”工程。从区直机关、事业单位和国有企业中选派了28名党性强、综合素质高的党员干部担任28个行政村的党组织第一书记，实现辖区全覆盖。建成3个党群服务中心示范点，乡村基层组织建设不断加强，新龙镇洋田被评为全国乡村治理示范村。强化“第一书记”管理，完善第一书记日常工作制度，量化工作评价指标，每季度定期分析第一书记工作成效，找差距，补短板，提升“头雁”实效。

其次，坚定不移走城乡融合、协调发展之路。广东切实把地方工业优势转化为城乡融合的牵引器，推动资本下乡促进农业产业化，激发乡村活力，促进农民增收，助力农业提质、增效。如广州市黄埔区依托其工业优势，实施工业化牵引城乡融合发展战略，运用工业化思维谋划城乡融合型布局，发展城乡融合型产业，净化城乡融合型生态，创新城乡融合治理，共享城乡融合成果，探索出了一条基于自身优势的切实可行的城乡融合路径。一是打造现代都市农业产业园。初步形成了以洋田村太空农业硅谷项目为代表的田园综合体新型产业，利用城乡融合的特点，在红山街等交通便利、人流集中的地区建设了红山街双沙社区基本农田观光示范园。二是推动“百企帮百村”行动。积极推动区属国企、驻区国企、高新企业、外资企业等参与乡村振兴工作，以企业带动产业，企业与村结对帮扶，扎实推进乡村振兴战略。梅州市蕉岭县发挥本地资源禀赋条件和空间优势，构建具有比较优势、创新能力和持续盈利能力的产业结构和各种业态，完善城乡产业分工体系，推进城乡第一、第二、第三产业融合发展，突出“生态区”特性，找准产业发展方向，大力发展百香果、茶叶、火龙果、三华李等产业，带动村民增收致富，建立蕉岭县食用菌扶贫产业园，形成“小木耳，大产业”之特色，高质、高效推进城乡融合。2020 年，全县实现生产总值突破 100 亿元，同比增长 5.1%；一般公共预算收入 6.02 亿元，常住人口城镇化率 55.52%。第一产业增加值为 17.46 亿元，同比增长 5.0%；第二产业增加值为 44.39 亿元，同比增长 8.0%；第三产业增加值为 38.28 亿元，同比增长 2.2%。蕉岭地区生产总值增速比全国（2.3%）、全省（2.3%）、全市（1.5%）分别高 2.8、2.8、3.6 个百分点，增速居全市第一位；从总量看，经济总量首次突破百亿元大关，在全市经济中的占比由 2015 年的 7.1%提高到 8.3%。

第三，坚持“三精”方向，构建“三化”乡村产业体系。广东省牢牢抓住“五个振兴”，以“发展精细农业，建设精美农村，培养精勤农民”为主攻方向，推动农业全面升级，农村全面进步，农民全面发展。在精细农业发展方面，大力推动数字农业运用实践，以省级现代农业产业园区为重点，建设 5G 智慧农业产业园区，构建基于 5G 网络的智慧农业互联网；在精美农村建设方面，从进一步优化乡村规划体系、加快改善农村环境、提升农村风貌、治理农村生态环境突出问题、补齐农村基础设施和公共服务短板、加强并改进农村基层治理等方面推进建设富有岭南风韵的精美农村；在精勤农民培养方面，持续实施“广东技工”“粤菜师傅”“南粤家政”等工程，力争到 2022 年基本实现 50 岁以下农业从业人员全员培训，培育一大批知识型、技能型、创新型的乡村振兴复合人才。在构建现代乡村产业体系中，突出“三化”带动。一是结合构建“一核、一带、一区”区域发展格局，突出集群化发展，提升产业整体竞争力，进一步强化“跨县集群、一县一园、一镇一业、一村一品”现代农业产业体系，重点培育粮食、蔬菜等 10 个千亿元级集群和茶叶、南药等 5 个百亿元级集群。二是坚持品质化导向，推动产业迈向价值链的中高端，进一步提升潮州单丛、英德红茶、新会陈皮、化州橘红、梅州金柚、茂名荔枝、徐闻菠萝、增城菜心、湛江对虾等岭南特色农产品品牌影响力，依托大湾区市场拓展更多渠道，运用“互联网+”推动农产品出村、进城，让广东特产通四海、卖全球。三是以多元化业态壮大产业发展新动能，大力发展都市农业、设施农业和休闲农业，打造集生态、教育、绿化、休闲于一体的田园综合体，塑造“粤美乡村”品牌，把城市的产业链条延伸至乡村，把高水平要素资源导入乡村，加快推动乡村产业发展向广度、深度进军。

第四，坚持对口帮扶协同发展。东西部协作和定点帮扶是推动区域协调发展、协同发展、共同发展的重大战略，是实现先富帮后富，最终实现共同富裕目标的重大举措。习近平总书记指出：“西部地区特别是民族地区、边疆地区、革命老区、连片特困地区贫困程度深，扶贫成本高，脱贫难度大，是脱贫攻坚的短板，进一步做好东西部扶贫协作和对口支援工作，必须采取系统的政策和措施。”2016 年以来，广东省承担了对广西、四川、贵州、云南 4 省（区）14 个市（州）共 93 个贫困县的帮扶，累计援助扶贫协作地区各类帮扶资金 671 亿元，派出党政干部 480 人、教师医生等人才 9597 人，引导 13710 家企业实际到位投资 3543 亿元，实现消费扶贫金额 591 亿元①。广东协作帮扶的 4 省（区）14 个市（州）93 个贫困县已全部实现脱贫摘帽，为全国脱贫攻坚贡献广东经验。在粤桂协同、帮扶脱贫攻坚中，广东坚持规划引领，因地制宜地确定扶贫主导产业，推动贫困地区特色产业快速发展。在贵州省毕节地区，诞生了以广药集团研发的刺柠吉系列为代表的优质产品，2020 年刺柠吉系列产品销售已突破 5 亿元，带动贵州刺梨生产加工企业销售额同比增长 30%以上，贵州刺梨种植面积超 200 万亩，受益刺梨农户超 21.7 万人，户均增收突破 7000 元。又比如，在东兰县建设了“母子车间”，一个县 13 个镇办了分车间，带动了 6310 人就业，其中贫困劳动力 1630 人。同时，积极开展“消费扶贫”，在黔南州罗甸县推广“线上+线下”有机融合的销售模式，打通“黔货出山”销售渠道，让罗甸“双果”等特色农产品真正流入大湾区。2020 年，罗甸县农特产品销往粤港澳大湾区市场，总收入达 1.24 亿元，带动贫困户 1356 人增收。

五年来，广东一共推动 1.37 万家企业到扶贫协作 4 省（区），建立 147 个产业园，入驻园区企业吸纳 1.46 万贫困人口。在粤桂协作中首创贫困村致富带头人“双培、双带、双促”培训模式，依托当地刺绣等特色行业开展技能培训，扶持当地的致富能手带动就业，充分激发贫困地区内生动力，筑牢贫困地区发展之基，为巩固扶贫成果，持续推进乡村振兴提供有力支撑。

回顾百年来中国共产党在乡村振兴中的不懈探索，有助于我们更好地理解

---

① 广东累计援助扶贫协作地区各类帮扶资金 671 亿元［EB/OL］. http：//kb. southcn. com/content/2020-12/03/content_ 191797058. htm.

并贯彻以习近平同志为核心的党中央全面“乡村振兴”的政策体系，更有助于我们增强制度自信、道路自信、理论自信。乡村振兴，党的领导是核心，要充分发挥党把方向、谋大局、定政策、促改革的主心骨作用；乡村振兴，产业发展是基础，要鼓励、扶持农民群众立足本地资源发展特色农业、乡村旅游、庭院经济，多渠道增加农民收入；乡村振兴，协调、均衡是关键，坚持城乡一盘棋，推进城乡之间、工农业之间协调发展，加快建立、健全体制机制，逐步推动人才、土地、资本等要素在城乡间双向流动；乡村振兴，全面统筹是责任，加强东、中、西全域协同发展，让东部与中西部经济对流，推动国内经济大发展、大循环，为乡村振兴提供强有力的支撑和根本保障。

在中国共产党百年发展历程中，乡村始终是党的执政之基。在新时代，习近平总书记提出要“坚持农业、农村优先发展，实施乡村振兴战略”。这一方略是全方位、成体系的政策框架和政策组合，是对几代中国共产党领导集体智慧的继承和发扬，是乡村发展的出发点和最终归宿，是乡村发展之魂。展望未来，我们有信心、有决心到2035年基本实现农业、农村现代化，到2050年实现乡村全面振兴，让农业高质、高效，农村宜居、宜业，农民富裕、富足。

作者简介：刘伟，广东省社会科学院国际问题研究所所长、研究员。

中国共产党农村土地制度的百年实践与经验研究

陈　彤　蔡雪雄

摘　要： 建党百年，中国共产党领导下的土地制度也经历了新民主主义革命时期、社会主义改造时期、改革开放时期和党的十八大以来四个历史阶段，每个历史阶段的土地制度的制定和实施都基于各个阶段特有的社会主要矛盾，围绕党和国家的发展战略，以及农民和土地的关系问题进行设计，并总结出与之相适应的中国特色的实践理论。中国乡村土地制度的百年变迁，伴随着中国共产党取得政权、建设社会主义中国的历史进程，不断探索并与时俱进。

关键词： 乡村土地制度；中国共产党；百年变迁；规律

中国共产党领导下的乡村土地制度的设计基于党在不同历史阶段的战略目标，围绕不同阶段社会主要矛盾的实际，循着推翻旧制度、建立政权、巩固政权和建设社会主义强国的目标演进。土地制度作为重要的底层制度，伴随着中国共产党的成长，在不断地纠偏中，将基层党建与提升农业生产力、优化农业生产关系相结合，在制度的演进中展现出强大的政治引领优势，从而形成了与中国实际紧密结合、与社会主要矛盾变迁相适应的具有鲜明的中国特色和社会主义内涵的农村土地制度演进与变迁的历史脉络与经验道路。

一、党的土地制度百年变迁的理论实践

下面按照新民主主义革命时期、社会主义改造时期、改革开放时期和党的十八大以来四个历史阶段，阐释农村土地制度确立及其政策制定的理论依据。

（一）新民主主义革命时期：土地革命

土地革命时期，中国共产党在血的教训中确立了“农村包围城市”的战略思想。就此，农民问题成为中国共产党能否走向革命胜利的根本问题。马克思的所有制理论“侧重从整个社会系统来理解所有制的长期演变问题，并将所有制视为人们围绕资源占有而形成的社会关系，重点阐释这种关系的形成动因、内在结构及演变趋向，以此为整个社会的长期演化提供规律性认识，其分析为解析土地制度的长周期演变提供了理论渊源”[1]。中国共产党在马恩列思想的指导下，结合中国农村实际，充分认识到只有推翻地主土地所有制，才能从根本上撼动旧中国的制度根基。土地革命极大地提升了农民的社会地位和经济地位，得到了农民的拥护。在土地革命中，诞生了毛泽东的农民思想和中国共产党的阶级分析理论。

1. 毛泽东的农民思想

毛泽东深刻地体察到了物质利益是农民参加到革命运动中的主要原动力。因此，提倡在土地制度设计上照顾农民利益。毛泽东的农民思想兼顾了农民的物质利益，同时注重将农民的思想文化与精神境界教育提升放在突出位置。毛泽东尤其强调要通过开展思想政治教育，包括马克思主义理论教育根除革命队伍中的小农意识，提高农民阶级的共产主义觉悟[2]，从而创造性地将政治、军事、文化教育融合，形成独特而卓越的中国农民教育思想和寓教于乐、深入浅出的教育宣传方式方法，并逐步发展成为毛泽东的农民思想体系。

2. 阶级分析理论

毛泽东通过《永新调查》《宁冈调查》等认识到旧中国农村土地所有制关系决定了旧中国农村的阶级关系，并从中找到了中国革命的主体、动力、战略路径、战略目标、基本路线、根本方针和具体政策①，并以史为鉴，基于马克思主义的阶级分析观，了悟出人类历史就是一部阶级斗争史，从而提炼出了毛泽东思想的精髓——阶级斗争理论。阶级斗争理论在中国诞生，直击中国底层农民阶级的根本诉求，也就很直接地引起了农民阶级这个中国革命有生力量的

① 李正图. 论毛泽东土地制度和土地革命思想对当代中国发展的战略价值［J］. 上海经济研究，2011（8）.

强烈共鸣，并在实践中实现了中国共产党与农民阶级的“思维同构”。基于阶级划分的指导思想，中国共产党确定了农村土地政策的立场，审时度势不断调整并制定最有利于佃农和自耕农的土地政策。

（二）社会主义改造时期：“三级所有，队为基础”

中华人民共和国于 1954 年颁布的第一部《中华人民共和国宪法》第一章第五条规定：“中华人民共和国的生产资料所有制现在主要有下列各种：国家所有制，即全民所有制；合作社所有制，即劳动群众集体所有制；个体劳动者所有制；资本家所有制。”随着社会主义改造的深入，为了配合从农业中提取剩余以积累原始资本发展工业化的国家战略，自人民公社化运动以后，农村土地制度服务于农业剩余支援工业发展的国家战略。《宪法》进行了修正，在逐步实现由新民主革命时期向社会主义改造时期的过渡中，形成了农村土地”三级所有，队为基础”的集体经济格局，为 1975 年修宪奠定了制度性基石。1975 年修订的《中华人民共和国宪法》第一章第五条对生产资料所有制的规定调整为两种，即社会主义全民所有制和社会主义劳动群众集体所有制。

诺思的制度变迁路径依赖理论提出制度变迁是基于构成制度框架的正式规则、非正式规则和实施机制三方的边际调整。根据制度变迁路径依赖理论，中华人民共和国成立后土地制度的社会主义改农村土地所有从农民所有制到“三级所有，队为基础”的集体所有制的变迁，是在尊重正式规则（《宪法》规定）、非正式规则（乡土社会传统）所决定的制度变迁的“路径依赖”的基础上做出的土地管理内部化与外部化成本最优化的选择，体现出以村民为根本的土地管理思想。

（三）改革开放和党的十八大以来：由两权分离到“三权”分置

改革开放后，农村生产力又一次被释放。市场化的试点铺开之后，“三权”分置从用益物权的角度对农村土地制度做出了新的诠释。随着市场化改革进程的深入，2018 年颁布的《中华人民共和国宪法修正案》第一章第六条进一步明确了以全民所有制和劳动群众集体所有制为代表的生产资料的社会主义公有制是“中华人民共和国的社会主义经济制度的基础”。

1.《土地管理法》和科斯定理

1986年，首部《土地管理法》出台，几经修正，新修正的《土地管理法》赋予集体经营性建设用地入市权利。那么，如何经由土地制度在资本、农民和村庄之间形成有效的治理范式？科斯认为，契约安排的理想状态是将权利配置给那些能够最具生产性地使用权利，并且激励他们这样使用的动力的人[①]。于是，工商资本很快成为那个有“使用的动力的人”。农民主体性作为中国特色农村土地制度的基本遵循，要求优先保障农民的合法权益，并以“三农”发展为目标，基于这个前提，如何引导工商资本为“三农”服务？无疑，科斯定理的中国实践将被嵌入更多的社会责任意识，而非单纯的资本考量。

2.《民法典》统领

2020年，经过改革开放40年由两权分离向“三权”分置的探索实践，《民法典》作为首部全国性立法，对农村土地制度中的产权关系做出了统一的标准认定，解决了长期的法律依据模糊甚至混淆的问题。其中，赋予农民对农业用地的承包权和对宅基地的资格权长期不变的权益，赋予两者的经营权法律规定的合法性权益，保障了农民个体的土地财产权和收益权。

二、党的土地制度百年变迁的历史评判

中国共产党根据不同历史时期的社会主要矛盾和经济、社会发展需要，确立了不同时期的土地制度，并制定了与当时生产力和生产关系相适应的土地政策。各个时期土地制度和土地政策制定的理论依据也是与时俱进的。

在土地革命时期，为了争取贫下中农的支持采取的土地私有制被历史证明是正确的土地路线，土地权益激发的政治觉悟让中国共产党武装夺取政权的革命纲领得以有效地贯彻，并取得了胜利。中华人民共和国成立后，为了支持工业化，土地政策逐渐转向公有制，其间进行了人民公社化的探索。但随着土地生产效率的下降，又对土地政策进行了反思，20世纪70年代在总结小岗村做法的基础上推广农村土地“大包干”的经验，最终形成“家庭联

① 卢现祥，朱巧玲．新制度经济学［M］．北京：北京大学出版社，2014：115-123。

产承包责任制"。

中国共产党的农村土地所有制政策是与不同历史时期的社会主要矛盾和生产力与生产关系水平相适应的，自建党以来经历了私有制、公有制及多种所有制并存的探索与发展历程。尤其是党的十一届三中全会以来，在"两个毫不动摇"的基本经济制度的指导下，个体、私营经济和外资经济与公有制并存，对物权的保护与日俱增。混合所有制经济的政策规定推动了联合经营。至十四届三中全会召开，农村土地进入产权流动和重组的探索阶段，催生了1997年十五大首次提出的混合所有制经济的概念，农村土地继而由两权分离向"三权"分置的制度演进。

20世纪90年代，"三权分置"的政策和实践已经在重庆、浙江、安徽等地相继开展。2008年，中共中央发布《关于推进农村改革发展若干重大问题的决定》，启动农村土地确权工程。党的十八大进一步构建了农村土地制度"四梁八柱"格局，土地制度改革的市场化步伐加快了，并逐步确立了农民的市场主体地位。在党的第十九大上，习近平总书记针对农村闲置房屋提出宅基地产权改革要求，宅基地"三权分置"制度的完善也紧锣密鼓地开展①。截至2018年6月底，全国农业承包地确权面积13.9亿亩，有17个省份基本完成确权工作[3]。于是，在曲折中转型的农村土地制度在2020年随着《民法典》的出台给了农村土地流转一个安心的答案——关于"三权"分置的法律解释，为实践中的农村土地流转市场化提供了明确的产权依据。"三权"分置产权制度下的混合所有制新格局适应了新时代乡村振兴的要求，激发出生产关系对新型生产力及其发展水平的调整与适应，以家庭承包经营为基础、统分结合的双层经营体制在实践中日臻完善。(见表1)

表1　建党百年四个历史时期的土地所有制形式

四个历史时期	土地制度设计	经历时间	所有制形式	所有制实现方式	释义
新民主革命时期	农民所有制	1929—1949年	土地私有	土地革命	阶级成分划分，维护农民物质利益最大化

① 杨建海. "三权分置"背景下土地养老的信托模式研究［J］. 中国软科学，2018（2）.

续表

四个历史时期	土地制度设计	经历时间	所有制形式	所有制实现方式	释义
社会主义建设时期	从私有制过渡到集体所有制	1949—1953年	土地私有制	分田到户	耕者有其田，解放生产力，农民享有土地权益
		1953—1977年	土地私有向集体所有的制度变迁	人民公社化	1956年确立“三级所有，队为基础”的农村土地产权格局，以村庄划分农地产权边界，土地权益由集体分配
改革开放阶段	两权分离向“三权”分置过渡与完善	1977—2020年	土地集体所有	家庭联产承包责任制	工商资本下乡，加速了土地制度变迁
党的十八大以来		2020年—至今	土地集体所有	家庭联产承包责任制	规范土地流转，出台《民法典》

资料来源：作者整理。

在土地制度演替的过程中，一些政策、法规的调整具有里程碑的意义。将这些重要法规及其主要内容梳理如下：

1. 1928年颁布的《井冈山土地法》是土地革命初期第一部较为成熟的土地法，这部土地法彻底废除了封建性、半封建性的剥削制度，提出“以乡为单位”“以人口为标准”[①] 的土地分配方案，从法律的角度保障了农民的合法权。

2. 土地革命初期的1929年，颁布了《兴国土地法》。这是中国共产党在总结早期土地革命经验的基础上，根据革命斗争中团结中农的需要制定的第一部土地法规。其中，将早期的“没收一切土地”的政策调整为“没收一切封建地

---

① https://baike.baidu.com/item/%E4%BA%95%E5%86%88%E5%B1%B1%E5%9C%9F%E5%9C%B0%E6%B3%95/6444287.

主阶级土地”①，这个路线性的改正让中国共产党做到了团结一切可以团结的力量。

3. 解放战争后期颁布的《中国土地法大纲》明确规定“废除封建性及半封建剥削的土地制度，实现耕者有其田的土地制度”“乡村中一切地主的土地及公地由乡村农会接收”。明确规定“废除一切地主的土地所有权”，按照“乡村全部人口”“统一平均分配土地”②。

4. 中华人民共和国成立后的1950年颁布的《中华人民共和国土地改革法》规定：实行农民的土地所有制③，由人民政府发给土地所有证，并承认一切土地所有者自由经营、买卖及出租土地的权利[4]。

5. 1983年“中央一号文件”的出台，标志着“家庭联产承包责任制作为农村改革的一项战略决策”④的正式确立，是对于1982年中国共产党发布的第一个中央一号文件提出的包产到户、包干到户是社会主义集体经济的生产责任制的进一步回应，也是对1980年9月出台的《关于进一步加强和完善农业生产责任制的几个问题》的文件的深化。2002年颁布的《农村土地承包法》将农村土地承包关系的长期稳定性作为土地制度的纲领，两权分离，确保家庭联产承包责任制的落实。

6. 2020年颁布的《民法典》，根据“十三五”期间土地政策实践中的经验与问题，完善了农村土地“三权”分置的法律依据，明确了三方主体的权益。

三、党的土地制度百年变迁的实践经验

与时俱进的政策调整，体现了政策指向的先进性与科学性。而每个历史时期的时代背景所赋予的特定的社会主要矛盾推动着土地制度的变迁和土地政策的调整。

---

① https://baike.baidu.com/item/%E5%85%B4%E5%9B%BD%E5%9C%9F%E5%9C%B0%E6%B3%95/9853200

② https://baike.baidu.com/item/%E4%B8%AD%E5%9B%BD%E5%9C%9F%E5%9C%B0%E6%B3%95%E5%A4%A7%E7%BA%B2/7147857?fr=aladdin。

③ 张林栋．土地革命与中国共产党［J］．青年生活，2020（7）．

④ https://baike.baidu.com/item/%E5%AE%B6%E5%BA%AD%E8%81%94%E4%BA%A7%E6%89%BF%E5%8C%85%E8%B4%A3%E4%BB%BB%E5%88%B6/627664.

（一）建党百年四个历史时期社会主要矛盾的变迁

新民主革命时期，半封建半殖民化的社会现实加重了贫富分化和民族危机，帝国主义、资本主义和封建主义这三座大山让百姓民不聊生。尤其是代表大地主利益的国民党政府颁发《土地施行法》《修正土地法原则》《各省市地政施行程序大纲》等土地政策，维护土地私人垄断，导致佃农被严重剥削。同时，国民政府将政府的田赋权利划归到地方管理，助长了土豪乡绅的各种苛捐杂税和军阀的强行摊派，农民阶级温饱都成了问题，社会矛盾不断激化。

中华人民共和国成立初期，百废待兴，社会主要矛盾表现在百姓安居乐业的愿望与生产力落后之间的矛盾，经过 3 年的积累，国家在战略层面做出了调整，在“实现国家的社会主义工业化”进而建设四个现代化的蓝图的驱动下，党的农村土地政策逐渐进入社会主义改造阶段，此时的社会主要矛盾是国际矛盾的内化，以及无产阶级和资产阶级的矛盾。

社会主义改造完成后，资产阶级被消灭，社会主要矛盾转化为人民日益增长的美好生活需要同落后的生产之间的矛盾。尤其是农业生产力不适应生产关系的矛盾日益突出。1978 年，随着改革开放，工业化和城镇化加速发展，农民大量进城务工，耕地抛荒日渐严重。于是从 20 世纪 90 年代开始，出现了工商资本下乡，农村人地关系面临调整。

党的十八大以后，社会主要矛盾表现为人民日益增长的美好生活需要和不平衡、不充分的发展之间的矛盾，如何让全体人民共享改革开放的成果、缩小区域间和城乡间的发展差距？乡村振兴工程聚焦到了城乡融合以及农业农村优先发展。

（二）社会主要矛盾变迁下的土地制度

中国特色社会主义的农村土地制度在推动社会经济稳定发展方面有着积极作用。随着不同时期中国社会主要矛盾的变迁，以及生产力发展要求和生产关系调整的需要，农村土地制度和土地政策也随之调整与适应。

1. 新民主主义革命时期

这个时期，中国共产党的土地革命相继在各个根据地展开，形成了经验范式。

第一，通过分田和土地确权建立并巩固政策话语权。

以土地财产和物质利益作为开启阶级话语嵌入的“钥匙”①，与农民阶级的诉求达成共识，是中国共产党领导的土地革命在执行层面的方针。1931 年闽西苏维埃政府发布的《土地委员扩大会议决议》明确规定农村土地的农民所有权，由各县苏维埃政府给农民颁发分田证、土地证和耕山证，而中共中央 1946 年的《五四指示》和 1947 年的《中国土地法大纲》，则彻底宣告消灭封建土地制度。政策首先激活了生产力，农民物质利益显著改善，乡村文化氛围提升，妇女解放运动如火如荼。

第二，不断总结、推广毛泽东土地革命思想及其经验模式。

土地革命思想率先在革命根据地的工农革命军中宣传，极大地鼓舞了士气，还摸索出了“宣传政策—广泛发动—树立模范典型—培养各级骨干—组织性”经验模式，同时总结出从土地改革到发展生产的十大工作流程及要点：调查—整党—组织贫农团和农会—划分阶级成分—分配封建土地和封建财产—调整或改订农业税（公粮）负担的标准—整顿党的支部组织—恢复、发展农业生产[5]，从而增进了农民阶级对党的土地政策的信赖，并加深了对中国共产党信仰的认同。

第三，阶级分析工具深入实践奠定了土地革命的联盟基础。

基于阶级分析，中国共产党确立了“贫下中农利益至上”的土地分配原则，探索出以乡为单位分田最有利于贫雇农的经验；按人口平均分配，给妇女分田，从而有效引导妇女成为中国革命的重要生力军。同时，不断在实践中调整方针政策。例如，基于团结一切可以团结的力量的方针，最终确立了“联合中农，不消灭富农”的原则；对革命对象地主阶级的界定也渐渐不再以占有土地多寡为标准，而实行综合考查、多元标准，避免因革命对象扩大化而削弱革命同盟②。

第四，通过开展查田运动，唤醒农民阶级意识。

工人阶级领导的查田运动实质上是推行身份的阶级化，进而使阶级身份与政治地位和社会资源占有力匹配，完成从思想觉悟、政治身份到物质利益的高度统一，造就现实的革命力量。因此，做的第一件事是宣传地主阶级压迫、剥

① 张倩. 2019 届硕士学位论文. 土地革命战争时期中国共产党阶级话语建构研究.

② 王款. 土地革命时期解决中国农村问题三种方案的比较研究 [D]. 秦皇岛：燕山大学，2018.

削农民阶级的新观念，先是“讲阶级”而后“查阶级”“通过阶级”，完成对阶级成分的认定。为此，毛泽东提出分四个步骤一级一级、层层通过的办法：贫农团大会—乡查田委员会—区土地部—村子群众会。尤其是在“通过阶级”阶段，充分实行基层群众民主，走群众路线，因此既确保了阶级成分界定的正确性，也达到了更有效更充分发动群众参与的效果。

2. 社会主义改造时期

1950 年，中华人民共和国成立后颁行第一部完善的土地改革法律《中华人民共和国土地改革法》出台，这部法律在汲取土地革命时期的经验和成果的基础上，确立了农村土地的农民所有制，政府引导农民组织起来成立互助组，合作开展农业社会化服务。在当时的历史条件下建立起来的内循环主导的经济体系，通过工农业“剪刀差”，以农业剩余为工业体系建设提供稳定的原始积累资金[6]，成为这个时期重要的国家战略。经过 1950—1953 年的 4 年时间，在全国范围推行并全面实现了农业合作化，也宣告了农民土地所有制的终结，农村土地收归集体所有①，开始了长达 20 年的人民公社阶段，城乡二元结构形成。

3. 改革开放时期和党的十八大以来：由两权分离过渡到“三权分置”

从 1978 年至今，包干到户、包产到户的家庭联产承包责任制给了农民土地生计保障，并在改革开放之初有效调动了小规模农户农业生产的积极性。

第一，始终坚持将“三农”导向作为土地政策的指导思想。

尽管行政征收所导致的权力上的垄断、寻租以及法律上的依据缺失造成农村土地在由两权分离向“三权”分置过渡期间的种种纠纷与困扰，但 2017 年的中央一号文件还是揭开了实施“三权分置”的序幕。同年，住建部发布《利用集体建设用地建设租赁住房试点方案》以确保农村土地“三权分置”制度的推行可以首先让农民受益——防止炒房现象发生，保障农村大量的空置房乃至空心村开发中的财产流转性收益的合规性②，增加农民的货币财产收入。

第二，探索因地制宜的经验模式。

政府主导的土地集约互换流转模式和土地转包，以及民间土地出租模式已

---

① 胡应泉. 公有，还是私有？——土地革命以来中国土地制度的变迁简析［J］. 陇东学院学报，2014（2）.

② 宋才发，金璐. 三权分置：农村土地制度创新的法治基础［J］. 中南民族大学学报（人文社会科学版），2018（5）.

然普遍存在，土地信托作为一种金融创新，发展出有着不同地域特色的政府主导、公司主导与合作化模式等。

第三，国家土地治理能力集中体现在粮食安全保障上

国家的土地治理能力关乎国家粮食安全，因此，土地市场化运作中的国家干预关键在于保障公共利益的实现，尤其是耕地保护和粮食安全[7]。在制度上，这主要是通过土地规划和严格的土地用途管制实现的[8]，如严守 18 亩耕地红线的政策和粮食生产储备基地措施等。

四、对党的土地制度改革方向的思考

土地制度改革彰显国家治理能力和治理效能。我国农村改革是从调整农民和土地的关系开启的[3]。从推进城乡土地一体化管理、实现集体土地价值和保障农民基本土地权益的角度考察，土地制度改革促进国家治理能力提升的背后共同体现的是国家试图通过土地制度改革、调控国家、集体和农民关系的政治和治理逻辑[8]。

（一）农村土地政策要有全局观，以及国内、国际双重视野

新时期，中国社会的主要矛盾已经不再聚焦于城乡二元结构，而转向农村社会如何实现真正的繁荣、以及乡土中国如何复兴的问题。在新冠肺炎疫情全球蔓延和中国经济双循环新发展格局下，农村社会又一次成为中国社会发展的稳定器和引擎，成为内循环闭环的关键环节。

从经济学的角度分析，"三权分置"虽然解决了目前资本下乡的物权瓶颈，但它的制度设计中的产权残缺隐患也是显而易见的。一方面，它所延伸的土地权益的链条，不利于实现三方土地利益的博弈均衡[9]。另一方面，它为土地的资本属性奠定了制度基础，也因此埋下了高杠杆炒作的风险隐患。信托等金融业态的介入，对于土地经营制度的监管提出了更高的要求。同时，土地经营权物权化所涉及的不仅是制度设计的法律问题，还包括利益平衡的政治问题[10]。对于农民和农业的新定位将上升为国家发展战略的议题，围绕农村土地产权问题和粮食安全的土地政策等方面，农村土地制度还有很多创新、发展和完善的空间。

（二）中国特色农村土地制度的设计离不开乡土社会和集体经济

土地作为一种制度设计，其农民的生计保障功能是否需要改革？目前，农合保参保率低，农村社会保障未能发挥农民对宅基地生计依赖的替代功能，致使农民失地风险高。从社会学和人类学的角度分析，在农业现代化和城乡一体化进程中，中国农村土地制度带有天然的东方文化属性，与农民的身份认同和宗族认同有很大关系。农村土地制度的中国特质在于它的乡土黏性。因此，需要从乡土社会发展的宏观可持续视角思考农村土地制度之于乡土社会和谐发展的意义，以这样的底层逻辑配合国家发展战略来设计农村土地制度，兼顾经济学和社会学，乃至人类学的方法论，才能在根本上带动乡村的社会和经济体系的振兴。钱文荣和郑淋议[11] 认为“要在集体所有的框架下选择性终止和创设集体组织的相关职能；另一方面，要在家庭经营的基础上继续推进农地‘三权’分置改革，增强农地制度适应环境变化的能力”。集体经济组织作为农村土地制度的承载和执行方，是中国特色农村土地治理框架的重要构件。

（三）城乡一体化与土地保障替代是农村土地制度设计的趋势

“农村土地制度变革的根本动力，表面上看是人地矛盾，深层次看还是生产关系要适应生产力发展的客观规律”[3]。改革开放以来，“城乡土地二元制度与官员晋升机制、财税制度与金融制度之间的激励相容机制，催生出了一个以‘土地引资、土地财政和土地金融’为核心的高效融资模式，成为解释中国特色工业化的关键变量”[10]。城乡二元结构在制度性的断裂和自由经济的主导下，继续两极分化。如何通过土地制度的改进引导建立科学的城乡资源分配体系及乡村土地收益的利益分配机制，从而激活乡村生产力和生产关系，打破城乡二元的鸿沟，让农民平等分享改革发展的成果，是“十四五”时期要面对的课题。站在国家层面设计城乡一体化的土地制度，势必要考虑到将来越来越多农村居民定居城镇而不再是农民身份的问题，那么，与农村户口捆绑的土地承包经营权将兑变成为福利保障从而丧失其农业生产属性，那么，农村的土地政策就需要基于各地的现实情况和城乡一体化的视角统筹与调整，例如统筹考虑务农者身份的土地承包权优化政策和离农者社会保障补偿制度等。

（四）土地生态制度成为国家治理的重要范畴

土地制度运行的内在规律是土地经济学一直在探讨的问题，它在所有制之外提出了土地制度是否存在内生性运行的规律问题。农村土地作为自然界的一种客观存在，具有自修复和涵养城市生态的独特功能，土地向人类社会提供生产、生活和生态功能，并进一步影响着人类社会的生存发展，依附其上的物权则由财富分配决定，受市场资源配置关系的影响，于是，土地制度与国家治理相互嵌合，而无法超越所有制之外，但农村土地有别于城市土地的生态政策属性已然彰显。

中国农村土地制度的变革不但要立足于农民农业，更要立足于乡土社会与自然生态的和谐共生。尽管建党百年中国城乡土地制度演变的内在机理体现出国家战略主导的制度选择[1]，然而生态可持续的土地制度及其利用方式与有效的国家治理模式始终有着紧密的关联性，这就决定着国家的土地制度及其土地利用方式在兼顾生产与生活的同时，必然高度重视农地生态与自然环境的保育，农村土地生态制度应该成为充分尊重土地内生特性的必要的制度安排。

参考文献

[1] 高帆. 中国城乡土地制度演变：内在机理与趋向研判 [J]. 社会科学战线，2020（12）：56-66.

[2] 李正图. 论毛泽东土地制度和土地革命思想对当代中国发展的战略价值. 上海经济研究 [J]，2011（8）.

[3] 韩长斌. 中国农村土地制度改革 [J]. 农业经济问题，2019（1）：4-15.

[4] 孙晓勇，王晓睿. 中国土地制度的变迁：传统与现代化 [J]. 法律适用，2019（13）：105-112.

[5] 张卫波. 实现耕者有其田·解放战争时期的土地改革 [M]. 河北人民出版社，2014.

[6] 蔡超. "三权分置"还是"两权置换"？——城乡融合发展视域下的土地制度改革构想 [J]. 西北农林科技大学学报（社会科学版），2021（1）：89-95.

[7] 贺汉魂. 农地公有："藏粮于地""藏粮于技"的制度保障——重读马克

思土地所有制思想［J］. 当代经济研究，2017（2）：29-36.
［8］夏柱智. 国家治理视域中的土地制度改革［J］. 求索，2020（3）：143-150.
［9］王海娟，胡守庚. 农村土地“三权分置”改革的两难困境与出路［J］. 武汉大学学报（哲学社会科学版）［J］，2019（5）：184-192.
［10］刘元春，陈金至. 土地制度、融资模式与中国特色工业化［J］. 中国工业经济，2020（3）：5-23.
［11］钱文荣，郑淋议. 中国农村土地制度的合理性探微：一个组织的制度分析范式［J］. 浙江大学学报（人文社会科学版），2019（3）：148-159.

作者简介：陈彤，福建社会科学院亚太经济研究所研究员；蔡雪雄，福建社会科学院精神文明所所长、研究员。

中国共产党农地政策百年透视及启示

高　珊

摘　要：以重大历史事件为依据，中国共产党成立百年来农地政策历经新民主主义革命、社会主义改造、十一届三中全会和十八届三中全会四个重要发展阶段。在这些探索过程中积累了丰富的经验启示，包括坚持人民立场、促进生产力发展、尊重地区实际、重视市场作用等内容。以史为鉴，“十四五”时期国家农地制度改革就是要坚持三个“确保”和四个“强化”，进而完善农地政策体系，全面推动农业、农村现代化的实现。

关键词：农地政策；演变历史；经验启示；改革路径

土地是地球上最宝贵的自然资源，它是人类赖以生存和发展的物质载体。土地问题不仅是经济问题，而且是政治问题。经济发展、社会进步及生态保护都离不开土地资源。中国农村土地政策是关系党和国家前途、命运的重大命题。中国共产党成立百年来，对农地政策的探索从未停止过。系统梳理建党百年间农地政策的变化和绩效，总结历史经验，有利于寻找新时期农地政策改革方向和路径。

一、中国共产党农地政策演变历程

农地政策是以一定的社会制度为前提，为合理利用农地、调整人地关系而制定的一系列措施和行动的总和，体现历史传承和空间分异的特性。中国共产党农地政策的制定和实施是曲折前进的过程。建党以来的探索历程可以重要事件为标志划分为四个阶段，它们是前后关联、循序渐进的关系。

1. 新民主主义革命阶段（1921—1953年）

中国共产党领导新民主主义革命完成到中华人民共和国成立初期，这个阶段农村生产关系发生彻底改变，从新民主主义过渡到社会主义，实现了农民土地所有制，形成了“农民所有，家庭经营”的农地利用格局。我国农地制度变革以废除封建剥削制度为主旨，着手恢复国民经济正常秩序。先后实施了“减租减息、限租限田”“耕地农有”“地主减租、减息，农民交租、交息”“耕者有其田”的农地政策。

中国共产党自成立以来，就明确提出解决农民土地问题的政治纲领。1920年的《中国共产党宣言》指出共产主义者的理想是将生产工具包括土地“收归社会共有，社会公用”。1928年《井冈山土地法》规定了土地归政府所有，给予农民耕种土地的权利。为了建立最广泛的抗日民族统一战线，1937年《抗日救国十大纲领》明确提出了减租、减息的方针。1947年《中国土地法大纲》第一次以法律形式承认农民土地所有权。1950年《中华人民共和国土地改革法》巩固了土地改革运动的成果①。到1953年春，全国范围内的土改运动基本完成，90%以上的贫农和雇农拥有90%以上的耕地，原有的地主和富农拥有8%左右的耕地，农地分配情况发生了根本性变化②。这个时期农业生产力得到了极大的解放和发展。据统计，1952年全国粮食产量达到1.6亿吨，比1949年增长了近一半。

2. 社会主义改造阶段（1954—1977年）

土改运动完成后，中国共产党为了推进工业化进程，加快社会主义改造步伐，这个阶段实行“三级所有，队为基础”的农地公有制改革，实现集体所有制转变，形成了“集体所有，统一经营”的农地利用格局。采用国家力量实行“工农剪刀差”支持工业资本来源。随后为克服小农经济分散特性，在全国各地陆续开展了农业合作化运动。历经互助组、初级社、高级社和人民公社等组织形式。

以1953年《关于农业生产互助合作的决议》为标志，到1956年底，全国

---

① 曹涌. 70年来中国农村土地制度创新的“内卷化”研究［J］. 区域经济评论，2019（4）：40-44.

② 董群. 中国共产党对农民土地问题的探索与贡献——近现代农民土地问题比较研究初探［J］. 清华大学学报（哲学社会科学版），1991（2）：59-76.

各地基本完成农业合作化改造运动，进入农地集体所有制时代①。1958年中央发布《关于在农村建立人民公社问题的决议》，全国过快地进入了"一大二公""一平二调"的人民公社时期，实施"政社合一"的管理体制。到1958年底，全国农村共有人民公社2万余个，参加农户占比超过90%。由于农地所有权和使用权的高度集中，农田基础设施和社会服务有了较快发展。计划经济时期的工业化、城市化偏向，保障了国家工业化和现代化的原始积累。但是难以激发农民的生产积极性，出现了平均主义、吃"大锅饭"等诸多问题。这个时期农业生产力发展较为缓慢，自然灾害和严格的管控措施打击了农民的生产热情和能力。据统计，1978年人均农业生产总值下降幅度和1957年相比超过1/3②。

3. 十一届三中全会阶段（1978—2012年）

十一届三中全会拉开了我国市场化改革和对外开放的序幕，这个阶段实行农地所有制的"两权分离"改革，实现农地所有权和经营权的分离，形成了"集体所有，家庭经营"的农地利用格局。为了克服计划经济的弊端，转向城乡经济共同发展的新局面，激发农民等微观主体的生产活力，共产党开始探索"家庭承包经营为基础，统分结合的双层经营体制"。

1980年《关于进一步加强和完善农业生产责任制的几个问题》的决议让家庭联产承包责任制在全国范围内迅速推广。到1981年底，家庭联产承包责任制在全国大部分地区完成。"生产到户，包干到户"的政策获得农民的普遍欢迎。1982年中央一号文件肯定了这种政策。1986年《中华人民共和国土地管理法》以法律形式确认了家庭联产承包责任制。1997年农村开始了第二轮家庭联产承包。2002年《农村土地承包法》和2007年《物权法》依次出台，逐步确立了农地承包经营权的法律地位和财产权利。2008年党的十七届三中全会第一次提出承包关系长久不变的表述。这个时期农业生产力经历了快速上升到平稳增长的过程，农业、农村增长乏力的趋势再次显现。据统计，1997年全国粮食单产比1978年翻了近一倍。该时期后半段农业产值增速比前半段明显

---

① 罗玉辉. 新中国成立70年农村土地制度改革的历史经验与未来思考［J］. 经济学家，109-116.

② 黄花. 中国共产党农村土地政策的历史变迁及展望［J］. 中南大学学报（社会科学版），2011（5）：141-147.

下降。

4. 十八届三中全会阶段（2013年—至今）

十八大以来，为破除城乡二元壁垒，实行农地所有制的“三权分置”改革，实现“农地所有权、承包权和经营权”的“三权分离”，形成“集体所有，家庭承包，多种经营”的农地利用格局。为缓解农村劳动力和人口大规模非农转移导致的“空心村”凋敝、农业后继无人等难题，“两权分离”的农地制度已经不能满足新时代需求，党中央全力推动农村承包地、宅基地和集体建设用地协同改革与绿色发展。

十八届三中全会提出“全面深化农村改革”的任务，突出“产权是所有制的核心”，标志着农地制度改革的重心被放在了“赋予农民更多财产权利”上。2014年《关于引导农村土地经营权有序流转发展农业适度规模经营的意见》明确提出“三权分置”的方针。2015年开展农地征收、集体经营性建设用地入市、宅基地改革试点的“三块地”联动改革。2018年中央一号文件提出，探索宅基地所有权、资格权、使用权的“三权分置”改革。2019年《土地管理法》修正案中明确改变农村集体建设用地征用方式，城乡土地配置安排发生转变。中国农村土地制度改革进入了崭新时期。这个时期农业生产力焕发了新的生机。全国粮食连续丰收，总产和单产屡创新高。农业技术装备和生活水平得到了明显改善。到2019年国家粮食产量达到6.64亿吨，农业机械总动力达到10.28亿千瓦。

二、中国共产党农地政策变革的有益启示

中国共产党的农地改革理论不但开辟了马克思主义思想的新境界，而且建构了中国农地政策的实践依据。中国共产党农地政策变化的百年历史不仅是农地资源分配、利用、开发演进的百年历史，更是社会发展和经济变革的百年历史。系统透视发展经验，有助于为新时期农地政策制定提供启示和借鉴。

鉴于土地公有制是共产党领导的社会主义国家土地所有制的基本框架，农地政策探索的就是土地公有制的实现形式。中国共产党成立以来农地政策改革表现为国家主体向微观主体赋权、让利的变化历程，改革动力从强制性变迁主导转变为诱致性变迁主导。中国共产党始终以解放、发展社会生产力，实现共

同富裕作为奋斗目标。农地政策改革就是不断调整人地关系，保障农民权益，发挥市场作用，促进农地资源优化配置的发展过程，始终贯串着以下基本原则和经验。

1. 坚持人民立场

坚持以人民为中心的根本立场，确立农民的主体地位始终是农地政策改革的主线。马克思认为，人是生产力要素中最革命、最活跃的因素，它是决定性因素。农地政策的制定就是要以代表最广大人民的利益为最高准则，为广大农民谋取更多的土地财产权益，把农民的满意度作为衡量农地制度改革是否成功的首要标准。尊重农民首创精神，积极回应广大农民群众的诉求，让农民成为农地政策改革的参与者、受益者。只有得到农民支持和认同的农地政策才更具有生命力。

2. 促进生产力发展

及时调整生产关系以适应生产力发展水平是农地政策改革的出发点和根本目标。良好的农地政策能够赋予农业、农村的发展生机和活力。共产党农地政策的四次调整都是为了更好地适应经济、社会发展要求，体现了生产力发展对生产关系的进一步要求。当生产关系与生产力不匹配时就会出现阻碍和破坏作用。人民公社时期农地产权的过度集中超出了当时的生产力水平，违背了社会发展的客观规律，制约了生产力的发展，致使农业、农村的发展停滞不前，叠加了自然灾害的不良后果。

3. 尊重地区实际

人地关系紧张、农业大而不强等是国家共性特征，就各个地区而言，有自己的特色和需求。以东部地区为例，具有城乡融合程度高、乡镇工商业发展快、集体组织实力强等地方特性，中西部地区则体现出城乡差异显著、自然资源丰富等地方特性。在鼓励东中西部地区因地制宜开展探索和实践的过程中，"三块地"改革在全国33个试验区取得了丰硕成果。农地政策会随着时间的变化与农业农村的实际需求发生背离，必须与时俱进，一切从实际出发，做出相应的调整。

4. 重视市场作用

农地政策变化实质上是围绕土地产权问题，政府、市场和农民进行利益博弈和互动的结果。从中华人民共和国成立初期计划经济以牺牲农地、农业、农民利益换取工业化、城市化的快速发展，到改革开放和十八大时期对市场作用的越发重视，农地政策改革正在逐渐步入市场化、法制化轨道。政府行政管理和市场资源配置同等重要的观点已经达成共识。2020年施行的新的《土地管理法》再次厘清了政府与市场的边界，为重建土地财产权提供了法理依据。

三、“十四五”时期农地政策改革方向及路径

历经中国共产党创立百年，农业、农村的面貌发生了实质性变化。十八大以来，党中央初步构建了新时期农地制度的“四梁八柱”。为充分反映了国家的战略需求，“十四五”时期要把农地政策改革放在实现农业、农村现代化的总体目标中综合考量。从历史经验来看，我国农地政策改革要坚持“三个确保”原则：确保农地政策的稳定性和连续性，确保农地经营者利益不受到损害，确保资源要素的合理流动和持续投入。

只有建立在继承基本经验基础上的创新，才能保证新时期我国农地政策创新的科学性。从“土地革命”到“家庭联产承包”，再到“三权分置”，这都体现了百年间中国共产党领导的智慧结晶和探索创新①。新时期为高质量发展提供农地支撑的政策制度体系，实现城乡融合背景下的乡村振兴，就是要消化、吸收这些创新成果，不断完善、深化，为农地资源的利用和保护指明方向，继续书写伟大“中国梦”的辉煌篇章。

具体来看，就是要围绕“赋权”和“流动”两个维度展开探索。“赋权”就是完善农地产权法理制度，明确农地各项权能的权利主体和权利内涵；“流动”就是保障粮食安全，在国土空间规划管制下，推动农地资源城乡间及农村内部的有效流动及合理配置，二者合力激活农地的多功能价值。进一步从强化产权细分、强化市场地位、强化资源保护、强化多元功能四个方面促进农地制度改革与国家宏观战略达成一致。

1. 强化产权细分

“三权分置”制度能够为新时代农业、农村发展提供新动能②，明确农地所

---

① 郧文聚. 中国共产党土地理论创新与发展［N］. 中国自然资源报，2019-09-06.

② 李停. 从两“分”到两“合”：新中国成立以来农村土地制度演变的内在逻辑——兼评“三权分置”的时代正当性［J］. 理论月刊，2021（1）：21-28.

有权、承包权和经营权（使用权）三者平等的权利关系①。落实第二轮土地承包到期后再延长三十年政策。以土地经营权（使用权）流转实现农地在新型经营主体之间的共享。以保持农地集体所有、家庭经营为前提，赋予农地和农民更多细分权利。鼓励开展形式多样的农地流转方式和收益分配方式实践。试点地区探索完善农村宅基地"三权分置"的有效实现形式。合理界定集体成员资格权，允许农民通过转让、出租、股份合作等方式开展宅基地使用权流转。缩小征地范围，扭转"城市"偏向为"农业、农村优先"导向，征地补偿中内涵农地的社会保障功能。

2. 强化市场地位

构建政府监管和市场配置之间的良性互补关系。以农村耕地、宅基地、集体建设用地的经营权、使用权等权属细分为依据，推动承包地经营权、宅基地和集体建设用地使用权进入有形市场。赋予农地经营权和使用权的受让方及出让方在市场中的平等地位，提供健全的市场交易规则。让集体建设用地与国有土地一道同地、同权、同价入市交易。优先保障农业、农村新产业、新业态等用地空间。健全农地流转市场机制，完善农地流转信息化平台。建立征地市场价格形成机制。开辟多元化入市途径，积极建立集体经营性建设用地使用权转让、出租、抵押二级市场，进行赋予入市土地抵押担保权能等探索。规范入市土地的价值分配、管理监督、金融业务等支持体系。

3. 强化资源保护

农地是不可替代的生态资源和发展载体。自然生产力是经济生产力的基础，二者是内在统一的有机整体②。坚守耕地生态保护红线，集约、节约用地。强化耕地数量、质量、生态"三位一体"保护，合理划定基本农田和城镇开发建设边界，注重农地整治和生态环境修复。保护耕地和粮食安全始终是农业、农村发展的首要任务。减少农地生态系统扰动，严格控制城乡建设用地规模和开发强度，整治、盘活村庄"四旁四荒"等低效利用空间资源。科学编制镇村级国土空间规划，构建城乡用地生态平衡系统。保障农地持久生产力，提升农地空间治理能力，加大农村闲置集体建设用地、宅基地、厂矿交通废弃地的综

---

① 钱忠好，牟燕．乡村振兴与农村土地制度改革［J］．农业经济问题，2020（4）：28-36.
② 董祚继．新中国 70 年土地制度的演进及其经验［J］．中国土地，2019（10）：4-15.

合整治力度，实现经济、社会发展和资源环境保护的和谐共赢。

4. 强化多元功能

激活农地要素，促进农地多元功能发挥。深入挖掘农地资源的经济价值、社会价值和生态价值。让农民充分享有农地增值收益，逐渐分离农地的社会保障功能。从单纯注重农地财产权归属转向更加注重农地财产权的流转和利用。深入探索农地多元价值的实现和分配机制。以分工细化农地经营权为结合点，加强传统小农、新型经营主体与现代农业的融合与互补。鼓励集体组织农地收益分配向农村公共服务领域倾斜，包括农村社会保障、公共设施建设、农地整治开发、生态环境保护等公共领域[①]。推动农地生态化整治，打造“山水、林田、湖草”生命共同体，提升农地作为自然资本的增值空间[②]。以农地为有效载体系统谋划美丽乡村建设的整体化推进和特色化布局。

作者简介：高珊，江苏省社会科学院农村发展研究所研究员。

① 陈利根，龙开胜. 新中国70年城乡土地制度演进逻辑、经验及改革建议［J］. 南京农业大学学报（社会科学版），2019（4）：1-10+156.

② 毕国华，杨庆媛，张晶渝，等. 改革开放40年：中国农村土地制度改革变迁与未来重点方向思考［J］. 中国土地科学，2018（10）：1-7.

回望与创新：中国共产党乡村建设百年探索与发展

张宜红　马　回　王露瑶

摘　要：党的十九届五中全会和今年中央一号文件提出实施乡村建设行动，是中国共产党百年乡村建设的传承与创新。回顾中国共产党乡村建设百年实践历程，经历了新民主主义革命时期的萌芽形成、社会主义革命和建设时期的大规模奠基、改革开放时期的调整转型、中国特色社会主义新时代的全面提速四个阶段，形成了弥足珍贵的经验，将对新时代实施乡村建设行动提供重要的参考借鉴。

关键词：乡村建设；百年历程；经验与启示

本文通过回望中国共产党乡村建设百年的探索与实践，总结其弥足珍贵的经验，以期更好地为新时代实施乡村建设行动提供借鉴。

一、新民主主义革命时期（1921—1948）：乡村建设萌芽形成阶段

新民主主义革命时期，中国共产党把土地改革作为核心脉络，在苏区、根据地、解放区等进行了零星的、局部的乡村建设实践。该时期是我党乡村建设的萌芽阶段。

（一）土地革命时期：从封建土地所有制到农民土地所有制

中国共产党自诞生之初，就开始关注农村、农民问题，在农村领导并开展

农民运动。在经历了国共合作失败及城市起义失败之后，党的八七会议将革命重心从城市转移至农村，走“农村包围城市，武装夺取政权”的道路；之后，建立了革命根据地，颁布了《井冈山土地法、兴国土地法》等，彻底废除了封建土地所有制，确立了农民土地所有制，极大地激发了农村生产和革命的积极性，中央革命根据地兴国县长冈乡80%的青壮年参加了红军。受“左倾”路线影响，虽然中国共产党在土地政策制定上存在不同程度的错误，但以毛泽东同志为代表的共产党人及时纠错，探索形成了一套比较完备且符合中国农村实际的土地革命路线、政策和方法，推动了革命根据地乡村建设。①

（二）抗日战争时期：土地革命政策被调整为减租、减息

瓦窑堡会议后，中国共产党把减租、减息政策确立为抗日战争时期解决农民问题的基本政策，代替了“土地革命”政策，各抗日根据地乡村建设取得了显著成效，农民通过开垦荒地、兴修水利、推广经济作物种植、开展互助合作运动和大生产运动等方式发展农业生产，乡村经济得到有效发展，打破了敌人的经济封锁，为抗战胜利提供了坚实的物质基础。此外，部分贫雇农通过利用余钱购买土地、农具等，上升为中农，农民开始自发形成农会、减租保佃会等群众组织，农民政治地位得到提升。在物质基础和思想意识提升后，各地农民踊跃参军，保卫家国，革命队伍力量得以壮大，在抗日战争的胜利方面发挥了巨大作用。

（三）解放战争时期：形式多样的乡村建设实践

这个时期，中国共产党领导人民在根据地进行了形式多样的乡村建设实践，涉及经济、政治、文化等多方面内容。一是土改运动实现“耕者有其田”。1946年5月4日中共中央发出《五四指示》，拉开了土改运动的序幕。各地根据实际创造性贯彻落实《五四指示》，创新探索出“中间不动两头平”的土地分配原则并得以推广，从全面内战爆发到1947年2月，约有2/3的解放区实现了“耕者有其田”。② 1947年10月，党中央颁布《中国土地法大纲》，到1949

---

① 宋洪远．近代以来中国农村变迁史论（第二、三、四卷）[M]．北京：清华大学出版社，2019.

② 国防大学出版社编．中国土地改革史料选编[M]．北京：国防大学出版社，1988：330.

年10月前，不到1年的时间，有1.6亿人获得土地。二是开展合作互助改善乡村基础设施。中国共产党十分重视农村合作互助，积极开展了生产、消费、贩卖、信用等合作社，在合作互助中，积极改良农业生产技术，兴修水利，改善了农村基础设施。三是重视乡村文化教育。中国共产党在根据地各级政府中设立文化教育部门，大力举办各级公办教育机构，强化乡镇政府乡村文教委员会的建设，鼓励并引导民办村学，推动民办教育与社会教育的共同发展，极大地促进了根据地教育发展。

二、社会主义革命和建设时期（1949—1977）：乡村建设大规模奠基阶段

在社会主义革命和建设时期，尽管乡村发展的主线离不开对国家工业化战略的支持，在十年"文化大革命"期间也被迫停滞，但在此阶段大规模开展乡村建设，奠定了未来几十年乡村发展的基础。

（一）大规模开展农田水利建设

中华人民共和国成立后，我党领导广大群众兴修小水电、小塘坝，扩大灌溉面积，农业抗灾能力明显增强，取得了举世瞩目的成就。"一五"规划时期，大量兴办各种小型农田水利，有重点地发展大型农田水利。1957年冬到1958年春，全国农村掀起了空前规模的农业水利设施建设的热潮，受"大跃进"影响，出现了一些劳民伤财的无效水利工程，但总体上成就巨大。截至1958年4月底，全国新增灌溉面积达3.5334亿亩，比中华人民共和国成立以来8年间新增面积多29.3%。1965年8月，全国水利会议明确"三五"期间水利工作方针为"大寨精神，小型为主，全面配套，狠抓管理，更好地为农业增产服务。"此后，水利建设的重点转到了配套工程建设上来，掀起了农田水利基本建设高潮，迄今遍布全国的大中小型水库，大多数就是在这一时期修建的。据统计，到1979年全国共建成大中小型水库（库容10万立方米以上的）8万多座。时任国务院副总理万里在1980年9月水利部召开水利厅（局）长会议时指出，30年来全国灌溉面积达7亿亩，对农业发展起到了很大作用。

（二）大力兴办农村基础教育

中华人民共和国成立后，为提高广大农民的文化水平，全党开展了大规模的乡村文化教育。一是全面普及农村小学教育。1951 年首次提出普及小学教育的任务；1956 年，《1956—1967 年全国农业发展纲要（草案）》再次明确提出在农村普及小学教育计划。随着农村集体组织的兴起，积极发展小学教育，特别是多种办学形式的简易小学，解决了很多贫下中农子女上学问题，农村小学教育有了较大发展。二是大范围开展农村扫盲。通过“识字运动委员会”、“速成识字法”、注音识字、“扫盲协会”等各类措施扫盲，我国逐步建立了扫盲制度。农村扫盲教育不仅使得广大农民素质得到普遍提高，农村社会风气明显改善，还让广大农村妇女的地位得到提升。总体而言，虽然农村文化教育在中华人民共和国成立 30 年以来曾受到很多因素的干扰，但整体是在不断前进的，为改革开放后的农村基础教育奠定了良好的基础。

（三）大规模开展农村合作医疗

中华人民共和国成立初期，农村医疗卫生状况非常恶劣，普遍存在缺医少药的情况。为此，国家积极建设从县、公社到生产大队的三级医疗卫生保健网络，大力发展农村合作医疗，为广大农民提供了最基本的医疗服务。毛泽东针对广大农村地区缺医少药的情况，提出著名的“六二六”指示，“把医疗卫生工作的重点放到农村去”，以合作医疗和“赤脚医生”为核心的农村医疗保障体系在全国广泛推广。据统计，截至 1977 年底全国实行合作医疗的生产大队占到 85%，“赤脚医生”达 150 多万人，生产队的卫生员、接生员有 390 多万人。中华人民共和国成立 30 年以来，我国以不到发达国家百分之一的医疗卫生支出，解决了占人口绝大多数的农民群众医疗保障问题[①]。世界银行和世界卫生组织将我国农村医疗制度、农村保健站、农村“赤脚医生”这“三大法宝”称为“发展中国家解决卫生经费的唯一范例”；联合国妇女儿童基金会指出我国的“赤脚医生”制度为不发达国家提高医疗卫生水平提供了样板。

---

① 曹普．1949—1989：中国农村合作医疗制度的演变与评析［J］．中共云南省委党校学报，2006（5）．

（四）逐步完善农村社会救助体系

中华人民共和国成立30年以来，逐步建立了以自然灾害救助、农村贫困户救济、"五保户"供养为核心的社会救助体系。中华人民共和国成立初期，党和政府提出"生产自救，节约度荒，群众互助，以工代赈，辅以国家必要救济"①的自然灾害救助方针。随着农村集体经济的建立，自然灾害救助工作方针被修改为"依靠群众，依靠集体，生产自救为主，辅以国家必要救济"②，同时将农村贫困救助也建立在集体经济的基础上，形成了一套行之有效的自然灾害救助体系。"五保户"供养制度于1956年确立，并于1994年以政府法规的形式正式确定，随着农村"五保"供养制度的发展和完善，增加了"保住""保医"等内容，集中体现了社会主义制度的优越性及党和政府对弱势群体的关心。

三、改革开放时期（1978—2011）：乡村建设调整转型阶段

1978年12月，党的十一届三中全会在北京召开，明确把党和国家的工作重心转移到经济建设上来，实行改革开放，开始了社会主义建设的探索，也标志着我国乡村建设迈入新的历史阶段。

（一）1978—2002年：乡村建设进展缓慢

1978年，以安徽凤阳县小岗村为代表的农村率先实行"大包干"，开启了新一轮乡村建设的伟大实践。党的十一届三中全会颁布了《关于加快农业发展若干问题的决定（草案）》，1982年、1983年连续以中央一号文件的形式肯定农村家庭联产承包责任制1984年底该制度在全国范围内基本确立。农村家庭联产承包责任制，彻底改变了"一大二公"的集体化生产经营体制，建立了"乡政村治"社会政治模式，极大地释放了农业生产力，基本解决了广大农民群众的温饱问题，③ 农民人均纯收入也由1978年的133.6元增长到1984年的

①②崔乃夫. 当代中国的民政［M］. 北京：当代中国出版社，1994：69.

③ 宋洪远，张益，江帆. 中国共产党一百年来的"三农"政策实践［J］. 中国农村经济，2021(7).

355.3元。

1992年之后，随着我国社会主义市场经济体制的确立，农村产业发展、经营体制、流通体制、金融体制、医疗保障、乡村治理等逐步迈入市场化轨道。[①]1998年党的十五届三中全会提出“建设中国特色社会主义新农村”的奋斗目标后，家庭承包经营和村民委员会组织上升为国家法律的高度，农产品购销体制、农村新型合作医疗体制、农村税费制度改革进一步深化。中国乡村建设继续朝着法治化、市场化、一体化方向迈进。

这一时期，乡村建设主要以农村经济繁荣为重心，建立并完善了农村社会主义市场经济体制，确立了农户的市场主体地位，大大解放、发展了农村生产力，乡村发生了历史性巨变，农村温饱问题基本解决，局部小康社会初步实现。[②]但在城乡二元体制的束缚下，城乡发展差距加大，乡村建设受到市场与资源的双重约束，农村基础设施建设缓慢，农村公共产品供给短缺，乡村建设一度停滞甚至倒退。

（二）2003—2011年：开启全面建设乡村进程

进入21世纪，中国乡村建设全面升级。但城乡差距的挑战依然较大，为此我党开始统筹城乡经济、社会发展，加快推进社会主义新农村建设，调整城乡关系，乡村建设深度和广度不断拓展，开启了全面建设阶段。党的十六届三中全会提出，统筹城乡发展，加快城乡一体化进程，建立平等和谐、协同发展和共同繁荣的新型城乡关系。党的十六届五中全会明确提出，要按照“生产发展、生活宽裕、乡风文明、村容整洁、管理民主”的要求，扎实推进社会主义新农村建设。此后，中国乡村建设的重心逐步向提高农民收入水平、改善农村生产、生活条件的民生建设转变，一系列支农、惠农政策、措施落地生根。2006年取消农业税，结束了两千多年的“皇粮国税”，实现了由“取”到“予”的转变，开始呈现工业反哺农业、城市支持农村的格局。2003年开始构建新型农村合作医疗和社会救助制度，2007年对农村义务教育减免学费、课本费，2009年实施新型农村养老保险制度，初步构建起了城乡一体的社会保障体系。此外，为改善农村生产、生活条件，乡村道路、电

① 黄高彦，荣越．中国乡村建设百年演进的当代启示［J］．信阳农林学院学报，2021（1）．
② 方言．中国共产党领导农村发展之路和基本经验［J］．理论导报，2021-04-30．

力、燃气、通信、自来水等建设力度不断加大，截止到2012年底，我国农村公路总里程达到363.4万公里，乡镇和建制村公路通达率接近100%，农网供电可靠率超过99.4%。

这一时期，我国乡村建设的重心从单一的经济发展扩大到了政治、经济、社会、文化、生态一体发展，更加注重市场和政府协同，广大农民群众劳有所得、学有所教、病有所医、老有所养、住有所居的格局在这一时期基本形成，乡村全面建设进程开启。

四、中国特色社会主义新时代（2013至今）：乡村建设全面提速阶段

党的十八大以来，中国特色社会主义进入新时代。中国共产党坚持把解决好"三农"问题作为全党工作的重中之重，持续加大强农、惠农、富农政策力度，全面深化农村改革，稳步实施乡村振兴战略，精准扶贫成效举世瞩目，这一时期乡村发展全面提速。

党的十八大至党的十九大之前，我国乡村建设成效显著，但乡村行路难，如厕难，环境脏，村容村貌差，基本公共服务落后等问题还比较突出。2017年，全国有近1/4的农村生活垃圾没有得到收集和处理，80%的村庄生活污水没有得到处理，约1/3的行政村村内道路没有实现硬化。为扭转这一局面，党的十九大正式提出实施乡村振兴战略，先后出台了《中共中央国务院关于实施乡村振兴的意见》《乡村振兴战略规划（2018—2022年）》等意见和规划，对实施乡村振兴战略做出阶段性谋划；同时，配套出台了《农村人居环境整治三年行动方案》《中国共产党农村工作条例》《关于建立健全城乡融合发展体制机制和政策体系的意见》《关于推进"四好农村路"建设的意见》《关于推进农村"厕所革命"专项行动的指导意见》等政策文件，实施乡村振兴的制度框架和政策体系基本形成，乡村建设全面提速，取得了显著成效。

乡村治理体系成效明显。党组织领导下的自治、法治、德治相结合的乡村治理体系初步建立，农村基层党组织战斗堡垒作用和党员先锋模范作用得到充分发挥，全国累计选派300多万名第一书记和驻村干部开展精准帮扶，村民自治形式不断规范，法治乡村建设进一步加强，文明乡风的管理机制和工作制度

基本健全。①

乡村面貌显著改善。基本实现村村通电、通硬化路、通客车和光纤4G网络，农村公路通车里程达420万公里，农村自来水普及率达到83%，乡村出行难、用电难、用水难、通信难等问题基本解决。农村人居环境整治三年行动任务如期完成，截至2020年，有95%的村庄开展清洁行动，全国农村卫生厕所普及率超过68%，全国近30%的农户的生活污水得到有效管控，农村生活污水治理水平逐步提高，农村生活垃圾收运处置体系已覆盖全国90%以上的行政村，96%的非正规垃圾堆放点已完成整治，乡村旧貌换新颜。

城乡基本公共服务均等化扎实推进。党的十八大以来，中国社会保障体系改革不断推进，不断突破城乡分割的樊篱，基本构筑了更公平、惠及广大农民的中国特色农村社会保障体系。② 建立了城乡统一的居民基本养老保险制度、居民基本医保和大病保险制度，城乡居民基本医疗、养老保险基本实现全覆盖。全国95%的县通过县域义务教育基本均衡发展评估认定，农业转移人口市民化取得重大进展，城乡均等的公共就业、创业服务水平明显提升。

五、经验与启示

回顾中国共产党百年乡村建设进程，取得了弥足珍贵的经验，也为新时期实施乡村建设行动提供了诸多启示。

（一）弥足珍贵的经验

1. 始终坚持党对乡村建设的领导

中国共产党具有乡村建设传统，始终坚持党对乡村建设的领导，为延安时期模范村庄建设，社会主义革命和建设时期农村教育、医疗、水利、五保供养等基本公共服务得到大幅改善，改革开放以来的新农村建设，中国特色社会主义新时代乡村面貌发生翻天覆地的变化等历史成就提供了坚强的政治基础。习近平总书记曾强调，党管农村工作是我们的传统，这个传统不能丢。新时代我

① 李楠．中国共产党推进乡村治理现代化的百年历程与基本经验［J］．国家治理，2021（3）．

② 席恒，余澍，李东方．光荣与梦想：中国共产党社会保障100年回顾［J］．管理世界，2021（4）．

国实施乡村建设行动，必须加强党对“三农”工作的全面领导，让基层党委、党组成为乡村建设行动的核心力量。

2. 始终坚持以人民为中心

在中国共产党百年乡村建设的历程中，中国共产党始终坚定地维护广大农民的切身利益。① 在革命、建设、改革各历史时期，中国共产党在乡村建设的过程中始终注重农田水利、道路等基础设施建设和医疗、教育、社会救助等公共服务供给，尤其是党的十八大以来农村人居环境改造、城乡公共服务均等化提升等，农村义务教育“两免一补”基本实现，全面建立新型农村合作医疗制度和基本药物制度、最低生活保障制度、新型农村社会养老保险制度，学有所教、劳有所得、病有所医、老有所养、住有所居的民生保障跃上新台阶。我国实施乡村建设行动，必须坚持以人民为中心，切实保障广大农民群众的现实利益。

3. 始终坚持顺应乡村发展规律

中国共产党在不同的历史时期总能结合乡村发展实际，创新乡村建设策略。新民主主义革命时期，共产党创造性地提出“三三制”方案，实行减租、减息，交租、交息的两全政策，适时颁布了《中国土地法大纲》，推行耕者有其田的彻底政策，发动广大农民融入革命洪流，为中华人民共和国成立提供了重要力量。社会主义革命与建设时期，为了恢复经济、生产，共产党在全国范围内开展了轰轰烈烈的大规模的土地改革，开展大规模的乡村建设。改革开放后，共产党推行了家庭联产承包责任制。新时代以来，为了统筹城乡地区协调发展，进一步加快农村、农业现代化，党中央又提出了乡村振兴这一宏伟战略。② 总之，在不同的历史时期中国共产党之所以能够提出行之有效的乡村建设策略，最终靠的是坚持实事求是，始终抓住主要矛盾，与时俱进地出台一系列具有针对性的政策举措。

（二）重要启示

当前，乡村建设已经取得了突出成就，但同时也要看到，我国一些地方乡

① 王春光. 乡村建设与全面小康社会的实践逻辑 [J]. 中国社会科学，2020（10）.
② 俞明轩，谷雨佳，李睿哲. 党的以人民为中心的土地政策：百年沿革与发展 [J]. 管理世界，2021（4）.

村建设缺少规划，机械照搬城镇建设，超越发展阶段，违背农民意愿，盲目大拆大建，村庄建设无序；农村基础设施建设欠账较多，基本公共服务均等化短板较明显。应借鉴我党百年乡村建设实践，着重从以下几方面大力实施乡村建设行动：

1. 统筹推进村庄规划布局

乡村建设，规划先行。一是加快县级国土空间总体规划编制。在科学评估的基础上统筹村庄分类和布局。二是有序推进村庄规划编制。根据不同类型的村庄，推进“多规合一”实用性村庄规划编制，不搞大拆大建，保持乡村独特的风貌，防止千村一面。三是强化规划、实施监督和评估。规划编制和实施要充分听取村民意见，合理把握规划实施节奏，不得强迫农民“上楼”。及时纳入县级国土空间规划“一张图”实施监督信息系统，定期开展村庄规划实施评估并及时按法定程序探索村庄规划动态维护机制。

2. 加强乡村基础设施建设

一是加快推进传统基础设施提档、升级。深入实施农村道路畅通工程，农村供水保障工程，农村电网巩固、提升工程，“气化乡村”工程，“快递下乡”工程，全面推进水、电、路、气、房、讯等乡村基础设施提档、升级。二是加快推进农村新型基础设施建设。加快数字乡村建设，推动农村千兆光纤、5G网络、物联网与城市同步规划建设，支持农村电子商务、远程医疗、远程教育等应用普及，推广动物疫病，农作物病虫害监测预警，防灾、减灾、救灾，应急防控，物资储备等基础设施建设。

3. 实施农村人居环境整治、提升五年行动

一是推进农村生活污水处理取得新突破。分类探索农村生活污水治理市场化建设与运维模式，加快城镇周边居住相对集中的中心村生活污水管网建设，探索建立小型实用的管网收集与集中处理系统；探索采取单户或联户的分散式处理模式。二是推进农村“厕所革命”取得新进展。合理规划建设农村公共厕所，因地制宜地选择厕所改造模式，分类推进，确保改造后的厕所方便、实用。三是推进农村生活垃圾治理取得新成效。完善“户分类，村收集，乡转运，区域处理”生活垃圾收运、处置体系，重点加强乡镇垃圾中转站、村庄垃圾收集设施建设；推广城乡环卫“全域一体化”第三方治理，鼓励探索“互联网+农村生活垃圾治理”模式，实现农村生活垃圾治理智能化、精细化。

4. 推进县、乡村、公共服务一体化

探索建立城乡公共服务优先投入机制，推动教育、医疗、文化等公共资源在县域内优化配置，推动乡村教育优质普惠，全面推进健康乡村建设，落实城乡居民基本养老保险待遇确定和正常调整机制，健全县、乡、村衔接的三级养老服务网络，推进农村普惠型养老和互助型养老发展，推动教育、医疗卫生、养老等公共服务资源向乡村下沉，增加乡村公共服务供给数量，提高乡村公共服务供给质量，实现公共服务在城乡之间的同步发展，推进城乡基本公共服务标准统一、制度并轨。此外，建立村级公共产品产权清单制度，推动县乡两级行政服务向行政村延伸，完善农村综合便民服务代办点，搭建"民事村办"代理服务平台，加强村级客运站点、文化体育、公共照明等服务设施管护，提高乡村公共产品和服务管理效能。

参考文献

[1] 宋洪远. 近代以来中国农村变迁史论（第二、三、四卷）[M]. 北京：清华大学出版社，2019.

[2] 王春光。乡村建设与全面小康社会的实践逻辑 [J]. 中国社会科学，2020(10).

[3] 席恒，余澍. 李东方：光荣与梦想：中国共产党社会保障 100 年回顾 [J]. 管理世界，2021 (4).

[4] 俞明轩，谷雨佳，李睿哲. 党的以人民为中心的土地政策：百年沿革与发展 [J]. 管理世界，2021 (4).

[5] 方言. 中国共产党领导农村发展之路和基本经验 [N]. 学习时报，2021-04-03.

[6] 李楠. 中国共产党推进乡村治理现代化的百年历程 [EB/OL]. 人民论坛网，2021-05-06.

作者简介：张宜红，江西省社会科学院江西发展战略研究所副所长、副研究员；马回，江西省社会科学院江西发展战略研究所副研究员；王露瑶，江西省社会科学院江西发展战略研究所助理研究员。

百年来党领导农村工作的探索实践与启示

赖扬恩

摘　要：在革命、建设、改革各个历史时期，我们党始终牢牢掌握对农村工作的领导权。中华人民共和国成立以前，正是因为党对农村的坚强领导，为夺取新民主主义革命伟大胜利奠定了坚实基础。梳理百年来党领导农村工作的探索历程，从中得出的启示：必须健全党对农村工作的全面领导制度，为新时代“三农”发展提供根本保证；必须始终坚持从基本国情出发，走中国特色社会主义乡村振兴道路；必须始终坚持以人民为中心，以解决民生为根本点和立足点；必须注重农村工作方式、方法的改革、创新，善于调动一切积极因素。

关键词：建党百年；党领导农村工作；探索历程；实践启示

本文以建党百年为主线，在对各个历史时期党管农村工作的探索历程进行精炼归纳的同时，注重以“当前党领导农村工作面临的重大理论和现实问题”为导向，进一步提出百年来党领导农村工作的实践启示。

一、中华人民共和国成立以前党对农村工作领导的探索与实践

（一）土地革命战争时期党对农村工作的领导

大革命失败后，中国革命进入土地革命战争时期。党在农村领导武装斗争，开辟革命根据地，建立苏维埃政权。

1. 党对农村革命根据地创立、建设与发展的领导

1927年党的“八·七”会议后，以毛泽东同志为代表的中国共产党人在

中央苏区把马克思主义基本原理同农村革命具体实践相结合，逐步摸索了一套成功的经验，即以乡村为中心建立农村革命根据地，以根据地为依托开展土地革命、武装斗争。

在革命根据地创建的进程中，我们党始终关心农民的生产、生活，维护农民切身利益，比如在苏区领导农民进行土地革命，建立新的土地制度，而土地是农民生活的根本。毛泽东同志先后于1930年6月、1932年6月和1933年11月三次到福建上杭才溪乡，对才溪根据地的政权建设、经济建设、扩大红军、文化教育等做了全面调查和科学总结。才溪乡用事实驳斥了“左倾”机会主义的错误论断，解决了党在革命战争年代“要不要建设农村革命根据地、能不能建设农村革命根据地、怎样建设农村革命根据地”的问题，成为对党的历史影响深远的事件之一。

2. 党在农村革命根据地开展苏维埃政权建设

苏维埃是苏区人民当家作主的政权，到1935年1月，党先后建立过的县级苏维埃政府有250多个。[①] 乡苏维埃政府为农村基层政权组织，每半年改选一次，乡苏建设是土地革命战争时期根据地政权建设的基础。

3. 党对革命根据地农民思想政治教育的领导

毛泽东同志在《湖南农民运动考察报告》中强调“普及政治宣传”与“文化运动”对农民思想教育具有重要作用。[②] 对农民进行党的路线、方针和政策的教育，有助于农民群众了解党的宗旨、红军，以及苏维埃政权的性质和任务，进而认识参加革命的重要性。思想政治教育还包括对农民进行“工农武装割据”思想的传播、科学文化教育和反封建迷信教育等。

（二）抗日战争时期党对农村工作的领导

抗日战争时期，我们党确立了“全面抗战”政治路线，党对农村工作的领导围绕如何建立、巩固抗日民族统一战线，取得抗日战争胜利这一中心工作来开展。

---

① 刘文瑞．建国（中华人民共和国成立）初期中共农村基层政权建设的理论与实践（1949—1958）[D]．北京：中国社会科学院，2013.

② 毛泽东．湖南农民运动考察报告［M］．//毛泽东．毛泽东选集（第1卷）．北京：人民出版社，1991.

1. 党对抗日根据地农业生产的领导

（1）实行减租减息的土地政策。为团结各阶级一致抗日，党停止了没收地主土地的政策，改为实行减租、减息的政策。这一政策的实行，团结了地主阶级中的爱国人士和开明人士，同时也调动了农民的积极性。（2）初步探索农业合作化。党号召农民实行劳动互助，农民自愿组织的变工队、扎工队等互助组织大量出现，农业合作化仍处于初步探索阶段。

2. 党对抗日根据地乡村基层政权建设的领导

抗日战争时期，党强调在基层政权建设中实行“三三制”，规定共产党员、非党的“左”派进步分子、不“左”不“右”的中间派分子在人员分配上各占三分之一。“三三制”原则使抗日民主政权具有广泛的群众基础。

3. 党对抗日根据地乡村文化建设的领导

党领导的乡村文化建设主要以对抗日本帝国主义的侵略和唤醒民众的民族意识为主题，形成了具有鲜明时代特征的“抗战”文化，对促进群众思想觉醒、激发人民抗日热情等发挥了重要作用。

（三）解放战争时期党对农村工作的领导

抗日战争胜利后，中国的社会矛盾由中外矛盾转变为国内矛盾。党的主要任务是领导全国人民打败国民党反动派，争取新民主主义革命胜利，党对农村工作领导必须服从、服务于这一中心工作。

1. 党对解放区土地改革运动的领导

（1）发出“五四指示”，开展土地改革运动。通过反奸、清算、减租、减息等方式，从地主手中获得土地，实现“耕者有其田”。（2）颁布《中国土地法大纲》，推翻封建剥削阶级土地所有制，使解放区一亿六千万的农民群众实现了翻身解放。

2. 党对解放区农村人民民主政权建设的领导

为适应革命形势发展的需要，解放区政权建设改变了原来的“三三制”体制，创建并发展了人民代表会议制度。伴随着“土改”的进行，新老解放区农村普遍建立了具有临时基层政权性质的贫农团、农会等群众组织，代行乡人民政府的职权；在条件基本具备后，则在贫农团或农会的基础上建立起乡（村）人民代表会议。

3. 党对解放区农民思想政治教育的领导

农民思想政治教育主要围绕土地改革、恢复生产和支前参战展开。通过召开群众大会开展诉苦教育，树立革命典范，动员农民支援前线，为夺取解放战争胜利奠定群众基础。

二、中华人民共和国成立以后党对农村工作领导的探索与实践

（一）改革开放前三十年党对农村工作的领导

中华人民共和国成立后，党管农村工作是第一代中央领导集体带领全国人民探索社会主义建设事业的重要组成部分，取得了重大的历史性成就。同时在艰辛探索的进程中，由于在社会主义建设方面经验不足，党领导农村工作也出现了"左倾"错误和教训。

1. 中华人民共和国成立初期党对农村工作的领导

（1）彻底废除封建土地制度。1950 年 6 月《中华人民共和国土地改革法》颁布，作为实行土地改革的法律依据。到 1952 年底，土地改革在全国基本完成，共没收、征收约 7 亿亩的土地，分给了约 3 亿无地和少地的农民，获得经济利益的农民约占农业人口的 60%到 70%。[①]（2）大力开展农业合作化运动，党领导了生产资料私有制的社会主义改造。（3）加强农村基层政权体系的构建。通过接管旧政权、废除保甲制、建立农民协会等，积极为农村基层政权建设扫除障碍。

2. 1958 年以后党对农村工作的领导在曲折中前进

（1）农业"大跃进"、农村人民公社化运动的兴起。党的八届三中全会后，农业"大跃进"运动在批评反冒进过程中发动起来。1958 年 8 月召开的北戴河会议通过《关于在农村建立人民公社问题的决议》进一步把人民公社化运动推向高潮。随着供给制的实行和"左倾"错误严重地泛滥开来，导致农村出现物资匮乏、供应短缺的严重困难局面，教训极为深刻。（2）农村人民公社体

① 廖鲁言. 三年来土地改革的伟大胜利［N］. 人民日报，1952-09-28.

制的逐步调整。1961 年党中央在北京举行工作会议，形成《农村人民公社工作条例（修正草案）》，集中力量调整农村政策，纠正公社化以来农村实际工作中的若干突出错误，人民公社逐渐进入较为稳定的发展阶段。实施的调整政策还包括精简职工和减少城镇人口、调整农产品征购政策等措施，从而在战胜严重困难的过程中继续推进农村建设，产生了以大寨和红旗渠为代表的改造山河的壮举。

（二）改革开放以来党对农村工作的领导

1978 年 12 月党的十一届三中全会拉开改革开放的序幕，农村改革成为突破口，党对农村工作的领导进入新的历史时期。

1. 改革开放初期农村经济体制改革阶段

党的十一届三中全会原则通过《关于加快农业发展若干问题的决定（草案）》，四中全会对其做作了修正。全国多地根据自身条件探索实行包产到户、包产到组、包干到户等不同形式的生产责任制。（1）实行家庭联产承包责任制，提高农民经营自主权。党中央于 1982—1986 年连续出台 5 个中央一号文件，全面推进农村改革，推动家庭联产承包责任制从确立到发展、从发展到完善。（2）推进政社分开、撤社建乡的基层管理体制改革。1983 年 10 月中央下发《关于政社分开和建立乡政府的通知》，标志着人民公社制度彻底结束。（3）推进农产品流通体制改革，鼓励发展乡镇企业。中央出台政策取消农产品统派购制度，促进农产品流通。不同所有制企业同台竞争，1987 年乡镇企业产值首次超过农业产值。

2. 20 世纪 90 年代以来党对农村工作的领导

（1）进一步深化农村改革，加快构建农村市场经济体制。1993 年 11 月中央出台《关于当前农业和农村经济发展的若干政策措施》，促进农业和农村经济的发展全面转入社会主义市场经济的轨道。1998 年 10 月党的十五届三中全会通过《关于农业和农村工作若干重大问题的决定》，标志党对农村发展规律的认识更加深刻，加强“三农”工作的自觉性更强了。（2）立足统筹城乡发展，加快社会主义新农村建设。2002 年 11 月党的十六大正式提出“统筹城乡经济社会发展”。党的十六大以来形成了一个惯例，即在每年 12 月的中央经济工作会议之后，再专门召开一次中央农村工作会议，部署第二年的“三农”工作，会议通过的文件于第二年年初以中央"一号文件"的方式发布，有针对性地出台一系列政策。2008年10月党的十七届三中全会通过《关于推进农村改革发展若干重大问题的决定》强调，我国总体上已进入以工促农、以城带乡的发展阶段，进入破除城乡二元结构体制障碍的重要时期。

3. 党的十八大以来对农村工作的领导

（1）坚持把解决好"三农"问题作为全党工作的重中之重。以习近平同志为核心的党中央提出了一系列新理念、新论断、新举措，为推动"三农"工作提供了行动纲领和根本遵循。可以说，"十三五"是我国粮食安全形势最好、农民收入增加最多、农村生活条件改善最为明显的时期，促进"三农"发展的力度、广度和深度前所未有，推动农业、农村取得历史性成就、发生历史性变革。（2）把脱贫攻坚作为全面建成小康社会的标志性工程。党的十八大正式提出到2020年全面建成小康社会的宏伟目标，采取许多具有原创性的重大举措，实施精准扶贫、精准脱贫，组织推进人类历史上规模空前、惠及人口最多的脱贫攻坚战。历经8年，现行标准下近1亿农村贫困人口全部脱贫，832个贫困县全部摘帽，如期完成了脱贫攻坚目标任务，解决困扰中华民族几千年的绝对贫困问题取得历史性成就。（3）启动实施乡村振兴战略。2017年10月党的十九大提出实施乡村振兴战略，并将其写进党章。它开启了党对农村工作领导的新篇章，为新时代"三农"工作指明了方向。2020年10月党的十九届五中全会强调全面推进乡村振兴，走中国特色社会主义乡村振兴道路。（4）制定、实施《中国共产党农村工作条例》。2019年8月党中央正式印发条例，它是新时代党管农村工作的总依据。专门制定关于农村工作的党内法规，在党的历史上还是首次。

三、党对农村工作领导探索与实践的启示

（一）继承并发扬我们党重视领导农村工作的传统，健全党对农村工作的全面领导制度，为新时代"三农"发展提供根本保证

建党百年以来，回顾党带领人民进行革命、建设和改革的历程，重视农业、农村、农民问题是我们党的优良传统，也是党一贯坚持的战略思想。习近平总书记指出，"我们要坚持用大历史观来看待农业、农村、农民问题，只有

深刻理解了‘三农’问题，才能更好理解我们这个党、这个国家、这个民族。”① 当前“三农”发展呈现新的态势，党管农村工作面临着一些不容忽视的问题。比如我国发展不平衡、不充分的问题在乡村最为突出，农村基层党组织存在弱化问题，科学技术的快速发展对乡村治理能力带来挑战等。

在开启全面建设社会主义现代化国家新征程、向第二个百年奋斗目标进军的新发展阶段，健全党对农村工作的全面领导意义重大，有助于进一步发挥党集中统一领导的政治优势，强化农业、农村优先发展的政策导向，为全面推进乡村振兴提供根本保证。（1）健全党对农村工作的全面领导制度，构建更加系统完备、科学规范、运行有效的组织体系、制度体系和具体工作机制。通过加强农村政治、经济、社会、文化、生态文明、党的建设等全方位领导，提高党管农村工作的能力和水平。在组织体系方面，强调完善党的农村工作领导体制；在制度体系方面，强调完善党管农村工作的基础性制度体系，构建起全面领导的制度框架；在具体工作机制方面，应强化改革创新、规划导向、财政投入、法治保障、考核监督、人才队伍等方面的机制建设。（2）健全党对农村工作全面领导的重要措施。包括壮大农村集体经济、统筹推进“三治融合”、推动社会管理与公共服务下沉、加快乡村治理信息化步伐等。

（二）党管农村工作必须始终坚持以人民为中心，以解决民生为根本点和立足点，密切党同人民群众的血肉联系

1. 坚持党的群众观点，注重问政于民、问需于民、问计于民，发扬密切联系群众之风

为中国人民谋幸福、为中华民族谋复兴是中国共产党人的初心和使命。中华人民共和国成立以前党的工作重心在农村，我们党始终与人民紧密地联系在一起，重视与人民同甘苦、共患难。毛泽东同志指出，“在我们党的一切实际工作中，凡属正确的领导，必须是从群众中来，到群众中去。”② 当年苏区干部就是常常自带饭包去办公，“日着草鞋干革命，夜点灯笼访贫农”。比如，毛泽东同志到才溪乡调查，把才溪人民群众看作“可敬爱的先生”，给群众当学生。他还跋山涉水、走村串户，和群众同吃、同住、同参加生产劳动，这些至今仍

① 人民日报评论员．胸怀两个大局，做好“三农”工作［N］．人民日报，2020-12-31.

② 王直．调查研究就是向实际学习［J］．福建党史月刊，1993（11）．

在当地传为佳话。在苏区，毛泽东同志就是相信群众、依靠群众、尊重群众首创精神的楷模。

2. 以解决民生问题为根本点和立足点，始终坚持人民利益高于一切

我们党成立以后，充分认识到中国革命的基本问题是农民问题，把为广大农民谋幸福作为重要使命。中华人民共和国成立以前的各个历史阶段，党的农村工作重视经济建设与社会治理，进行土地改革，实行减租、减息，开展大生产运动，使根据地的政权建设牢固建立在解决民生问题这个根本点之上。比如，抗日战争时期，始终将经济工作与农民利益结合起来，成为这一时期党领导经济工作的重要特征。陕甘宁边区政府在极端困难的条件下，仅 1942 年在农业方面就投资 1000 多万元，用于兴修水利、制造农具、购买耕牛和种子；以延安地区为例，发放耕牛与农具贷款 158 万元，帮助农民购买耕牛和农具，使得当地增开荒地 10 万亩，增收棉花 87 万斤。[①] 改革开放以来，我们党坚持把人民拥护不拥护、赞成不赞成、高兴不高兴作为制定政策的依据，领导农民率先拉开改革大幕，不断解放、发展农村社会生产力。党的十八大以来，始终坚持以人民为中心，不断实现人民对美好生活的向往，把保障、改善民生作为推动发展的根本目的，农村民生显著改善，乡村面貌焕然一新，为开启全面建设社会主义现代化国家新征程奠定了坚实的基础。

3. 注重提高农民自主参与意识，始终尊重农民主体地位

坚持农民主体性是党管农村工作的重要原则。注重提高农民群众的自主参与意识是我们党始终能够密切联系群众的内在根源。比如，中华人民共和国成立初期，农村基层政权建设中强调充分发动群众，依靠群众力量接收旧政权、废除保甲制，在“土改”中强调启发农民的阶级觉悟，在合作化中强调引导贫下中农组织起来的积极性，等等。改革开放以来，党管农村工作坚持尊重农民群众在实践活动中表达的意愿、创造的经验、拥有的权利、发挥的作用，逐渐抛弃将农村视为农业剩余劳动力“蓄水池”与贫困人口“蓄水池”的陈旧思想，农村的主体居民逐步成为现代农业的从业者。当前，全面推进乡村振兴离不开外部条件的支持，但根本前提还是立足农民的主体性。比如，应防止工商资本下乡过程中出现的短期逐利行为，保护农民承包地、宅基地、集体建设用

---

① 财政部财政科学研究所. 抗日根据地的财政经济［M］. 北京：中国财政经济出版社，1987：95.

地的收益权；振兴乡村的关键在于振兴小农，而非振兴资本，保证农户享有产业链的绝大部分附加收益；防止地方政府的包办代替压制农民的主体性，要做到公共服务下乡进村，而不是官僚主义下乡进村，或搞大规模拆旧建新让农民背负债务等。

（三）党管农村工作必须始终坚持从基本国情出发，强调与中国的实际相结合，走中国特色社会主义乡村振兴道路

1921 年党的一大后，在列宁和共产国际的帮助下，对中国基本国情和社会性质逐渐有了正确认识，在此基础上党的二大确立了反帝、反封建的民主革命纲领。我们党立足于半殖民地半封建社会的基本国情，坚持把马克思主义基本原理同中国的具体实际相结合，最终取得了新民主主义革命的伟大胜利。中华人民共和国成立以前，党管农村工作基本上围绕党的中心工作而展开，随着不同历史时期党的基本路线的变化而变化。尤其强调实事求是地制定农民政策，不照搬其他国家的经验，否则，再好的政策也不可能取得成功。比如，在土地革命战争时期，党在农村基层政权建设中有个别措施直接从苏联移植过来，甚至对革命阶级的界定、对民族问题的理解和认知也复制苏联的做法，结果是无法适应当时农村的实际，不能得到根据地民众的真心拥护与支持，产生了许多问题。

中华人民共和国成立以后，我们党正确判断、把握我国社会所处的历史阶段，立足社会主义初级阶段的基本国情，强调一切工作都要从社会主义初级阶段的实际出发。党的农村工作各项政策制定都以社会主义初级阶段为基本依据，有步骤、分阶段地实现农业、农村发展目标。任何脱离社会生产力发展水平的现实，违背客观规律提出一些超越历史发展阶段的目标、政策，比如农业“大跃进”、农村人民公社化运动，都会给国家和人民带来损失。总体上党管农村工作在将广大乡村纳入国家建设体系的同时，又扎根于历史文化传统，注重从自身经济、社会发展水平出发，坚持走自己的路，不断与时俱进地校准农业、农村的发展方向，调整发展路径，既推动了乡村现代化发展，也为国家整体现代化提供了重要的资源储备库与社会稳定器。

改革开放以来，我们党全部理论和实践的主题是坚持、发展中国特色社会主义。当前，在向第二个百年奋斗目标迈进的历史关口，坚持走中国特色社会

主义乡村振兴道路，主要任务就是全面推进乡村振兴，推动农业全面升级、农村全面进步、农民全面发展，这是党的农村工作重心的历史性转移。立足于新发展阶段的实际，全面推进乡村振兴的具体措施包括加快发展乡村产业，延伸产业链，贯通供应链，提升价值链，让农民更多地分享产业增值收益；加强农村生态文明建设，实施乡村建设行动；健全城乡融合发展体制机制，加快构建党组织领导的乡村治理体系；等等。

（四）党管农村工作必须注重方式、方法的改革创新，善于调动一切积极因素，发挥各方合力整合的协同效应

1. 党领导农村工作方式应注重在继承中创新

比如，抗日战争时期，党在领导农业生产中采取了“群众动员，典型引路，组织起来”的领导方法与工作经验，是党的解放区经济工作的显著特征。强调在继承中创新，继承的主要是带有规律性的认识和做法，创新则体现在通过改革激发农村内生动力，发展新动能。改革开放以来，党领导农村工作的方式不断完善，改变单一强调行政命令的、过于主观化的工作方式，综合运用行政、经济、法律等手段，逐步向领导方式多样化、制度化发展。当前，应善于通过制度创新来改善党对农村工作的领导，在充分发挥政策引导、试点示范、宣传动员等方式的作用的基础上，积极运用法治思维与法治方式来领导农村工作，不断推进乡村治理体系和治理能力现代化。

2. 党领导农村工作方式应着眼于调动一切积极因素，增强全面推进乡村振兴的合力

“三农”工作是一项复杂的系统工程，它的推进绝不仅是单一动力作用的结果，体现的是依靠各部门齐抓共管、各方社会力量共推的协同效应。应注重协同政府、市场、社会三者力量，正确处理发挥政府主导性作用与市场在资源配置中的决定性作用之间的关系。注重求真务实抓农村工作，在全面部署、整体推动的同时，善于区分重点、难点和关键，倡导尊重基层和农民的首创精神，允许探索新的经营形式，不搞强迫、命令和一刀切。

作者简介：赖扬恩，福建社科院社会学研究所副研究员。

奋力书写全面推进乡村振兴的广东篇章

郭跃文

摘　要：乡村振兴战略是新时代"三农"工作的总抓手，也是推进农业、农村现代化，补齐社会主义现代化国家建设短板的重要途径。党的十九大以来，广东坚决贯彻落实习近平总书记、党中央战略部署，坚持农业、农村优先发展，把实施乡村振兴战略列入"1+1+9"工作部署统筹推进，举全省之力把乡村振兴战略谋划好、实施好，促进农业全面升级、农村全面进步、农民全面发展。

关键词：乡村振兴；现代化；广东实践

一、现代化进程中的乡村振兴

"现代化"指18世纪工业革命以来人类社会所发生的深刻变化①，它包括工业化（从农业社会到工业社会）、城市化（从乡村社会到都市社会）、开放化（从封闭社会到开放社会）、分工化（从同质社会到异质社会）、平等化（从特殊主义社会到普遍主义社会）等多个方面的内容，体现着一种整体性的社会变迁过程。② 在现代化进程中，必然出现农业占国民经济的比重大幅下降，农村人口大量转移到城镇，即"城的比重上升，乡的比重下降"，这是现代化的一般规律。

对于现代化进程中农民和农村的最终命运，理论上有着不同的观点。

---

① 何传启．现代化概念的三维定义［J］．管理评论，2003（3）．

② 童星，崔效辉．"现代化"概念及其内涵［J］．江苏行政学院学报，2004（4）．

一种观点认为现代化必然导致农民的终结和村落的终结。如孟德拉斯认为，随着现代化的推进，传统的小农生产方式及农民将逐渐消失，并最终走向终结，取而代之的将是现代化的农业和现代农业工人。① 在中国这样的发展中国家，大规模人口流动引发的剧烈社会变迁也造成了"村落的终结"。② 推动农村、农民终结的内生动力不仅来自大规模的人口城镇化过程，也来自传统农业经营主体的现代化、企业化过程。例如，发展经济学家舒尔茨认为：发展中国家的传统农业是不能对经济增长做出贡献的，只有现代化的农业才能对经济增长做出重大贡献，发展中国家政府需要通过增加人力资本投入等手段将传统农业改造为现代化的农业，而农民行为内在的理性化特征可为小农的传统化改造提供基础。③ 波普金则以美国家庭农场为蓝本，提出小农的农场相当于一个资本主义的"公司"，是一个在权衡长、短期利益之后，为追求最大利益而做出合理生产抉择的人。④ 总之，"终结论"的观点认为现代社会中的农民身份、认同、心理、习俗及农业形态与传统社会相比都将发生全面的、颠覆性的变化，而西方发达国家的农业、农村形态代表着这一变化的基本方向。

另一种观点则认为小农并不会终结。卡尔·波兰尼明确反对经济学家用"形式经济学"的方法将小农的行为简单化为利益最大化。⑤ 蔡亚诺夫通过考察俄国的农业发展历程指出：资本主义的利润计算法不适用于小农的家庭式农场。小农的家庭式农场的生产，主要是为了满足其家庭的消费需要，不是为了追求最大利润。⑥ 詹姆斯·斯科特通过对东南亚小农的生存经济进行田野研究发现：小农经济行为的主要原则是"避免风险""安全第一"，在同一共同体中，尊重人人都有维持生计的基本权利的道德观念，以及"主客"间的"互惠关系"等。小农的集体行动基本上是防卫性和复原性的，是为了对抗威胁生计

① ［法］孟德拉斯. 农民的终结［M］. 李培林，译. 北京：中国社会科学出版社，1984/1991：1-6.

② 李培林. 村落的终结——羊城村的故事［M］. 北京：商务印书馆，2004：151-153.

③ Theodore W. Schultz：*Transforming Traditional Agriculture*［M］. New Haven：Yale University Press，1964.

④ Samuel L. Popkin：*The Rational Peasant：the Political Economy of Rural Society in Vietnam*，Oakland：University of California Press，1979.

⑤ ［英］卡尔·波兰尼. 大转型：我们时代的政治与经济起源［M］. 杭州：浙江人民出版社，2007.

⑥ ［俄］蔡雅诺夫. 农民农场组织［M］. 北京：中央编译出版社，1996.

的外来压力，对抗资本主义市场关系及资本主义国家政权的入侵。[①] 黄宗智经研究发现，在20世纪上半叶市场经济和外来资本的影响下，中国华北地区的传统农业并没有走上“效率提升—农民增收”的现代化道路，而是衍生出半殖民地区独特的农业“内卷化”经营形态。[②] “再小农化”理论则提出：小农户及小农生产方式依然在当今世界广泛存在，并在现代社会的农业发展中占据重要地位，继续为农业发展做出重要贡献。实践中南美等地也出现了“再小农化”的现象和趋势，即一些农业企业或农场将其土地再分包给小农户来负责生产经营。[③] 可见，农业、农村、农民“终结论”仍然有失偏颇。

事实上，大国的现代化与小国的现代化存在明显差异。大国即便工业化、城镇化水平再高，也不可能完全消灭农业和农村；小国和城市国家则完全有可能全部工业化和城镇化。中国的现代化是人口规模巨大的现代化，在拥有近14亿总人口的国情下，即便我国城镇化率达到70%，农村仍将有4亿多人口。[④] 因此，不管中国工业化、城镇化进展到哪一步，农业都要发展，乡村都不会消亡，城乡将长期共生、并存，这也是客观规律。我们在现代化的进程中不能忽视农村，不能忽视农业，不能忽视农民。如果在现代化进程中把农村4亿多人落下，到头来“一边是繁荣的城市、一边是凋敝的农村”，这不符合我们党的执政宗旨，也不符合社会主义的本质要求。这样的现代化也是不可能取得成功的![⑤] 因此，必须把乡村振兴摆在社会主义现代化建设的重要位置，补齐现代化的农业、农村的短板。

同时，由于中国独特的国情和历史，决定农业、农村现代化必须探索一条具有中国特色、符合自身实际的道路。邓小平同志早就提出：“我国农业现代化，不能照抄西方国家或苏联一类国家的办法，要走出一条在社会主义制度下合乎中国情况的道路。”[⑥] 习近平总书记指出，“实现乡村振兴是前无古人、后

---

① James C. Scott. *The Moral Economy of the Peasant*: *Subsistance and Rebellion in Southeast Asia* [M]. New Haven: Yale University Press, 1976.

② 黄宗智. 华北的小农经济与社会变迁 [M]. 北京：中华书局，1986：304-308.

③ [荷] 扬·杜威·范德普勒格. 新小农阶级：世界农业的趋势与模式（修订版）[M]. 潘璐，叶敬忠，等译. 北京：社会科学文献出版社，2016：1-5.

④ 陈锡文. 实施乡村振兴战略，推进农业农村现代化 [J]. 中国农业大学学报（社会科学版），2018 (1).

⑤ 习近平. 把乡村振兴战略作为新时代“三农”工作总抓手 [J]. 社会主义论坛，2019 (7).

⑥ 邓小平. 邓小平文选（第2卷）[M]. 北京：人民出版社，1994：362.

无来者的伟大创举，没有现成的、可照抄、照搬的经验。我国乡村振兴道路怎么走，只能靠我们自己去探索，要坚持走中国特色乡村振兴之路”①，“要坚持用大历史观来看待农业、农村、农民问题，只有深刻理解了“三农”问题，才能更好理解我们这个党、这个国家、这个民族”。② 乡村振兴战略将农业、农村、农民统筹起来整体考虑，突破了过去理论界和实务界单纯考虑农业现代化的片面思维，这本身就是具有中国特色的农业、农村现代化道路探索，对其他国家构建工农互促、城乡互补、协调发展、共同繁荣的新型工农城乡关系也具有参考和借鉴意义。广东作为改革开放的排头兵、先行地、实验区，经济总量连续32年居全国首位，同时也是城乡区域发展不平衡的重点地区之一，其乡村振兴的实践对全国具有重要的启示意义。

二、乡村振兴的广东实践

党的十九大以来，广东深入学习、贯彻习近平总书记关于“三农”工作重要论述精神，坚持农业、农村优先发展，深入实施乡村振兴战略，推动“三农”工作取得积极成效，顺利实现“三年取得重大进展”③ 任务目标，努力把短板变成“潜力板”。

（一）严格落实五级书记抓乡村振兴，建立、健全高位推动的体制机制和政策体系

一是高度重视，党政领导高位推动。出台了《中共广东省委实施〈中国共产党农村工作条例〉办法》，明确省委、省政府主要负责同志分别担任省委实施乡村振兴战略领导小组组长、常务副组长，省委分管负责同志任领导小组办公室主任，统筹推动全省“三农”工作。省领导同志分别定点联系1个涉农县（市、区），每名领导同志每年不少于2次、累计不少于5天赴联系点调研，切

① 习近平．把乡村振兴战略作为新时代“三农”工作总抓手［J］．社会主义论坛，2019（7）．

② 坚持把解决好“三农”问题作为全党工作重中之重，促进农业高质、高效，乡村宜居、宜业，农民富裕、富足［N］．人民日报，2020-12-30．

③ 中共广东省委、广东省人民政府《关于推进乡村振兴战略的实施意见》（粤发〔2018〕16号）提出“3年取得重大进展，5年见到显著成效，10年实现根本改变”的阶段性目标，为2035年乡村振兴取得决定性进展，为2050年实现全面振兴奠定坚实基础。

实把党对农村工作的全面领导传导到基层一线。各市、县对标省的做法，由党政“一把手”抓乡村振兴。

二是顶层设计，制定“1+1+N”政策体系。省委、省政府先后出台《关于推进乡村振兴战略的实施意见》《广东省实施乡村振兴战略规划（2018—2020年)》，针对到2020年实现“三年取得重大进展”出台系列实施方案，明确57项硬任务。省直各部门围绕脱贫攻坚、“五大振兴”，以及农村综合改革、农村金融、乡村治理、城乡融合等出台100多个政策文件，形成“1+1+N”政策体系。

三是压实责任，创新考核领导班子实绩。对全省21个地级以上市和62个省直部门分片区、分类型组织考核，将考核结果纳入党政领导班子综合考核，作为领导干部选拔任用升级资金安排等的重要参考，有力压实市县党政领导班子和领导干部职责。

（二）高质量打赢脱贫攻坚战，农民收入不断增加

一是构建高质量稳定脱贫机制。一体谋划推动脱贫攻坚和乡村振兴，产业扶贫、电商扶贫、旅游扶贫等快速发展，贫困村基础设施和基本公共服务达到全省中等以上水平，贫困群众“两不愁、三保障”全部实现，全省161.5万相对贫困人口全部达到脱贫出列标准，2277个相对贫困村全部出列并有序建成新农村示范村，村均集体收入达33.5万元，创造了解决贫困问题的“广东经验”。

二是大力发展富民兴村产业。创建农产品“保供稳价安心”数字平台，建设175个省级以上现代农业产业园，扶持2201个村发展农业特色产业，建成1322个专业村和200个专业镇，培育农民合作社5.2万家、家庭农场16万家，组建县域助农服务综合平台126个、镇村助农服务中心1106个，加快推进广州国家现代农业科技创新中心等重大助农平台建设。广东农业的优势集中在特色果蔬、花卉茶叶、畜禽养殖等具有较高成长性的行业，其农业增长速度不仅明显高于工业化、城镇化程度相似的江苏、浙江、山东，而且最近两年也明显高于全国平均水平。[①]“广东荔枝”“梅州柚”“徐闻菠萝”“翁源兰花”等一批广东品牌蜚声国内外。“跨县集群、一县一园、一镇一业、一村一品”农业产

① 叶兴庆. 向2035年的中国乡村：愿景、挑战与策略［J］. 管理世界，2021（4）.

业体系逐步完善。

三是农民可支配收入显著增加，城乡居民可支配收入差距缩小。2015—2020 年，广东省农村常住居民人均可支配收入从 13360.4 元增长到 20143.4 元，突破 2 万元，年均增长 8.56%，超过同期城镇常住居民人均可支配收入年均增速和 GDP 年均增速，城乡居民可支配收入比从 2.60 下降到 2.50。

（三）聚焦"三农"突出短板大力实施乡村建设行动，完成一系列重点攻坚任务

一是全域改善农村人居环境。全域开展自然村"三清、三拆、三整治"，基本解决垃圾收运、厕所无害化等问题，全省 99.8%的自然村完成了基础环境整治，农村无害化卫生户厕改造普及率达 99.5%，自然村配备保洁员和建立生活垃圾收运处理体系覆盖率达 99%，农村基本实现干净、整洁。示范推动美丽乡村建设，打造市、县、镇、村"一十百千"试点，因地制宜推进美丽田园、家园、河湖、园区、廊道"五美行动"，2020 年打造 570 多条美丽精品旅游线路、2.6 万个"四小园"小生态板块，乡村加快实现美丽蜕变。

二是加快补齐基础设施和基本公共服务短板。大力推动"四好农村路"建设，通乡镇和建制村路面全部实现硬底化。持续推进农村生活污水治理，自然村集中供水覆盖率达 87%。基本建立市、县、镇、村联通的城乡便民服务体系，建立城乡统一的社会保障制度和就业、创业服务体系，县域义务教育发展基本均衡覆盖率达 100%。加强基层医疗卫生机构建设，"十三五"期间投入 500 亿元全面提升县、镇、村医疗卫生水平，医共体实现县域全覆盖，村级卫生站标准化建设实现全覆盖。

三是不断夯实农村基层基础。持续深化农村基层组织"头雁"工程，坚持发展新时代"枫桥经验"，2018—2020 年累计排查软弱、涣散村（社区）党组织 1978 个，建成新时代文明实践中心 2.3 万个，文明村镇创建率达 89.2%，基本建立了"党建引领，社会参与，农民主体"的基层治理格局。

四是深入推进农村综合改革。深化涉农领域"放管服"改革，将农业、农村领域原有的 346 项行政权力事项压减至 81 项。推进乡村建设项目审批改革，实行并联审批，精简审批环节，压缩审批时限。稳步开展农村集体产权制度改革试点，扎实推进农村宅基地等改革试点，以及国家城乡融合发展试验区广清

接合片区创建，基本完成“房地一体”农村不动产登记发证工作。

（四）支持农业、农村优先发展，实施超常规的“人、地、钱”保障举措

一是强化人才上山下乡。统筹选派4998名优秀党员干部到农村担任村党组织第一书记。深入实施“粤菜师傅”“广东技工”“南粤家政”三项工程，创新推动“农村电商”“乡村工匠”“高素质农民”培育工程，新增培训农民超百万人次，带动大量农民就地、就近就业、创业。组织城市教育、卫生、科技、文化等团队下乡行动，农村科技特派员覆盖1300多个乡村产业。

二是强化建设用地保障。将乡村振兴建设用地纳入预留城乡建设用地规模，积极推进点状供地，明确涉农市县每年安排不少于10%的用地指标保障乡村振兴用地需求。打造城乡土地要素有序流动平台，实现农村产权流转管理平台省、市、县、镇、村五级互联、互通。以农村水田垦造、拆旧复垦为抓手促进城乡要素流动，2018—2020年交易金额近400亿元支持乡村振兴。

三是强化资金投入保障。建立财政稳定增长投入机制，省级财政支农资金逐年较大幅度增加。建立金融支持机制，推广“银行+保险”融资模式，探索财政贴息贷款和养殖圈舍、生猪活体、土地经营权等抵押贷款，实现岭南特色水果保险省内品种全覆盖。

（五）广泛发动社会力量，形成全员参与全方面资源支持乡村振兴格局

一是打造公众参与平台。创设“乡村振兴大擂台”电视比武，全省21个地级以上市市委书记、市长上擂台支持，多名县委书记、镇村书记为乡村站台代言，吸引超过15亿次观众观看，6000多万人次参加网络投票，超过3000万网友观看并转发了“我为家乡代言”视频号。

二是打造资本参与平台。实施“万企帮万村”行动，累计发动10824个企业，投入资金142多亿元。推动“国资下乡”，设立全国首支农业供给侧结构性改革基金，认缴规模125亿元。创新推进消费扶贫，建立广东东西部扶贫协作产品交易市场，展销3200多家企业的8500多种产品，带动全省消费扶贫290多亿元。

三是打造农民参与平台。实施“新乡贤”返乡工程，建设认定返乡创业孵

化基地 51 家。优化乡村建设项目管理，明确农村 100 万以下土建工程、50 万以下货物购买和委托服务的小型项目可由村级组织或农民工匠承接实施，激发农民的参与热情。

三、存在的问题与政策建议

广东乡村振兴取得的显著成就充分彰显了中国特色社会主义的制度优势，以及习近平新时代中国特色社会主义思想的强大真理力量和实践伟力，为中国共产党领导的政治优势和社会主义的制度优势提供了无可置疑的雄辩事实和极具说服力的鲜明例证，为我国通过走中国特色乡村振兴之路实现农业、农村现代化提供了极具示范意义的有效探索。

但是，对比习近平总书记举全党之力推动乡村振兴的要求，对比“三农”工作是应变局、开新局“压舱石”的地位和作用，对比广东走在全国前列的总定位、总目标，广东还有一些不足。包括农业家庭经营规模弱小化、分散化问题仍未根本改观，助农增收的社会化服务体系尚不健全；农村人居环境整治、基础设施建设和基本公共服务仍有短板和弱项；已经脱贫的低收入群体的增收基础尚不牢固，巩固、拓展脱贫攻坚成果同乡村振兴有效衔接机制尚不健全；农业、农村科技供给水平还比较低，特别是原始创新能力尚不能满足农业现代化发展需求；农村综合改革仍需深化，城乡二元体制尚未被彻底破解。

当前，在向第二个百年奋斗目标迈进的历史关口，在脱贫攻坚目标、任务已经完成的形势下，我国“三农”工作重心发生了从脱贫攻坚到全面推进乡村振兴的历史性转移。广东将始终心怀“国之大者”，切实把思想和行动统一到总书记、党中央决策部署上来，进一步增强、做好新发展阶段“三农”工作的使命感、责任感、紧迫感，深刻认识到新征程中广东“三农”工作有责任、有条件、有能力实现更大作为，从而以更大的决心、更明确的目标、更有力的举措奋力书写全面推进乡村振兴的广东篇章。

（一）加强党对“三农”工作的全面领导，切实扛起政治责任

党管农村工作是我们党的优良传统，是我国农业、农村发展取得历史性成

就、发生历史性变革的根本原因。[①] 习近平总书记指出，党管农村工作是我们的传统，这个传统不能丢。如果把“三农”工作比作一辆奔驰的火车，党的领导就是这个至关重要的“火车头”。只有继承、发扬党管农村工作的宝贵传统，坚持加强、改善党对“三农”工作的领导，把坚持农业、农村优先发展作为现代化建设的一个重大原则，精心做好顶层设计，统筹协调，整体推进，督促落实，才能凝聚实施乡村振兴的磅礴力量，才能始终沿着中国特色社会主义乡村振兴道路阔步前进，推动农业全面升级、农村全面进步、农民全面发展。[②]

一是切实把乡村振兴作为“一把手”工程。始终坚持党管农村，巩固、优化“五级书记”抓乡村振兴，全面落实党政主要负责同志尤其是“县委书记要把主要精力放在‘三农’工作上，当好乡村振兴‘一线总指挥’”的要求。用好换届契机，选优配强乡镇领导班子、村“两委”成员特别是村党支部书记。二是坚持规划引领，谋定而后动。树立城乡融合、多规合一、一体设计的理念，因地制宜地编制乡村振兴地方规划、村庄规划和专项规划，推进全省村庄规划全覆盖。强化规划实施，坚持一张蓝图干到底，久久为功谋振兴。三是分类施策，因地制宜地全面推进乡村振兴。珠三角核心区要当好表率和示范，切实解决“城中村”“村改居”“三旧改造”等系列深层次问题，率先实现高水平乡村振兴。粤东西北地区要坚定信心，抓住机遇，主动作为，集中资源补短板，强弱项，逐个突破，步步为营实现乡村振兴弯道超车，特别是要抓粤港澳大湾区广阔的农产品市场与农村休闲市场的机遇，大力发展优质农产品和乡村旅游，让绿水青山真正转化为金山银山。

（二）持续增加农民收入，不断缩小城乡居民收入差距

现代化进程中城乡居民收入差距增大是各国普遍存在的问题。刘易斯二元经济理论认为：传统农业部门中人口多，资本和土地稀缺，造成劳动边际生产率低，导致工资水平低。农业部门只有在经历现代化改造，提升劳动生产率，并且持续获得政府补贴的情况下，才能与城市工业部门保持同一工资水平。中国城乡收入差距的形成的主要原因有：一是人多地少的资源禀赋结构和历史上长期的小农经营模式导致农业“过密化”，边际劳动的投入带来的绩效和收入

---

① 陈理. 继承和发扬党管农村工作的优良传统［N］. 农民日报，2020-09-07.

② 吴宏耀. 加强党对乡村振兴的集中统一领导［J］. 求是，2018（14）.

增长非常有限[①]；二是重工业优先发展战略将导致工农业剪刀差和城镇化水平滞后于工业化水平[②]；三是城乡二元体制导致劳动力和资本分别扭曲地集中于农村和城市[③]。对于后发国家来说，城乡收入差距不一定随着经济的发展而自动弥合，需要政府采取强有力的措施。

一要千方百计巩固、拓展脱贫攻坚成果。健全防止返贫动态监测和帮扶机制，在全面实行对无劳动力农村家庭综合社会保障兜底的基础上，构建农村低收入群体帮扶与乡村振兴有效衔接的制度体系，合理制定农村低收入家庭帮扶标准，逐步推进"低保线"与"帮扶线"两线合一。二是持续提升农民就业、创业技能。深入实施"粤菜师傅""广东技工""南粤家政"等农民培训工程，通过提升技能不断增加农民的工资性收入。三是全面构建面向小农户的社会化服务体系。结合供销合作社改革，采取直接补贴、政府购买服务、定位委托等方式解决小农户因经营规模小而遇到的资金、技术、效率等问题。有序推动农村"三变"（资源变股权、资金变股金、农民变股民）改革，增加农民财政性收入。

（三）实施高水平乡村建设行动，补齐农村基础设施和公共服务短板

在现代化进程中，城市繁荣和乡村衰败通常相伴而生。费孝通认为："都市的兴起和乡村的衰落在近百年来像是一件事的两面。"[④] 针对乡村的衰败，不少学者提出新农村建设的思路，主张强化国家在推进农村现代化建设中的投入和作用。新农村建设观念在以晏阳初为代表的乡村建设学派的思想中就已体现出来，乡村建设思想主张重新建设乡村是一项"固本"工作。[⑤] 发展经济学根据韩国和我国台湾地区的"新村运动"经验，倡导在新的历史时期通过新农村建设来促进市场均衡和中国农村的新发展。[⑥] 从新农村建设的思路可以将农村现代化过程理解为：针对现代化过程中传统乡村的衰落而实施的一种农村建设政策，政府为改善城市与农村发展的失衡状态，通过一些支持农村基础设施建

---

① 黄宗智．长江三角洲小农家庭与乡村发展［M］．北京：中华书局，1992：77-93.
② 陈斌开，林毅夫．发展战略、城市化与中国城乡收入差距［J］．中国社会科学，2013（4）.
③ 蔡昉，杨涛．城乡收入差距的政治经济学［J］．中国社会科学，2000（4）.
④ 费孝通．乡土中国乡土重建［M］．上海：上海世纪出版集团，2007：254.
⑤ 晏阳初．晏阳初全集［M］．长沙：湖南教育出版社，1992：35.
⑥ 林毅夫．关于社会主义新农村建设的几点思考［J］．中国国情国力，2006（6）.

设、增加农村公共品供给等优惠和补偿措施，来改变农村发展滞后的状态，让现代化中的农村社会有新面貌。[①] 在新时代，农业、农村发展关键在于激活乡村经济内生动力，但由于农村地区先天条件不足，软硬件环境较差，劳动力、资本、人才、技术等要素流出大于流入，要扭转这个趋势，必须优先补齐关键基础设施和公共服务短板，吸引要素回流，架起农业、农村向现代化迈进的桥梁。[②]

一是持之以恒推进农村人居环境整治。深化“千村示范，万村整治”工程，强化县镇统筹协调和财政保障力度，培育村民绿色生产、生活方式，健全长效管护机制。加强农房风貌管控，彰显岭南特色。二是推动公共资源城乡均衡配置。坚持把公共基础设施和公共服务的建设重点放在农村，着力推动往村覆盖、往户延伸，实现农民在农村享有水、电、路、讯、网及能源供应，卫生设施和垃圾、污水的处理等现代文明生活必需的基本要件，加快教育、医疗、养老、社会保障等领域的城乡基本公共服务的均等化，逐步实现城乡标准统一、制度并轨。三是坚持镇村联动，实现同治、同建、同美。学习、借鉴浙江的做法，开展“百镇样板，千镇美丽”行动，全面推进乡镇整治和建设，打造美丽圩镇，引导农民向乡镇集中，把乡镇建设成为服务农民的区域中心，辐射并带动美丽乡村建设。

（四）提升科技创新供给能力，加快农业现代化

把握好现代农业技术的变迁及其方向，是农业快速增长的关键。[③] 1978 年以来，中国农业技术进步显著促进了农产品单产的提高，使农业综合生产能力稳步增长。[④] 当今世界，农业科技越来越成为现代农业核心竞争力之所依、内生后劲之所在、转型升级之所系。

一是持续推进高标准农田建设。严防、死守耕地红线，持续提升耕地质

---

① 陆益龙．乡村振兴中的农业农村现代化问题［J］．中国农业大学学报（社会科学版），2018（3）．

② 马晓河，刘振中．基础设施建设和公共服务供给是乡村振兴强力支撑［N］．农民日报，2018-10-12．

③ 林毅夫，沈明高．我国农业技术变迁的一般经验和政策含义［J］．经济社会体制比较，1990（2）．

④ 黄季焜．六十年中国农业的发展和三十年改革奇迹——制度创新、技术进步和市场改革［J］．农业技术经济，2010（1）．

量，力争粮食稳中有增，为确保国家粮食安全和重要农副产品有效供给做出广东贡献。大力推进承包地碎片化整治、整合，鼓励农户资源互换、政府以奖代补，配套建设机耕路、水利设施等，连线、连片建设高标准农田。二是依赖科技创新打好种业和农机翻身仗。大力发展现代农业科技，谋划好农业院校和科研院所专业学科建设，把广大农业院校的智力服务作用挖掘出来。把种业创新作为现代农业科技的制高点来抓，打造全国种业体制改革创新区、种业自主创新引领区、国际种业合作示范区，以种业强省助推广东农业强省建设。加快农业技术装备现代化步伐。分类部署、推进适合平原、丘陵、山区农业生产的全程机械化、半机械化技术装备，融合信息化技术，不断提高智能化、自动化生产经营水平。三是促进小农户和现代农业有机衔接。积极培育、发展家庭农场、专业大户、农民合作社等新型经营主体，大力发展适度规模的家庭经营、集体经营、合作经营和企业联合经营。鼓励小农户通过土地流转、要素入股、劳动力就业、产销对接等形式参与现代农业发展。

（五）深化体制机制改革，促进城乡要素自由流动

中华人民共和国成立初期，为服务重工业优先发展战略，中国逐渐建立起城乡分割的体制。改革开放以后，随着中国从计划经济向市场经济转型，城乡分割的体制不断被打破，城乡关系不断走向融合。① 当前，城乡之间要素合理流动机制还存在缺陷，无论是进城还是下乡，渠道仍然没有被完全打通，要素之间存在不平等交换。② 以推动人才、土地、资本等要素在城乡间双向流动为主要目标的城乡融合战略既是破解新时代社会主要矛盾的关键，又是现代化的重要标志。③ 破除城乡区隔的不平等和不合理体制机制障碍，构建城乡一体化和均等化的社会权利和机会体制，是乡村振兴实践的核心内涵。④

一是完善乡村振兴用地保障机制。优化“点状供地”模式，解决农村地区设施用地和建设用地的供给问题。分类指导、推进农村集体产权制度改革。加快推动“三块地”产权制度变革，尤其是宅基地制度改革，切实清查违法占用

① 张海鹏. 中国城乡关系演变70年：从分割到融合［J］. 中国农村经济，2019（3）.
② 韩俊. 破除城乡二元结构，走城乡融合发展道路［J］. 理论视野，2018（11）.
③ 陆娅楠. 城乡融合发展有了崭新路线图［N］. 人民日报，2019-05-06.
④ 王春光. 乡村建设与全面小康社会的实践逻辑［J］. 中国社会科学，2020（101）.

耕地建房。二是强化资金投入保障。调整城乡要素资源配置，稳步提高土地出让收入。广开投融资渠道，鼓励设立乡村振兴基金，引导撬动更多的社会资本投向农业、农村。三是完善人才流向乡村的保障政策。创新帮扶机制，通过组建包括各类人才的综合性工作队开展组团式驻镇帮镇扶村，为薄弱村提供系统性解决方案。加强服务乡村振兴人才队伍建设，深入推行科技特派员制度，培育专职从事农业的职业经理人队伍，打造懂农业、爱农村、爱农民的“三农”工作队伍。

作者简介：郭跃文，广东省社会科学院党组书记。

脱贫攻坚与乡村振兴有效衔接的若干调查与思考

海南省社科院课题组

摘　要：脱贫攻坚和乡村振兴是我国解决“三农”问题、服务“两个一百年”目标的重要战略部署，两者的有机衔接对于我国乡村治理及社会主义现代化建设有着重要的现实意义。本文选择海南省国家级贫困县为分析样本，深入基层了解二者在协同推进的过程中存在的问题，如乡村公共产品供给配置不均衡、经济发展长期支撑能力不足、农村体制机制缺乏有效衔接、生态建设与经济发展的冲突等。应该看到，脱贫攻坚与乡村振兴在战略部署、群体范围等方面既存在差异性，又在目标衔接、任务互通、参与主体、政策互助等方面存在逻辑关联性。鉴于此，在推进脱贫攻坚与乡村振兴有效衔接的过程中，需要进一步强化目标与政策的统筹规划，建立、健全农村机制体制的有效衔接，大力推进基层人才队伍建设，实现物质文明与精神文明的协同发展。

关键词：海南省；脱贫攻坚；乡村振兴；有效衔接

引　言

党的十九大报告明确指出，要打赢脱贫攻坚战，实施乡村振兴战略。实施乡村振兴战略必须先打好脱贫攻坚战。2018 年中共中央和国务院发布了《关于打赢脱贫攻坚战三年行动的指导意见》，对脱贫攻坚工作做出一系列部署和安排，确保脱贫攻坚任务如期完成。海南省政府在 2018 年也发布了《海南省打赢脱贫攻坚战三年行动计划》，该计划成为海南省脱贫攻坚工作的纲领性文件，为打赢脱贫攻坚战指明了方向。目前，经过全党、全国各族人民的共同努力，在现行标准下 9899 万农村贫困人口全部脱贫，832 个国家级贫困县全面脱贫摘帽，12.8 万个贫困村全部出列，这标志着我国脱贫攻坚战取得了全面胜利。①

然而，脱贫摘帽不是终点，而是新生活、新奋斗的起点。② 我们应该在巩固脱贫攻坚成果的基础上进一步升级，全面推进乡村振兴工作。实施乡村振兴战略是新时代"三农"工作的重要抓手。2021 年 4 月 29 日，中共中央和国务院出台了《中华人民共和国乡村振兴促进法》，该法旨在为全面实施乡村振兴战略提供法律保障，对于促进农业全面升级、农村全面进步、农民全面发展，加快农业、农村现代化，全面建设社会主义现代化国家具有重要意义。③ 在脱贫攻坚与乡村振兴的交汇期，统筹推动脱贫攻坚政策举措和工作体系与乡村振兴有效衔接，成为当下"三农"工作的重点。

据统计，2018 年海南全省共有未脱贫建档立卡贫困户 3.3 万户，贫困人口 12.26 万，未出列贫困村 83 个（含 35 个深度贫困村），未脱贫摘帽国定贫困县（市）5 个（分别是保亭黎族苗族自治县、琼中黎族苗族自治县、五指山市、临高县、白沙黎族自治县），全省贫困发生率为 2.2%。2020 年 2 月 29 日，海南省政府召开新闻发布会宣布，经县级自查、省级核查、第三方机构实地评估、媒体公示、海南省扶贫开发领导小组审定等程序，五指山市、临高县、白沙黎族自治县 3 市县符合退出程序，正式实现脱贫摘帽。至此，继 2019 年 4 月琼中黎族苗族自治县、保亭黎族苗族自治县退出贫困县序列后，海南省 5 个国定贫困市县全部实现脱贫摘帽。④

为巩固脱贫攻坚成果，加速乡村振兴建设，本课题组先后选择海南省临高县、乐东黎族自治县、东方市等有代表性的 5 个贫困乡村作为探究脱贫攻坚与乡村振兴有效衔接的典型样本，通过实地考察、田野调查、现场访谈等方式深入调研海南脱贫攻坚与乡村振兴的内在逻辑及存在的差异，对两者在过渡期内有效衔接过程反映出来的问题进行深入分析，并提出实现脱贫攻坚与乡村振兴

---

① 习近平．在全国脱贫攻坚总结表彰大会上的讲话[EB/OL]．http://www.gov.cn/xinwen/2021-02/25/content_5588869.htm.

② 汪三贵，郭建兵，胡骏．巩固拓展脱贫攻坚成果的若干思考［J］．西北师大学报（社会科学版），2021（3）：16-25.

③ 中华人民共和国乡村振兴促进法［EB/OL］．http：//www.gov.cn/xinwen/2021-04/30/content_5604050.htm.

④ 海南省 5 个贫困市县全部摘帽［N］．海南日报，2020-03-11.

有效衔接的若干政策建议，以期促进海南乡村振兴工作的稳步推进。

一、脱贫攻坚与乡村振兴的内在逻辑

脱贫攻坚和乡村振兴是国家根据不同的现实需求提出的两个重要战略部署，对国家的发展和人民幸福的实现都具有重要意义。只有厘清两者的逻辑关系，才能更好地实现脱贫攻坚与乡村振兴的有效衔接，做到巩固脱贫攻坚的成果，促进乡村振兴。

（一）目标衔接

党的十八大以来，以习近平同志为核心的党中央将"三农"问题摆在全党工作的优先位置，提出了"脱贫攻坚"和"乡村振兴"两大发展战略。这是党为解决国计民生和为实现"两个一百年"奋斗目标的重要战略部署。从总目标来看，脱贫攻坚与乡村振兴的总目标是依次递进的①，前者聚力"第一个百年目标"，后者则着眼"第二个百年目标"。② 脱贫攻坚旨在消除贫困群体的"两不愁三保障"和区域性整体贫困，消除绝对贫困，补充乡村发展短板，增加农村贫困人口收入，扶持乡村产业发展，促进城乡共同富裕。打赢脱贫攻坚战是全面建成小康社会，实现"第一个一百年目标"的必然要求，也是实施全面乡村振兴战略，征战"第二个一百年目标"的重要基础。当前我国脱贫攻坚战取得了全面胜利，全面推进乡村振兴已经提上日程。乡村振兴以脱贫攻坚成果为基础，在乡村经济发展、生态环境、乡风建设、治理体系等多重领域持续发力，逐步建立区域贫困治理长效机制和乡村繁荣机制，最终目标是实现农业、农村现代化。从消除贫困到实现乡村繁荣，两者相互衔接、依次递进，有着严谨的逻辑，只有把握两者的内在逻辑，才能在实践中做好两者的衔接工作。

---

① 刘学武，杨国涛．从脱贫攻坚到乡村振兴的有效衔接与转型［J］．甘肃社会科学，2020（6）：87-93.

② 杨世伟．脱贫攻坚与乡村振兴有机衔接：重要意义、内在逻辑与实现路径［J］．未来与发展，2019（12）：12-15.

（二）任务互通

脱贫攻坚和乡村振兴两大战略都着眼于解决“三农”问题，两者在主要任务方面高度契合。自2015年11月29日中共中央国务院发布《关于打赢脱贫攻坚战的决定》起，扶贫开发工作成为实现第一个百年奋斗目标重点工作。《决定》明确指出，完成脱贫攻坚任务必须着眼于特色产业脱贫、易地搬迁脱贫、教育脱贫、生态保护脱贫、社会保障兜底脱贫等方面。经过全国人民共同的努力，脱贫攻坚任务顺利完成。脱贫攻坚总结表彰大会的结束，并不意味着中国的减贫之路已经走完，乡村振兴成为下一阶段的工作重点。《乡村振兴促进法》明确指出全面实施乡村振兴战略，关键在于推进乡村的产业振兴、人才振兴、文化振兴、生态振兴、组织振兴。脱贫攻坚与乡村振兴在时间上是接续的，将两者的工作任务的着力点对比分析，发现两者的主要任务高度契合。可以这样说，乡村振兴是脱贫攻坚的升级版，其主要任务及目的是优化、升级乡村治理水平，为促进城乡发展提供源源不断的动力，使更多的相关利益群体获得更多的生存和发展机会。

（三）主体一致

坚持以人民为中心是习近平新时代中国特色社会主义思想的重要内容。脱贫攻坚最重要的一环就是要坚持以人民为中心，充分尊重农民的意愿并保障其合法权益。贫困群众是脱贫攻坚的主要对象，也是乡村振兴的主体参与者。在脱贫攻坚的过程中，地方各级政府、市场和社会组织三方力量协同发力，最终着力点是贫困群众。以贫困群众为主体，将贫困户生产发展的内在动力与精准扶贫等各项政策支持结合，由政府牵头，发挥主导作用，引导各个产业要素向农村贫困领域聚集，使脱贫攻坚的各个方面落实到位，切实保证了精准扶贫的可持续性，也为乡村振兴奠定了坚实的基础。

新出台的《乡村振兴促进法》强调了以“坚持农民主体地位”来推进农村的经济建设、政治建设、文化建设、社会建设、生态文明建设和党的建设。这种“主体地位”不仅体现了农民是乡村建设发展的主体，也体现了农民是项目参与和收益共享的主体。政府的政策协助及社会的动员作用在于维护农民的根本利益、激发农民参与脱贫的斗志，提升参与脱贫的积极性。所以，无论是脱贫攻坚还是乡村振兴，都强调提升农民个体技能和积极参与乡村发展的积极性，催生农村、农业发展的内生动力。

（四）政策互助

改革开放以来，我国先后实施的全国性大规模扶贫开发计划主要包括体制改革推动下农业发展驱动、开发式扶贫方式推动及党的十九大以来的精准脱贫攻坚三个阶段。① 2015 年党中央通过《中共中央国务院关于打赢脱贫攻坚战的决定》，以确保到 2020 年实现农村人口脱贫；2017 年提出“乡村振兴”战略；2018 年全国乡村振兴规划及各省脱贫规划的相继出台，脱贫攻坚与乡村振兴在时间上出现重合期，从顶层设计的目标任务到各省市规划脱贫路径及举措，都出现有效的衔接。脱贫攻坚和乡村振兴战略在各级政府机制保障中形成了中央统一规划部署、各级地方政府负责、基层专项扶贫计划落实的工作机制，构成了“精准扶贫”的主要体系。脱贫攻坚的基本方略是“精准扶贫”，强调区域性脱贫机制的贯彻与落实，具有靶向目标思维的行动计划及实践目标，提高了脱贫攻坚的效率，有效避免了扶贫资源的碎片化分享。乡村振兴需要借助脱贫攻坚中多元的参与主体，明确其职责，整合其资源，形成“政府+农民+市场+社会”② 四位一体的乡村振兴参与机制，二者相互衔接，以此来巩固脱贫攻坚的成果，防止返贫，为乡村全面振兴和发展提供政策保障。

二、脱贫攻坚与乡村振兴的差异性分析

脱贫攻坚与乡村振兴两大战略在时间上存在先后，在内容上存在交叉与互补，这样的逻辑关系体现出二者不同的针对性，有必要正确认识这种差异性并根据现实需求制定相应的衔接政策。

（一）战略部署不同

脱贫攻坚和乡村振兴是“十三五”期间对于农村、农业振兴的重大战略，

① 李小云，徐进，于乐荣．中国减贫四十年：基于历史与社会学的尝试性解释［J］．社会学研究，2018（6）：35-61.

② 张永丽，高蔚鹏．脱贫攻坚与乡村振兴有效衔接的基本逻辑与实现路径［J］．西北民族大学学报，2021（3）：1-9.

但二者的部署及实施存在的差异主要表现为乡村振兴战略要比脱贫攻坚的范畴更广。① 脱贫攻坚是一个短期的规划部署，是为全面建成小康社会而做的冲刺行动，时间短，任务重，因此脱贫攻坚具有时间上的紧迫性、政策支持上的优先性及针对性。脱贫攻坚在实施过程中需因人而异、因地制宜地实行精准扶贫，从而切实提高扶贫成果的可持续性。与脱贫攻坚相比，乡村振兴战略则更多地强调政策的长期持续性。可以说，脱贫攻坚重点关注的是底线及局部性的目标；乡村振兴则侧重于整体性的发展，范围更为宽广。基于此，乡村振兴更多关注于农村、农业产业协调发展，坚持扩大农业现代化与农村现代化的建设。在未来很长一段时间里，需要有步骤地通过持续性政策的支持和投入规划并统筹农村、农业各项事业协同发展，建立、健全稳定脱贫的长效机制。

（二）群体范围不同

精准扶贫的“差异化扶贫”意味着扶贫对象的“专项定制扶贫”模式。精准扶贫聚焦于各类资源的整合，为精确将社会各类政策和资源投入贫困村、贫困户，需要层层落实脱贫攻坚的责任，帮扶到户、到人，从平均扶贫转向精准投放。在脱贫攻坚的进程中，受众以特殊的贫困群众为主，旨在消除贫困地区人口的绝对贫困。在这一时期，需要做的主要是提高农村贫困人口的收入及改善农村基础设施建设，以此满足贫困人口的基本生活需求。实践证明，“专项扶贫”是消除绝对贫困的有效途径。鉴于目前绝对贫困已消除，乡村振兴战略受众不再是绝对贫困人口，而是相对贫困人口。在这一时期，政策措施更多的是针对已经脱贫的群众，防止脱贫群众返贫。对低收入家庭给予更多关注，逐步增加这部分人的收入，减少相对贫困。此外，乡村振兴的受众涵盖全体农民，服务于全体农民，如获得社会公共服务、平等的发展机会，加大乡村公共事务的参与度，使农民群众在共建、共享中实现城乡一体化，实现共同富裕。

三、关于脱贫攻坚与乡村振兴有效衔接的调查分析

自乡村振兴战略提出以来，各级政府关于贫困地区脱贫攻坚和乡村振兴战

① 王国丽，罗以洪．打赢脱贫攻坚战与实施乡村振兴战略衔接耦合机制研究［J］．农业经济，2021（1）：35-37.

略的衔接政策相继出台。二者目前处于相互融合阶段，为更切合实际地掌握贫困地区二者衔接过程中存在的针对性问题，本课题组深入海南临高县、乐东黎族自治县、东方市等市县的贫困乡村进行实地考察、调研。在了解县、镇、村的基本情况后，召集从事扶贫攻坚的各级管理干部、驻村第一书记、贫困村镇驻村工作组长、乡村振兴工作队员、普通村民、相关企业、致富带头人等相关群体，围绕"贫困人口规模及致贫原因、脱贫难度、村集体经济发展规模、产业发展状况、乡村招商引资、乡村基础设施建设、公共产品供给、目前取得的工作成效及存在的问题"等内容展开实地考察、田野调查、现场访谈等。在深入分析上述各个方面的调研内容后，发现目前海南省在脱贫攻坚和乡村振兴的有效衔接方面存在如下问题：

（一）农村公共产品供给配置不均衡

农村公共产品供给主要包括公共工程、公共教育、社会保障、医疗保障、行政机构管理费用、社会秩序维护等方面。就目前而言，海南省公共产品供给问题主要表现在农村公共产品供给总量及效率与实际产生偏差、供给结构失衡等方面。一方面，由于海南省贫困县地理位置偏僻，90%以上为少数民族自然村落，乡村整体的社会资源匮乏，尽管脱贫攻坚为农民提供了基本的生产、生活用品，然而农田水利建设问题依然严峻，如乐东县各级村镇都存农田灌溉缺水问题；同时，县级以下各级政府财政支持普遍不足，贫困县农村公共产品供给严重依赖于省级财政拨款。另一方面，由于海南省贫困县脱贫严重依赖于农业产业发展，农村科技普及培训等方面供需差距明显存在，加之村民学习意识与竞争意识较为薄弱，导致忽视了农村农产品销售信息系统等公共产品供给的长期缺乏。这就导致二者在衔接的过程中需要根据各个区域现存问题实行针对性、有效性、长期性的公共资源配置。

（二）区域经济发展长期支撑能力不足

区域经济发展离不开其自身的活力。目前，海南省贫困县乡村产业结构单一，第一、第三产业融合水平及附加值较低，各个贫困县、镇、村发展项目如出一辙，易受到市场和台风、干旱等自然灾害的影响，导致其风险与竞争力增加、农业产业发展难以有效统筹、农村发展内生力不足等一系列问题，从而影响脱贫攻坚与乡村振兴的有效衔接。同时，海南省贫困地区基层组织薄弱现象凸显，基层工作人员年龄结构、能力素质方面差距较大，贫困村、镇党员数量相对较少，后备干部储备数量不足，与稳定脱贫攻坚存在供需偏差等问题；另外，由于外出务工群体逐年增加，在乡村生产、生活的青年数量相对减少，基层政府组织服务、动员能力与农村农业产业发展需求出现相互脱节现象，村集体管理和服务能力下降，组织集体行动能力也在逐步弱化，对于脱贫攻坚与乡村振兴二者过渡期防止返贫和消除相对贫困的长期需求是一大挑战。尤其是精准帮扶政策导致一些地区贫困户与非贫困户之间产生隔阂，原有社区内部的利益平衡被打破，互助共济的传统受冲击，使得乡村内部集体动员、集体行动能力有所削弱。① 从而使得脱贫攻坚和乡村振兴衔接过程中综合支撑力不足。

（三）农村体制机制缺乏有效衔接

脱贫攻坚与乡村振兴有效衔接的实施主体是基层，所以基层做好过渡期的准备是二者有效衔接的保证。然而，贫困村脱贫攻坚以目标为导向的短期性、片面性追求业绩达标现象与乡村振兴长期性、综合性发展愿景存在较大差距，导致二者在对接过程中存在脱轨、政策矛盾重复等现象。一方面，尽管两大战略是由中央、省、县级自上而下、分工明确地颁布的，然而从实地调研来看，无论是在政策发布方面还是实践方面，二者在基层实际运作过程中都存在零散性，缺乏乡村系统发展思维，贫困村依然主要在强调农业产业发展，忽视其他方面的短板，导致村、镇多规并行且缺乏科学统筹的长期规划；另一方面，由于脱贫攻坚的时效性较短，乡村为追求快速解决绝对贫困，在其发展过程中忽略支撑其长期发展的主次关系，从而影响乡村各产业振兴过程中的长期规划，如乐东县部分村镇在大规模种植热带水果、农作物等情况下，因缺乏大规模引水灌溉资源，导致人力、物力大量浪费。这样，在推进两大战略统筹协调的过程中，由于对二者的认识不充分，虽然短期收益有效，但是长期收益难以保障。

① 郭晓鸣，高杰．脱贫攻坚与乡村振兴政策实施如何有效衔接［EB/OL］. https://epaper.gmw.cn/gmrb/html/2019-09/16/nw.D110000gmrb_20190916_1-16.htm.

（四）生态建设与经济发展存在冲突现象

经济发展和生态文明建设存在着对立统一的关系，二者相互影响、相互作用。经济发展依赖于自然环境所提供的基础，生态环境的改善也离不开社会、经济发展。所以说，乡村振兴，生态宜居是关键；生态建设，乡村振兴是必要的支撑点。生态扶贫工程是脱贫攻坚的重要方法，然而，由于海南省贫困县、镇、村主要以热带农业产业为主，产业单一化导致其生态产业发展也依托于热带农业产业，发展空间较为狭隘；同时，海南贫困村镇长期处于较为闭塞地区，教育水平不高，村民环保意识较差，调研过程中发现，尽管在脱贫攻坚过程中大力宣传以绿色生态为导向，然而在开发热带生态旅游资源、特色种植业、农场经济等特色产业的过程中，依然存在破坏生态环境及脱贫人口为实现绿色产业转移过程对土地、草场、山林的侵害。目前，在众多的农业产业园区内，存在着各式各样的白色垃圾，这将成为完善生态环境与产业发展、经济长期可持续发展的障碍。

四、实现脱贫攻坚与乡村振兴有效衔接的对策建议

目前我国正处于脱贫攻坚与乡村振兴战略的过渡时期，两者在衔接过程中暴露出了一些突出问题。解决这些问题，实现脱贫攻坚与乡村振兴有效衔接，需要我们在顶层设计上做好统筹规划，建立、健全相关机制体制，在基层落实方面要重视人才的作用，同时还要关注农村地区的精神风貌建设。

（一）强化目标衔接与政策统筹规划

尽管脱贫攻坚和乡村振兴在时间和空间上有交叉，但二者的主要任务有明显区别，需要对目标进行有机转换。在脱贫攻坚中的“五扶贫”转向乡村“五振兴”的过程中需充分考虑当下现实和未来发展的需要。在产业扶贫作为脱贫攻坚的重要抓手情况下，必须深化农业产业经营制度改革，吸引社会资本及劳动力回流农村，从而整合农村、农业产业发展资源。在整体统筹规划上，海南省贫困村镇要坚持乡村发展与县级区域统筹治理的有机结合，优化其产业布局和产业链的发展，实现产业与其他方面的联动振兴，推动乡村振兴的全面升

级。实施乡村振兴，必须阻隔贫困群众的返贫风险，实现贫困地区贫困人口的长期稳定脱贫。一方面，需要保持政策的统筹规划和持续性支持。在过渡期，政府需发挥其主导作用，使脱贫攻坚中临时性、特惠性的政策向普惠性和长期性政策转变。另一方面，应转变政策重心。从解决乡村基本生存及生活需求转向乡村社会治理、经济发展、文化及生态环境的全面统筹，并为二者的有效衔接提供政策的指导及支持。

（二）建立、健全农村机制体制的有效衔接

近年来，我国脱贫攻坚的体制机制不断地优化并完善，扶贫模式由单一的政府主导逐步形成了多主体、多部门协同参与的治理机制，有效避免了扶贫资源的分散性。就目前而言，乡村振兴的主体参与者仍是农民，其内生动力是实现乡村振兴的重要力量，因此需要将法治、德治、自治结合，完善贫困治理体系，充分调动农民参与的积极性。农村基础设施建设的合理布局和规划是加强城乡互联、互通的重要方式，也是巩固脱贫攻坚成果的重要手段。在教育、培训、医疗卫生等公共产品方面，必须给予更多的政策倾斜，从而缩小城乡公共服务差异化。同时，在多元主体参与交流合作中，应当逐步完善各参与主体的合作机制，提高整体效率。在现代化乡村建设及城乡一体化建设中，各级政府需优化服务，做好领导和规划统筹、市场管理监督统筹工作等，实现政府与市场的有机衔接，从而促进城乡融合发展。

（三）大力推进基层人才队伍建设

习近平总书记强调：乡村振兴，人才是关键。海南省贫困县的自然村落众多，少数民族占比大，实施乡村振兴战略需要大量的有文化、懂技术、会经营的人才作为支撑。大力推进基层人才队伍建设，首先需要培养本土人才。农民长期从事农业生产，但他们的知识、文化水平较低，需要对他们进行技能培训，把他们培养成懂技术、善经营的新型职业农民。其次，鼓励外出能人返乡创业。通过制定优惠政策，营造良好的创业环境，吸引外出的人才返乡创业，实现“人才回流”，壮大乡村振兴人才队伍。最后，鼓励大学生村干部扎根基层；通过制定相关的政策和保障措施，鼓励大学生村干部筑梦乡村，同时，建立高校毕业自愿扎根基层长效机制，为乡村的人才队伍输送新鲜血液，为基层

人才队伍发展助力。

（四）物质文明与精神文明协同发展

在实现中华民族伟大复兴中国梦的道路上，不但要丰富物质文明，对精神财富也要加强建设。乡村振兴特别要加强农村精神文明建设，这也是全面推进乡村振兴的重要内容。首先，加强农村思想道德建设，推进农村移风易俗，推动乡风文明建设，构建良好家风和淳朴民风建设。其次，在村集体合作助力下，使民风美起来，人居环境美起来，文化生活美起来，为全面建成小康社会提供坚强的思想保证、强大的精神力量和充裕的道德滋养。再者，在把握精神建设方面，不断地宣传党的方针、政策，用老百姓喜闻乐见的方式推动社会主义核心价值观在农村地区的传播。最后，需要开展多种方式的群众文化活动，建设乡村公共文化服务体系，举办文化下乡活动，开展群众喜欢的易于参与的文体活动，培育农村社会好风尚。普及科学知识，以家庭为单位开展知识教育，引导群众摒除各种陈规陋习，形成积极向上的社会风气，创建新时代中国特色社会主义乡村文明。

参考文献

[1] 习近平：在全国脱贫攻坚总结表彰大会上的讲话［EB/OL］. http://www.gov.cn/xinwen/2021-02/25/content_5588869.htm.

[2] 汪三贵，郭建兵，胡骏．巩固拓展脱贫攻坚成果的若干思考［J］. 西北师大学报（社会科学版），2021（3）：16-25.

[3] 中华人民共和国乡村振兴促进法［EB/OL］. http：//www.gov.cn/xinwen/2021-04/30/content_ 5604050.htm.

[4] 刘学武，杨国涛. 从脱贫攻坚到乡村振兴的有效衔接与转型［J］. 甘肃社会科学，2020（6）：87-93.

[5] 杨世伟. 脱贫攻坚与乡村振兴有机衔接：重要意义、内在逻辑与实现路径［J］. 未来与发展，2019（12）：12-15.

[6] 李小云，徐进，于乐荣. 中国减贫四十年：基于历史与社会学的尝试性解释［J］. 社会学研究，2018（6）：35-61.

[7] 张永丽，高蔚鹏. 脱贫攻坚与乡村振兴有效衔接的基本逻辑与实现路径

[J]. 西北民族大学学报，2021（3）：1-9.
[8] 王国丽，罗以洪. 打赢脱贫攻坚战与实施乡村振兴战略衔接耦合机制研究[J]. 农业经济，2021（1）：35-37.
[9] 郭晓鸣，高杰. 脱贫攻坚与乡村振兴政策实施如何有效衔接［EB/OL］. https://epaper. gmw. cn/gmrb/html/2019 - 09/16/nw. D110000gmrb _ 20190916_1-16. htm

课题组成员：詹兴文，海南省社科院副院长、社科联专职副主席；周伟，海南大学国际教育学院院长、教授；邓章扬，海南省社科院科研处副处长；彭罗生，海南省社科联二级调研员；邱坤凤，海南省社科院科员；蔺小平，海南大学公共管理学院研究生；郑广信，海南大学公共管理学院研究生；周子妍，海南大学公共管理学院研究生；潘锭钰，海南大学公共管理学院研究生。

贵州巩固、拓展脱贫攻坚成果与乡村振兴有效衔接研究*

李华红

摘　要：贵州脱贫攻坚成就非常显著，即脱贫人数“众”，减贫速度“快”，减贫贡献“异”，脱贫质量“高”，这充分彰显了习近平新时代中国特色社会主义思想的理论优势，党对经济、社会发展的领导优势，以人民为中心的执政理念优势，中国独特的社会主义制度优势及贵州实施大扶贫战略的工作优势。但同时，贵州巩固脱贫攻坚成果中脱贫群众增收稳定性问题、脱贫人口主体脆弱性问题、扶贫产业发展持续性问题、乡村基础设施标准问题、资源要素瓶颈等亟待关注。破题之要就是要在“战略”“方法”“举措”等方面做好巩固、拓展脱贫攻坚成果与乡村振兴战略的有效衔接。

关键词：贵州；巩固、拓展脱贫攻坚成果；乡村振兴；衔接

党的十八大以来尤其是“十三五”期间，贵州紧扣“一达标，两不愁，三保障”的脱贫目标，以产业扶贫、就业扶贫、教育扶贫、易地搬迁、医疗救助及社会兜底为基本途径，坚持扶志与扶智、输血与造血并举，在贵州大地上书写了中国减贫奇迹的精彩篇章。特别是 2021 年初，习近平总书记实地考察贵州脱贫攻坚成色后明确指出要“在乡村振兴上开新局”，可以说这是贵州当前和今后“三农”工作的总遵循、总纲领、总指针。具体来说，贵州如何巩固、拓展脱贫攻坚成果，以及如何实现脱贫攻坚成果巩固与乡村振兴有效衔接等问题，亟待系统研究。

---

* 本文系贵州省社会科学院决策咨询创新项目（CXJC2102）成果。

一、彻底撕掉千百年来的绝对贫困标签

贵州全省有88个县（市、区），其中83个县有扶贫开发任务、66个县属贫困县、50个县属新阶段扶贫开发工作重点县。也就是说，贵州的扶贫开发重点县数占全省县（市、区）总数的56.8%、占全国扶贫重点县总数（592个）的8.4%。若按新的国家农村贫困标准即以2010年每人每年生活水平2300元测算，2010年全国农村贫困人口数超过1000万的省份有贵州（1521万人）、云南（1468万人）、河南（1461万人）、四川（1409万人）、广西（1012万人）、湖南（1006万人）。2012年底，贵州农村贫困人口减少到923万人（贫困发生率降为26.8%），这也是当年全国唯一一个贫困人口超过900万人的省份。到2020年底，贵州所有贫困县全部脱贫摘帽，9000个贫困村实现出列，923万贫困人口全部脱贫，192万人搬出大山。通过这些数据，不难看出贵州一方面曾是全国贫困人口最多、贫困面最大、贫困程度最深的省份，另一方面也意味着其是全国减贫人数、易地扶贫搬迁人数最多的省份。具体来看，贵州的减贫“轨迹”及其成效、特点如下。

（一）脱贫人数“众”

2012—2020年，贵州农村贫困人口累计减少923万人（见表1），平均每年减贫人口达115.4万人，对全国（共减少贫困人口9899万人）、少数民族八省区（共减少贫困人口3121万人）减贫的贡献分别达9.3%和29.6%。贵州农村贫困发生率累计下降26.8百分点，平均每年下降3.4百分点，其分别比全国平均多下降16.6百分点、2.1百分点。

表1　2010—2020年贵州农村贫困人口数据及发生率

年度	当年减贫人口（万人）			年底贫困人口（万人）			贫困发生率（%）		贫困发生率下降（百分点）	
	全国	贵州	贵州占全国比例(%)	全国	贵州	贵州占全国比例(%)	全国	贵州	全国	贵州
2010	—	—	—	16566	1521	9.2	17.2	45.1	—	—

续表

年度	当年减贫人口（万人）			年底贫困人口（万人）			贫困发生率（%）		贫困发生率下降（百分点）	
	全国	贵州	贵州占全国比例(%)	全国	贵州	贵州占全国比例(%)	全国	贵州	全国	贵州
2011	4328	372	8.6	12238	1149	9.4	12.7	33.4	4.5	11.7
2012	2339	226	9.7	9899	923	9.3	10.2	26.8	2.5	6.6
2013	1650	178	10.8	8249	745	9.0	8.5	21.3	1.7	5.5
2014	1232	122	9.9	7017	623	8.9	7.2	18.0	1.3	3.3
2015	1442	116	8.0	5575	507	9.1	5.7	14.7	1.5	3.3
2016	1240	105	8.5	4335	402	9.3	4.5	11.6	1.2	3.1
2017	1289	107	8.3	3046	295	9.7	3.1	8.5	1.4	3.1
2018	1386	122	8.8	1660	173	10.4	1.7	5.0	1.4	3.5
2019	1109	120	10.8	551	53	9.6	0.6	1.5	1.1	3.5
2020	551	53	9.6	0	0	0	0	0	0.6	1.5

数据来源：历年《中国农村贫困监测报告》。

（二）减贫速度"快"

2012—2020年，贵州农村减贫速度虽然呈"快—慢—快"变化态势，但总体上可谓"快"。减贫速度指当年减贫人口占上年贫困人口的比例。通过表2的数据可以看出，2012年、2013年贵州农村减贫速度分别为19.7%、19.3%，2014年则下降到了16.4%，再其后则逐年提速，且增速越来越快，具体情况是2015年为18.6%，2016年为20.7%，2017年为26.6%，2018年为41.4%，2019年为69.4%，2020年为100%。若与全国平均水平比较，在2012—2014年，贵州农村的减贫速度均高于全国平均水平，在2015—2018年，贵州农村的减贫速度均低于全国平均水平，而2019年时贵州的减贫速度反超全国平均水平、超出2.6百分点（见表2）。

表 2 贵州农村减贫速度情况

	2012	2013	2014	2015	2016	2017	2018	2019	2020
全国（%）	19.1	16.7	14.9	20.6	22.2	29.7	45.5	66.8	100
贵州（%）	19.7	19.3	16.4	18.6	20.7	26.6	41.4	69.4	100

数据来源：根据表 1 提供数据计算得出。

（三）减贫贡献“异”

从 2012 年到 2020 年，贵州各市州中农村贫困人口累计减少最多的是毕节市，共有 207 万人，这也是全省减贫人口唯一超过 200 万人的地区；进一步看，毕节市平均每年减贫 25.9 万人，其对全省减贫贡献达 22.4%。减贫人口超过 100 万人而不足 200 万人的地区分别有黔东南州（147.7 万人）、遵义市（115.6 万人）、铜仁市（115.1 万人）、黔南州（106.4 万人）等，其对全省减贫贡献分别为 16.0%、12.5%、12.5%、11.5%。其余四地的累积减贫人口均在 100 万人以下，即黔西南州 86.4 万人、六盘水市 76.2 万人、安顺市 63.1 万人、贵阳市 5.49 万人，其对全省减贫贡献分别为 9.4%、8.3%、6.8%、0.6%（见表 3）。

表 3 贵州各市（州）减贫状况

	2012 年农村贫困人口（万人）	2012 年农村贫困发生率（%）	2012—2020 年平均每年减贫人口（万人）	2012—2020 年贫困发生率平均每年下降（百分点）	对全省减贫贡献（%）
全国	9899.00	10.20	1237.40	1.30	—
贵州全省	923.00	26.80	115.40	3.40	—
贵阳市	5.49	2.90	0.70	0.40	0.60
六盘水市	76.20	29.90	9.50	3.70	8.30
遵义市	115.60	17.40	14.50	2.20	12.50
铜仁市	115.10	30.50	14.40	3.80	12.50
黔西南州	86.40	28.10	10.80	3.50	9.40
黔东南州	147.70	37.80	18.50	4.70	16.00

续表

	2012 年农村贫困人口（万人）	2012 年农村贫困发生率（%）	2012—2020 年平均每年减贫人口（万人）	2012—2020 年贫困发生率平均每年下降（百分点）	对全省减贫贡献（%）
安顺市	63.10	25.70	7.90	3.20	6.80
毕节市	207.00	30.00	25.90	3.80	22.40
黔南州	106.40	29.50	13.30	3.70	11.50

数据来源：《贵州统计年鉴（2013）》。

（四）脱贫质量"高"

经过多年的脱贫攻坚战，贵州贫困地区农村居民收入水平有了大幅提升，其生活条件、生活环境和生活质量也得到了显著改善。

一是贫困地区农村居民"收""支"水平不断提升。到 2019 年，贵州贫困地区农村居民人均可支配收入 10580 元，是 2013 年的 1.9 倍，年均增长 11.3%（不考虑价格因素）；其人均消费支出达 9509 元，是 2013 年的 1.79 倍，年均增长 10.1%（不考虑价格因素）。

二是贫困地区农村居民生活条件不断改善。从居住条件看，2019 年贵州贫困地区使用独立厕所的农户比例为 96.9%，比 2014 年提高 4.7 百分点；饮水无困难的农户比例为 93.6%，比 2014 年提高 19.9 百分点。从家庭耐用消费品情况看，2019 年贵州贫困地区农村每百户拥有电冰箱、洗衣机等传统耐用消费品分别为 92.0 台、97.0 台，比 2014 年分别增加 35.8 台、19.0 台；每百户拥有汽车、计算机等现代耐用消费品分别为 21.5 辆、14.4 台，比 2014 年分别增加近 14.0 辆、4.0 台。

三是贫困地区基础设施条件明显改善。截至 2019 年末，贵州贫困地区通电话、通有线电视信号、通宽带、通客运班车及进村主干道路硬化的自然村比例分别达到 100.0%、99.6%、97.6%、70.3%和 100.0%，比 2014 年分别提高 12.9、53.5、66.9、27.8、39.6 百分点。

四是贫困地区公共服务水平不断提高。据调查，2019 年末贵州贫困地区分别有 91.2%、91.0%的农户所在自然村上幼儿园和上小学便利，分别比 2014 年提高 36.9 和 22.8 百分点；有 98.0%的农户所在自然村有卫生站，而 2014 年有卫生站的行政村比例才达95.2%。

二、贵州打赢脱贫攻坚战的重要启示

贵州千百年来的绝对贫困问题得到彻底解决，一步跨千年，同步达小康，不仅对贵州来说是一件具有划时代意义的大事件，对全国来说，也是“党和国家事业大踏步前进的一个缩影”，尤其探索出的“贵州战法”“贵州经验”及“省级样本”模式更是生动诠释了“中国之制”的优越性和“中国之治”的伟大实践，具有相当重要的启发意义，正如世界银行前行长金墉先生在贵州考察后所说：“贵州的案例有着巨大启发性，对发展中国家具有借鉴意义。”

（一）充分彰显了习近平新时代中国特色社会主义思想的理论优势

党的十八大以来，我们坚持以习近平新时代中国特色社会主义思想为指导，解决了许多长期以来想解决而没有解决的难题，办成了许多过去想办而没有办成的大事，尤其是习近平总书记提出的一系列关于扶贫开发的新理念、新思想、新战略，更是为贵州、为全国打赢脱贫攻坚战提供了行动指南和根本遵循，为全球贫困治理提供了“中国智慧”。贵州的“大扶贫”也只有在学习好、贯彻好、运用好习近平新时代中国特色社会主义思想及对贵州脱贫攻坚工作重要指示精神的基础上，才能找到攻坚方向，把握攻坚重点，获得攻坚动力，进而取得攻坚成效。

（二）充分彰显了党对经济、社会发展的领导优势

贵州贫困面广，贫困人口多，贫困程度深，是全国扶贫开发的一个主战场。贵州要打赢这场硬仗，就必须以脱贫攻坚统揽其经济、社会发展全局，就必须始终把脱贫攻坚作为“第一民生工程”来抓。否则，任何的“走样”或“变通”都会因小失大，贬损攻坚成效。以脱贫攻坚为统揽，就必须在战略上高度重视，在战术上大胆创新，在资源配置上有倾斜，在时间安排上有保障，在攻坚队伍上出精锐，就必须实现人力、物力、财力的“同频共振”，就必须推动区域发展与精准扶贫“二轮同驱”，就必须产业扶贫、基础设施建设与“三保障”齐抓共上。而所有这些工作，都必须充分发挥党总揽全局、协调各

方的领导核心作用。事实上，也只有中国共产党才有这个统摄力和领导力。

（三）充分彰显了以人民为中心的执政理念优势

中国共产党执政的宗旨是为人民服务，这就要求各级政府和广大干部始终把人民放在最高的位置，始终与人民心心相印，与人民同甘共苦，与人民团结奋斗；同时，让广大人民群众共享改革发展成果是社会主义的本质要求。贵州实施大扶贫战略行动，解决千百年来绝对贫困问题，都充分体现了发展为了人民、发展依靠人民、发展成果由人民共享的以人民为中心的执政理念。

（四）充分彰显了中国独特的社会主义制度优势

践行大扶贫战略行动、打赢脱贫攻坚战还必须加强以体制机制创新为重点的制度建设。如贵州出台的《贵州省大扶贫条例》《贵州省精准扶贫标准体系》，以及探索出的脱贫攻坚工作责任机制、扶贫对象瞄准机制、扶贫项目决策机制、干部精准选派和驻村帮扶机制、对象精准退出机制、特色产业扶贫机制、扶贫资金管理机制、金融扶贫和财政投入保障机制、对口帮扶机制、扶贫开发用地保障机制、基层党建助推脱贫攻坚机制等，都充分彰显了中国特色社会主义制度的优越性。

（五）充分彰显了贵州实施大扶贫战略的工作优势

党的十八大以来，贵州牢记总书记的殷切嘱托，感恩新时代，深入实施大扶贫战略行动，坚持全省一盘棋，调动各方面积极性，扎实书写了贵州贫困治理的现代化大文章：在相关的“顶层设计”上，坚持有的放矢、超前谋划，坚持“上接天线”“下接地气”的总要求；在相关的“底线法则”上，始终强调发展和生态两条底线；在相关的“工作部署”上，科学统筹好“贫困（区）”与“非贫困（区）”、“脱贫”与“致富”、“宏观”与“微观”、“一般”与“重点”、“当前”和“长远”的关系，且在脱贫攻坚中始终强调抓具体、抓深入、抓落实的工作方针。毫无疑问，这些工作都充分彰显了贵州脱贫攻坚的工作优势。

三、贵州在巩固脱贫攻坚中亟待关注的几个问题

贵州的脱贫攻坚虽然取得了举世瞩目的成就，但在一些领域仍存在薄弱环节，如脱贫户增收不稳定、相对贫困问题凸显等，这在一定程度上会影响乡村振兴的基础支撑。因此，巩固脱贫攻坚成果、大力解决好相关薄弱点、极力做好与乡村振兴的衔接问题，将是下个阶段贵州农业、农村工作的核心任务。

（一）关注脱贫群众增收稳定性问题

很多脱贫户的收入水平仍较低，且部分脱贫户的收入结构不太合理，增加了返贫风险。据我们团队对247户脱贫户的调查，其工资性收入、经营性收入合计占比84.83%，转移性收入占比12.06%，财产性收入占比3.11%。也就是说，脱贫户之所以能脱贫，很大程度上是其“工资性收入”的作用，而最近两年受新冠肺炎疫情的影响，很多脱贫户的工资性收入也在无形受损；再加之，很多脱贫户的文化水平较低，没有一技之长，因而在劳动力市场中往往处于竞争力不足的状态，务工的随意性较大，再加之视野有限也无形限制、阻碍、掣肘了脱贫户增收，进而影响其收入的稳定性。另外，转移性收入也有一定的周期性，即“周期”之后很多转移性收入也将趋减或取消。总之，在当前形势下，贵州的部分脱贫群众增收不太稳定，仍存在一定的返贫风险，亟待被持续关注。

（二）关注脱贫人口主体脆弱性问题

在各级政府的关心和帮助下，脱贫人口虽然脱贫了，但仍存在较大程度的脆弱性：一是脱贫人口的自我发展能力不足，其思想、观念仍较陈旧、保守，自力更生的进取精神不足；二是很多脱贫户的身体素质较差，风湿病、糖尿病、脑血栓患者及身体有残疾者还很多，医疗费用在其日常支出中占有较大比重，致其可支配收入呈实质性下降状态；三是脱贫人口的老龄化现象突出，尤其是随着城镇化进程的加快，不仅老无所靠的现象较突出，且一部分脱贫老人还要承担繁重的农活、照料孙辈们的生活等，这不免会加剧其脆弱性，增加其返贫风险。

（三）关注扶贫产业发展持续性问题

近些年贵州农村产业发展成效明显，但总体上仍存在如下几个问题和矛盾：一是产业同质化现象仍存。很多地方的产业选择存有一定的短期行为，易盲目跟风，其结果就是产业同质，最终影响了产业的可持续发展和带富效应。二是扶贫产业开发创新能力不足。在贵州农村，所谓的"农业产业开发"过于强调生产端的种植或养殖，而由于人力、技术及创新环境的缺乏，其在加工端、流通端、服务端等方面存有短板，即产业低端化、短链化和结构单一化的特点明显，从而影响产业竞争力及其效应。三是产业的政策依赖性较高。当前，贵州农村产业发展总体上处于起步期，其所取得的成就很大程度上有政策的作用，如东西部扶贫协作、相关的信贷和财税金融政策等就发挥了相关的作用，而一旦"过渡期"后这样的政策支持减弱，则不免会影响其产业发展的可持续性。

（四）关注乡村基础设施标准问题

在脱贫攻坚期内，所实施的相关举措以解决"两不愁，三保障"为重点目标，可以说具有一定的事实合理性和实用性特点。特别是在基础设施建设方面，为资金经费所限，很多项目"建而不强"，如所谓的"户户有安全住房""出行通水泥路"等也只是满足基本需求，即还存在等级标准不高、功能不完善的问题，尤其在诸如串寨路、入户路建设、乡村垃圾和污水处理方面，短板问题仍存在，还不能很好地满足乡村振兴的要求和需要。

（五）关注资源要素瓶颈问题

巩固脱贫攻坚成果还面临着一些资源要素瓶颈问题：一是人才外流所致的人力不足问题。一方面，随着工业化和城镇化进程加快，贵州农村劳动力大量外流，另一方面，由于相对封闭而落后，部分见过世面、受过高层次教育的人才又不愿回流到贵州乡村，因而就导致了贵州乡村本土人才严重不足的问题。众所周知，巩固脱贫攻坚成果、实施乡村振兴战略都需要大量的人才投入尤其是本地人的独当一面，因而这就形成了一个悖论和矛盾，亟待化解。二是相关财力不足问题。大量实践证明，较好的教育、医疗、基础设施和产业发展状况是贫困村、贫困户彻底脱贫，不再返贫的前提条件，当然，这都需要雄厚的财力作保障；反过来说，一旦财力不足，巩固脱贫攻坚成果就会面临巨大的压力。事实上，贵州很多县、市“吃财政饭”的特征明显，从而严重掣肘了当地公共服务的供给及其公共服务质量的提升，进而影响了脱贫攻坚和乡村振兴进程。

四、贵州促进脱贫巩固与乡村振兴有效衔接的对策和建议

巩固脱贫攻坚成果是乡村振兴的基础内容，乡村振兴是巩固脱贫攻坚成果的核心目标。要统筹推进巩固脱贫攻坚成果和乡村振兴战略有效衔接，就必须要在“战略”“方法”“举措”上做足衔接之文章。

（一）在“战略高度”上做好衔接：深入实施“乡村振兴战略行动”

2015年，贵州省委做出了实施“大扶贫战略行动”的决策部署，这也成为了“十三五”期间贵州全省主抓的大事、要事之一。2020年，贵州省委十二届八次全会明确提出要实施“乡村振兴战略行动”，可以说这是从“战略高度”上做出的又一重大部署。那么，何谓“乡村振兴战略行动”呢？其战略高度到底如何体现呢？一般地，应把握好如下几个基准点：一是从全体抓“脱贫攻坚”转到全体抓“乡村振兴”上来。具体就是强调“纵向到底”“横向到边”的“两手硬”。纵向到底——坚持省负总责，市、县抓落实的工作机制，强化党政一把手负总责的责任制，层层传导压力，压紧、压实党委主责、政府主抓、干部主帮、基层主推、社会参与，以及省领导包县、市领导包乡、县领导包村的责任链、任务链。横向到边——厘清并规范各部门及相关单位在乡村振兴中的主体责任，不能只是乡村振兴部门一家“跳独舞”。二是从全力抓“脱贫攻坚”转到全力抓“乡村振兴”上来。在具体实践中，相关的政策制定、项目安排、资金投放、人力调配、检查指导等工作时时刻刻都聚焦于“乡村振兴”，服务于“乡村振兴”，且从不变相打折或走形、变样。三是从全面抓“脱贫攻坚”转到全面抓“乡村振兴”上来。“谋乡村振兴之所谋，解乡村振兴之所困”，即在乡村振兴的实践中要多面施策、多方行动，如可尝试实施基

础设施建设提升行动，产业就业提质行动，财政金融提效行动，教育、医疗健康提标行动等。

（二）在“方式、方法”上做好衔接：以组合式方法施策乡村振兴

一是要注重运用制度式方法。乡村振兴非常注重顶层设计，不能打无章法的混乱战、消耗战，从一开始就要强调“制度”先行。

二是要注重运用参与式方法。在脱贫攻坚实践中，贵州非常注重运用政府主导、市场参与、社会协同的“共建、共治”扶贫模式，并形成了一种高效的专项扶贫、行业扶贫、社会扶贫“三位一体”的大扶贫格局。同样地，在具体实践中也可采用单位定点、对口帮扶、社会力量参与、基层党建等方法来抓乡村振兴。

三是要注重运用协同式方法。第一，乡村振兴工作体系要完备。乡村振兴工作体系可能包括相关的指挥体系，责任体系，投入体系，工作监督体系，督查、考核、奖惩体系，激励体系等方面，体系与体系要前后衔接、相关协同。第二，乡村振兴政策制度（如就业政策、产业政策、金融政策等）要协同。第三，要注重府际间的配合与协作。

（三）在“实践举措”上做好衔接：巩固攻坚成果，筑牢乡村振兴基础

在脱贫攻坚期，贵州打好、打赢了“四场硬仗”，即打好、打赢了以农村“组组通”硬化路为重点的基础设施建设硬仗，易地扶贫搬迁硬仗，产业扶贫硬仗，教育、医疗、住房“三保障”硬仗。显然，在乡村振兴实践中，相关攻坚成果还需要进一步巩固并提升。

一是巩固脱贫攻坚成果，促进乡村产业振兴。第一，持续推动特色产业精深发展。持续开展脱贫村“一村一品”行动，大力提升农产品精深加工水平，努力延长产业链，不断完善脱贫户与企业利益联结机制，保障脱贫户持续、稳定增收。第二，持续调整产业结构。坚持以产业结构调整为核心，以降低生产成本、增强农产品有效供给为主要任务，大力发展绿色农产品加工，推动农业与文旅，以及三次产业融合发展和全产业链融合发展，不断夯实农业、农村经济高质量发展基础。第三，持续加强产业布局。围绕500亩以上坝区农业产业结构调整工作，以现代山地特色高效农业为方向，着力调整结构、完善基础、

打造品牌、产销对接，推动农业区域化、规模化、多元化发展，努力达成产业兴。第四，持续深化农业、农村改革。通过培育、壮大龙头企业，规范发展农民专业合作社；纵深推进农村“三变”改革，充分盘活相关闲置资源，带动群众致富、增收。

二是巩固脱贫攻坚成果，持续加强基础设施建设。结合前期人居环境整治的经验成果，加大就近、就地集中搬迁，解决从散居到集中居住的问题；同时加大环境整治，完善市政设施建设和配套设施建设；要积极向上争取资金，不断加大基础设施建设投入，尽早实现乡村美、环境优、配套全、百姓笑。

三是巩固脱贫攻坚成果，促进乡村文化振兴。第一，要加强对脱贫户的思想、道德教育。要帮助脱贫户树立健康的价值观，极力扭转其“等、靠、要”思想、“贫困也光荣”思想等，要想方设法激发脱贫户的内生动力，解决脱贫户精神“缺钙”的问题。第二，要提升脱贫群众乡村振兴实践的参与度。要改变长期以来的“替民做主”的工作方案，要切实尊重群众尤其是脱贫群众的话语权、知情权、项目选择权、获益权、监督权等，建立、健全脱贫户的工作参与机制，稳步提升脱贫户乡村振兴实践的自信心。第三，要优化乡村振兴政策供给。要找条件、找机会变“保障性政策”为“激励性政策”，要让群众尤其是脱贫户在必要的劳动付出中获得相应的补贴、资助或优待，而不是一味地无条件或不计成本地获取扶助。

四是巩固脱贫攻坚成果，加强人才队伍建设。乡村振兴关键靠人，靠干部队伍。这就要求：一方面打破地域、身份、职业界限，采取内选、外引、下派等多种途径，不断拓宽农业、农村专业技术人员选拔渠道；另一方面不断提升干部、群众的政治素养、政策理论水平，并帮助其研究农业、农村新情况、新变化，增强其工作本领，最终培养出一支敢打硬仗、善打胜仗的“三农”工作队伍。

参考文献

［1］李华红．贵州大扶贫战略行动发展状况与 2018—2019 年形势预测［A］．郑云跃．贵州大扶贫战略发展报告（2019）［C］．北京：社会科学文献出版社，2019：30.

［2］李华红．贵州农村扶贫开发成效认识、理性思考与路径优化［J］．新西

部，2019（2-3）：63-67.
[3] 李华红．贵州如何打赢脱贫攻坚战：密码解析与重要启示［J］．新西部，2021（2-3）：5-10.
[4] 贵州省扶贫开发办公室．贵州省“十三五”脱贫攻坚专项规划总结评估报告［R］．内部资料汇编，2020.

作者简介：李华红，贵州省社会科学院农村发展研究所所长、研究员。

浙江温州上园村的成功之道

徐剑锋

摘　要： 上园村是温州民营经济的发祥地、典型村。有句话深刻地描述了上园村的地位：浙江是中国民营经济的典范，温州是浙江民营经济的典范，柳市是温州民营经济的典范，而上园又是柳市民营经济的典范。从村民的收入水平、财产、村集体经济、共同富裕、社会文明等角度衡量，上园村的发展取得了成功，其成功在于良好的民营经济的发展基础环境、不断变革、创新与集体经济的重要支撑。研究上园村的成功之道，可为中国乡村振兴提供有益的借鉴与启示。

关键词： 上园村；乡村振兴；农村经济；乡村工业化

上园村地处温州地区东北面，远离长三角、珠三角、渤海湾地区。除了南边的温州，周边300公里内没有上百万人口的大城市，区位远不如安徽的小岗村、河南的南街村、江苏的华西村；改革开放之初，上园村面积只有0.56平方公里，人口有1500多人，每平方公里高达3000人左右，远高于华西村（1583人/平方公里）、南街村（160人/平方公里①）与小岗村；村庄资源贫乏，没有任何矿藏资源，人均耕地不到五分，近海却不沿海，无鱼可捞，无港可泊。

改革开放前，上园村也同全国广大农村一样，在“公社”体制机制的束缚下，村民在温饱线上挣扎；改革开放之初，上园村人的全部收入几乎来自农业种植业，主要是粮食，人均收入仅130元左右，绝大部分村民只有破旧的平房与少量必需的简陋家具；改革开放后，农村劳动力从土地上被解放出来，民营

① 为2018年统计数据。

经济如雨后春笋蓬勃生长，上园村的面貌发生了翻天覆地的变化。2003 年，上园村被评为“中国十佳小康村”；2008 年，上园村被浙江省委、省政府授予“全面小康建设示范村”称号。尽管上园村保持着江南人特有的低调，但还是时常会被人拿来同华西村、南街村做比较，更有人将上园村誉为“中国大陆最富裕的村庄”。

一、上园村成功在哪里

对于村庄是否发展成功，并没有严格的标准。但一般而言，人们对村庄是否发展成功往往有着几个基本判断指标：村民的收入水平高、村民拥有较多的财产、村集体经济强大、村民收入与财产差异不大、村庄建设美丽、村民素质较高等。

（一）村民的收入水平

20 世纪 80 年代初以前，上园村村民的主要收入来自农业，由于受计划经济体制束缚与客观自然条件限制，上园村的村民收入主要依靠农业种植业，将人均粮食产量折合仅有 400 公斤左右，加上其他微薄收入，折合成总收入人均仅有 100 余元（70 年代），而且长期停滞不前。改革开放后，上园村的民营经济兴起，出现了家家有店面、户户有企业的现象，居民收入迅猛增长。90 年代中期，随着农业用地的消失，上园村村民的收入主要来自就业工资收入、企业经营（利润与分红）、店面与住房出租等。2009 年，据当地统计部门抽样统计，上园村村民年人均收入为 38930 元；2018 年，据上园村自己上报的统计数据，上园村人均收入为 43780 元。这一数据为村民抽样调查数据，不包括正泰、德力西两大家族，而且收入仅为工资性收入与财产出租性收入。因留守家庭成员对企业经营分红与收入不了解，且每年有波动，也被村民认为涉及隐私，这一项数据基本空白。根据课题组对 267 户上园村普通村民的抽样调查、与多户居民的深入访谈，一般上园村村民平均每 5 人左右有一户经营实体，每户至少有一人从事工商业经营，每户均有店面出租（其中 10%左右为自己经营），不少村民还拥有专业市场的摊位，几乎家家有个体经营户或有参股投资企业。通过对上园村普通村民的访谈，上园村一般家庭收入主要为从事企业管理的工资性收入 12. 5 万元左右、经营性收益 12. 4 万元、店面或摊位与住房出租等财产性收入 10 万元、村集体分红与奖励收入 5 万元左右，即普通家庭的一年收入在 37. 21 万元，按平均每户家庭成员 4. 8 人计算，平均每人收入 7. 5 万元，远高于村统计数据。如果算上大企业主要股东的家庭，这一数据还会有明显上升。其中主要遗漏就在企业分红与投资收益这一项上。这从上园村民每户都有一辆以上小汽车，接近人均一部手机，以及房屋装修、装饰，餐饮，娱乐，人情往来等消费支出中得到验证。

（二）村民的资产与财产

上园村村民的资产与财产主要分两部分：一是住房不动产与汽车等动产，二是企业资产。

从生活性财产看，上园村每户居民在上园村本地都有 200 平方米以上（人均 80 平方米）的住房，按市价在 300 万元左右，上园村民户均有一个店面，大多出租给外地经营者，有一部分自己经营。9 成左右的居民还把多余的住房出租。几乎每家上园村民的店面出租与住房出租收入都可达 10 万元以上。此外，大部分上园村居民在外面，如乐清县城、温州市城区、杭州、上海、广州、北京等地也购有商品房与商业用房、写字楼等，除小部分偶尔自住外，大多用于投资性出租。但关于这部分财产及收益，低调的上园人多避谈，邻里、亲友也不是很清楚，其收益很难估计。

从经营性资产上看，上园村民每户都有独立的企业、个体工商户或入股企业的股份。上园人创办的工商企业有 80 多家，个体户有 200 多户。光从胡润发布的 2018 年财富榜看，正泰与德力西两大企业主要股东南存辉拥有资产 165 亿，南存飞拥有资产 28 亿，德力西大股东胡成中拥有资产 55 亿元，其另外两个兄弟也各有几十亿资产。对一般的上园村居民来说，其资产主要是参股企业的股份、家庭经营的小企业或个体户资产，如一些村民在正泰、德力西等企业中长期从事经营管理工作，也有着少量股份；有的居民投资在一些企业里，参与管理经营；不少在专业市场中拥有商铺或店面。从对居民的访谈中了解，一般上园村居民每户家庭的投资资产不低于 200 万。除去两家大企业股东的资产，上园村每户普通居民的资产在 300 万元左右，人均 60 多万元。

上园村居民的户均财产（包含资产）不低于 600 万元，人均拥有财产 125

万以上。可见改革开放以来，上园村居民从原来家庭仅有家徒四壁的一间破平房，迅速发展到普通居民户均财产超过600万元，其成功之路令人赞叹。可以说上园村居民的收入与财产水平远高于全国绝大多数农村，即使在浙江也屈指可数。

（三）上园村的协调发展

上园村的协调发展一是表现在经济、社会发展的协调上。随着民营经济的持续发展，上园村的社会建设也稳步发展。上园村的基础设施建设不断改善，道路交通、供电供水、通信设施一应俱全，教育、文化设施不断增加，民俗文化活动中心、老年活动中心等相继建成，集体与私人开办的幼儿园达三家，平安社会建设卓有成效。

受土地资源限制，上园村多数街道较为狭窄，随着居民用车的增加，道路两旁规划了不少车位，但居民都养成了遵守交通规则、保持公共卫生的习惯，人行道上没有人乱摆摊位，街道上少见有人闯红灯、乱丢垃圾。

上园村的协调发展其次是表现在居民生活水平差距小上。正泰、德力西两个知名企业的大股东收入高、资产雄厚，绝大多数上园村居民也都拥有多处房产、经营铺位、企业股份等资产，500多人从事工商业经营管理，还有一部分从事政府、事业单位与企业的管理服务工作，大家的收入差距与财富差距不大。正泰、德力西等大企业热衷于公益事业，长期以来两大企业经常拿出数亿元来从事公益事业，回报社会。即使是上园人开办的多数在外企业也热衷于家乡也公益事业，乐于奉献。而上园人向来不会仇富嫉商，大家更会相互帮衬，共同发展。

难能可贵的是，随着上园村的经济发展，外来经商、务工人员不断迁入，而上园村土地上的商品房也吸纳了外部居民购房入住。到2018年，新上园人已超过2300人，已明显超出本土上园人（1820人）的数量。新上园人在上园村土地上同上园人一样经商、就业、居住，除不能享受村集体经济的分红福利外，一律同工同酬、平等相处，绝没有一些地方"本村人与外来打工者"的巨大鸿沟。

（四）村民自由与民主参与

上园村的经济是所有权清晰的民营经济，在民营经济的基础上，权力的垄断与对社会的严格管制就难以形成，村民的自由度明显高于国有或集体为主导的经济。居民可以自主创业、自主招聘或自主就业，对职业、对地方、对企业的选择余地很大。同样，居民的生活选择更为自由，外地人可以自由进入购房、租房居住、落户，上园村人更可以到外地购房居住，只要不违反法律，上园村人可以自由选择自己的生活方式。它跟南街村等“由领导与村集体统一安排”的生活模式完全不同。

同样，建立在民营经济基础上的上园村居民会自主地寻求参与村里的公共事务，如选举或罢免村领导、检查村集体企业的财务、监督村集体资产的运作、辩论村庄改造规划等。上园村也不可能存在着权威型领导，村长与村委领导更像为百姓服务的公仆。村民可以公开地议论村委领导，而不必像少数权力过度集中的村庄，处处感受着“大家长”的威权，与权威领导有不同意见的，很可能会被清扫门户、开除村籍。

正因如此，与一些村庄的居民被迫留在典型村的现象相反，上园人不少人在上海、杭州等大城市买了住房，不少人在外地创业或工作，包括在外地上大学的年轻人，他们都不愿意放弃上园村的户口，总是记挂着家乡，记得常回家乡看看。

从上园村的收入与财产增长，阶层和谐，社会、经济协调发展，上园村人的民主参与度可以看出，改革开放以来上园村的发展无疑是成功的，是改革开放以来中国村庄发展的成功典范。

二、上园村何以成功

上园村的核心优势在于发达的民营经济。改革开放之初，上园村民营经济抓住先机，率先发展，成为温州乃至浙江的民营经济发祥地。

（一）民营经济的崛起的基础环境

上园村民营经济的率先崛起有着各种综合的条件与基础环境。

首先，上园村民营经济的率先起步得益于传统的创业文化环境。由于温州沿海平原地区人多地少，不少当地人靠经商与外出谋生，有着重商的传统。早在宋朝，在永嘉（今温州）形成了提倡事功之学的一个儒家学派，它是南宋浙东学派中的一个先导学派。永嘉学派提出“事功”思想，主张“经世致用，义利并举”，反对虚谈性命。重视经史和政治制度的研究，主张通商惠工、减轻捐税，探求振兴南宋的途径。在温州，人们不仅不会歧视商人、商业，反而羡慕合法致富的商人。这也养成了温州人乐于经商、善于经商的传统，使得很多温州百姓有着敏感的市场意识与捕捉商机的能力。改革开放之初，这些种子如遇春风，迅速发芽、生根。

其次，从社会氛围看，人们对待创业与富裕的态度对创业有着深远的影响。人们对待创业致富有着三种态度：第一种是“别人富，我麻木”。普通民众认为创业风险大，不如穷点，悠闲自在，“别人富了跟我也没啥关系”。第二种是“别人富、我妒忌”。在中国，这种“不患贫，患不均”的观念有着深厚的传统，看到他人承包鱼塘就眼红，就去投毒，看到他人办厂，就吃喝卡要，想方设法搞垮它，一心想要大家都一样穷；第三种是“别人富，我羡慕”，看到他人办厂、开店致富就羡慕，想方设法去了解他是怎么致富的，并学着创业。温州地区恰恰有着这样的社会氛围。当上园村一些人办起了开关厂，亲友、邻里也跟着创业，专业市场开始形成。当同行企业越来越多，竞争变得激烈的时候，更多的企业转向产业链。在上园村专业化的分工协作下，一个低压电器产业集群的兴起便水到渠成。

（二）民营经济的变革与创新

上园村民营经济的发展也并非一帆风顺。从 20 世纪 80 年代初到 90 年代初，因市场管理问题，历经一波三折；90 年代末以后，随着资源要素的变化及市场竞争剧，上园村民营经济遭遇发展瓶颈。上园村民营经济靠着一股韧劲，通过变革与创新逐步发展壮大。

一是企业制度的创新。上园村的企业制度经历了从个体私营企业到股份合作制企业，再到现代企业制度的转变。改革开放之初的民营经济就是对村集体企业的制度创新。上园村大量的个体企业通过挂靠集体企业，集体企业为个体经营户供销员开介绍信、提供合同，这些供销员得以到全国各地推销企业产品。这也是温州最早的一批民企供销员。这些温州供销员“踏遍千山万水，说尽千言万语，想尽千方百计，吃遍千辛万苦”，演绎了吃苦耐劳的“四千”精神。

改革开放后，上园村的劳动力从土地的束缚中解放出来，家庭个体户大量涌现。100多家村民前店后坊，形成柳市模式，成为温州个体户典型的空间形态。个体户通过购买必要的机器，自主采购原材料与半成品，主要靠家庭成员在家里加工生产，然后通过供销员售往全国各地。随着规模扩大与市场竞争激烈，也出现了产品质量问题。从20世纪80年代初到90年代初，在有关部门的监督下，整个乐市镇的低压电器产业进行了多次质量检查与整顿。同时，政府开始限制个体、私营企业，引导其向股份合作制企业发展，大量个体、私营企业开始向股份合作制企业转变。股份合作企业虽然被认定为集体企业，属于公有制性质，但由于股份合作企业并非现代企业制度，股份的分散不利于企业决策与经营，股份转让的限制也制约了股东的进入和退出，不利于企业的长远发展。

1992年小平同志南方考察讲话发表，全国兴起了建设市场的经济热潮，体制机制的束缚得以消除。20世纪90年代中期，上园村的企业顺应市场发展需要，纷纷转变为有限责任公司。规模较大的正泰与德力西两家企业还在1997年组建了现代企业集团。原有的家族企业逐步被现代企业制度替代。企业的经营管理普遍迈上新台阶，为上园民营企业走向全国、走向世界打下了良好的企业组织基础。上园村民营经济也迎来了大发展的黄金期。

上园村民营企业的创新首先体现在技术创新上。在改革开放初期，大量的个体、私营企业开始创办，它们主要通过购置旧设备甚至自行加工机器，购买旧铜、废铝进行加工生产，生产的技术水平低下，产品的质量成为最大问题。在几次针对产品质量的市场整顿中，上园村不少企业开始从温州、杭州，甚至上海等地聘请大专院校的老师与国有企业技术员，为企业解决技术难题，这些被称为“礼拜天工程师”的技术人员为上园村产品质量提高与生产工艺提升做出了贡献。20世纪90年代中期后，以正泰、德力西等为代表的大中型企业开始注重企业的研发，通过从全国各地引进人才，加强产品的研发，将研发投入在产品销售额中的比例提高5%以上，使企业竞争力保持在同行前列。

其次是产品创新。在市场竞争中，上园村以正泰、德力西为代表的民营企业不断顺应市场需求，加强新产品研发，不断推出新产品。除了对低压电器产品进行不断更新换代与升级，还根据市场发展前景与科技发展趋势，步入高压电器、光伏领域。上园村在风能产品、军工产品、环保设备等领域，应用最新科技成果，加大高科技产品开发力度，也为企业的发展打开了蓝海。兰博公司根据市场需求状况，果断退出低压电器生产领域，进入到高铁设备生产领域，与中国高铁公司合作，搭上了迅速成长的列车；胡耀明在 20 世纪 90 年代后期找准市场机遇，转向超市行业，创办乐联超市，迅速发展成为温州地区知名的超市商家。

再次是业态创新。改革开放之初，以上园村为市模式以家庭作坊的前店后坊式出现；20 世纪 80 年代中期后逐步形成企业向厂区集聚，销售向专业市场集中的格局。形成了典型的中小企业集群模式；90 年代后期，随着一些企业的发展壮大，正泰、德力西等大企业开始通过多元化经营，在全国布局自主的销售网络，逐步脱离专业市场；进入 21 世纪后，随着电子商务的崛起，线下实体销售逐步受到影响，到 2008 年后其冲击日渐明显。上园村的专业市场也开始推广电子商务，将线上、线下销售结合起来，以应对业态变化的冲击。企业也纷纷推出自己的网站，大力开展网络营销，将线上交易与线下交易结合。从而减缓了电子商务的冲击，使企业保持了稳定较快的增长。

其四是生产方式创新。20 世纪 90 年代初期，通过家庭式半手工作坊向工业园区的集中与企业制度转变，上园村的企业开始购买机器设备，安装流水线，走上了现代机械生产；90 年代中期以后，随着市场的竞争加剧与劳动要素价格的上升，上园企业开始引进国内外先进设备，加快机器设备的淘汰升级，推进"机器换人"；近十年来，随着工业革命的发展，智能生产成为新的方式。以德力西为代表的上园村民营企业抓住机遇，通过设备的智能化改造、企业上云、工业物联网建设推进智能制造。德力西留在柳市的生产企业全面完成了智能化改造，呈现出全新的面貌。

（三）集体经济的支撑

上园村的集体经济有着较为鲜明的特色。改革开放以来，随着农村居民家庭承包责任制的推广，个体私营企业的兴起与集体乡镇企业的改制，温州及全国不少农村的集体经济逐步衰落，甚至消失。20 世纪 90 年代中期，上园村的邻村都把村里土地平分到家庭时候，上园村仍坚持将原有的集体企业土地与未征用的集体耕地土地由村集体管理、运作，通过建客运站、停车场，引进工商银行等金融机构，建设有色金属等多个专业市场，建设商场、写字楼等，上园村的集体经济始终保持着并不断发展壮大。与华西村、南街村完全不同的是，改革开放后上园村的集体经济全面从制造业、商业等竞争性领域退出，而是通过营运集体物业保持集体资产的盈利与增值。村集体通过统筹全村的物业经营管理服务获取了稳定的收益与资产增值，更对上园村的社会、经济稳定，和谐发展起到了重要作用。

上园村集体经济的作用首先体现在产业服务上。在改革开放初期，随着上园村民营经济的兴起，村集体企业竞争力下降，上园村没有将集体资产投入制造业与商业竞争性领域，而是从制造业中退出，投入诸多专业市场、商厦、写字楼、汽车站与停车场这些领域，确立合理的物业价格以让利于企、让利于商、让利于民，将专业市场的摊位以公开、公平的方式招租，并引进政府工商、税收等部门的配套服务与管理，弥补了市场、交通、商业门店与办公楼的不足，完善了低压电器产业的服务配套，有力地支持了电器产业集群的发展，同时集体经济也获得了稳定的收益。到 2015 年底，上园村集体净资产已达 10.7 亿元，村集体经济收入达 2800 多万元。

上园村集体经济的作用其次体现在协助村综合事务管理上。村集体经济的壮大为上园村的社会、文化发展提供了有力的支持。与此同时，上园村实行民主监督，让更多的村民参与到村社会、经济发展事务中来，村委工作与集体资产实行财务公开，接受村民质询与监督，保证集体资产的合法、合理营运。多年来，对于集体资产，上园村取之于民、用之于民，通过制订、发展各项建设规划，利用村集体资金进行村民旧房拆建、拓宽道路、完善交通等各项基础设施建设，配备治安巡察队、消防安全员、民兵队伍等，投资兴建了上园村幼儿园、上园村老年宫、上园民俗活动中心、上园胡氏宗祠、上园村文化礼堂、温州模式展示厅等设施，组织元宵节、端午节、重阳节等村民节庆活动，加大对村民的科学、文化普及宣传，提高村民的文化素养，使上园村的社会文化建设走在了前列。

上园村集体经济的作用还体现在维护社会公平与和谐上。上园村除了保证集体资产增值的基础上，每年将集体经济的一部分收益用于社会福利事业。除了投资各项社会文化设施建设，上园村还通过集体力量做好村民生活福利等各项保障，尽力避免社会阶层差距扩大。虽然上园村个体、私营企业众多，家家户户衣食无缺、住房无忧，还拥有不少资产。但在市场经济的激烈竞争中，总有一些企业起起落落，个别小企业倒闭也时有发生，个别村民因病困难也偶有出现。为此，在村两委的领导下，经过上园村全体村民的民主决议，利用集体资产收益不断完善村民社会福利建设，让全体村民共享经济发展的成果。一是保障村民的住房。通过推进村民公寓式住宅改造，保证每户居民至少有一套住宅，人均住宅面积达到80余平方米；二是发放集体分红款，村集体每年拿出部分收益给全体村民分红，20年前，上园村开始每年拿出部分集体收益给每个村民分红，2013年始，每个村民分红从最初的1540元增长到1万元；三是建立起困难求助制度，让困难家庭得到村集体的统一救助，避免家庭贫困发生；四是建立起全民医疗保险，通过村集体统一支持，全村村民不用自己花钱就可以享受农村医疗保险，因重病等医药费用负担较重的村民还可以申请补助；五是60岁以上的老年人每年可领取1300多元的压岁钱与健康长寿金，百岁老人还有特别慰问金；六是为了鼓励教育与人才培养，给予考上大学、攻读研究生的村民1000—3000元的奖励。正因为集体经济的保障，上园村始终没有贫困家庭，没有阶层分化，社会和谐。

三、村庄发展的比较与启示

上园村地处远离大城市的温州地区的乐清县，没有任何优势资源，也没有产业基础，可以排除其地理环境优势、资源优势与基础优势。或许对财富的追求欲望、创业文化的差异才是其发展成功的深层次原因。

上园村的发展可以给中国的村庄发展以几点有益的启示：

（一）民营经济是乡村振兴的关键

上园村的成功根源在于有具有活力的民营经济。改革开放前后的实践证明了计划经济阻碍了中国经济的发展。在计划经济时代，即使是华西村、南街村无论是居民还是村集体也都一贫如洗。正是改革开放给予了中国村庄发展经济的空间，如果没有市场经济的大舞台，而依赖政府的调拨分配，没有一个村庄可以发展。只有大力发展济民营经济，才能形成公平竞争的市场经济，才能促进经济的迅速、高效增长，才能造"富"于民。

（二）自主创业是发展的源泉

上园村民营经济起步在改革开放初期的全民创业，来自居民自主创业的活力是极其巨大的，通过竞争、专业化分工合作，上园村形成了电气产业集群，为民营经济的成功发展奠定了基础。中国多数农村却没有形成自主创业的热潮。究其因，一是“小富即安”的小农意识。千百年来，这种意识一直在多数农村根深蒂固。改革开放后，许多农民能够通过自己的简单劳动解决了温饱问题，他们就觉得心满意足，认为没必要再为更多的财富与享受去受苦受累，冒各种风险。20 世纪 70 年代末，小岗村的农村家庭联产承包责任制改革取得了巨大成功，使长期困扰农民的温饱问题在短期内得到彻底解决。但其后小岗村的发展并非一帆风顺。经济发展规律使得农业在国民生产总值中的比重不断下降，注定了农业不会持续扩展，农村与农民绝不可能依赖农业致富。小岗村的不足在于工业没有得到发展，当农民的温饱问题得到解决，农民的劳作时间得到解放，他们想到的是“小富即安”。当农业增收乏力，他们想到的是进城打工而不是创业。这种思维定式使得小岗村错过了改革开放初期的先发优势。二是“嫉富仇商”的心态。几千年来，“不患贫患不均”长期根植在中国老百姓的心里，“均贫富”成为正义的化身。在这种文化环境下，冒富的往往成为嫉恨的对象。中国广大的农村只有摒弃“小富即安”与“嫉富仇商”的社会文化，形成“崇富敬商”的社会文化，才能为自主创业创造良好的社会氛围，才能激发广大居民自主创业的热情，从而为经济、社会发展提供持久的动力。

（三）创新是永恒的发展主题

发展离不开创新。环境在变，发展的方式也需要改革，在市场经济浪潮中，不进则退，绝不能以不变应万变。上园村民营经济在发展中就是根据环境的变化，不断改革创新来求得持续发展。中国一些早期成功的村庄的衰败，就在于创新的式微。一类是企业产权制度不清，集体所有制下企业依赖于能人，缺乏创新的内在压力与动力。而上园村民营经济的机制活力为企业创新提供了持续的动力。另一类虽然是产权清晰的民营经济主导的村庄，但企业经营者心态封闭，缺乏创新思维，热衷于模仿和追随，或囿于人才与资金困境，难以创新，最终在市场经济的竞争浪潮中被淘汰。

（四）集体经济起着定海神针的作用

中国发展较为成功的村庄往往也是集体实力较为雄厚的村庄。集体财产、村民社会保障水平往往成为评价村庄发展度的一个重要指标。

在个体、私营经济发达的上园村，集体经济同样壮大。2018 年，上园村集体净资产达到 10. 8 亿元，村集体经济收入达 290 万元，平均每户村民一年分到的收入达 5 万元左右①。

与华西村、南街村等以集体经济一枝独大的模式完全不同，上园村的集体经济在 20 世纪 90 年代初就从竞争性的制造业、商业的生产经营领域中退出，仅集中在公共设施建、设营运与产业配套服务领域。上园村发挥村集体资源的优势，利用集体土地与资金兴办产业服务配套设施，并从中取得稳定的物业出租与管理服务收益，又为产业发展提供了良好的发展环境。不与民争利，也避免了类似华西村与南街村这样使村集体背上巨额负债包袱。可以说，上园村充分实践了市场与计划"两只手"理论，使集体经济与个体、私营经济各司其职，既保护了个体、私营经济的公平竞争，又为产业发展提供了良好的配套设施与公共服务，使更多的居民投入创业、创新洪流。

上园村的集体收益除了留足村集体发展、壮大的后备资产，以超过收益的一半向村民分配收益，使村民能够共享发展的成果，同时，还通过为每个村民提供社会保障补贴，为老年人提供补助，为大学生、研究生提供奖励，举办各类文化活动与社会活动，救济重病与受灾村民等凝聚村民认同、完善社会保障、维护社会和谐、缩小贫富差距。

（五）民主法治是村庄发展的重要保障

一个村庄的成功还需要经济与社会的协调发展，需要全民的民主参与。可以说民主、法治是一个村庄发展的重要保障。

现代民主、法治建立在自由、平等的基础之上。上园村的民营经济发展为自由、平等提供了坚实的经济基础。上园村人只要不违反法制，就可以自由自在地生活，而不必无条件地服从大家长式的威权。只有在自由、平等的基础

① 根据上园村统计资料。

上，村民才能发挥主人翁的精神，才能真正行使民主选举法的权力，才会主动参与村公共事务与民主监督。

而中国一些村庄恰恰就在于村民的自由没有保障，集体权力一枝独大，当能人的威望笼罩整个村庄，村领导权力越来越集中于个人。村民的自主创业、自主就业的权力就会被剥夺，甚至住房、生活用品都依赖村行政权力来分配；村民的自由度也会越来越小，最后言论自由、思想自由也难以为继。大邱庄的发展演变就勾画出从村集体能人到集体权力集中而形成大家长式威权的过程，其结果不但是经济发展活力的渐失，更会形成个别村领导的独断专行。

另一方面，在个体、私营经济主导的农村，也需要警惕金钱对平等与民主的腐蚀。收入与财产的不平等，如果缺乏制约，容易导致政治权力的不平等。当企业与金钱介入村公共事务，个人与公共的权力就会被金钱绑架，自由、平等的基础就会丧失。上园村在这方面也提供了有益思考：其一是上园村家家有老板，户户有企业，较为厚实的村集体资产与收益从客观上为自由、平等与民主提供了较好的基础；其二，上园村的村集体资产与公共事务长期保持制度性公开、透明，运作较为规范，村领导权力小，服务压力大，这也从制度上杜绝了金钱的介入；其三，上园村的村规、民约谢绝个体、私营企业与个人为村公共设施与公共活动提供资金赞助，在选举上严格依法监管，杜绝金钱介入，保证了村民的平等与村公共事务的公平、公正。

可以说，只有保障村民的自由、平等，才能建立起现代民主法治，才能为村庄的持续发展与长治久安提供坚实的保障。

（六）大多数村庄的归宿是城市

从经济与城市化的发展规律看，农业在国民生产总值中的比重会持续下降并趋于零，而城市化率将上升到 80%以上，届时几乎没有多少人在从事农业，生活在农村的居民也将十不足一。从长远看，与世界工业化大潮流一样，中国的大多数村庄也会融为城市的一部分。

2018 年 5 月，上园村正式撤村而成为柳市镇的一个社区；而华西村也从当初 380 户、1520 人口，占地 0.96 平方公里[①]的江南小村，通过发展合并成面积

---

① 数据引自百度网“上园村简介”。

超35平方公里、人口超3.5万人（常住人口超5万）的大华西村；南街村也从原来的小农村发展成以工业为主体的大村庄。华西村与南街村事实上已经成为大城镇，其在不远的未来不可避免地会成为建制镇或街道社区。

在村庄融入城市之际，都面临着转型的重要问题。首先是经济转型。随着村变城，第一产业消失，工业也需要不断外迁，第三产业将成为主体产业。在这种背景下，村民的收入来源将面临长远的变化，村集体收入、税收收入都将出现重大调整，这需要财政结构的调整，需要政府对市场的引导与区域发展的统筹。其次是管理转型。从村管理到成为城市一部分的社区管理，原来的村级管理组织、管理理念、管理方式都需要做出重大的调整。其三是村民向市民的转变，卫生环保、出行交通、社交礼仪、生活习俗等方面都需要不断调整并适应。

上园村转变为社区的过程可以说水到渠成。早在20世纪90年代中期，上园村农业已经消失而成为事实上的城镇，而20世纪末以来，所谓的村庄已经与柳市镇区连成一片，成为柳市镇的一部分，绝大部分工业企业也外迁到工业园区或外地；村民转市民的过程中，没有专门的教育培训、更无须强行宣传、灌输，在全国各地奔波、见过世面的上园人已在不知不觉中完成了从村民向市民的转变。上园社区的管理也按照城市管理要求有条不紊地进行。

对全国不少村庄来说，村情各异，从村庄到融入城市的过程或多或少会存在着磨合期。在这一方面需要未雨绸缪。村庄要从村情出发，做好产业规划与建设，及早谋划产业结构调整与城市建设，加强创新，推进企业转型升级，大力发展交通、旅游、文化、商业等第三产业；另一方面要随着工业化进展，主动推进村庄的开放发展，加大资金、技术、人才、企业与游客的“引进来”力度，鼓励本地的商品、服务、企业与村民的“走出去”，加快区域开放融合与城乡一体化，同时不断提高村民的现代市民意识，促进工业化、城市化与现代化的协调发展。

作者简介：徐剑锋，浙江省社会科学院经济研究所所长、研究员。

新时代江西农业、农村现代化的实现路径研究

江西省社会科学院课题组

摘　要：在分析“十三五”江西农业、农村发展成效的基础上，“十四五”江西农业、农村现代化需科学把握新形势，重点关注农业产业高质、高效的“弱项”，乡村宜居、宜业的“不足”，农民富裕、富足的“难点”，生产要素向农村流动的“堵点”四大问题，着力从以“优种、优地”保障粮食和农产品安全、以“三链”融合提高农业质量效益和竞争力，以“均衡”发展加强基础设施和公共服务建设，以“改革创新”促进生产要素向农村回流和集聚，以“有效衔接”抓好脱贫攻坚与乡村振兴接续实施五个方面突破，努力建设新时代“五美”乡村，走出一条具有江西特色的农业、农村现代化发展之路。

关键词：新形势；农业农村现代化；新时代“五美”乡村

习近平总书记在中央农村工作会议上指出，“民族要复兴，乡村必振兴”，脱贫攻坚战取得全面胜利后，“要举全党、全社会之力推动乡村振兴，促进农业高质、高效，乡村宜居、宜业，农民富裕、富足”。在开启全面建设社会主义现代化国家江西篇章之际，亟须总结“十三五”时期江西农业、农村现代化发展成效，科学研判“十四五”时期全省“三农”工作面临的形势与需重点关注的问题，进而提出具体突破路径，努力建设彰显产业兴旺之美，文明、淳朴之美，共建、共享之美，自然生态之美，和谐、有序之美的新时代“五美”乡村，走出一条具有江西特色的农业、农村现代化发展之路。

一、"十三五"时期江西农业、农村发展成效与经验

"十三五"时期是全省脱贫攻坚的决胜阶段，是与全国同步全面建成小康社会的决胜阶段，是加快转变农业发展方式，推进农业供给侧结构性改革的攻坚时期，是正式开启农业、农村现代化征程的"两个百年"历史交汇期。江西牢固树立创新、协调、绿色、开放、共享五大发展理念，以提高质量、效益和竞争力为中心，以推进农业供给侧结构性改革为主线，以多种形式适度规模经营为引领，着力转变农业经营方式、生产方式、资源利用方式和管理方式，全力走出"产出高效、产品安全、资源节约、环境友好"的江西现代农业强省之路和乡村振兴之路，为"十四五"农业、农村现代化发展奠定了坚实的基础。

（一）农业综合生产能力稳步提升

一是主要农产品供给能力不断提升。江西农业在全国具有得天独厚的优势和非常重要的地位，以占全国 2.3%的耕地和 3.3%的人口，生产了全国 3.6%的粮食，是中华人民共和国成立以来从未间断输出商品粮的省份之一，是粤港澳大湾区、闽三角、长三角等沿海发达地区农产品的重要供应基地。2020 年，全省粮食总产量 432.8 亿斤，连续五年稳定在 430 亿斤以上，确保持续巩固了全国粮食主产省地位，生猪产能全面恢复到 2017 年水平，蔬菜综合生产能力稳步提升，为保障国家粮食安全和重要农产品供给做出了"江西贡献"。二是高标准农田加快建设。创新性地提出了"三变、三创、八结合"的高标准农田建设经验做法并向全国推介。截至 2020 年，累计建成高标准农田 2846 万亩，占全省耕地面积的 61.4%，位居全国前列，有效提升了粮食综合产能。三是农业科技化水平不断提高。在全国首创基层农技推广体系改革"综合建站"模式，并被农业部列为向全国推广的六大模式之一。建成 22 个省级现代农业产业技术体系，实现了优势特色产业全覆盖；全省主要农作物综合机械化率达到 75.9%，水稻综合机械化率达 81%以上，均高于全国平均水平。

（二）农业、农村改革不断深入

江西是全国农业、农村改革策源地之一。一是扎实做好农村土地承包经营

权确权登记颁证。2015 年以来，江西省推进农村集体土地确权登记颁证工作，创造了“江西确权七步工作法”，有序推进农村承包地“三权分置”，土地流转面积1855 万亩，流转率50. 3%，比2015 年提高了20 百分点。二是全面完成农村集体产权制度改革整省试点任务。年经营性收入10 万元以上的村占比70%左右，基本消除薄弱村。2020 年，湖口、余江、大余、永丰四个县区入选中央新一轮农村宅基地制度改革试点。三是农村综合产权交易中心建设加快推进。重点加大乡级农村综合产权交易中心建设力度，全省共建成11 个市级流转服务中心、102 个县级流转服务中心、1454 个乡级流转服务中心，基本实现了“全覆盖，互联、互通”，并在此基础上建设市、县、乡三级农村综合产权交易中心。

（三）绿色生态优势不断彰显

牢固树立保护优先、绿色发展的理念，大力实施绿色生态农业“十大行动”，助推农业发展质量与生态环境稳步提升，“绿色、健康、有机”已成为江西农产品的代名词。一是产地环境更优。2020 年全省畜禽粪污综合利用率达93. 0%，比2016 年高出17 百分点（见图 1）；农药、化肥用量连续五年负增长，农药、化肥利用率分别达44. 0%、41. 5%，均高于全国平均水平；畜禽粪污综合利用率、规模场粪污处理设施装备配套率分别达到93%、98%以上，比

图 1　2016—2020 年江西省畜禽粪污综合利用率

资料来源：江西省农业农村厅

2015年分别提高18个、19百分点；农作物秸秆综合利用率94%以上，比2015年提高9百分点，农膜回收率超80%，率先在长江流域重点水域实现全面禁捕、退捕，破坏渔业资源形势得到有效遏制。二是产品质量更好。截至2020年末，全省累计创建国家农产品质量安全县（市）10个、全国绿色食品原料标准化生产基地48个、省级绿色有机农产品示范县46个；绿色有机地理标志农产品总数达3482个；农产品检测总体合格率连续保持在98%以上，多年受到农业农村部的致函肯定。三是农产品品牌更响。“生态鄱阳湖·绿色农产品”不断唱响，大力打造“赣鄱正品”品牌建设体系，培育一大批知名区域品牌，其中赣南脐橙以678.34亿元名列全国区域品牌（地理标志产品）第六位，稳居水果类第一；赣南脐橙、庐山云雾茶、崇仁麻鸡等12个品牌入选“2020中国区域品牌（地理标志产品）百强榜”。

（四）农村治理能力不断提升

截至2020年底，农村人居环境整治三年行动目标基本实现，在全国率先全面启动了“五定包干”村庄环境长效管护，71个县实现了城乡环卫“全域一体化”第三方治理，农村生活垃圾无害化处理率达到99%；107个县（市、区）和功能区开展城乡供水一体化工作，建成农村污水处理设施5403座；“厕所革命”三年攻坚任务超额完成，农户无害化卫生厕所普及率94.1%；全省新农村建设覆盖65%的村组，中央农办《农村要情》先后两次以“专刊”形式向全国推介江西“整洁美丽，和谐宜居”新农村建设的典型经验。此外，江西还探索出了一系列乡村治理模式。上饶好客王家通过“基层党组织+村规民约”引领乡风文明，赣州大力推进乡风文明行动引领文明新风尚，不推山，不砍树，不填塘，推进乡村自然生态治理，打造“生命共同体”。

（五）农村居民收入不断提高

全省农村贫困人口从2016年末的113万人减少至2019年末的9.6万人，累计减少103.4万人，贫困发生率由2016年的3.3%降至2019年的0.27%。2020年剩余9.6万贫困人口全部脱贫；2017年2月井冈山在全国率先脱贫。2020年全省25个贫困县全部脱贫摘帽，“十三五”3058个贫困村全部退出，在现行脱贫标准下，江西脱贫攻坚取得决定性胜利（见图2），创新推行“四个一”“一领办三参与”等产业扶贫模式并得到国家肯定。农村居民人均可支配收入从2015年末的11139元提高至2020年末的16981元，年均增速达8.8%（见表1）。

图2　2016年末—2020年末江西省贫困人口和贫困发生率

数据来源：公开数据整理

表1　2015—2020年江西省农村人均可支配收入情况

年份	人均可支配收入（元）	同比增长
2015	11139	10.1%
2016	12138	9.0%
2017	13242	9.1%
2018	14460	9.2%
2019	15796	9.2%
2020	16981	7.5%

数据来源：江西省统计年报

二、“十四五”江西农业、农村工作面临的形势

“十四五”时期，江西推进农业、农村现代化，需立足新时代我国社会主

要矛盾发生变化的国情、建设现代农业强省目标，科学把握四大趋势。

（一）"三农"工作重心发生历史性转移

从世界百年未有之大变局看，稳住农业基本盘、守好"三农"基础是应变局、开新局的"压舱石"。习近平总书记指出，脱贫攻坚取得胜利后，要全面推进乡村振兴，这是"三农"工作重心的历史性转移。这一重要论断科学回答了全党高度重视的一个关系大局的重大问题，为"十四五"时期做好全省"三农"工作指明了方向。一方面做好巩固、拓展脱贫攻坚成果同乡村振兴有效衔接，另一方面压实各级党委、政府第一责任，像打赢脱贫攻坚战一样，举全省、全社会力量全面推进乡村振兴。

（二）新发展格局下农村发展空间巨大

构建新发展格局，把战略基点放在扩大内需上，农村有巨大空间，可以大有作为。随着经济水平的提升，居民消费逐渐向绿色、健康、安全发展，为江西优质绿色农产品有效供给和价值实现提供了重要契机。随着乡村振兴全面推进，农业、农村基础设施建设将不断加快、农业、农村有效投资将不断扩大，为实现农业、农村现代化提供了重大历史契机。

（三）数字化为农业、农村现代化注入新动力

随着数字中国建设深入推进，移动互联网、大数据、云计算、人工智能等新一代信息技术将迅速融入农业、农村生产、生活各领域，不断催生新产业、新业态、新模式。"十四五"时期江西应抢占数字化先机，统筹好数字经济、智慧农业、数字治理与乡村振兴发展，为实现农业、农村现代化提供有力支撑。

（四）优种资源为农产品更高水平供需动态平衡提供了契机

中央经济工作会议明确提出，2021 年重点工作之一是解决好种子和耕地问题，加强农业芯片种质资源保护和利用，种子的选育、生产和经营，打一场种业翻身仗。江西优良种质资源丰富，是我国保存稻种资源最多的省份之一，拥有乐平花猪、崇仁麻鸡，南丰蜜桔、广昌白莲等地方优良品种。同时，以现代

技术实现了优良品种“野败”籼杂交水稻、“赣无”系列优质高产油茶等选育创新。育种核心技术的创新和推广将推进全省绿色有机农业，以及农业产业基础高级化、产业链现代化，深度对接长三角、闽三角、粤港澳大湾区；促进农业、产业链、供应链、价值链“三链”融通等协同提升，形成需求牵引供给、供给创造需求的更高水平动态平衡。

三、“十四五”江西农业、农村现代化需关注的重点问题

对标新时期农业、农村现代化要求，“十四五”时期江西农业、农村实现现代化需重点关注四大问题。

（一）农业产业高质、高效存在弱项

一是优质农产品有效供给不足。江西是“粮猪型”农业结构，但优质稻种植比重只有25%左右；目前，我国地方种猪比熊猫都珍贵，江西部分优秀地方种猪已濒危，除了农村一些散户的家里和保种场外，已难觅江西本地品种猪的身影。目前，江西大众农产品多，优质原产地的农产品往往有“优种”但“小众”，产能不大，在全国叫得响的品牌不多，农产品供给结构与消费升级需求不匹配。二是农村产业链式发展不够。“链主”型农业龙头企业，特别是农产品加工龙头企业少，龙头企业中建立研发机构的不足35%。如谷物衍生产品开发不够，米乳、米蛋白等附加值高的加工企业极少，精深加工产品加工总量不到稻米总量的1%；企业创新力不强，直接制约产业链延伸的长度和融合链拓展的深度。三是农业数字化水平不高。根据农业农村部信息中心联合中国国际电子商务中心研究院公开的《2020全国县域数字农业农村电子商务发展报告》，2019年江西县域农产品网络零售额在全国排第16位、中部第5位，居全国中游、中部靠后。

（二）乡村宜居、宜业存在不足

一是乡村治理能力薄弱。基层党组织建设不完善，党员队伍老化，年轻、高学历党员少。由于经费不足，有的村“两委”班子出现无力办事、无心理事、无人管事的“三无”现象。乡村治理主体参与不足，村民自治组织“形式

大于内容”，缺乏参与农村发展规划、基本建设、权益维护等乡村治理的途径。乡村法治建设较为薄弱。部分群众法律意识淡薄，“不懂法，不用法，不信法”的现象时有发生。二是农村生态文明建设仍是短板。尽管近年来全省农村人居环境大为改善，但由于历史欠账较多，农村产业污染复杂化，村民生态环境意识不足，“自扫门前雪”“室内现代化，室外脏乱差”等问题仍突出。三是农村公共服务供给不足。城市和农村发展不平衡，当前农村公共服务体系建设相对滞后，农村公共服务供给总量不足。农业基础设施特别是新型基础设施供给不足，交通和通信设施与农业、农村现代化的要求不匹配。

（三）农民富裕、富足存在难点

一是工资性收入增速下降成为较大挑战。2019 年全省农民工资性收入占比为 42.4%，收入增幅收窄，叠加新冠肺炎疫情冲击，农民务工增收形势不容乐观。二是经营性收入总量不高且占比呈下降趋势。2016—2019 年全省农民经营性收入占比分别为 38.7%、36.8%、36.5%、36.1%，下降态势明显。三是财产性收入难以扩大。2019 年全省农民财产性收入占比仅为 1.6%，一直处于较低水平。四是稳定农民转移性收入成难题。2019 年全省农民转移性收入占比为 19.9%，比全国平均水平低 0.7 百分点（见表 2）。2020 年受疫情的影响外出务工的难度加大，收入减少，长江重点水域，特别是鄱阳湖区退捕、禁捕涉及渔民的转产就业，对农民（渔民）增收形成巨大挑战。

表 2　2016—2019 年江西省农村居民人均收入结构情况

年份	工资性收入		经营性收入		财产性收入		转移性收入	
	金额(元)	占比	金额(元)	占比	金额(元)	占比	金额(元)	占比
2016	4954.66	40.80%	4692.30	38.70%	204.37	1.70%	2286.39	18.80%
2017	5609.17	42.40%	4868.80	36.80%	214.23	1.60%	2549.62	19.30%
2018	6120.98	42.30%	5271.87	36.50%	235.46	1.60%	2831.58	19.60%
2019	6699.20	42.40%	5701.18	36.10%	257.38	1.60%	3138.53	19.90%

（四）生产要素向农村流动存在堵点

一是农村土地改革亟待深化。全省农村土地承包权有偿退出尚待破题，土地经营权流转不规范，农村集体经营性建设用地入市政策、宅基地“三权分置”改革的具体操作细则、相关配套政策尚未出台。二是农村资金多元投入机制亟待健全。全省财政涉农资金投入不足且整合不够到位，多头下达、“撒胡椒面”等问题仍较突出。农村金融产品创新不足，全省土地经营权抵押贷款仍停留在探索阶段，农业保险存在农民“不愿保”和保险公司“不愿设”的难题。工商资本、社会资本进入农村的路径不畅，并存在“非粮化”“非农化”倾向。三是乡村人才匮乏。乡村引人、留人吸引力不足，特别是懂技术、懂市场、懂农业的实用人才，农业经营管理、环境治理、文化传播等人才严重不足。

四、“十四五”时期江西实现农业、农村现代化的突破路径

“十四五”期间，江西农业、农村现代化要从以下五个方面寻求突破：

（一）以“优种、优地”保障粮食和农产品安全

进一步解决好“种子和耕地”问题。一是夯实粮食安全基础。进一步加强高标准农田建设，提升耕地质量标准，同时重视中低产田改造，充分发挥土地的潜力和抗风险的能力，增强高品质农产品和服务供给能力。解决好农民种粮和地方政府抓粮的积极性问题，健全专业化、社会化服务体系。二是打造全国种业创新高地。对全省优质种源进行普查，建设农作物种质资源库，打造可存可取的“种子银行”，推进江西农业大学、省林科院、省水生生物研究所等科研院所与企业联合育种攻关，实现育种核心技术创新。引进培育一批大型种业集团。恢复生猪生产，特别是江西对“土猪”种猪的保护借鉴了湖南“花猪”保护利用模式，通过引进商业模式留住地方猪品种，实现质量和效益并重，确保“舌尖上的美味与安全”。

（二）以生态型、现代化的“三链”融合提高农业质量效益和竞争力

强化绿色农业、数字农业、智慧农业发展，以科技赋能融入“双循环”新发展格局，做大、做强一批“链主”领航企业，提高农业质量效益和竞争力。

一是延伸、整合产业链。着眼打造全国知名绿色有机农产品示范基地，建设一批产销一体、产业链条完整的现代农业产业园和农村产业融合示范区。二是重塑、提升价值链。实施农产品加工业提升行动，加快形成一批百亿级、千亿级农产品加工优势产业集群；建立、健全"赣鄱正品"认证体系，打响优势企业、区域农产品品牌，打通线上、线下销售渠道，持续提升"生态鄱阳湖·绿色农产品"品牌影响力。三是优化融合供应链。建立农产品优化品种结构正面清单和负面清单制度，构建融合现代仓储、冷链物流、配送、质量保障等环节的市场供应链体系。促进农产品生产与市场对接的最优化，推动农业劳动生产力提升和农民生产经营性收入增加。深挖休闲农业潜力，打造长三角、闽三角、粤港澳大湾区等地首选的"米袋子""菜篮子""果盘子""花园子"。

（三）以均衡发展加强基础设施和公共服务建设

实施乡村建设行动，持续补齐农村基础设施短板，不断增加与城乡基本公共服务均等化适应的乡村公共服务供给，建设宜居、宜业新农村。一是深入开展生态文明建设。持续深化农村人居环境整治，加大农村人居环境整治资金扶持力度，加快推进农村生活垃圾处理、生活污水处理，以钉钉子精神推进农业污染防治、农业废弃物资源化利用等设施建设，将有机农产品基地建设与农村生态环境治理结合，将农村生态景观改造与生态环境治理结合，提升农村生活环境和村民生活质量。二是加强公共基础设施建设。推进农村水、电、路、气、网等基础设施建设，大力实施数字乡村和智慧农业设施建设。以专业化、社会化运行、管护机制创新管理农村公共基础设施。三是增加乡村公共服务供给。探索建立、健全统筹城乡公共服务优先投入机制，加快提升教育、医疗、卫生、社会保障、文化、体育等城乡公共服务一体化水平。推动县乡一级的行政服务向行政村延伸，建立村级公共产品产权清单制度，构建具有江西特色的乡村公共服务体系。

（四）以改革创新促进生产要素向农村回流、集聚

以改革创新为动力，充分释放农业、农村发展活力，推进农村和城市协调融合，打通生产要素向农村回流和集聚流通的"梗阻"。一是深化农村土地改革。探索设立进城落户农民依法自愿有偿退出土地承包权试点，由村集体通过

土地入股、土地托管等方式经营村民土地，建立新型“合作农场”经营模式；探索增加农民财产性收入新渠道。二是加快农村金融改革创新。推动涉农金融机构在县域及乡镇创设一批专营服务机构，设立“普惠金融+服务站+村委会”基层服务网点，大力发展乡村数字普惠金融。推广订单、仓单质押等产业链、供应链金融服务新模式。设立涉农贷款风险补偿基金，支持工商资本和社会资本有效投入“三农”。推动保险机构创设具有江西农产品特色险种，推动险种设立权限下移。三是畅通各类人才下乡渠道。积极吸引乡贤等返乡、下乡，创新性出台支持继承祖宅的乡贤回乡的政策，以“实心人”改变“空心村”。新建、提升、拓展、整合一批具有江西区域特色的返乡、下乡人员创业、创新园区（基地）、产业集聚区，形成加工园、电商园、休闲旅游园等。引导人才向农村回流集聚，让更多的乡村振兴人才引得回、留得住、干成事；同时增加农民就地就业的工资性收入。

（五）以“有效衔接”抓好脱贫攻坚与乡村振兴接续实施

巩固、拓展脱贫攻坚成果同乡村振兴有效衔接。一是巩固脱贫成果，防止返贫。严格按照“四不摘”5年过渡期的要求，对已摘帽的贫困县、贫困村、贫困户“扶上马，送一程”。特别关注江西长江重点水域退捕渔民上岸就业稳得住，并逐步致富，升级、改造扶贫车间，以高质量发展提供更多高质量的就业岗位。二是推动减贫政策向乡村振兴制度化、体系化保障转型。通过“退出、保留、加强、新设”逐项分类优化调整现有帮扶政策，合理调整节奏、力度、时限，稳步实现由集中资源支持脱贫攻坚向全面推进乡村振兴的平稳过渡。三是聚焦“五大振兴”抓好衔接。以新时代“五美”乡村为目标任务，更加注重市场机制，推动产业扶贫向产业振兴提档、升级；注重人才下沉和本土培育，抓好人才振兴这一关键；注重拓展和创新“两山”转换通道，把生态资源转换成绿色经济优势，实现生态振兴；注重振兴乡村优秀文化，以文化建设为乡村振兴塑形、铸魂，激发群众内生动力，健全自治、法治、德治相结合的乡村治理体系；更加注重组织领导衔接，强化县委书记作为乡村振兴的“一线总指挥”，建设一支政治过硬、本领过硬、作风过硬的乡村振兴干部队伍，把乡村振兴作为培养、锻炼干部的广阔舞台，整体推进乡村振兴能力现代化。

参考文献

[1] 2020年中央农村工作会议精神。
[2] 坚定不移建设新时代“五美”乡村，努力在全面推进乡村振兴上走前列[N]. 江西日报，2021-02-04.
[3] 江西省政府工作报告[N]. 江西日报，2021-01-27.
[4] 魏后凯. “十四五”时期中国农村发展若干重大问题[J]. 中国农村经济，2020（1）.
[5] 柴曦. “十四五”期间如何推进农业农村高质量发展？[J]. 中外农业概览，2020（8）.
[6] 彭超，刘合光. “十四五”时期的农业农村现代化形势、问题与对策[J]. 改革，2020（2）.
[7] 陈明星. “十四五”时期农业农村高质量发展的挑战及其应对[J]. 中州学刊，2020（4）.
[8] 全面推进乡村振兴，中央这样谋划——中央农村工作会议传递五大新信号[J]. 大社会，2020-12-15.

课题组组长：李志萌，江西省社会科学院江西发展战略研究所所长、研究员。

课题组成员：张宜红，江西省社会科学院江西发展战略研究所副所长、副研究员；盛方富，江西省社会科学院江西发展战略研究所副研究员；陈宁，江西省社会科学院科研处副处长；王露瑶，江西省社会科学院江西发展战略研究所研究实习员。

赣南老区乡村振兴的探索实践与经验启示

麻智辉　刘晓东　卢小祁

摘　要：2019 年 5 月，习近平总书记视察江西并发表重要讲话，提出江西要“在加快革命老区高质量发展上作示范”。赣南老区是中央苏区所在地，在脱贫攻坚之后，如何有效推进乡村振兴，对于破解“三农”问题，促进农业、农村现代化具有典型意义。本文通过对赣南老区推进乡村振兴的具体做法、发展模式和取得成效的分析，总结出始终坚持党的全面领导、坚持以人民为中心、聚焦特色产业、坚持人才振兴、坚持体制机制创新、注重有效衔接等经验启示，对全国老区实施乡村振兴战略都具有典型示范作用。

关键词：乡村振兴；发展模式；经验

赣南老区是中华苏维埃共和国临时中央政府所在地，是苏区精神的主要发源地，在中国革命史上具有特殊的重要地位。在脱贫攻坚之后，如何实现赣南老区巩固、拓展脱贫攻坚成果与推进乡村振兴有效衔接，对于破解“三农”问题，促进农业、农村现代化，努力实现赣南“在加快革命老区高质量发展上做示范”的目标具有重要意义。

一、赣南老区乡村振兴取得的成效

（一）“四个优先”有效落实

赣州老区在乡村振兴中坚持把解决好“三农”问题摆在重中之重的位置，优先考虑“三农”干部配备，优先满足“三农”发展用地保障，优先保障“三农”资金投入，优先安排农村公共服务。注重“三农”干部选拔使用，

2020 年选拔 189 名优秀乡镇事业编制人员、村干部和大学生村干部担任乡镇（街道）机关领导干部，提拔、重用村党组织第一书记 188 人、驻村干部 81 人。优先支持现代农业建设，农村新产业、新业态发展，民生基础设施建设等项目用地，倾斜安排贫困地区尤其是深度贫困村增减挂钩指标，稳妥推进集体经营性建设用地入市。加大"三农"资金投入力度。2020 年赣州市完成农林水资金支出 128.15 亿元，同比增长 36.83%；创新推出"农业产业振兴信贷通"，市本级财政安排 10 亿元风险缓释金，按照 1∶8 比例撬动银行信贷资金。

（二）特色优势产业发展壮大

"赣南脐橙"是赣南老区知名品牌，赣州被誉为"世界橙乡"。赣南脐橙从单纯的种植业发展成为集种植生产、仓储物流、精深加工于一体的产业集群，脐橙产业是赣州百姓脱贫致富、实现乡村振兴的第一支柱产业。2020 年全市柑橘面积 219 万亩，产量 166 万吨，其中脐橙面积 170 万亩，产量 138 万吨。实现脐橙产业集群总产值 139 亿元，赣南脐橙以品牌强度 895、品牌价值 678.34 亿元位列全国区域品牌水果类第一。"赣南脐橙"地理标志证明商标被认定为中国驰名商标。

（三）农业、农村改革持续深化

高质量完成农村集体产权制度改革，全市所有行政村成立经济（股份）合作社。村集体经济驶入快车道，超额完成 50%的村庄年经营性收入 10 万元的目标，93 个村超 100 万元。全市 119 个村的农业、农村"三改合一"改革试点深入推进，农村宅基地管理制度改革试点全面推开，大余县被列为全国宅基地制度改革试点县。在全省率先全面落实县、乡、村道"路长制"，赣州入选交通运输部、财政部深化农村公路管理养护体制市级改革试点地区。

（四）农村基础设施提档、升级

赣州市农村公路总里程近 4 万公里，具备条件的行政村通客车率达 100%，"四好农村路"创建走在全省前列。农村电网改造、升级有力推进，供电可靠率持续提升。全市行政村村委会所在地实现 4G 信号及宽带网络全覆盖，25 户以上人口聚居区 4G 信号覆盖率达 95%、宽带网络覆盖率达 75%。在乡镇快递网点实现全覆盖的基础上，快递服务建制村覆盖率达67.58%。

（五）农村公共服务短板加快补齐

新农村建设四年行动、农村人居环境整治三年行动圆满收官。农村卫生厕所普及率达99.6%。建成乡镇垃圾中转站229个、垃圾焚烧发电厂3座，城乡一体化生活垃圾收运、处理体系基本建成。农村污水处理设施数量、覆盖村庄数量均居全省第一。新（改、扩）建乡村公办幼儿园578所，推进1019所乡村小规模学校和329所乡镇寄宿制学校基本办学条件达标。建成328家乡镇卫生院、6448个村级卫生室，启动实施乡村医生“乡聘村用”和“八统一”乡村一体化管理模式。梯次建成3910个村（社区）综合性文化服务中心。72.2%的村庄建成农村互助养老服务设施。2020年全市农村居民人均可支配收入13036元，增长9.2%，增幅蝉联全省第一。

（六）农村基层治理全面加强

基层党建“三化”建设有序推进，全市村书记、主任“一肩挑”比例达81.27%。全市乡镇（街道）均成立了综合便民服务中心，99.6%的行政村（社区）设立了便民服务站。在全省率先出台了村级议事协商规程。稳步推进党的基层阵地资源整合和新时代文明实践中心建设试点，市本级设立了新时代文明实践促进中心。常态化推进乡风文明行动，坚持每季度发布一次诚信红黑榜。积极推进“雪亮工程”向农村延伸，大力推进“一村一辅警”建设。累计培养农村“法律明白人”134.5万余人，86.7%以上的农户家庭有一名“法律明白人”。

二、赣南老区乡村振兴的主要做法

（一）政府主导，常抓不懈

党的十九大提出乡村振兴战略，为我国农村、农业发展带来了新的机遇。赣州市按照党中央、国务院和省委、省政府的精神要求，2018年就出台了《关于实施乡村振兴战略的意见》，提出要从打赢脱贫攻坚战，建设现代农业强市、打造美丽乡村，提升农村精神文明水平，维护农村和谐、稳定，增强农民群众获得感六个方面着力，推进赣南乡村全面振兴。成立了以市委、市政府主要领导为正、副组长的农村工作领导小组、实施乡村振兴战略工作领导小组、新农村建设暨农村人居环境整治工作领导小组。赣州市将精准扶贫、现代农业列入全市六大攻坚战，并成立由市领导任正、副组长的攻坚战领导小组，始终把脱贫攻坚与乡村振兴紧密结合在一起，坚持把解决好"三农"问题摆在重中之重的位置。2019 年赣州市出台了《乡村振兴规划（2019—2022 年）》，按照产业兴旺、生态宜居、乡风文明、治理有效、生活富裕的要求，围绕推动乡村产业、人才、文化、生态和组织"五个振兴"，坚持精准施策，扎实推进赣南老区乡村振兴高质量发展。

赣州市加大财政对乡村振兴的支持力度，设立乡村振兴战略专项资金。2020 年全市完成农林水资金支出 128.15 亿元，同比增长 36.83%；创新推出"农业产业振兴信贷通"，市本级财政安排 10 亿元风险缓释金，按照 1∶8 的比例撬动银行信贷资金。赣州市每年筹集资金在中央电视台等大型知名媒体做赣南农产品广告宣传，积极参加国内外各项大型农产品展示、展览活动，提升了赣南农产品的美誉度、市场占有率。

制定详细考核方案，将乡村振兴工作纳入全市三项重点工作进行考核、考评，严格实行检查考核、责任追究和表彰绩效奖励，使目标、权力、责任统一，推进抓落实的制度化、规范化，为乡村振兴明确了任务，提供了保障。

（二）因地制宜，精准施策

围绕建设全国重要的特色农产品深加工基地，培育、壮大农业龙头企业，赣州市制定了一系列产业扶持政策，出台了一系列配套措施，强力推进现代农业发展。以产业兴旺为重点，着力建设现代农业，确立乡村首位产业，开展"一乡一业""一村一品"示范创建活动，打造一批特色型、精品型、绿色型农业专业乡（村）。着力发展脐橙、蔬菜、油茶产业，建设具有国际影响力和市场话语权的优质脐橙产业基地，把蔬菜打造成新的富民支柱产业，建设全国油茶示范市和优质木本食用油安全保障基地。充分利用当地的自然禀赋，抓住一条主线（以脱贫攻坚为统揽，全面落实乡村振兴），各县（市、区）分别制订出切合当地实际情况的乡村振兴战略，精准施策，带领广大人民群众脱贫奔小康。按照“因地制宜、发挥优势”原则进行引种、试验、示范、推广，形成了以粮食、脐橙、油茶、蔬菜等为主的产区，其中脐橙种植面积170万亩，产量138万吨，实现脐橙产业集群总产值139亿元，“赣南脐橙”以678.34亿元的品牌价值稳居全国区域品牌（地理标志产品）水果类第一，成为全国柑橘优势产区的示范和标杆产业、中国园艺产业发展的成功典范。油茶产业日益壮大，种植面积突破300万亩，成为全国重要的油茶种植区、全国油茶产业发展示范市。每个县（市、区）错位发展，因地制宜重点扶持1—2个特色产业，推动茶叶、白莲、中药材、特色水果、花卉苗木、草食畜禽、禽蛋、特色水产等特色产业规模化、标准化发展。

（三）农民主体，市场引导

近年来赣州市始终坚持兴业与富民并重、产业建设与农民增收双赢的发展思路，一切从农民利益出发，牢固树立以民为本、农户为主的发展理念，咬定富民目标不放松，充分利用山地资源，走户办、联户办发展路子，充分调动千家万户的积极性。聚焦、聚力农业现代化，加强专业大户、家庭农场、农民合作社等新型主体的培育力度，引导有实力的农业经营主体全链式发展。

大力培育农产品品牌。支持龙头企业与种养大户、家庭农场、合作社等紧密合作，建立基地，注册商标。重点对齐云山南酸枣糕、信丰脐橙等品牌进行巩固、提升，并积极培育一批新品牌。兴建大型的集农副产品购销集散、仓储物流、批发交易、产品展示、电商快递、农资供给等为一体的综合市场及物流园区。支持具备条件的专业合作社、龙头企业等搞好“农超对接”“农企对接”“农店对接”等直销模式。引进一批电商企业入驻赣州，创建大型网购、网销平台，物流配送园区及线下实体体验店，支持具备条件的龙头企业及合作社创建自己的网上直销平台及微信公众平台，搞好现代网络营销。不断创新举办节会，推进脐橙等果品营销，自2001年起，赣州举办六届中国赣州脐橙节，承办四届由国家农业部与江西省人民政府共同主办的国际脐橙节，脐橙节会的举办在产业发展、品牌提升、推介赣州等方面发挥了巨大的推动作用。

（四）创新驱动，各具特色

赣州市始终坚持科技为先，依托华中农业大学、华南农业大学、江西农业大学、中国柑橘研究所等科研院校的技术优势，聘请国内一流专家组成蔬菜、脐橙产业专家顾问团，建立6个院士服务站，实时把脉产业发展，建立了一支覆盖产区的技术推广服务队伍，为产业发展提供了强有力的技术支撑。加快发展“互联网+农业”，探索发展农产品电子商务、连锁直销、农超（社）对接、展示展销等现代营销方式，认定农业物联网示范基地14个，建成益农信息社3018家。创建国家现代农业产业园1个、省级现代农业示范园46个，推动产业集聚、经营集约、要素集中。

赣南老区各地根据自己的特色创新多种乡村振兴模式，如宁都县“七统一分”的模式，统一基地规划，统一建设大棚，统一配套设施，统一政策扶持，统一种植品种，统一技术指导，统一产品销售，实行分户生产经营管理，村级集体经济从“空壳村”发展到2020年底村集体经济经营性收入24.97万元。信丰县“支部+合作社+基地+农户”模式发挥党组织引领，合作社统领，能人党员带领作用，带动6个村597户群众种植蔬菜3500亩，年产值达1600万元，受益农户达3000人次。章贡区“资源入股”发展模式，村集体以土地、钢架大棚等资源入股，带动乡村旅游和菌菇种植业日渐兴旺。会昌县“乡村振兴试验区”模式着力引进池政阳等乡贤和其他客商参与其中，探索脱贫攻坚与乡村振兴的有机衔接，建设了杜鹃博览园、三角梅主题公园、花海影视基地等，带动区域内1300多户村民参与试验区建设，人均月增收2100元。大余县“丫山”模式大力发展乡村旅游，创新旅游扶贫模式，走出了一条“乡村旅游与精准扶贫”紧密结合、“绿色生态与经济发展”相得益彰的高质量乡村振兴发展之路。

三、赣南老区乡村振兴的经验启示

（一）始终坚持党的全面领导

市委、市政府始终注重党建引领，充分发挥党组织在乡村振兴中的战斗堡垒作用。

一是注重健全乡村振兴推进机制。坚决落实五级书记抓乡村振兴工作要求，实行市厅级领导联系县、县处级领导挂乡镇、乡科级领导包村工作责任制。围绕“五大振兴”目标任务和要素保障，设立由党委和政府相关负责同志领导的专项小组及相应工作专班，建立落实台账，压实工作责任。

二是注重农村基层党组织建设。推进农村基层党建标准化、规范化、信息化建设，持续整顿软弱、涣散村党组织。大力在优秀农村青年中发展党员，发挥基层党组织战斗堡垒作用和党员先锋模范作用。注重从本村致富能手、外出务工经商返乡人员、本地大学毕业生、退伍军人中的党员培养、选拔村党组织书记。打造一批有特色、有亮点的“红色名村”。对巩固脱贫攻坚成果和乡村振兴任务重的村，继续选派驻村第一书记和工作队。

三是注重督导考核。实行了县乡党政领导班子和领导干部推进乡村振兴战略实绩考核制度，将实施乡村振兴战略实绩和巩固、拓展脱贫攻坚成果、成效作为政绩考核的重要内容。对县乡两级党委和政府主要负责同志履行实施乡村振兴战略工作第一责任人职责情况开展督查考核。建立、健全客观反映乡村振兴发展实绩的统计体系，对乡村振兴战略规划实施情况和农业、农村现代化建设情况进行评估、评价，为乡村振兴有关工作的推进提供良好的保障。

（二）坚持以人民为中心

赣州市把坚持以人民为中心的发展思想作为实施乡村振兴的根本价值取向，始终坚持乡村振兴与富民并重、产业建设与农民增收双赢的发展思路，一切从农民利益出发，牢固树立以民为本、农户为主的发展理念，咬定富民目标不放松。

一是注重改善农民人居环境。通过常态化推进村庄清洁行动有序推进农村生活垃圾分类、减量和资源化利用；连线成片推进村庄（庭院）整治建设，健全村庄环境管护动态监督机制；推进乡村交通物流、水利、电网、通信网络、消防等基础设施提质、提标；提高城乡教育、医疗、养老、就业等公共服务均等化水平；加强农村生态环境保护，开展农业面源污染防治等，为村民提供了美丽、宜居的生活环境。

二是注重提升农民生产条件。通过大力推进高标准农田建设，探索科学、合理、高效的农田建设管护新机制；扎实推进农田水利基础设施建设，加快推进农业机械化，强化农业科技支撑体系建设，实施农业重大科技攻关专项行动，加强农业技术合作，推进农业科技协同创新等，极大改善了农村产业发展条件，提高了农业生产效率。

（三）聚焦特色产业

赣州市立足乡村实际，依托当地资源禀赋大力发展优势特色产业，成为加快乡村振兴的有效途径。

一是做强、做优脐橙产业。充分发挥赣南脐橙果品品质世界一流、品牌价值全国榜首、科研技术国内领先等既有优势，推进赣南脐橙种植业发展为集种植生产、仓储物流、精深加工于一体的产业集群，带动苗木、生产、养殖、农资、分级、包装、加工、贮藏、运输、销售，以及机械制造、休闲旅游等全产业链发展。脐橙成为赣州名副其实的农业"当家树"、农村"致富树"和农民"摇钱树"，也是带动赣南乡村振兴、农民致富的第一产业。

二是持续做大、做强油茶、生猪养殖等产业。通过优化生猪产业规划布局，推动生猪养殖规模化、标准化和生态化发展；提升油茶产业质量和效益，大幅增加种植面积，将赣州打造为全国重要的油茶种植区、全国油茶产业发展示范市；同时打造"山水硒地，生态赣州"名片，持续推进富硒农产品开发和品牌培育，打造全域创建绿色有机农产品基地；油茶、生猪养殖等产业成为带动乡村振兴的重要特色。

三是鼓励县（市、区）因地制宜发展1—2个特色产业，推动茶叶、白莲、中药材、特色水果、花卉苗木、畜禽、禽蛋、特色水产等特色产业规模化、标准化发展。这些特色产业的稳固发展成为乡村振兴、富民增收的内生动力。

（四）坚持以人民为中心

一是咬定富民目标。赣州市始终坚持乡村振兴与富民并重，产业建设与农民增收双赢的发展思路，一切从农民利益出发，牢固树立以民为本、农户为主的发展理念，咬定富民目标不放松。

二是提升农民人居环境。赣州市出台了《赣州市农村人居环境整治三年行动实施方案》，常态化推进村庄清洁行动，加快推进乡村交通物流、水利、电网、通信网络、消防等基础设施提质、提标；提高城乡教育、医疗、养老、就业等公共服务均等化水平；加强农村生态环境保护，开展农业面源污染防治，深入实施河（湖）长制，打造林长制升级版等，显著改善了农民生活环境。

三是改善农业生产条件。赣州市通过统筹整合资金大力推进高标准农田建设，扎实推进农田水利基础设施建设，加快推进农业机械化，强化农业科技支撑体系建设，实施农业重大科技攻关专项行动，组建国家脐橙工程技术研究中心、国家油茶产品质量监督检验中心（江西）、市蔬菜产业“两中心、一基地”，以及建立脐橙、蔬菜院士服务站等，大幅度提升了农业生产条件。

四是加强农民职业技能培训。赣州市围绕现代农业发展，组织脐橙、蔬菜、渔业、家禽养殖、休闲农业等培训班，引导农民通过云上智农、直播间、中国农技 App 等进行线上学习；同时，积极落实“百万高素质农民学历提升行动计划”，组织大批农民参考，鼓励农民参加学历教育，凡取得国家承认大专以上学历的，给予奖励。

（五）坚持体制机制创新

乡村振兴离不开体制机制创新，制度创新是乡村振兴的根本保障。赣州在乡村振兴过程中聚焦乡村振兴的关键要素，积极探索人才、土地、金融等政策改革创新。

一是创新财政投入保障机制。健全了与全面推进乡村振兴任务相适应的财政投入稳定增长机制，完善了涉农资金统筹整合长效机制，落实了关于调整、完善土地出让收入使用范围优先支持乡村振兴的政策要求。此外，有序扩大乡村振兴专项债券投入规模，为乡村振兴工作提供了财力保障。

二是创新金融扶持机制。赣州市在继承“产业扶贫信贷通”“财政惠农信贷通”优点的基础上，升级打造“农业产业振兴信贷通”，并扩宽了贷款受惠覆盖面，降低了贷款融资成本，为乡村产业兴旺注入活水，有效接续了乡村振兴金融需求。

三是创新人才服务机制。建立人才补贴机制，通过增加津贴、提供无息贷款等方式为乡村人才干事、创业、提升能力提供坚强的保障。提供住房养老实惠。各县（市、区）结合实际为乡村人才提供优质的居住和生活环境，如实施乡镇干部夫妻跨县分居“团圆机制”，进一步释放了关心、关爱基层干部的政策红利，切实解决了乡镇干部的实际困难。

四是创新农村土地制度。通过加快推进农村承包地“三权分置”改革，推进农村承包地经营权“地押云贷”试点；深化农村宅基地管理制度改革，落实乡镇政府日常监管职责，探索设立村级宅基地协管员；稳慎推进大余县农村宅基地制度改革全国试点；加快并规范开展房地一体宅基地日常登记颁证工作；落实土地征收公共利益用地认定机制，缩小征收范围；探索开展集体经营性建设用地入市，规范开展城乡建设用地增减挂钩；根据乡村休闲观光等产业分散布局实际，探索灵活多样的供地新方式等，为乡村振兴的推进夯实了土地要素保障。

（六）注重有效衔接

一是全力巩固、拓展脱贫攻坚成果。通过健全防止返贫致贫动态监测和帮扶机制，坚决守住不发生规模性返贫底线；同时，对有劳动能力的和丧失劳动能力且无法通过产业就业获得稳定收入的实行分层、分类帮扶，强化易地搬迁后续扶持，加大产业就业帮扶力度，提升完善安置区配套设施和公共服务，加强社区管理服务等，进一步巩固了脱贫攻坚成果。

二是接续推进脱贫地区乡村振兴。赣州市在巩固、拓展产业帮扶和联结带动，拓展消费帮扶，实施职业技能提升行动，用好公益性岗位政策，鼓励返乡创业能人、企业到乡村设立就业帮扶车间，加强脱贫地区基础设施建设，完善公共服务保障机制等基础上，积极争取脱贫县列入乡村振兴重点帮扶县，选取部分村作为全市乡村振兴重点帮扶村，从而加快推进脱贫地区乡村振兴。

参考文献

[1] 民族村寨旅游引导乡村振兴的路径研究［J］. 西北民族大学学报（哲学社会科学版），2021（4）.

[2] 脱贫攻坚与乡村振兴战略的有效衔接——来自贵州省的调研［J］. 中国人口科学，2021（2）.

[3] 徐亚东，张应良. 脱贫攻坚与乡村振兴有效衔接的制度供给研究：以重庆S乡农村“三变”改革为例［J］. 农林经济管理学报，2021（4）.

[4] 巩固、拓展脱贫攻坚成果，加快落后地区乡村振兴［J］. 西北师大学报（社会科学版），2021（4）.

[5] 吴永明，等. 习习春风暖人心——赣南苏区振兴发展调研报告苏区研究

[J]. 2019 (5).
[6] 萧子扬. 革命老区何以实现乡村振兴的“优势治理”——以赣南苏区为考中心 [J]. 地方治理研究, 2020 (4).
[7] 严九发. 探析革命老区实现乡村振兴的红色道理——以赣南为例 [J]. 山东农业工程学院学报, 2020 (11).
[8] 赣州市发改委. 赣州市乡村振兴取得的成效及存在的问题. 2021 (4).
[9] 赣州市农业农村局. 赣州市乡村振兴典型案例和先进经验. 2021 (4).

作者简介：麻智辉，江西省社会科学院经济所所长、研究员；刘晓东，江西省社会科学院经济所副研究员；卢小祁，江西省社会科学院经济所副研究员。

新疆乡村产业振兴的成就、问题及其思考

宋建华

摘　要：基于乡村振兴视角分析新疆乡村产业振兴取得的新成效，剖析存在的困难和问题，多维度地提出以特色优势构建现代农业产业体系，科学优化乡村产业空间结构；构建新型经营体系，以产业融合增强乡村产业发展聚合力；构建新型农业供给体系，以增量导向转向提质导向推动供给侧结构性改革的乡村产业振兴路径，最后提出了新疆乡村产业振兴的对策和建议。

关键词：新疆乡村；产业振兴；路径对策

产业振兴是新疆乡村振兴的物质基础和关键抓手。新疆维吾尔自治区党委政府高度重视农村产业的发展，坚持推进稳粮、优棉、兴畜、强果、促特色，把农业供给侧结构性改革作为乡村产业振兴主线，深入实施乡村振兴战略，从政策支持、资金支持到组织管理制定了一系列行之有效的政策和措施，新疆乡村产业振兴各项工作稳步推进，成效明显。

一、新疆乡村产业振兴取得新成效

新疆以实施乡村振兴战略为总抓手，统筹疫情防控和“三农”发展，加快推进农业、农村现代化，为决胜全面建设小康社会、决战脱贫攻坚提供有力支撑。围绕加强农业、农村基础设施和防灾、减灾能力建设，扩大农业、农村有效投资，加快实施高标准农田、农产品仓储保鲜冷链物流设施，重点水利工程等重大工程项目，加快现代农业建设，推进农业高质量发展，实施重要农产品保障战略和农业支持、保护制度。启动了南疆蔬菜产业发展三年行动、自治区农区畜牧业振兴三年行动。农业、农村蓬勃发展，乡村产业振兴取得新成效，

为推进乡村振兴筑牢了基础。

（一）一产提质、增效步伐加快

1. 粮食生产成效明显，安全保障有力提升

新疆全面落实“藏粮于地，藏粮于技”战略，重点推广高产、高质、高效的良种、良法配套，水肥一体化等生产技术模式，不断优化品种结构，粮食生产良种覆盖率达99%以上，大力推进优质小麦生产基地建设，优质小麦价值逐渐得到市场认可，在农业提质增效中发挥引领作用，有力地支撑了全新疆粮食安全，粮食生产实现连续17年保持丰收，人均粮食占有量614公斤，远高于全国470公斤的平均水平，实现了“区内平衡，略有结余”的粮食安全战略目标，粮食产量和粮食生产综合效益得到稳步提升，确保了新疆的粮食安全。

2. 新疆棉花产业在全国的优势地位不断巩固

国家始终高度重视并大力支持新疆棉花产业发展，棉花种植面积和产量长年稳居全国首位，占全国比例超过80%，优质棉地位持续巩固。从2014年开始启动新疆棉花目标价格补贴试点以来，新疆积极引导棉花种植继续向优势产区集中，逐步调减次棉区和风险棉区的棉花品种数量，加快推广棉花节水、节肥、节种，规模化经营，全程机械化生产，棉花生产规模化、集约化水平显著提升。新疆棉花已形成了从生产、纺织到服装加工的完整产业链，棉花产业集聚效应增强，“全国棉花看新疆”的发展格局全面形成，新疆棉花产业在全国的优势地位不断得到巩固。

3. 畜牧业发展质量和效益双提升

新疆启动农区畜牧业振兴行动，利用北疆草饲丰富的优势，结合南疆资源承载情况，优化畜禽品种区域布局，做大畜禽生产基地，升级畜牧业生产结构，推动传统畜牧业向现代畜牧业转型，立足高端市场需求，逐步走出一条提质、增量的绿色可持续发展之路。特别是南疆四地因地制宜地发展特色养殖兔、鹅、驴、鸽等产业，畜牧业在脱贫攻坚、带动农民收入增长方面发挥了重要作用。

4. 林果业和特色产业提质、增效深入推进

新疆林果种植约占全国林果面积的13%，林果业进入规模化、产业化的发展阶段，林果产业链不断延伸，产业竞争优势进一步凸显，病虫害防治和标准

化基地建设的林果科技服务全面开展，新疆农民在林果产业的扩张中不断受益。以加工番茄、辣椒、中药材、红花、枸杞等为主的区域特色农业规模不断扩大，成为新的产业亮点，破解农产品同质竞争，有力带动贫困地区农村经济发展，成为促进农民增收的一大产业。

（二）产业融合发展带动更加有力

1. 农村第一、第二、第三产业融合发展加快

新疆已有一批发展基础优、带动能力强、产业前景好的龙头企业及专业合作社。自治区级以上农业产业化重点龙头企业已达500家，其中国家级41家、自治区级459家，农业产业化经营组织达1.35万个，通过"公司（企业）+集体经济组织（社区股份经济合作社）+合作社+农户"等多种模式发展订单农业，探索二次利润返还、"保底收益+按股分红"等多种新型农业经营主体与农户的利益联结方式，让农民分享产业增值收益，加快了第一、第二、第三产业融合发展。

2. 以农产品加工为重点，提升农业产业化经营水平

新疆农产品加工企业已有1.25万家，农产品加工业产值达1762.8亿元。以市场需求为导向，依托粮食生产优势，推动主食加工业发展水平实现新提高，已培育形成了一批规模大、水平高、带动能力强的主食加工知名企业和示范企业。企业产品种类不断丰富，农产品市场开拓成效显著。加快推进新疆内外特色农产品"两张网"建设和"百城千店"工程建设，有效实施林果产品托市收购政策，产销衔接扎实推进。

3. 鼓励支持发展乡村产业新模式、新业态

新疆依托乡村资源，发掘新功能、新价值，乡村旅游、农村电商等蓬勃发展，"一村一品"加快发展。立足资源禀赋，发掘"人无我有，人有我优，人优我特"资源，新疆"一村一品"全国示范村镇创建总数已超100个（含兵团），对打好乡土"特色牌"，促进农民就业增收和构建乡村产业微型经济圈发挥重要作用。新疆乡村旅游的和休闲农业蓬勃发展，已有全国乡村旅游重点村33个、自治区乡村旅游重点村70个，还有一大批全国休闲农业和乡村旅游示范县、全国休闲农业和乡村旅游示范点，以及农（牧）家乐8000多家。2020年，全新疆有160个村申报创建自治区乡村旅游重点村，带动就业24333人，预计年接待游客1822万人次，预计带动旅游消费7亿多元。特色旅游民宿产业呈现出“量质双升”的态势。农村电商快速发展，覆盖县、乡、村三级的农村物流网络体系不断健全、完善，有力促进了农产品进城、工业品下乡。2019年，新疆共有47个县市获批国家级电子商务进农村综合示范县，新疆农产品网络零售额实现89.98亿元，同比增长25.12%。

（三）产业活力动力愈加强劲

1. 实施新型经营主体培育工程，新型农业经营主体大量涌现

新疆注册登记的家庭农场、农民合作社等新型农业经营主体超过2.8万家；农民合作社10年来年均增加2000余家，平均每个村就有两至三家。馕、蔬菜、农机、电商合作社数量迅速增加，种类不断丰富，新疆各地脱贫攻坚标配的农民合作社遍布新疆南北，成为各族群众抱团取暖、脱贫致富的法宝。

2. 全面开展农村集体产权制度改革，要素供给明显优化

新疆进一步巩固、完善农村基本经营制度，完成国家下达的农村土地确权工作，涉及土地面积约3562万亩，180.61万农户获颁农村土地承包经营权证，农村土地确权登记颁证率达94.07%，为承包地流转提供了条件。

（四）协调互促格局加快形成

1. 强产业，稳脱贫扎实推进

产业带动就业，实现一人就业全家脱贫。截至2020年11月，随着中国脱贫攻坚的收官，新疆现行标准下306.8万农村贫困人口全部脱贫。南疆四地州多措并举产业增收模式，强化产业引领带动，实现了贫困群众稳定脱贫、持续增收。特别是大力推进南疆四地州农产品加工、服装纺织、电子产品组装等劳动密集型产业发展，带动更多的贫困劳动力实现在家门口就业。以国有企业为龙头组织农产品收购，建立托市收购基金，实行南疆特色果品保护价收购政策。实施“百城千店工程”，开展“三区三州”贫困地区农产品产销对接专场活动和“电商扶贫天山行”活动，提高了贫困户生产组织化、标准化、集约化程度。

2. 乡村宜居宜业深入推进

以“千万工程”为引领，全新疆9100余个行政村围绕“厕所革命”、垃圾

治理等重点工作持续推进农村人居环境整治。在村容、村貌得到改善和提升的同时，显著改善了农民的生产、生活条件。2020 年新疆农村卫生厕所已覆盖 242.66 万户，普及率 84.95%，农村非正规垃圾堆放点全部完成整治，生活垃圾得到有效处理率达 87.15%，生活污水有效治理率达 27.98%。农村生产、生态、生活融合发展，为新疆乡村全面振兴创造了良好条件。

二、新疆乡村产业振兴存在的困难和问题

（一）产业发展质量、效益不高

从新疆农村经济结构看，一产比重偏高，一产中种植业比重偏高，乡村产业发展存在经营规模小、结构趋同、竞争力不强等问题。从农产品供给看，普通农产品占绝大多数，优势农产品供给不足，品种少，规模小，无法满足人民群众对优质、绿色农产品的需求。

（二）产业要素活力不足

一是各类要素向乡村流动不畅。农村"三权分置"集体经营性建设用地入市改革还处于试点阶段，农村资源变资产的渠道尚未打通。二是农村金融服务机制不健全。金融产品单一，金融贷款程序烦琐、门槛较高、额度少、还贷周期短，金融资本和社会资本进入乡村产业的渠道不畅。三是农民组织化程度不高，农村社会化服务薄弱。四是新疆各地乡村产业普遍面临人才缺乏难题，特别是南疆地区尤为突出。

（三）产业融合链条短，农业功能开发不足

一是农产品生产与加工连接不紧密，加工转化率相对于内地其他省市明显偏低，林果业表现尤为突出，多以"原字号"直接进入市场，附加值低。二是农产品生产、加工前后延伸不畅通，表现在距离内陆消费市场远，运费高，冷链物流体系不健全，导致新疆特色农产品销往内陆省市成本高，折损严重。加之新疆大型农产品加工企业不多，主要林果产品多采用中间商上门收购模式，农产品电商销售等渠道不全面，走出新疆困难重重。三是农业多功能开发不

足，乡村旅游、休闲观光、数字农业、智慧农业等新业态规模小，农旅融合产业雷同现象较为突出，发展亮点不多。四是龙头企业规模较小，绝大多数农业产业化企业在产品研发上投入不足，加工增值能力不强，产业融合引领带动作用有限。

（四）农业科技支撑能力不强

一是基层农技人员缺乏，能力不高。新疆地州县市普遍存在农技推广人员专岗不专职或一岗多职的现象，基层农技人员整体能力不强，专业知识老化，储备不足，与市场需求有较大差距。二是推动农业科技服务市场化手段缺乏，激励机制不够完善，主要依靠行政推动，科技人员下乡开展服务动力不足。从队伍体系看，既有高、精、尖专家缺乏、人心不稳的问题，更有基层农业服务力量不足的问题，科技推广的“最后一公里”依然十分薄弱。

（五）农业产品品牌化效应不明显

新疆的很多优质特色农产品品牌在市场上有很高的知名度，如库尔勒香梨、阿克苏苹果、和田御枣等都享誉国内外，但从总体看，市场上真正形成有影响力的、能够创造巨大价值的新疆农产品品牌并不多见。新疆农产品品牌建设正处于起步阶段，品牌化效应不明显，农业品牌多、乱、杂，有些地理标志产品缺乏整体规划、创建提升和品牌宣传，品牌建设投入不足。

三、新疆乡村产业振兴的思考

（一）新疆乡村产业振兴的路径

当今世界正面临百年未有之大变局。从新疆的情况来看，当前和今后一个时期，发展机遇和风险挑战并存，对新疆未来农村产业的发展必将产生深刻影响。新疆乡村产业振兴要突出“立农、姓农、兴农”的发展核心，围绕“特色优势，产业融合，提质增效”的发展方向，加快构建现代农业产业、生产、经营体系，为新疆乡村全面振兴提供新动能和物质基础。

1. 以特色优势构建现代农业产业体系，科学优化乡村产业空间结构

习近平总书记在第三次中央新疆工作座谈会上强调指出：“培育、壮大新疆特色优势产业，带动当地群众增收致富。”自治区党委也明确提出：“培育、壮大新疆特色优势产业，带动各族群众增收致富。”新疆乡村产业振兴应当把优化农业区域布局、加快农业结构调整作为重要抓手。“按照稳粮、优棉、兴畜、强果、促特色”的思路，通过加快培育优势产区，优化农业生产力布局，充分发挥各地资源和区位优势，做大、做强各具特色的主导产业和优势农业，对提高我区农业综合效益和发展质量具有重要作用。

2. 构建新型经营体系，以产业融合增强乡村产业发展聚合力

乡村产业振兴不仅要农业兴，更要百业旺。发展乡村产业，重点是建设“三链”：延伸产业链，大力发展农产品加工业；贯通供应链，完善农产品流通设施；提升价值链，发展新产业、新业态。要发展多元化的种植，推进种植业结构向“粮、经、草”三元结构和粮、油、牧、饲等多元结构转变，发展农副产品精深加工，积极促进农业多功能开发，大力发展乡村旅游和休闲农业，通过全产业链、价值链谋求乡村产业效益提升，让新疆农民分享到更多的现代农业全产业链增值收益。

3. 构建新型农业供给体系，以增量导向转向提质导向推动供给侧结构性改革

新疆乡村产业振兴必须以坚持高质量发展作为根本要求，走提质、增效的道路，来解决农业供需结构失衡的问题。一方面，要推进农业供给侧结构性改革，不断提高产出效率，提高供给质量和竞争力，实现高质量发展。另一方面，要以产品质量为核心打造农产品品牌，树立“新疆特色”农产品优质形象，提升产品的美誉度和附加值，满足高端、多元的市场需求。以“走绿色路，吃生态饭”为前提，加强农产品质量安全监管，推进农业朝着绿色、高效方向发展。

（二）新疆乡村产业振兴的对策建议

1. 深化农业供给侧结构性改革，推进稳粮、优棉、兴畜、强果、足特色

新疆生态类型多样，水土、光热资源丰富，南北部有一大批区域特色鲜明、品种独特的农产品，是新疆乡村产业振兴得天独厚的基础条件。新疆农业供给侧结构性改革就是要实现“一产上水平”，按照稳粮、优棉、兴畜、强果、促特色的发展思路加快推进农业布局优化，推进农业提质、增效，提高农产品供给质量，带动农民持续增收。

在“稳粮”方面：稳定粮食产量和粮食保障水平，优化产业布局和品种结构，加快建设粮食生产功能区，提升主食工业化水平。确保粮食“疆内平衡，略有结余”的安全战略，逐步调整新疆南北粮食种植方式和发展重点。新疆北部地区重点发展绿色、优质、多元、有机专用小麦发展示范区。新疆南部地区要立足产销平衡，提高小麦品质，推进粮改饲，突出畜牧业的草饲保障。

在“优棉”方面：棉花布局发展向高产优势棉区集中，优化棉花品种数量、品质和性价比，扎实推进优质商品棉生产基地建设，实现棉花产业壮大。一要优化区域布局，推动棉花向优质棉生产县集中。建立优质优价、机制，提升新疆棉花产业竞争力。二要严控棉花品种数量，落实相同生态区域“一主两辅”用种模式开展棉花种植。三要进行全产业链布局，鼓励支持创建“棉花产业联盟”，整合形成“棉纺企业+原棉合作社+区域性生产合作社+农户”的完整产业链，提升棉花全产业链的协调联动能力。

在“兴畜”方面：实施农区畜牧业振兴行动，把培育、打造畜牧龙头企业，发展奶业，肉类加工作为主攻方向，坚持差异化的发展思路，打造新疆绿色有机畜产品品牌。在新疆北部农区建设现代规模化畜牧业示范区和一批强势领军涉牧龙头企业，突出发展奶牛规模化养殖，振兴新疆乳业。新疆南部农区突出发展以禽类、骆驼、驴等特色养殖。

在“强果”方面：坚持绿色、特色、优质、品牌化发展方向，推进林果向产业化和精深加工发展，持续推进林果业提质、增效。一要构建林果优势区。优化林果区域布局，推动林果生产向优势区域集中，重点发展特色林果优势区“一区三带”建设。二要狠抓林果业标准化生产，做好疆内收购、疆外销售“两张网”，加速林果产业化发展。强化产销衔接，加强冷链物流建设，积极发展果品连锁经营、电子商务、农超对接等流通新业态，强化品牌建设，提升果品流通效率，积极拓展中欧班列的林果快车，为新疆农产品打开国外市场。

在“促特色”方面：发挥独特区域优势，支持农产品地理标志和生态原产地保护基地建设，大力发展绿色生态农业。立足资源禀赋，强调特色，更突出优势，向特色要效益，向特色要竞争力。一要扩大特色粮经作物种植。在优势产区发展特色杂粮、杂豆及薯类作物，在特色油料主产区建设红花、胡麻等生产基地，在中草药主产区建设肉苁蓉、甘草等。二是做优、做强特色园艺产品。创建西甜瓜、葡萄、加工番茄、工业辣椒等优势产区，支持品牌及产业链做大做强，提高产业集中度，培育知名品牌，形成错位竞争。三要发展设施农业。重点支持环塔里木盆地区发展庭院经济、拱棚、深冬暖棚，扩大蔬菜种植面积，抓好新疆南部设施蔬菜产业发展，结合菜篮子工程，逐步提升对全新疆蔬菜的市场供给率。

2. 以产业融合增强乡村产业发展聚合力，打通联农、带农的多业态产业

促进新疆农业内部产业融合。一是大力发展高标准粮田、棉田，促进优势产区规模化、集约化发展，提升种植效益，推动粮棉生产退出低产、低效区，让出土地，适度扩大饲草料种植。二是推进粮食、特色林果与畜禽养殖业的融合发展，鼓励种养饲加循环产业发展模式。

大力发展农产品加工业向精深加工转型、升级。强化农产品深加工产业招商引资，鼓励引进对口援疆省市的龙头企业，开展特色优势农产品的全产业链发展模式。依托新疆优势小麦，引进、培育一批主食加工企业，鼓励开展以传统食品馕为重点的主食加工生产和供应。

开发农业多种功能。依托具有历史、地域、民俗、文化等鲜明特色的乡（镇）村，探索龙头企业带动，景区、农区联动，特色项目消费拉动等农旅融合新路径，依托当地特色文化、民俗风情等，大力发展观光农业、生态旅游、研学旅游等，深度打造宜居、宜游、宜商、宜业的特色小城镇。

以农村、农业新型经营主体为依托推进当地产业融合发展。支持各种形式的农业经营主体拓宽经营范围，支持小麦生产企业、林果生产企业向上下产业链领域延伸、拓展，逐步形成带动能力强的综合服务型农业生产经营主体。

建立紧密的利益联结机制。鼓励龙头企业和农户签订保价收购合同，并按协议对农户进行利润返还。鼓励龙头企业为订单内农民提供信贷担保并申请贷款。引导农户以土地等资产以入股方式实现与企业的利益联结；着重推广“保底收益+按股分红”的利润分配方式，维护农民利益。

3. 以质量兴农、绿色兴农增强乡村产业持续增长力，推动绿水青山转化为金山银山

提升乡村绿色发展水平，把生态优势转化为经济效益。开展有机肥、绿肥替代化肥，开展扩大轮作休耕试点，合理利用、提高土地肥力，重视农产品质量安全，建立、健全监管追溯体系，实施好农产品质量安全保障工程。

实施农业品牌战略。重点在“特、新、绿、优、强”等方面将新疆资源特色优势转化为区域品牌的比较优势，创响“原、土、乡”字号农产品，树立“新疆特色优质”形象。以区内外、周边国家三大市场为重点，加快构建交易规范、功能完善、衔接、互动的农产品批发市场，争取将具有市场竞争力的新疆初加工的特色产品纳入绿色通道的政策范围。

4. 以创新创业增强乡村产业发展新动能，带动实现农业提质、增效的突破

强化农业科技创新引领。探索运用市场手段、经济手段，健全、完善鞭策与激励机制，引导各级农业科技人员积极到生产一线开展技术攻关和技术服务。加强科技人才队伍建设，对吸引高层次科技人才，要“不求所有，但求所用”，对基层农技队伍，要落实经费保障机制，及时补充地州、县、乡农技人员空缺，确保基层农技服务正常开展。

壮大创新创业群体。促进就业是乡村产业发展的动力，引导农民多渠道转移就业创业。强化农民转移就业技能培训，有序引导农民在新疆跨地区转移就业、到援疆省市就业、转移兵团就业、在县域就业、到“卫星工厂”就业、开办小微企业创业。引导并支持返乡人员到县城和中心镇就业、创业。鼓励发展农村电商，推进“互联网+农业”，更好地带动农民就业增收。

5. 以健全、完善政策、措施，优化乡村产业发展环境

要完善乡村投入保障体系。一要坚持公共财政向“三农”倾斜，将土地增值收益更多用于“三农”，用于脱贫攻坚和乡村振兴，引导县域金融机构将吸收的存款主要用于当地，重点用于支持农产品提质、增效，新业态的培育，新型经营主体的扶持等。二要创新农业、农村投融资机制，坚持财政优先保障、金融重点倾斜、社会积极参与，引导社会资本投向农业、农村，解决农业经营融资难题。

要加快农村金融发展。要围绕创新、完善担保体制，鼓励推进农村土地承包经营权、农民房屋财产权“两权”抵押贷款试点，积极开创以承包土地收益权、农业机械设备、运输工具等为标的的新型抵押担保方式，建立农业风险补偿担保基金，积极探索开展农村互联网金融业务，加快健全政策性担保体系，加大政策扶持力度，完善政银担合作机制。

要深化农村产权制度改革，按照中央要求，牢牢守住土地公有制性质不改变、耕地红线不突破、农民利益不受损这三条底线，稳步推进第二轮土地承包到期后延包的政策衔接，稳步推进农村承包地“三权分置”，探索农村集体经营性资产股份量化，赋予农民更加充分的财产权利。

要完善乡村人才支撑体系。乡村振兴、产业振兴，根本靠人。要围绕吸引人才、留住人才、用好人才，促进各路人才“上山下乡”投身乡村振兴。要依托农民夜校、农村职业技术学校，大力培养、造就一支爱农业、懂技术、善经营的新型职业农民队伍。要注重孵化乡村本土人才，实施农村实用人才带头人培训计划和“一户一个明白人”培训工程。要加大招录内地高校毕业生、退伍士兵加强基层工作力度，鼓励普通高校和职业院校原籍毕业生、外出农民工及经商人员返乡创业、兴业，努力集聚乡村振兴各方面人才。

作者简介：宋建华，新疆社会科学院经济所所长、研究员。

中国共产党共同富裕思想与江苏的反贫困实践

徐志明　张　良

摘　要：中国共产党共同富裕思想是在汲取中国传统文化精华和马克思主义基本原理精髓的基础上，经毛泽东、邓小平、江泽民、胡锦涛、习近平等党的主要领导人实践、总结逐步形成的。邓小平作为党的第二代领导集体的核心和改革开放的总设计师，对共同富裕思想的核心要义、本质特征和实现路径进行了卓有成效的探索；习近平对共同富裕思想进行了新的发展。习近平强调以消灭绝对贫困为底线标准，着重关注社会的贫困群体，坚持精准扶贫与乡村振兴战略，这些思想都丰富并发展了中国共产党的共同富裕思想。江苏作为沿海发达地区，充分发挥社会主义制度集中力量办大事的优势，连续有计划、有组织地实施了多轮大规模扶贫开发行动，聚焦经济薄弱地区加快发展和低收入农户脱贫增收，脱贫攻坚奔小康工程取得了决定性胜利，在共同富裕的道路上创造了江苏经验。进入新时代，江苏将在脱贫攻坚取得决定性胜利的基础上全面推进乡村振兴，进一步推动工农城乡协调发展，缩小区域发展差距，实现共同富裕。

关键词：共同富裕思想；反贫困；中国共产党

为人民群众谋利益，是中国共产党的根本宗旨和奋斗目标。经过中华人民共和国成立以来70余年的实践与探索，共同富裕思想不断丰富，共同富裕实现路径越来越清晰。只要充分发挥社会主义制度的优越性，让全体人民更多、更公平地享受改革发展的成果，共同富裕的目标就一定能够实现。

一、中国共产党共同富裕思想的精神实质与实现路径

共同富裕是社会主义的本质要求，是中国特色社会主义的基本特征。中国共产党的共同富裕思想是在汲取中国传统文化精华和马克思主义基本原理精髓的基础上逐步形成的。

（一）共同富裕思想的精神实质

1953年12月，中共中央在《关于发展农业生产合作社的决议》中就提出了"共同富裕"这一概念。1955年，毛泽东指出："在逐步地实现社会主义工业化和实现对于手工业、对于资本主义工商业的社会主义改造的同时，逐步地实现对于整个农业的社会主义改造，即实现合作化，在农村中消灭富农经济制度和个体经济制度，使全体农村人民共同富裕起来。"①

邓小平强调，共同富裕是社会主义的本质要求。在1984年11月9日会见意大利外宾时，邓小平第一次正式提出"共同富裕"的思想，他指出："我们党已经决定国家和先进地区共同帮助落后地区。在社会主义制度下，可以让一部分地区先富裕起来，然后带动其他地区共同富裕。"② 在1985年3月的全国科技工作会议上，邓小平强调："社会主义的目的就是要全国人民共同富裕，不是两极分化。"③ 在1985年9月的中国共产党全国代表会议上，邓小平说："在改革中，我们始终坚持两条根本原则，一是以社会主义公有制经济为主体，一是共同富裕。"④ 1990年12月，邓小平提出社会主义最大的优越性就是共同富裕，这是体现社会主义本质的一个东西。邓小平在1992年初的南方重要谈话中提出了完整的社会主义本质的论断："社会主义的本质，是解放生产力，发展生产力，消灭剥削，消除两极分化，最终达到共同富裕。"⑤ 邓小平揭示了共同富裕是社会主义的本质要求，准确把握了科学社会主义共同富裕思想的精神实质，开创了马克思主义共同富裕思想的新境界。

---

① 毛泽东．毛泽东文集（第6卷）［M］．北京：人民出版社，1999：437.
② 《邓小平思想年谱（1975—1997）》，北京：中央文献出版社，1998：303.
③ 邓小平．邓小平文选（第3卷）［M］．人民出版社，1993：110-111.
④ 邓小平．邓小平文选（第3卷）［M］．北京：人民出版社，1993：142.
⑤ 邓小平．邓小平文选（第3卷）［M］．北京：人民出版社，1993：373.

习近平反复强调，共同富裕是我们党的重要使命和奋斗目标，事关人民群众的根本利益和人心向背。“人民对美好生活的向往，就是我们的奋斗目标”①，“消除贫困、改善民生、逐步实现共同富裕，是社会主义的本质要求，是我们党的重要使命”②，“必须把促进全体人民共同富裕摆在更加重要的位置”。③

（二）共同富裕思想的核心要义

邓小平对共同富裕思想的核心要义进行了精辟的论述。邓小平突破了传统共同富裕思想只强调物质的片面性，赋予了“共同富裕”概念物质和精神富裕统一的丰富内涵。第一，共同富裕既是物质上的共富、也是精神上的共富。1979年10月，邓小平在中国文学艺术工作者第四次代表大会上致祝词时指出：“我们要在建设高度物质文明的同时，提高全民族的科学文化水平，发展高尚的丰富多彩的文化生活，建设高度的社会主义精神文明。”④ 第二，共同富裕需要勤劳致富，合法致富。1983年1月，邓小平在同国家计委等单位负责人的谈话中提道：“农村、城市都要允许一部分人先富起来，勤劳致富是正当的。”⑤ 第三，共同富裕不是同步富裕或是平均主义。邓小平在1986年3月会见新西兰总理朗伊时指出：“我们坚持走社会主义道路，根本目标就是实现共同富裕，然而平均发展是不可能的。过去搞平均主义，吃‘大锅饭’，实际上是共同落后，共同贫穷，我们是吃过这个亏，改革首先要打破平均主义，打破‘大锅饭’，现在看来这个路子是对的。”⑥

以江泽民同志为核心的党的第三代中央领导集体对社会主义市场经济条件下实现共同富裕进行了大胆的探索。党的十四届五中全会报告指出：“要以邓小平同志关于让一部分地区、一部分人先富起来，逐步实现共同富裕的战略思想来统一全党的认识。实现共同富裕是社会主义的根本原则和本质特征，绝不能动摇。”江泽民在《正确处理社会主义现代化建设中的若干重大关系》中再

① 习近平关于社会主义社会建设论述摘编［M］. 北京：中央文献出版社，2017：4.

② 习近平关于全面建成小康社会论述摘编［M］. 北京：中央文献出版社，2016：155.

③ 中共中央关于制定国民经济和社会发展第十四个五年规划和二三五年远景目标的建议［N］. 人民日报，2020-11-04.

④ 邓小平. 邓小平文选（第3卷）［M］. 人民出版社，北京：1993：208.

⑤ 邓小平. 邓小平文选（第3卷）［M］. 人民出版社，北京：1993：23.

⑥ 邓小平. 邓小平文选（第3卷）［M］. 北京：人民出版社，1993：155.

次强调要以邓小平同志先富带动后富，逐步实现共同富裕的思想来统一全党的认识，避免造成收入差距增大以造成严重后果。

2003 年，以胡锦涛为核心的党中央提出了科学发展观，再一次丰富了“共同富裕”的内涵。科学发展观要求“要始终把实现好、维护好、发展好最广大人民的根本利益作为党和国家一切工作的出发点和落脚点，尊重人民主体地位，发挥人民首创精神，保障人民各项权益，走共同富裕道路，促进人的全面发展，做到发展为了人民、发展依靠人民、发展成果由人民共享”①。2006 年，党的十六届六中全会指出：“社会和谐是中国特色社会主义的本质属性。”而构建和谐社会的核心任务之一就是要“实现全面建设惠及十几亿人口的更高水平的小康社会的目标，努力形成全体人民各尽其能、各得其所又和谐相处的局面”。②

党的十八大以来，习近平对共同富裕思想的内涵和外延进行了新的拓展。在新发展观中提出了协调发展、共享发展的思想。强调推进社会的公平、正义，使发展成果由全体人民共享，不断满足人民对美好生活的需要。坚持“五位一体”总布局，推进经济、政治、文化、社会、生态全面发展，推进经济体制改革，转变经济发展方式，使我国经济向高效益、高质量发展。习近平指出：“人民群众的需要呈现多样化、多层次、多方面的特点，期盼有更好的教育，更稳定的工作，更满意的收入，更可靠的社会保障，更高水平的医疗卫生服务，更舒适的居住条件，更优美的环境，更丰富的精神、文化生活。”③

（三）共同富裕思想的实现路径

对于怎样才能实现共同富裕，邓小平结合中国实际进行了大胆探索。在实现前提上，邓小平强调，共同富裕必须是建立在社会生产力的解放与发展的基础之上，建立在消灭剥削、消灭两极分化的前提之上。在制度保障上，邓小平强调坚持走社会主义道路。1984 年 6 月，邓小平指出：“如果走资本主义道路，可以使中国百分之几的人富裕起来，但是绝对解决不了百分之九十几的人生活

① 十七大以来重要文献选编（上卷）[M]. 北京：中央文献出版社，2009：12+29.
② 十六大以来重要文献选编（下卷）[M]. 北京：中央文献出版社，2009：651.
③ 习近平关于社会主义社会建设论述摘编［M］. 北京：中央文献出版社，2017：20.

富裕的问题。而坚持社会主义，实行按劳分配原则，就不会产生贫富过大的差距。”① 在发展方式上，邓小平为实现共同富裕指明了路径：“一部分地区有条件先发展起来，一部分地区发展慢点，先发展起来的地区带动后发展的地区，最终达到共同富裕。”② 对于在实现共同富裕的过程中可能出现的两极分化的问题，邓小平在南方谈话中指出：“如果富的愈来愈富，穷的愈来愈穷，两极分化就会产生，而社会主义制度就应该而且能够避免两极分化。解决的办法之一，就是先富起来的地区多交点利税，支持贫困地区的发展。”③ 邓小平强调，在走向共同富裕的过程中，允许在社会主义制度范围内存在一定的贫富差距。在战略安排上，为了逐步实现共同富裕，他还提出了到 21 世纪中叶分“三步走”的战略部署，先后由解决温饱走向小康，再到达中等发达国家水平。

在社会主义建设实践过程中，党的第三代领导集体采取了一系列措施探索实现共同富裕的路径。江泽民在党的十四大报告中指出：“对少数民族地区，以及革命老根据地、边疆地区和贫困地区，国家要采取有效政策加以扶持，经济比较发达地区要采取多种形式帮助他们加快发展。”④ 1994 年通过了《“八七”扶贫攻坚计划》，加大对贫困人口的扶贫。2000 年 2 月，江泽民同志提出了“三个代表”重要思想，而共同富裕就是其中的核心内容之一。党的十六大报告在强调贯彻“三个代表”重要思想时指出：“制定和贯彻党的方针政策，基本着眼点是要代表最广大人民的根本利益，正确反映和兼顾不同方面群众的利益，使全体人民朝着共同富裕的方向稳步前进。”⑤ 党的十六大还提出了全面建设小康社会的目标，提出在 21 世纪头 20 年建设惠及十几亿人口的小康社会，明确提出了共同富裕的阶段性目标。

在推进共同富裕的过程中，以胡锦涛为核心的党中央进行了卓有成效的探索。在实施统筹区域发展的过程中，党中央大力推行实施西部大开发、振兴东北地区老工业基地、促进中部地区崛起、支持东部地区率先发展的政策。在实施统筹城乡发展的过程中，党的十六届五中全会提出了建设社会主义新农村的

① 邓小平. 邓小平文选（第 3 卷）[M]. 北京：人民出版社，1993：64.
② 邓小平. 邓小平文选（第 3 卷）[M]. 北京：人民出版社，1993：374.
③ 邓小平. 邓小平文选（第 3 卷）[M]. 北京：人民出版社，1993：374.
④ 江泽民. 江泽民文选（第 1 卷）[M]. 北京：人民出版社，2006：235.
⑤ 江泽民. 江泽民文选（第 3 卷）[M]. 北京：人民出版社，2006：543.

任务。胡锦涛在党的十七大上进一步提出“统筹城乡发展，推进社会主义新农村建设”① 一系列的支农、惠农政策，改善了农村生产生活环境，提高了农村人口的生活质量，推动了农村向共同富裕迈进。

习近平在新时代对共同富裕实现路径进行了新的探索。明确全面建成小康社会的关键在于“全面”，要重点关注贫困人口、落后地区的发展，“全面建成小康社会，一个不能少；共同富裕路上，一个不能掉队。”② 强调以消灭绝对贫困为底线标准，着重关注社会中的贫困群体，坚持精准扶贫与乡村振兴战略，发动社会力量，带动社会中后富群体的发展。在对口帮扶的过程中，如何更好地调动帮扶者和帮扶对象双方的积极性，在“输血”的同时更多地提升落后地区“造血”的能力，提高帮扶的效率与效果。“摆脱贫困首要并不是摆脱物质的贫困，而是摆脱意识和思路的贫困。扶贫必扶智，治贫先治愚。……脱贫致富不仅要注意富口袋，更要注意富脑袋。”③

二、改革开放以来的江苏反贫困实践

反贫困是缩小贫富差距、实现共同富裕的重要途径。出于区位条件和资源禀赋的差异，江苏在城乡之间、区域之间、群体之间仍然存在较大的发展差距。江苏充分发挥社会主义制度集中力量办大事的优势，不断推进反贫困事业取得新成效。

（一）江苏反贫困主要历程

自改革开放以来，江苏连续有计划、有组织地实施了多轮大规模扶贫开发行动，聚焦经济薄弱地区加快发展和低收入农户脱贫增收，为加快全省特别是苏北地区高水平小康建设发挥了重要作用。

1. 以体制创新推动反贫困（1978—1985）

改革开放初期，江苏经济发展水平普遍很低，城乡区域之间发展差距还不

---

① 十七大以来重要文献选编（上卷）[M]. 北京：中央文献出版社，2009：18.

② 习近平. 新时代要有新气象，更要有新作为，中国人民生活一定会一年更比一年好 [N]. 人民日报，2017-10-26.

③ 习近平关于社会主义经济建设论述摘编 [M]. 北京：中央文献出版社，2017：232.

是很大。1978—1985年，以家庭联产承包责任制为主要内容的体制改革及农产品价格的大幅提高，使农民收入普遍增加，农村贫困大规模减少。

2. 有计划开展反贫困（1986—1993）

20世纪80年代中期开始，江苏改变以往以无偿救助为主的反贫困政策，转向以扶持生产、增强就业为主，其主要内容是为贫困地区兴建基础设施，建设基本农田，以及为贫困农户提供信贷资金和农业实用技术，扩大其就业机会等，逐步从救济式扶贫向开发式扶贫转变，从资金单一扶持向资金、技术、物资等综合扶持转变。

3. 八七扶贫攻坚（1994—2000年）

由于自然和历史原因，苏北地区仍有一些经济发展薄弱县。为落实《国家八七扶贫攻坚计划（1994—2000年）》，1994年江苏省将区域共同发展与科教兴省、经济国际化共同作为促进江苏经济发展的三大战略，把扶贫开发作为全省五项重点工作之一。1995年初，江苏省委、省政府制定的《江苏省扶贫攻坚计划》提出，到2000年苏北以县为单位基本达到小康水平。

4. 扶贫开发十年（2001—2010年）

从“十五”开始，江苏对苏北1025个重点村实行重点帮扶，对少数尚未稳定脱贫的贫困村和贫困户进一步巩固脱贫攻坚成果。2006年，江苏省进一步提高贫困瞄准的精准性，组织实施“千村万户帮扶”工程，对19个经济薄弱县、1011个省定经济薄弱村实施重点帮扶，省派驻村扶贫工作队帮助脱贫。2008年，江苏组织实施脱贫攻坚工程，把苏北11个县（区）作为省脱贫攻坚重点县，对农民人均纯收入低于2500元的168万户、450万人实施重点帮扶。截至2011年底，脱贫攻坚工程任务顺利完成，江苏基本消除了2500元以下绝对贫困现象。

5. “十二五”脱贫攻坚

为加快经济薄弱地区发展和低收入农户增收，2012年江苏省委、省政府制定《江苏省农村扶贫开发“十二五”规划纲要》，提出了明显高于国家标准的扶贫目标。江苏扶贫开发从消除绝对贫困现象为主转入减少相对贫困、促进全面小康的新阶段。2012年，江苏省实施脱贫奔小康工程，到2015年底，411万收入为4000元以下的农村低收入人口整体实现了脱贫目标，1533个省定经济薄弱村发展能力进一步增强，重点片区面貌显著改善，如期完成脱贫奔小康工程目标任务，成为东部地区率先基本消除绝对贫困的省份之一。

6. “十三五”缓解相对贫困

2016年制定的《江苏省“十三五”农村扶贫开发规划》提出，基本消除绝对贫困，标志着江苏扶贫工作已推进到缓解相对贫困、缩小收入差距、促进共同富裕的新阶段，对低收入人口收入和社会保障，经济薄弱村集体年经营性收入，重点片区生产、生活条件改善，重点帮扶县（区）建立缓解相对贫困的长效机制等提出了要求。至“十三五”末，全省254.9万农村低收入人口年人均收入已稳定达到6000元及以上，821个省定经济薄弱村集体经营性收入也已稳定达到18万元及以上。“6+2”片区面貌显著改善，12个省级重点帮扶县（区）全部退出。江苏在缓解相对贫困上取得了初步成效。

（二）江苏反贫困成功经验

在长期的反贫困实践中，江苏坚持经济薄弱地区与低收入人口共同治理，经济发展与社会保障协同推进，构建政府、市场、社会共同参与的大扶贫格局，形成了一批行之有效的重要做法和成功经验。

1. 强化党政领导的扶贫工作责任

在缩小贫富差距、实现共同富裕的道路上，党组织发挥重要的组织领导作用。各级党委、政府高度重视扶贫开发工作，省负总责，市、县落实，五级书记抓扶贫。省级层面重点抓好目标确定、项目下达、资金投放、组织动员、监督考核等工作；各地级市重点做好上下衔接、域内协调、督促检查工作；县党委、政府承担主体责任，党政主要领导是扶贫第一责任人，全面落实各项政策措施，做好进度安排、项目落地、资金使用、人力调配、推进实施等工作。

2. 完善扶贫开发政策体系

为确保脱贫致富奔小康目标如期实现，省扶贫工作领导小组着力构建了适应精准扶贫需要、全方位支持脱贫攻坚的政策体系。不仅包括经济薄弱地区基础设施建设，产业发展，就业、创业等区域开发政策，还包括医疗卫生、文化教育、公共服务、社会保障等社会发展政策；既包括重点片区、革命老区、经济薄弱村等区域扶持政策，又包括低收入群体等人口扶持政策。政策涉及财政、金融、土地、科技、人才等各个方面，不仅针对性强，而且支持力度大。省以下各级各部门也相继出台并完善了符合本地实际情况的扶贫政策，体现了超常规。

3. 加强一线帮扶措施

先富带后富是实现共同富裕的重要途径，也是江苏反贫困的一条重要经验。江苏较早地提出并采取了省级机关、高等院校（科研院所）、大型国有企业、苏南经济相对发达的县（市、区）与苏北经济相对薄弱的县（区）“五方挂钩”帮扶措施。省委组织部、省扶贫办等部门统一部署，省和苏北各市、县（市、区）同步选派优秀干部组建工作队，实行驻村定点帮扶。全省各级扶贫部门和工商联共动员、组织了民营企业与省定经济薄弱村开展村企结对帮扶活动。

4. 加大扶贫开发投入力度

扶贫开发、实现共同富裕离不开政府强有力的资金扶持。20 世纪 90 年代以来，江苏财政多渠道增加扶贫开发投入，逐步构建了较为健全的财政综合扶贫投入体系。为确保扶贫投入力度与脱贫攻坚任务相适应，省财政不断加大扶贫开发投入。“十三五”期间江苏累计下达省以上专项扶贫资金 79.6 亿元，比“十二五”时期增长 70.82%。同时，在 12 个重点县区部署开展涉农资金整合试点，下放资金项目审批权限，进一步向实施脱贫致富奔小康工程聚焦。省扶贫办、财政、农信社等进一步完善扶贫小额贷款政策，创新管理思路和方式。与“十二五”相比，地方各级财政扶贫投入力度普遍加大。

5. 健全扶贫开发制度体系

为推动扶贫开发工作有法可依，江苏于 2015 年制定了《江苏省农村扶贫开发条例》。依据中央和省扶贫政策和法律、法规，着力构建扶贫开发制度保障体系，逐步建立、健全脱贫致富奔小康任务分工、工作考核、监督管理、督查巡查、动态调整、脱贫认定、科学评估等一系列工作机制，基本形成了事前、事中、事后全程规范指导、严格管理的制度体系，明确导向，传导压力，严格执行，奖先督后，倒逼各地各部门改进工作，确保脱贫致富奔小康工程顺利推进及其正确方向。全省纪检监察机关、检察机关、审计机关等积极介入，加强监督检查和违纪查处，起到了有效的震慑作用。

6. 推动社会力量积极参与

各级各部门以组织开展“扶贫日”系列活动为契机，积极扩大影响，释放带动效应，引导社会力量广泛参与。通过共同努力，江苏扶贫开发正在由单纯依靠政府向政府主导、社会各方群策群力转变，基本形成了省、市、县、乡、村层层协调、各行各业分工负责、社会力量广泛参与的大扶贫格局。

三、结论与展望

中国共产党共同富裕思想内涵丰富、意义深远，对改革开放40多年来的江苏贫困治理事业产生了重要影响。到“十三五”末，江苏脱贫攻坚奔小康任务取得决定性胜利，农村低收入人口的收入水平大幅提高，生活条件明显改善。一方面，得民心者得天下，贫困治理事业既是新时代中国共产党人践行初心和使命的必然要求，同时也巩固了党的执政基础，增强了党的长期执政能力。另一方面，江苏的贫困治理事业充分昭示了社会主义制度的优势。缩小贫富差距、实现共同富裕是个不断接力的过程。中国特色社会主义进入了新时代，我国社会的主要矛盾是人民日益增长的美好生活需要和不平衡、不充分发展之间的矛盾，贫困治理正是着力解决不平衡、不充分的必然要求，是缩小城乡差距、促进人的全面发展的必然要求。当前，江苏最大的不平衡是城乡发展不平衡，最大的不充分是农村发展不充分，全面推进乡村振兴难点在苏北欠发达地区。在脱贫攻坚取得决定性胜利的基础上全面推进乡村振兴，在战略规划、政策举措、工作部署等方面实现两者的有机衔接，进一步推动城乡协调发展，缩小区域发展差距，实现共同富裕，实现农业农村现代化是江苏省委、省政府和全体江苏人民未来30年的共同奋斗目标。

作者简介：徐志明，江苏省社会科学院农村发展研究所所长、研究员；张良，江苏省社会科学院农村发展研究所助理研究员、博士。

浙江"飞地"抱团强村促进村级集体经济发展研究

闻海燕

摘　要：村集体经济"飞地"抱团发展是浙江省发展、壮大村级集体经济、增强"造血"功能的有效举措，是实施乡村振兴战略的重要创新性举措之一。富有特色的"飞地"抱团已初见成效，但还存在镇级财政压力大、抱团公司尚未建立起长效运营机制、村级层面尚未建立有效的主动参与抱团强村的可持续动力机制、项目发展类型单一、结构趋同等问题，需加快改革创新，进一步提高"飞地抱团"效能。应鼓励因地制宜探索多类型的项目开发，推进乡村资源资产化；建立"政府投入为引导、村级集体经济投入为主体、社会资本投入为主力"的新机制，扩大"飞地"抱团的融资渠道；根据发展情况及时进行政策的动态调整。

关键词："飞地"抱团；集体经济；浙江；乡村振兴

村级集体经济是农村经济的重要组成部分，推进村级集体经济加快发展是实施乡村振兴战略的重要路径。村集体经济"飞地"抱团发展是浙江省发展、壮大村级集体经济、增强"造血"功能的有效举措，是实施乡村振兴战略的重要创新性举措之一。近年来，浙江省多地积极探索创新，已形成了"飞地"抱团强村多种模式，对加快浙江村级集体经济发展，特别是薄弱村集体经济发展起到了较好的促进作用。浙江从嘉兴市平湖、嘉善等地发轫，全省各地积极推进。2018 年省政府办公厅出台了《关于推进村级集体经济"飞地"抱团发展的实施意见》，针对薄弱村缺资金、缺项目、缺资源的实际情况，推动跨村、乡、县、市域"飞地"抱团发展，实现批量"消薄"。各地区结合当地实际情况也陆续出台了相应的实施政策，富有特色的"飞地"抱团已初见成效。2020

年全省累计实施“飞地”抱团项目 564 个，其中，跨省、市、县项目 41 个，县域内项目 523 个，总投资额 237.47 亿元。2019 年度总投资回报 13.65 亿元，村均回报 11.34 万元。

一、“飞地”抱团模式及成效

“飞地”抱团指集体经济薄弱村以股份合作的形式抱团跨区域投资，保证抱团村集体获得保底分红收益，增强村级集体经济实力。各地按照“政府引导，市场导向，多方共赢”原则，探索出多种形式的“飞地”抱团模式。

（一）山海协作抱团发展模式

该模式是在浙江东西部“山海协作”合作模式的基础上创新发展的。主要指位于发展相对落后地区的村集体经济薄弱村通过山海协作模式，由集体经济薄弱村集中资金、土地等资源配置到结对发达地区，依托成熟的开发区（园区）联合建设可持续发展项目并取得固定收益，实行统一规范管理。由村、县、乡国资公司共同投入，抱团组建专业公司，实行统一管理、统一建设、统一核算、统一经营。“以指标换资金，以资金换物业，以物业换收益”，由飞入地保障落地、保障招商、保障收益；发达地区利用“飞入”指标补足用地指标短板，拓展发展空间，夯实产业基础，形成互补、互利的长效机制。

嘉兴平湖市和丽水青田县是山海协作结对县市，在结对合作中，双方于 2017 年探索出了全省首创的跨地市“飞地”抱团精准“消薄”新模式，由青田县提供存量土地指标、资金投入及建设管理。来自青田 156 个集体经济薄弱村的土地指标和投资资金“飞落”平湖经开区，依托国家级经开区的雄厚实力建设高标准厂房，采取包租固定收益与基金扶持的方式。具体内容包括：前 5 年，青田农村集体经济联合发展公司每年获得实际投资额 10% 的固定收益；5 年后，除获固定收益外，每年按项目地方财政分成部分的 50% 建立扶持基金，这让青田参与“飞地”抱团的 156 个经济薄弱村一次性达到了“消薄”的要求，帮助青田县 156 个底子最差的经济薄弱村实现了“消薄”。

嘉兴市嘉善县大云镇 2018 年开工建设了全省首个跨省、跨市三地共建“飞地”抱团项目。首期建成后，每年将为浙江丽水市庆元县 83 个薄弱村、四川省九寨沟县48个贫困村带来2200万元收益。

（二）“村村联合”抱团发展模式

该模式指多个集体经济薄弱村共同出资参与强村项目建设，获得保底分红，保障村级集体经济的稳定增收。湖州南浔区由千金镇10个村联合组建的“强村公司”承接了该镇丰坛农贸市场的物业管理业务，预计每年可实现利润40万元。2019年底每个村获分红25万元，同时还能吸收120位村民就业。该“强村公司”吸纳10个行政村入股，各行政村占股10%，各村书记分别担任董事与监事。公司主要经营范围包括物业类、服务类、工程类等业务，通过变资源为资本，通过项目联建等方式整合绿色产业、红色产业等优质资源，助推村集体经济和农民双增收。自公司成立以来，通过参与镇工业平台和城镇平台土方回填工程，收益92万元；通过承包丰坛农贸市场经营，完成市场创建，获得上级补助10万元；通过承接商墓村海棠园绿化养护工程，每年收益5万元。

嘉善县罗星精密机械两创中心总投资2.05亿元，利用原航天管桩、诚意木业等腾退的低效用地72.37亩，新建标准厂房约81000平方米。该项目由归谷实业有限公司牵头，全县30个经济薄弱村主体和罗星街道3个一般村共同出资成立的嘉善罗星众创实业有限公司投资建设。罗星精密机械两创中心以“1+X”模式运行，一方面由归谷实业公司负责所有的工程建设、入驻企业准入和管理服务、物业管理等具体事项；另一方面，由33个村投资入股，按投资额10%拿投资分红，不足部分由归谷实业托底支付。既保障了村里的收益，又能较好地推动项目长期发展。

（三）“村村抱团+企业”发展模式

该模式主要指通过整合盘活资源，依靠企业带动，按照一定比例入股形成“村村抱团+企业”多方抱团联结，解决薄弱村产业发展水平低、市场竞争力弱等发展难点。这一模式适用于自然资源有限、收入来源单一的村。企业借助自身资源与市场联结优势提供项目、渠道、平台支撑，使村集体经济效益得以实现。

为贯彻落实中央关于推动乡村振兴的重大决策部署，2018年4月浙江省启动了“千企结千村，消灭薄弱村”专项行动，助力薄弱村实现可持续发展。部分企业通过对薄弱村的农业、生态及文化等资源进行开发、利用，推进现代农业、休闲养生、电商等产业的融合发展，部分企业采取生产、经营技能培训，合同订购、采购等全方位扶持，建立特色产业发展的长效机制。温州市鹿城区藤桥镇引导呈岸村、林路村、吊降村等藤桥镇 12 个毗邻的小山村联盟共建，组建温州市岙汇旅游开发有限公司。该公司与有意帮扶山村的温州兰立方大酒店有限公司成功签订村企结对意向书。组建岙汇公司的 12 个村，为温州兰立方大酒店及其旗下的餐饮公司提供蔬菜、水果等农产品配送业务，每周岙汇公司将根据兰立方酒店需求，定时到村中农户处统一收购时令农产品。藤桥镇还有部分村与新能源科技型企业联合开发光伏产业，村集体按 40%收益取得分红，每个村集体收益可增加 10 万以上。

二、"飞地"抱团实施中需要解决的几个问题

从实践效果看，"飞地"抱团这一机制创新模式通过增减挂钩节余指标交易，为腾退村腾出了村级再发展资金和参与"飞地"抱团发展资本金；通过活化集体资产，化资源为资本，通过抱团入股大项目开发运营，使原本分散在各村手中的土地指标、空间资源、财力资本，通过市场化配置，将有限的资源资金整合投入优质项目中，提高了薄弱村参与经济发展的能力和资源利用效率。

但在实际运行中还存在很多问题需引起重视。"飞地"抱团多种模式主要涉及三大主体，即市（县）、镇政府、产业园区（企业）、各村集体。如何调动这三大主体的积极性，关系到"飞地"抱团项目的效能提升与顺利推进。从目前实施情况看，主要存在以下几个问题：

（一）镇级财政压力大

由于"飞入地"所在的镇政府承担着助力脱贫攻坚的社会责任，因此，多数飞地项目在收益上实行政府兜底，每年按各村投资额的 10%保底分红，保证收益的稳定性。如果达不到预期收益，则由镇政府全额托底支付。以某飞入地园区为例，在实行政府兜底的同时，"两创"中心的 22 个村抱团项目组成的新公司企业租赁产生的税收、土地使用费等都由该镇负担。但对镇政府来说，为吸引优质企业租赁厂房，通常会采取减免一定年限的租金、税收等优惠政策鼓

励企业落户。基础设施建设费也要先上交地方财政再由财政返还。而园区内企业产生税收一般周期较长，造成镇财政收益小于付出，形成投资额越多，财政压力越大的不良循环，削减了镇一级参与“飞地”项目的积极性。

（二）抱团公司尚未建立起长效运营机制

各村抱团后成立了一个抱团公司，原则上实行公司化管理、市场化运作，董事长、总经理从入股村中选出，董事会、监事会成员由参股的各村所派人员担任。但是，由于董事长、总经理同时是村书记或村主任，在负责管理本村事务的同时没有更多的时间和精力管理抱团公司的运营，作为董事会和监事会的其他成员单位也基本没有时间、意愿和能力进行履职。招商及管理主要由镇政府负责，抱团公司实际上只是资产持有者或物业持有者，公司在运营中遇到的很多问题如财务监管、投资额的增资、租金收缴、股东变更等无专人处理，易造成公司空壳化。

（三）村级层面尚未建立有效的主动参与抱团强村的可持续动力机制

一方面，村集体经济“飞地”抱团发展推动了土地、资金、人才等要素集约使用，提升了集体经济发展的可持续性，但参与抱团的经济薄弱村在获得稳定收益并确保持续增收后，也可能产生“坐、等、靠”现象。另一方面，在县域“飞地抱团”项目中，一些经济薄弱村享受到了“飞地”抱团的土地指标和政策补助，而一般村都是自己出钱，造成银行的借款倍增，也没有政策奖励，在一定程度上降低了一般村的参与积极性。由于缺乏有效的激励与监督机制，在今后的抱团项目发展中有可能出现村集体参与积极性不高、发展动力不足等问题。

（四）项目发展类型单一、结构趋同

现有“飞地”抱团项目绝大多数是投资产业园区厂房等物业项目。项目类型单一，在旅游、农业、服务业等领域参与较少。抱团项目集中于工业园区，易造成产业结构雷同、为招商而进行拼政策、拼资源的恶性竞争，需鼓励探索新产业、新业态和新形式。

三、进一步提高"飞地"抱团效能的建议

（一）差异化推进，鼓励因地制宜探索多类型的项目开发

"飞地"经济实质上是实现产业和相关要素的整体性转移，并对资源进行大范围重新配置的一种区域经济合作模式。因此，"飞地"经济可以不拘泥于一种模式，应积极探索多种类型的项目开发方式，在政策扶持上也要有所调整。可借鉴龙游县各乡镇探索"抱团+资金""抱团+土地指标""抱团+优质资源""抱团+特色产业""抱团+乡贤助力"，湖州南浔区千金镇10个村联合组建"强村公司"，嘉善县罗星街道与10个村（社区）共同投资建设一批社区中心等模式，从政策层面对此类服务业、旅游业、农业及数字化应用项目予以鼓励和扶持。鼓励各地不断探索"飞地"抱团项目发展新路径，积极发挥财政扶持集体经济发展项目补助的政策，盘活整合各种资源，充分调动企业、乡贤等的积极性，谋划建设高收益、高标准项目，增强抗风险能力。

（二）推进乡村资源资产化，扩大"飞地"抱团的融资渠道

"集体资金从哪里来"的问题是困扰薄弱村参与抱团的障碍。可借鉴淳安县整合生态公益林资源，以402个村生态公益林补偿收益权集体留存部分作为授信基数向县农商银行质押贷款，再以购置物业委托经营方式将林权质押所得贷款及各乡镇"联乡结村"财政帮扶资金投资江东杭千（扶贫）开发区千岛湖智谷项目统一获取投资收益的模式，通过激活闲置宅基地、闲置农房、土地、山林等资源资产，创新推出产权抵押贷款产品等，不断创新除土地综合整治外的其他路径，扩大"飞地"抱团的融资渠道。

（三）建立"以政府投入为引导，以村级集体经济投入为主体，以社会资本投入为主力"的新机制

一是在政府主体推动的基础上逐步向市场主体推动转化，实现市场在资源配置中起决定性作用，更好地发挥政府作用的有机结合，构建利益共享机制。二是建立更加规范、符合市场化的运作方式及机制，降低协调行政管理造成的

各种显性或隐性交易成本。创新投资主体，探索成立以各村级集体经济为主体、社会资本共同参股的股份化公司，在建立合理的利益共享、风险共担的分配机制基础上，以此为平台建立公开、透明、顺畅的信息共享机制及常态化的议事、协商机制，主导各类产业项目实施。按市场化方式运营抱团公司，改变依托政府代管的方式，管理人员应专职专聘，使公司运行规范化。三是突出政府投入与"飞地"抱团产业发展的协同联动，发挥财政资金的杠杆作用。应避免资源配置错位与政府职能越位，促进有效市场与有为政府协同联动。政府应主要负责水、电、路、气、网等基础设施建设、基本公共服务及基本社会保障，为各类主体投资、创业提供公共支撑。同时做到产业服务不缺位，建议设立"'飞地'抱团强村"产业发展基金，使政府财政投入与项目发展的进度配套，提高财政资金的运营效率。

（四）根据发展情况及时进行政策的动态调整

一是明确"飞地"抱团项目的经营性税收、土地使用费补助政策。建议"飞地"抱团组建公司产生的经营税、土地使用费由相关部门协商出台相关政策进行补助。二是把复耕后一定的土地指标和收储资金留给村集体；同时，银行应适当放宽对村级贷款的担保条件。

作者简介：闻海燕，浙江省社会科学院经济所副所长、研究员。

内蒙古牧区发展与乡村振兴探索*

——基于中华人民共和国成立以来内蒙古牧区发展经验总结与牧区现代化试点调查

文　明　明　月

摘　要：回顾内蒙古牧区70年的发展成就，既得益于党对牧区工作的正确领导、民族区域自治制度在牧区的全面贯彻，也得益于牧区工作始终坚持实事求是、因地制宜的原则，保持牧区政策的长期稳定，不断激发牧民主体的主动性、创造性。当然，也尝到了开垦草原、发展数量扩张型畜牧业、过度开发水资源、搬套农村模式等带来的苦头。而这些经验教训恰好给牧区今后的发展，尤其新时代推行牧区现代化提供了养分。站在新的起点上，我们有必要借鉴过去的经验教训，对推进牧区现代化保持足够的历史耐心，坚持实事求是、因地制宜的原则，突出牧民在现代化建设中的主体地位，以理念的现代化、人的现代化为方向，建设人与自然和谐共生的现代化牧区。

关键词：牧区现代化；经验教训；因地制宜；主体地位；人的现代化

自中华人民共和国成立以来，内蒙古牧区发展取得了举世瞩目的成就。而今，内蒙古在锡林郭勒盟阿巴嘎旗、呼伦贝尔市新巴尔虎右旗、巴彦淖尔市乌拉特中旗、赤峰市阿鲁科尔沁旗启动牧区现代化试点工作，翻开了新时代内蒙古牧区发展新篇章。

* 【项目基金】本文系国家社科基金一般项目“牧区草牧场确权框架下牧民草牧场承包权有偿退出意愿及影响因素调查研究”（批准号17BMZ081）阶段性成果。

一、中华人民共和国成立以来内蒙古牧区发展成就

（一）畜牧业生产快速发展

70年来内蒙古畜牧业综合生产能力显著提升。1949—2019年，畜牧业生产总值由1.22亿元增加到1390.46亿元，增长了1140倍，年均增长率为10.6%。牲畜总头数由968.6万头（只）增加到7192.4万头（只），增长了7.4倍，年均增长率为2.9%。其中，羊的存栏数增幅最大，增长率最快，从575.6万只增加到5975.9万只，增加了5400.3万只，年均增长率为3.4%；大牲畜存栏量则从304.3万头增加到786.9万头，年均增长率为1.4%。

内蒙古主要畜产品产量快速增加，有效供给能力大幅提高。从肉类产量看，1979—2019年，肉类总产量由20.8万吨增加到264.6万吨，约增长了13倍，年均增长率为6.6%。其中，牛肉和羊肉产量分别由3.0万吨、6.3万吨增加到63.8万吨、109.8万吨，年均增长率分别达到7.9%和7.4%；1980—2019年，奶类产量由6.1万吨增加到582.9万吨，增长了95.5倍，年均增长率12.4%。

（二）牧民生活显著改善

70年来内蒙古牧区民生实现了从温饱不足到丰衣足食、从绝对贫困到小康的历史性转变。中华人民共和国成立初期，内蒙古牧民收入波动频繁，人均纯收入一直处在较低水平。改革开放后，随着经济的发展，牧民人均纯收入稳步增长，由1978年的188元增加到2019年的15283元；牧民收入结构逐步多元化，形成了以家庭经营性收入为主，转移性收入、财产性收入、工资性收入不断增加的结构。1956年，牧民家庭全部收入中，家庭经营性收入比重从1956年的93%下降到2019年的63%，工资性收入、转移性和其他财产性收入分别占到了10%、27%。

牧民消费需求不断升级，恩格尔系数持续下降。随着收入水平的不断提高，牧民消费结构逐渐升级。特别是改革开放以来，牧民消费水平及能力持续提升，生活质量不断改善，经历了从以吃、穿、用为主的温饱型生存消费阶段

转向以普及家用电器为主的改善型消费阶段，再到以购买住房、汽车、智能机为主的享受型和发展型消费阶段的转变。1980—2019 年，内蒙古牧民人均生活消费水平由 201 元提升到 13816 元，年均增长率为 11.5%；牧民恩格尔系数由 55%下降到 27%，出行、教育、医疗、娱乐等消费支出在牧民生活消费总支出中的比重大幅提高。

（三）社会事业日新月异

70 年来内蒙古牧区社会保障及公共服务能力明显增强，特别是党的十八大以来，在党中央和自治区党委、政府的高度重视、全力推进下，社会保障事业进入新的发展阶段，牧区养老、医疗、失业、最低生活保障及就业保障水平显著提高，社会保险覆盖面逐步扩大；公共文化服务水平不断提高，牧区苏木乡镇综合文化站、嘎查村文化室、文化广场、广播电视发射台站标准化建设取得了新进展，公共文化事业迎来了整体推进、全面繁荣、高质量发展的新时期；教育发展保障力持续夯实，牧区教育实现了从"上学难"到"有学上"、从"好上学"到"上好学"的历史性跨越；交通通信建设发展迅速，"四好农村牧区路"有效推动牧区交通公路从建设起步阶段跨越式地进入了高质量发展阶段，大力推进牧区经济、社会发展和牧民生产、生活的便利化。同时，牧区移动电话和互联网宽带接入用户不断增多，实现了村村通电话、村村通光纤。

（四）草原生态曲折中向好

内蒙古草原生态保护和建设成效显著，草原生态环境明显改善。70 年来内蒙古始终强调草原生态保护和修复，坚持草原保护与利用相结合，最大限度保障祖国北方生态安全。20 世纪末、21 世纪初，内蒙古草地退化程度虽然从 20 世纪 60 年代的 18%直至下降到 73.5%①，但进入 21 世纪以来，草地退化问题受到了国家、自治区及国际社会的普遍关注，国家和自治区相继实施了一系列生态建设工程，如退耕还林工程、京津风沙源治理工程、重点防护林工程、天然林资源保护工程、生态环境综合治理工程、水土保持工程、天然草原保护与建设工程、退牧还草（禁牧舍饲）试点工程、围封转移、阶段性禁牧与生态移

① 高永．内蒙古荒漠化现状及防治对策［J］．北方经济，1999（3）．

民等，开始了保护、恢复草原生态的艰难历程。尤其从 2011 年起，中央在包括内蒙古在内的 13 个省区全面实施草原生态保护补助、奖励政策，实行禁牧和草畜平衡制度，使草原生态恶化的趋势得到有效遏制。2000—2019 年，草原植被平均盖度从 30%提高到 44%，部分地区草原植被恢复到了 20 世纪 80 年代的水平。

二、中华人民共和国成立以来内蒙古牧区发展的基本经验和教训

（一）70 年来内蒙古牧区的发展，根本在于坚持党的领导，贯彻党的民族区域自治制度。内蒙古是我国最早成立的民族区域自治地区。作为落后的、草原的、民族的、边疆的特殊经济类型区，一经解放，内蒙古牧区发展深受党中央及各级党委、政府的高度关注。在不同的历史时期，中央领导集体及党中央一直关心、关怀并悉心指导内蒙古牧区发展事业。以乌兰夫同志为杰出代表的内蒙古党政领导及各级党政机关，全面贯彻落实党中央决策部署，并创造性地制定出“三不两利”“稳、宽、长”“以牧为主”等切合牧区实际情况的政策措施，领导并带领广大干部、群众建设牧区、发展牧区。如，自治区成立之前，冀热辽中央分局发出的《关于热河蒙民工作的指示》就指出纯牧业区与农业区、半农半牧区的差异性，做出不同区域采取不同的土地制度，以及实现民族高度自治的指示。再如，1987 年 6 月 4 日至 9 日，国务院召开全国牧区工作会议，在客观评价中华人民共和国成立以来牧区发展、变化的基础上，提出“牧区的经济建设，必须从不同牧区、不同民族的特点出发，与牧区社会的整体进步相结合，有步骤地进行”“牧区要实行以牧为主、草业先行、多种经营、全面发展的方针”等 10 条要求。

（二）70 年来内蒙古牧区的发展，关键在于坚持实事求是、因地制宜的原则，在保持共性基础兼顾个性，充分尊重、发展了牧区的特殊性。内蒙古自治区在成立之初就提出了“纯牧区”的概念，并在具体工作中因地制宜地采取了有别于农区和半农半牧区的政策措施。比如，早在 1946 年，乌兰夫同志在给中央的调查报告中提到“内蒙古有三种产业区域：农业区、半农半

牧区、游牧区"[①]，并提出"在确定牧业区各项工作的政策、方针时，必须从牧业区的实际情况和牧民的迫切要求出发，稳步前进，任何生搬硬套的做法和想法都必须加以坚决反对"[②]。相继采取了游牧区实行放牧自由，游牧区实行"三不两利"政策及"稳、宽、长"原则，以牧为主，坚决保护牧场，绝对禁止开垦牧场等不同于农业区的诸多政策、措施。再如，1984年内蒙古根据牧区草原管理、保护、利用、建设中出现的新问题，颁布、实施了《内蒙古草原管理条例》。这是内蒙古，同时也是我国第一部保护、建设、合理利用草原的法规，其中包括"禁止开荒，保护牧场""严禁开垦草原、破坏植被"等内容，迈出了用法律保护草原生态的第一步。

（三）70年来内蒙古牧区的发展，其保障在于牧区政策的稳定性，始终把握牧区发展的正确方向。内蒙古牧区是非均衡性、脆弱性、长周期性和不稳定性的生态、经济、社会复合系统。要推进牧区的可持续发展，必须保持牧区政策的稳定性。比如"三不两利""稳、宽、长"等政策方针贯串于社会主义改造时期，甚至到"文化大革命"结束，在牧区民主改革的顺利进行上发挥了至关重要的作用，为中央在其他省区牧区制定相关改革政策提供了借鉴，也对内蒙古牧区的社会进步和长远发展产生了深远影响[③]。再如，牧区实行"以牧为主"的方针。自20世纪50年代末60年代初被提出至改革开放初期，在近30年的实践中，牧区"以牧为主"的方针虽被微调整过，但始终没有改变其总基调，保持了政策的基本稳定。把"以牧为主"作为区域经济总体发展的方针，忽视第二、第三产业的协调发展的做法虽有不妥，但从草原畜牧业发展和草原生态保护的角度来看，是符合实际的、有积极成效的。同样，近20年来，国家及自治区持续实施草原生态保护补助奖励等政策，起到了恢复、保护草原生态的核心作用。当然，这需要更长的时间和更多的投入。

（四）70年来内蒙古牧区的发展，源泉在于牧民主体，以其主动性、创造性为牧区发展提供源源不断的驱动力。"人民是历史的创造者"，草原牧民在不

---

① 乌兰夫. 关于内蒙古土地和自治问题，详见内蒙古政协文史资料委员会，《"三不两利"与"稳宽长"文献与史料》，内蒙古政协文史书店，2005（2）：17-25.

② 乌兰夫. 内蒙古畜牧业的恢复发展及经验，详见内蒙古政协文史资料委员会，《"三不两利"与"稳宽长"文献与史料》，内蒙古政协文史书店，2005（2）：74-86.

③ 额尔敦布和，等. 内蒙古草原畜牧业的可持续发展［M］. 呼和浩特：内蒙古大学出版社，2011：75.

同的历史时期，用勤劳、智慧和包容不断推动牧区发展。比如，“草原英雄姐妹”在风雪中保护集体畜群，草原牧民在物资极度匮乏的年代接收三千孤儿入内蒙古，体现了牧民对集体、对国家的担当和付出；“牧区大寨”乌审召改变传统，搞建设性畜牧业，向沙地要草场，让荒漠变绿；“将军之子”廷·巴特尔用坚守、勤劳和探索创新展现草原生态系统与五畜生产系统的有机结合。再比如20世纪五六十年代，在牧区合作化或畜牧业集体化早期，在“稳、宽、长”总方针下，广大牧民传承并发展协同合作的传统优势，积极响应国家方针、政策，使得牧区畜牧业实现新的发展，让自己的生活有了质的改变。今天，在嘎查集体、合作社，甚至牧户层面上，在畜牧业生产及草原生态保护中，牧民在保留、传承、发展传统生产、生活方式中合理成分的同时，不断探索、挖掘、提炼新的价值和方式，不断开创传统与现代衔接、匹配的途径。

当然，70年来内蒙古牧区发展也付出了一些惨痛的代价，需要吸取教训。比如草原开垦。毫无争论，中华人民共和国成立以来四次大面积的开垦潮①都导致了草原荒漠化的加剧，这是历史已经证明了的事实。再比如数量扩张型畜牧业。不可否认，中华人民共和国成立以来牲畜头数的两次扩张使国民经济发展及牧民生活改善得到了积极改变，但由此而来的超载和过牧也引发了草地生态危机。还有对水资源的过度开发。在北方干旱、半干旱草原区，缺水是没有异议的基本事实，建设饲草料基地、搞耗水型工矿业布局、截流建水库等违背自然规律的行为导致了大面积草原荒漠化、自然水泡消失和重要湿地消退。以及对农村模式的生搬硬套。牧区和农村是两个不同的生态经济、社会系统，把土地制度等农村模式原封不动地照搬到牧区，导致了农村和牧区的同质化，甚至更严峻的生态、经济和社会问题。

三、内蒙古牧区现代化试点推进情况

作为实施乡村振兴战略的重要内容，内蒙古在全国率先提出牧区现代化目标，于2019年在新巴尔虎右旗、阿巴嘎旗推行试点工作，次年扩大到乌拉特中旗、阿鲁科尔沁旗，并出台了《牧区现代化三年行动方案（2020—2022

① 文明．内蒙古草原退化的经济根源及对策研究［D］．呼和浩特：内蒙古大学，2007.

年)》(简称《方案》)。由于四个现代化试点启动时间不同，在此仅以新巴尔虎右旗、阿巴嘎旗为例，简要介绍其试点推进情况。

（一）新巴尔虎右旗的探索

新巴尔虎右旗地处中、俄、蒙三国交界处，是内蒙古 19 个边境旗（市）、24 个传统牧业旗之一。植被类型上以草甸草原和典型草原为主。目前已开工建设生态、产业和民生领域试点建设项目 27 个，完成投资 7.6 亿元，完成 19 个试点嘎查合作社组建工作，正在探索形成"芒来模式""七村一体化模式"两种模式。

"芒来模式"是以新巴尔虎右旗克尔伦苏木芒来嘎查为试点，是以该嘎查原有芒来牧民养羊专业合作社①作为基础发展起来的。当前，嘎查 88 户牧民通过草牧场（39 万亩）和牲畜（5800 多头/只）入股方式组建新型股份制专业合作社，使草牧场资源整合优化，并以划区轮牧、整体经营的方式利用不同类型的草牧场，实现畜牧业生产的组织化、集约化，以求达到资源最优配置。通过优化整合草牧场，芒来嘎查设置了 11 个放牧点，合作社成立当年增收 15 万元，社员贷款减少 200 余万元。目前，按照"芒来模式"，已完成其他 11 个试点嘎查合作社组建工作，吸纳牧民 570 户，整合草场 223.6 万亩。

而"七村一体化模式"是牧区城镇郊区推进现代化的探索模式。旗所在地阿拉坦额莫勒镇根据镇郊相邻 7 个嘎查人口相对集中、草牧场面积小且没有承包到户等实际情况，在各嘎查组建集体经济组织合作社，并成立合作联社。联合社在基层党组织的带领下优化草牧场、土地、劳动力等资源配置，发展标准化、规模化种养殖业，以及休闲、体验旅游业等，整体推进农、牧、旅、贸融合发展。

（二）阿巴嘎旗的探索

阿巴嘎旗地处锡林郭勒盟中北部，北与蒙古国接壤，同样是边境牧业旗之一。其在植被类型上以典型草原为主，东部与草甸草原相连，西部是典型草原和荒漠草原的过渡带。阿巴嘎旗选择别力古台镇、查干淖尔镇、洪格尔高勒镇

---

① 2009 年创办芒来牧民养羊专业合作社，参加合作社的 18 户牧民把自己的牲畜和草场进行集中分配，在逐步拆除草原网围栏的基础上实行季节性大划区大轮牧。

的15个嘎查为先行试点，在不断强化草原生态保护的基础上强化产业体系，创新体制机制，不断推动草原畜牧业的转型、升级。

在产业体系建设方面，阿巴嘎旗围绕牛、羊、马传统优势产业，努力探索第一、第二、第三产业融合发展之路。一是通过引进、调剂优质良种肉牛，打造标准化畜群，建设肉牛繁育、育肥基地，努力实现“养好牛，会养牛，效益好”。二是围绕地方优良品种乌冉克羊启动草原肉羊产业集群发展项目，努力实现结构优、品种精、产值高的目标。三是围绕地方优良品种阿巴嘎黑马实施蒙古马保护工程，打造“黑马”和“策格”品牌，推动形成马产业与文化旅游、康养医疗融合发展的格局。四是借助自治区发展民族传统奶制品产业政策，推动民族传统奶制品产业规模化、规范化、标准化发展。五是通过引进企业、孵化企业，推动“牧业+文创、旅游、康养”发展模式，带动第一、第二、第三产业融合发展。

在创新体制机制方面，不断完善畜牧业生产环节社会化服务体系。其中包括企业向牧户提供肉牛“托管代养”服务，组建兽医、兽药社会化综合服务中心，向牧户提供疫病防治服务，组建饲草料储备交易中心，向养殖户提供饲草料，提升防灾、减灾及科学饲养水平，以及组建嘎查服务队，为周边牧民提供剪毛、挤奶、免疫、交通运输等方面的服务。

当然，作为后进试点，乌拉特中旗、阿鲁科尔沁旗结合自身特点也在积极推进牧区现代化工作。比如，乌拉特中旗“联户经营”模式的探索、阿鲁科尔沁旗农牧互补格局的形成等，都从各自的实际情况出发探索不同区域，以实现牧区现代化的不同模式。

四、推进内蒙古牧区现代化进程值得注意的几个关系

（一）草原生态保护与草地资源利用的关系

保护草原生态是持续推动习近平生态文明思想和习近平总书记考察内蒙古重要讲话精神落地生根的重要体现，也是筑牢祖国北方生态安全屏障的关键所在。牧区和草原高度重叠，多为生态保护红线之内区域。在试点工作中，内蒙古始终坚持底线思维，严格执行禁牧、休牧、草畜平衡制度，严格限制草原新

上矿产开发项目，严格控制草原修建水库等措施，最大限度地保护草原生态。然而，草原生态保护和草地资源科学、合理利用之间的矛盾依旧突出。仅以畜牧业生产与牧草利用为例，禁牧区草地生态恢复与牧民生计改善、草畜平衡标准的执行与实施效果评估、草牧场流转与出租草牧场的退化、商业化打草与牧草资源可持续性的矛盾都需要进一步调查并解决。同样，在草原围栏并网经营与解决草场碎片化的问题上，也应采取谨慎态度，毕竟草原网围栏是特定时期的历史产物，其背后不仅仅是草牧场碎片化的问题，而且不一定并了网就能够解决草原碎片化的问题。

（二）发展畜牧业与发挥区域相对优势的关系

近几年，牧区不断调整畜牧业结构，畜群规模、畜群结构、发展趋向等发生了新的变化。比如牧区大量引进、调剂、饲养西门塔尔、安格斯等外来优良品种，降低蒙古牛、草原红牛等地方品种的饲养比例，且规模化养殖比例明显提高。地方优良品种的提纯、复壮与多元杂交品种的培育并存，蒙古羊品种优势和品牌效益的提升与杂交羊多胎多产、多出栏并存，且后者占据规模或成本优势。马、骆驼等特色产业开始转型，但赛事和产品市场狭小，难以支撑产业持续发展……内蒙古是我国重要的畜产品生产基地，但牧区供给对总产量的贡献是有限的。据统计，在2019年内蒙古各旗县肉类产量前十位中没有一个牧业旗县，而24个传统牧业旗肉类总产量仅占全区总量的20%左右。很显然，牧区畜牧业的相对优势不在于畜群规模，总体产量和集约、集聚程度上，而在于生态。保护生态是首要的，而畜产品生产是其次的。在保护草原生态的前提下饲养适应性优良品种，选择生态友好型生产方式，推广高附加值（生态）的畜产品才是牧区的相对优势。牧区畜牧业不等于内蒙古畜牧业。

（三）试点资金投入使用与后续整体推进的关系

据《方案》规划，内蒙古财政每年向试点旗安排2000万元专项资金予以支持，连续支持3年。同时，整合有关资金、项目，提供金融、税收支持，引导社会资本参与牧区现代化建设。从当前试点推进情况看，试点资金更多投向第一产业端（包括畜牧业生产性基础设施建设），部分则投入了生态保护、公共基建等。而社会资本似乎更倾向于电商、物流、旅游等第二、第三产业领域。作为试点，资金投入使用显然要有明确的指向性和引导性，但也应回答后续整体推进中资金投入和使用可能遇到的问题。比如牧区现代化所投入资金到底由谁支配最为有效，且资产所有权最终归谁；嘎查集体和牧民作为牧区现代化主体，在资金投入和使用中的互动参与程度、自主决策程度有多大；财政投入资金的可持续性；社会资本参与牧区现代化进程中的风险点；各种优惠政策对社会资本投入的影响程度；在什么样的资金、政策和人才供给的状态下，试点经验能够复制、推广等，使少走弯路。

（四）试点短期任务与现代化长远目标的关系

《方案》中提出了5个方面、17项重点任务，并强调到2021年完成试点旗的建设任务，从2022年起逐步扩大到33个牧业旗，全面推开牧区现代化建设。牧区现代化是一项远大而宏伟的目标，需要全区上下，尤其是牧区各级党委、政府、职能部门、基层组织、广大牧民、社会各界共同奋斗、齐心协力才可达到。正如前文所属，试点期间，无论是政策供给还是资金、人才投入都是相对充足的，且四个试点旗自身发展基础较好，各具特色和优势。因此，届时会按时完成《方案》提出的17项重点任务。然而，完成任务不一定就能够探索、积累可推广、可复制的经验。这需要实践的检验。毕竟，现代化不是某领域单项改革或单一工作任务，它是整体的、全方位的，全社会各项事业相互匹配的过程。目前，牧区经济、社会发展的各项指标与沿海发达地区，甚至与农区、半农半牧区仍有较大差距，尤其在保护草原生态，建设祖国北疆生态安全屏障方面的压力前所未有。因此，牧区现代化既要实现“弯道超车”，也要“行稳致远”，必须处理好短期任务和长远目标的关系，确保试点经验经得起实践的检验，成为实现牧区现代化的有效样本。

党的十九大报告提出，我国从2020年到21世纪中叶分两个阶段实现现代化强国的目标。内蒙古率先推进牧区现代化试点，无疑为我国牧区实施乡村振兴战略、实现现代化目标迈出了关键的一步。然而，与任何历史时期相同，经济、社会的每一次进步都不会是轻而易举的。因此，在牧区现代化过程中，首先要保持足够的“历史耐心”。习近平总书记多次在重要场合反复强调要有“历史耐心”。现代化既是目标，也是过程，是社会进步的重要标志，不可能一蹴而就。其次，始终坚持政府主导、牧民主体的原则，要“充分尊重广大牧民的意愿，广泛听取基层干部、群众的意见”。始终坚持“以人民为中心”的发展思想，坚持牧民是牧区现代化的主体。再次，始终坚持“遵循自然规律、经济规律和社会发展规律”的原则，要充分认清牧区基本面，尊重牧区现代化的特殊性，既要突破循规蹈矩，也要尊重规律，要做到实事求是、因地制宜。最后，要把理念现代化作为方向，视人的现代化为关键。牧区现代化不仅仅是草原生态的可持续、草原畜牧业的现代化、基础设施的完备和公共服务的均等化，也应该是发展理念的现代化、发展方式的现代化、牧民的现代化。科技的、物质的、信息的现代化是基础，思想的、理念的现代化是方向。总之，牧区现代化是人和自然和谐共生的现代化，是生态优先、绿色发展的现代化。

参考文献

[1] 内蒙古人民政府办公厅. 牧区现代化三年行动方案（2020—2022 年）[Z]. 内蒙古人民政府网，2020-12-10.

[2] 内蒙古政协文史资料委员会. “三不两利”与“稳宽长”文献与史料（内部）[Z]. 呼和浩特：内蒙古政协文史书店，2005.

[3] 额尔敦布和，等. 内蒙古草原畜牧业的可持续发展 [M]. 呼和浩特：内蒙古大学出版社，2011.

[4] 陈洁. 实施乡村振兴战略要有历史耐心 [J]. 领导科学，2018（30）.

[5] 高永. 内蒙古荒漠化现状及防治对策 [J]. 北方经济，1999（3）.

[6] 翟琇，侯智惠，等. 牧区现代化内涵与评价指标体系构建 [J]. 北方经济，2020（9）.

[7] 张治会，黄平，等. 乡村振兴的理论逻辑与百年实践及路径再思考 [J]. 湖北农业科学，2020（19）.

[8] 常绍舜. 现代化建设不能只建物，还要建人 [N/OL]. 社会科学报（中国政治与国际政治专题），2021-01-14.

[9] 文明. 内蒙古草原退化的经济根源及对策研究 [D]. 呼和浩特：内蒙古大学，2007.

作者简介：文明，内蒙古社会科学院牧区发展研究所副所长、研究员；明月，内蒙古社会科学院牧区发展研究所副研究员。

全力推进乡村振兴
奋力开启白云农业、农村现代化建设新征程

贵阳市白云区人民政府

乡村兴则国家兴。实施乡村振兴战略是以习近平同志为核心的党中央做出的重大决策部署，是决胜全面建成小康社会、全面建设社会主义现代化强国的重大历史任务，是中国特色社会主义进入新时代，做好“三农”工作的总抓手。白云区结合自身实际，以高质量发展统揽全局，坚持农业、农村优先发展，大力实施“强省会”五年行动为抓手，奋力建成以“做优、做精、做示范”为特征的都市现代农业、农村格局，全面推进乡村振兴战略。

一、白云区基本情况

白云区处于贵州省地理中心和贵阳市地理中心，素有“双心之区”，“贵州中心”的美誉。北接修文县，东与乌当区毗连，东南部与云岩区相邻，西部、南部与观山湖区相连，是贵阳市北部的门户，于1973年恢复建制，是贵阳市6个中心城区之一。全区总面积272平方公里，其中耕地面积6463公顷，占全区总面积的23.7%。辖2乡、3镇、5街道，总人口42万人，其中农业人口8.7465万人，占总人口的20.8%。白云区于2012年消除绝对贫困，2013年率先成为“全省首批同步小康创建达标区”，无建档立卡贫困人口、贫困村。“十三五”期间，白云区统筹实施“对内巩固脱贫成果，对外强化帮扶成效”两大行动，农村基础设施建设实现大突破，农业产业结构调整迈出大步伐，农业、农村综合实力显著增强。农村常住居民人均可支配收入绝对值近三年来持续在全市排名第一，带动水城区、长顺县白云山镇、望谟县乐旺镇、罗甸县罗悃镇和清镇市近5万人脱贫摘帽。

二、聚焦党建引领筑堡垒，把准乡村振兴"方向盘"

白云区坚持把实施乡村振兴战略作为新时代"三农"工作总抓手，以政治引领明责任，以组织引领强堡垒，抓实党建促乡村振兴战略。一是成立以区委、区政府主要领导为组长的区委农村工作暨实施乡村振兴战略领导小组，全面统筹、科学部署乡村振兴重点任务、重点工作。同时，坚持各级党委主要负责人抓乡村振兴，层层压实责任，形成了从上到下、从点到面的责任链，确保党在农村工作中始终总揽全局、协调各方，为乡村振兴提供坚强、有力的政治保障。二是在科学研判白云区乡村发展态势，准确把握乡村发展规律的基础上，科学谋划了《白云区"十四五"乡村振兴发展专项规划（2021—2025年)》，制定了主体文件《关于全面推进乡村振兴，加快农业、农村现代化的实施意见》《关于实现巩固、拓展脱贫攻坚成果同乡村振兴有效衔接的实施意见》和5个关于推进牛场乡乡村振兴示范乡建设、食用菌产业发展、林下经济发展、农村人居环境整治等关键环节的配套《方案》，对全区实施乡村振兴战略做出了阶段性谋划，明确了目标和任务，细化、实化了工作重点和政策措施，部署了重大行动和重大工程，确保乡村振兴战略落实、落地，扎实、有序开展。三是夯实基层党组织作用，不断完善抓基层党建工作责任机制，以责任落实推动工作做实，使农村基层党组织成为村内各项事业发展的领头雁，把各方力量组织起来，凝聚人心，形成合力，推动农村经济、社会发展，建立了选派乡村振兴第一书记制度，出台了《关于做好2021年驻村第一书记和驻村干部轮换的通知》，从32家单位和5个乡镇选派45名干部到沙文镇吊堡村、都拉乡小河村等15个村开展驻村工作，并选派3名干部作为市派第一书记到清镇市开展驻村帮扶工作。

三、聚焦巩固、拓展脱贫成果，筑牢生活富裕"压舱石"

巩固、拓展脱贫攻坚成果是实施乡村振兴战略的重要内容，是全面建成小康社会的标志性元素。白云区以夯实"两不愁、三保障"为基础，全面拓宽农民提质、增收。2020年，全区农村常住居民人均可支配收入为21428元，同比增长

7.7%，绝对值排全市第一位。逐步实现农民全方位奔小康。同时，白云区强化责任担当，将对外帮扶“一区三镇”为己任，助推被帮扶地如期顺利脱贫摘帽。

（一）夯实“3+1”保障，巩固、拓展脱贫成果

白云区聚焦“两摸底、一核查”和全面普查要求紧抓全面排查工作，制定了《白云区脱贫攻坚全面排查工作方案》及《白云区防贫监测预警保障机制（流程图）》，重点对低收入人群、残疾人、鳏寡孤独等易返贫群体的收入情况、饮水安全、教育、医疗、住房安全等开展全面排查，确保对在动态筛查中发现的问题整改到位，巩固、拓展脱贫攻坚成果。

在教育保障方面：进一步落实国家、省、市教育精准扶贫政策，扎实开展义务教育阶段保障工作，确保对在区就读的区外户籍建档立卡贫困家庭子女应助尽助。持续实施好农村中小学和农村学前教育机构营养改善计划，2017 年以来累计投入营养改善计划等教育补助资金 6592.36 万元，惠及学生 152241 人次。

在医疗保障方面：近三年来新农合参保 40 余万人，参保率 99.94%，特困供养人员、最低生活保障家庭成员等特殊群体参保率达 100%。全区 5 个乡镇 56 个行政村均建有标准化卫生室，并实现村医全覆盖。

在农村住房安全保障方面：白云区加强住房安全保障动态监测，对符合政策的新增农村危房及老旧住宅实施改造，实现应改尽改。2016 年以来危房改造实施对象共计 81 户，动态监测排查老旧房 559 户。

在农村饮水安全方面：2019 年，我区在饮水不愁的基础上投资 1.035 亿元实施了城乡供水巩固、提升工程，率先在全省实现“农村供水城镇化，城乡供水一体化”和农村、城镇供水同质、同网、同价的目标，共惠及全部农村地区 97436 人。

（二）凝聚对外帮扶力量，助推如期顺利摘帽

2016 年以来，白云区强化责任担当，对口帮扶水城区、长顺县白云山镇、望谟县乐旺镇、罗甸县罗悃镇和清镇市。统筹实施了“六项带动帮扶工程”（即：产业带动帮扶、市场带动帮扶、就业带动帮扶、教育带动帮扶、医疗带动帮扶、社会力量带动帮扶）和“结对子”携手脱贫攻坚帮扶行动，还选派了 12 名优秀的年轻干部驻帮扶地专职开展帮扶工作。充分发挥两地资源优势，积

极开展旅游合作、招商引资联动和基地建设。同时，为充分激发基层党组织带领群众脱贫的内生动力。白云区与望谟县两地组织部联动，在望谟县乐旺镇坡头村打造“支部结对·五好共建”党建促脱贫攻坚示范点，着力将坡头村打造为“五个好”（共塑“好支书”、共建“好班子”、共育“好队伍”、共创“好产业”、共建“好机制”）示范村。签订了“结对共建”协议书，建立了视频调度会商机制，落实了异地扶贫“三变”项目资金，完成了道路修缮工程、医疗义诊、农业专家技术培训等工作。自帮扶以来累计落实帮扶资金 5682.24 万元。助推“一区三镇”和清镇市顺利实现脱贫。

四、聚焦做精、做特、做示范，激发农业现代化“源动力”

（一）以优化推进“三项工程”为重点，助力产业兴旺

1. 以打造“特色菌园”为抓手，实施强菌工程

我区作为全省 30 个食用菌重点县之一，紧紧围绕贵州食用菌产业示范园区建设，按照“一园多点”（一个产业示范园+多个种植基地）产业布局，努力做强食用菌产业。一是突出园区引领示范，重点打造食用菌产业示范园，采取“平台公司+民营企业”“企业+合作社”等模式，引进贵州丰源、贵州宝成、贵州华欣、贵州聚控等多家企业，示范种植红托竹荪、花菇、姬菇等 200 万棒，打造食用菌智能化、标准化、高效化示范样板。二是依托“多点”做大规模，通过“公司+基地、合作社+基地、种植大户+基地”等模式，按照“稳大宗、建珍稀、拓林下”的思路，在全区五个乡镇建成以香菇、红托竹荪、羊肚菌为优势品种的食用菌种植基地 21 个。2016 年以来累计种植 1.769 亿棒，产量 8.6668 万吨，产值 10.24 亿元。三是着力推动菌种保供基地建设，围绕省内食用菌资源特色，重点发展红托竹荪、羊肚菌、松乳菇、灵芝等珍稀食用菌菌种，建成省级食用菌工程技术研究中心 1 个，开展母种、原种生产及野生食用菌种植资源收集。四是着力推动菌棒产销基地建设，已建成年产能达 700 万棒及 500 万棒的香菇菌棒工厂化生产基地，满足企业自身种植需求及部分区内菌棒供应。花菇菌棒工厂化生产供应基地正在建设中，建成后年产能达 1000

万棒，托竹荪、羊肚菌栽培工厂化供应基地也被列入建设计划。五是着力推动食用菌品比试验，开展羊肚菌、红托竹荪、香菇等新品种、新技术、新模式的试验示范，筛选出适宜我区种植的优质丰产、商品性好的品种，为菌种的更新换代提供技术储备。

2. 以打造“都市菜园”为抓手，实施稳菜工程

白云区扎实抓好叶菜类、香细菜、茄果类等蔬菜种植，确保生产保供稳定，保障“菜篮子”工程。同时，进一步探索发展新优特蔬菜、高端蔬菜、高产值蔬菜品种，鼓励发展工厂化芽菜生产，以企业、合作社、大户等新型经营主体示范带动，建立蔬菜基地15个，2016以来累计完成蔬菜种植24.87万亩次、产量35.22万吨、产值11.03亿元。

3. 以打造“周末果园”为抓手，实施优果工程

白云区以农业产业结构调整为载体，打造品质引领、果旅融合的发展模式，以李、猕猴桃、樱桃、杨梅、甜柿等为主导品种，大力发展精品水果采摘体验示范园建设，打造了13个微果园，示范带动精品水果产业发展，现全区果树种植面积15326.4亩，带动农户5787户，果树种植涉及5个乡镇38个村。

（二）以积极打造“蘑力小镇”为示范，推动全产业链发展

白云区按照“政府主导、企业运营，整体谋划、分步实施，依法依规、要件完备，以链串珠、固根树魂”的总体思路，积极争取上级扶持，整合资源，强化招商，盘活要素，统筹推进，充分挖掘生产、生活、生态、民风、民俗、乡土文化，将蓬莱仙界打造成以蘑菇为主题，集食用菌种植加工、会议会展、科普教育、休闲度假、旅游观光、养老养生、商业服务为一体的“蘑力小镇”。

1. 建基地，育珍稀，构造“周末菌园”采摘品牌

立足食用菌产业示范园区建设，采取“平台公司+民营企业”“企业+合作社”等模式，引进贵州聚控、纵横奥博、楠林生物、星力集团、中科易农等企业入驻园区，开展标准化、智能化食用菌生产，园区含采摘体验园5个。

2. 引龙头，强主体，塑造“精深加工”研发品牌

按照“种植在全省，精深加工在白云，销售在全国，逐步扩出口”的发展思路，推进食用菌加工示范基地建设。引进并培育贵州万泰、中科易农、高山生物等企业建成香菇出口加工，食用菌干品、菌汤、菌粽、灵芝系列产品等初

深加工基地 3 个。

3. 突优势，聚要素，打造"蘑力小镇"文旅品牌

结合白云区制定的《贵阳市白云区蓬莱仙界蘑力小镇建设工作方案》，充分挖掘"蘑力小镇"生产、生活、生态、民风、民俗、乡土文化，积极创建综合旅游度假区。在园区内建设中国—东盟青少年艺术交流活动中心、会务酒店 1 家、特色农家乐 10 家、加工基地 3 个、实训基地 3 个，基本具备了生产示范、采摘体验、初精加工、科普教育、专家论坛、技术培训、食用菌美食、旅游住宿、休闲观光等功能。

五、聚焦提升农村人居环境，塑造乡村生态宜居"新风貌"

白云区以农村生活垃圾治理，"厕所革命"，生活污水治理，村容、村貌提升，河道整治，畜禽粪污整治等为重点，明确目标及职责，形成"区级牵头、上下协同，乡镇主抓、多方参与，村为单位、群众主体，先易后难、宣传引导，明确机制、长效运行"的齐抓共管工作格局，确保了人居环境整治工作有力、有序。

（一）以夯实基础设施为关键，描绘乡村美景

1. 实施清洁人饮巩固提升工程

全区农村实现了"农村供水城镇化，城乡供水一体化"和农村、城镇供水同质、同网、同价的目标。集中供水率达 95%，工程消毒设施实现全覆盖。

2. 实施"农网"升级改造工程

全区共有光纤 5400 公里、基站 445 个，20 户以上自然寨实现光纤和 4G 网络全覆盖。

3. 实施道路畅通工程

2018 年完成道路畅通工程，修建农村"组组通"52 条，115.13 公里，全区范围内 30 户以上村民组 100%通硬化路。

4. 实施农房改造工程

对白云区辖区范围内的贵遵高速沿线、贵阳绕城高速、贵黔铁路一线，以

及中心城区重点区域房屋立面和环境开展综合整治。涉及44个行政村2480余户，惠及人口约10200人。

5. 实施农村生活垃圾治理工程

以集中居住30户以上村寨为重点，开展农村生活垃圾治理，实现“户收集，村集中，乡转运，区处理”的收运模式，并配套完善垃圾处理设施，配齐保洁员，建立保洁制度。垃圾清运率达100%。

6. 实施农村生活污水治理工程

我区先后启动44座规模不等的污水治理设施的建设，52个村组完成污水设施建设。

7. 实施农村“厕所革命”工程

2018年以来，通过对全区农村公厕和卫生户厕的查缺补漏，共新建、改建村级公厕32座，实现了一村有一座公厕的目标，改造户厕1585户，全区卫生厕所覆盖率达95.8%。

（二）以联合督战考评为抓手，健全长效管理

白云区从整治农村生活环境、治理农村生活污水、清理畜禽粪污、“厕所革命”、改变影响农村人居环境的不良习惯等方面细化了人居环境整治各项任务，逐条、逐项分解任务清单，明确责任部门，专人负责，逐项抓落实。由区农业农村局联合区文明办、区督查督办局组成联合考评组，对全区农村开展巡查检查，对查出的问题进行通报，形成问题台账，督促立查、立改。每季度对5个乡（镇）进行大检查、大评比、大排名。同时，各行业主管部门对职能范围内的农村人居环境整治任务进行督查指导，对各项任务完成情况进行审核，并纳入政府目标责任考核范围。强化结果运用，考核结果纳入部门、乡镇领导班子考评体系，作为年终考核的重要内容。同时，开展卫生星级户评选活动。督促各乡（镇）之间、每家每户之间相互学习、自查自纠、立行立改。进一步规范工作激励制度，支持农村人居环境设施建设和正常的运行管护，防止出现重建设、轻管理的问题，保证环境整治的可持续发展。

（三）以整合资金投入为保障，精准统筹施策

白云区通过整合各类可用资金方式，统筹进行安排部署，为农村人居环境

整治提供保障。目前，对村庄清洁行动及已建的基础设施运营、维护资金采取市级奖补，区、乡两级财政共同承担的方式，并积极调动社会资本及平台公司资源优势，整合各类涉农资金和涉农环保资金，由区级集中整合，统筹安排，形成合力，按照“渠道不变，投向不乱，集中使用，各计其功”的原则发挥政府引导作用，科学、合理运用财政补助资金、政策支持、试点示范等，积极探索“政府主导、部门配合、集体补充、村民参与、市场运作”的机制，解决单靠一家一户、一村一镇难以解决的问题。

（四）以大力宣传、倡导为引领，树立文明新风

积极培育、践行社会主义核心价值观，引导广大农民群众转变思想和生活观念，推动全区农村树立文明新风，社会风气向善、向上转变，制定了《白云区“除陋习，树新风”文明行动的实施方案》。坚持环境整改与转变观念结合，开展耐心、细致的宣传和教育，倡导农民自我约束、自我管理氛围。深入推进文化惠民工程，开展了“六月六”布依歌会、“二月十五”跳场节等活动，举办“宣传贯彻党的十九大”主题文艺巡演、“弘扬我们的价值观——家家户户贴春联”送文化下乡活动、“戏曲进校园、进乡村”主题活动等。结合实际情况制定切实有效的村规、民约，将农村人居环境整治工作内容纳入村规、民约，引导农户做好房前、屋后及庭院卫生保洁，明确农户门前“三包”责任制，从源头减少垃圾乱丢乱扔，柴草乱堆、乱积，农机具乱停、乱放，污水乱泼、乱倒，墙壁乱涂、乱画，“小广告”乱贴、乱写，粪污随地排放等影响农村人居环境的现象和不文明行为。

乡村振兴是一场攻坚战，更是一场持久战，我们将以习近平新时代中国特色社会主义思想为指导，以基本实现农业、农村现代化为目标，大力实施“强省会”五年行动，进一步汇聚推动乡村振兴合力，聚力推进都市现代农业高质量发展、生态宜居乡村建设，努力建成白云区都市现代农业示范区、农产品加工核心区和集聚区、乡村振兴样板区。基本形成“农产品市场竞争力强，科技创新水平高，农业质量效益好，第一、第二、第三产融合深，服务体系建设优，农村生态环境美，乡村善治文化兴，职业农民队伍强”的乡村振兴格局，为白云建设成为省会城市新中心筑牢根基。

内蒙古自治区乡村产业振兴研究

韩成福

摘　要：农牧业是内蒙古的传统优势产业。内蒙古已成为全国13个粮食主产区和6个粮食净调出省份之一，是全国奶制品、牛羊肉的“压舱石”，全国最大的羊绒生产地区。农牧业在农村牧区产业发展、农牧民增收及脱贫攻坚方面发挥了重要作用。内蒙古自治区在补齐农牧业产业发展短板的基础上正在走生态化、品牌化、高端化发展之路，从而全面振兴乡村产业。

关键词：内蒙古；乡村产业振兴；对策建议

习近平总书记2021年3月5日下午参加他所在的十三届全国人大四次会议内蒙古代表团审议时指出：“内蒙古要发展优势特色产业，发展适度规模经营，促进农牧业产业化、品牌化，并同发展文化旅游、乡村旅游结合起来，增加农牧民收入。”习近平总书记为内蒙古乡村振兴指出了“量身定制”的发展方向。在以生态优先、绿色发展为导向的高质量发展下，内蒙古自治区各级党委、政府深入理解，认真落实习近平总书记的重要讲话指示精神，因地制宜落实好乡村振兴发展战略。在“十四五”开头之年和建党百年之际进一步巩固、拓展乡村产业发展成果，在此基础上有效衔接乡村产业振兴，为全面乡村振兴开好局。

一、乡村产业振兴的基础

（一）宏观基础

根据《内蒙古自治区2020年国民经济和社会发展统计公报》数据，初步核算，2020 年度地区生产总值完成 17359. 8 亿元，同比增长 0. 2%。其中第一产业增加值 2025. 1 亿元，增长 1. 7%；第二产业增加值 6868. 0 亿元，增长 1. 0%；第三产业增加值 8466. 7 亿元，下降 0. 9%。农村牧区常住居民人均可支配收入 16567 元，比上年增长 8. 4%。从主要收入构成看，工资性收入 3353 元，增长 5. 6%，占收入的 20. 2%；经营净收入 8828 元，增长 9. 4%，占收入的 53. 3%；财产净收入 498 元，下降 4. 7%，占收入的 3. 0%；转移净收入 3888 元，增长 10. 5%，占收入的 23. 5%。农村牧区常住居民人均生活消费支出 13594 元，比上年下降 1. 6%。农村牧区居民恩格尔系数为 30. 6%，分别比上年提高 1. 7 和 3. 4 百分点。

（二）农畜产品丰收

根据《内蒙古自治区 2020 年国民经济和社会发展统计公报》数据，全年农作物总播种面积 888. 3 万公顷，与上年基本持平。其中，粮食作物播种面积 683. 3 万公顷，增长 0. 1%。全年农田有效灌溉面积 319. 9 万公顷。粮食产量 3664. 1 万吨，比上年增长 0. 3%。粮食净调出量由 2015 年的约 30 亿斤增加到 2019 年的约 200 亿斤，增长 6. 72 倍①。全年猪、牛、羊、禽四肉产量达 260. 7 万吨，比上年增长 1. 5%。其中猪肉产量 61. 4 万吨，下降 1. 9%；牛肉产量 66. 3 万吨，增长 3. 9%；羊肉产量 113. 0 万吨，增长 2. 9%；禽肉产量 20. 1 万吨，下降 3. 0%。禽蛋产量 60. 4 万吨，增长 4. 0%；牛奶产量 611. 5 万吨，增长 5. 9%。年末猪、牛、羊存栏 7279. 4 万头（只），较上年增加 247. 8 万头（只），增长 3. 5%。其中生猪存栏 534. 1 万头，增长 24. 3%；牛存栏 671. 1 万头，增长 7. 2%，其中奶牛存栏达到 129. 3 万头，比上年增加 6. 8 万头；羊存栏 6074. 2 万只，增长 1. 6%。家禽存栏 5347. 0 万只，增长 2. 9%。

（三）农畜产品加工业稳中有进

1. 农畜产品工业增加值增长显著

2020 年度，农畜产品加工业发展迅速。全区规模以上农畜产品加工业增加值比上年增长 8. 6%，快于规模以上工业增加值 7. 9 百分点，占全区规模以上

① 内蒙古稳住“基本盘”，守好“压舱石”［N］. 内蒙古日报，2021-04-06.

工业增加值的9.3%，农畜产品加工业已成为自治区农业、农村现代化的重要支撑力量①。由此，农牧业比较优势产业已成为内蒙古经济增长的新亮点。

2. 企业营业收入增速较快

2020年，全区规模以上农畜产品加工业实现营业收入2062亿元，比上年增长7.3%，快于规模以上工业营业收入7.2百分点。其中规模以上农副食品加工业实现营业收入477.5亿元，增长0.8%；食品制造业实现营业收入1291.6亿元，增长11.9%；酒、饮料、精制茶制造业及烟草制品业的营业收入分别增长9.9%和7.1%②。农畜产品加工业营业收入的较快增长将对带动农牧民稳定增收和促进乡村产业振兴起到重要作用。

3. 主要产品产量三增一降

全区努力克服新冠肺炎疫情的不良影响，采取有力措施，积极有序复工、复产，保持了农畜产品加工产业链、供应链的稳定性。2020年，全区乳制品产量337.3万吨，比上年增长16.4%；液体乳产量318.9万吨，增长17.0%；卷烟产量305.1亿支，增长19.6%；白酒产量2.6万千升，下降18.1%③。为此，内蒙古的传统特色优势产业乳业，将对提高就业和农牧业产业结构调整及农牧业高质量发展起到领航的作用。

4. 食品工业增加值占比近7成

从行业结构上看，食品工业和烟草制品业是全区农畜产品加工业的两大主要行业。截至2020年末，在全区规模以上农畜产品加工业增加值中，食品制造业增加值占比53.5%，农副食品加工业增加值占比10.0%，酒、饮料和精制茶制造业增加值占比6.4%，食品相关工业增加值合计占比达69.9%。此外，2020年，全区烟草制品业发展迅速，规模以上烟草制品企业增加值比上年增长22.9%，占规模以上农畜产品加工业企业增加值达到25.0%④。为此，内蒙古食品制造业不但是农畜产品加工业的主力，也为保障人民饮食发挥了重要作用。

（四）优势特色产业集群不断壮大

2020年，形成奶业、玉米2个千亿级产业集群和肉牛、肉羊、马铃薯、杂

---

①②③④ 内蒙古自治区统计局. 优化农畜产品加工业，打造乡村振兴新引擎（第30期）. 2021-03-29.

粮、小麦、向日葵、蔬菜、羊绒、大豆、饲草等 10 个百亿级产业集群，创建了内蒙古草原肉羊、河套向日葵 2 个国家级优势特色产业集群①。可见，内蒙古传统优势农牧业产业逐步形成产业集群化发展道路。

（五）现代农牧业产业园和产业强镇建设成效明显

2020 年，已创建了 3 个国家现代农业产业园、7 个自治区级产业园、27 个产业强镇，形成主导产业地位更加突出、产业链条深度融合、经营主体不断壮大的县乡产业发展新格局②。由此，以产业强村、强镇为主，大力推动村镇优势产业发展，优势产业加工业逐步集中到产业园区，有利于以园区经济带动旗县经济加快发展。

（六）培育、壮大区域公用品牌

2020 年创建了 10 个国家级、19 个自治区级特色农产品优势区，锡林郭勒羊肉、科尔沁牛、乌兰察布马铃薯、兴安盟大米等 11 个特色农产品区域公用品牌入选"中国农业品牌目录"。2020 年"天赋河套"品牌影响力指数位居中国区域农业品牌第一，授权产品实现溢价 30%以上③。由此，内蒙古区域公用品牌的形成和逐步发展壮大将有效带动农畜产品的增值，做大、做强产业，保障农牧民稳定增收。

（七）大力发展绿色、有机、地理标志农产品

2020 年，累计认证总数达到 2136 个，总产量 913.21 万吨，有机产品产量全国第一，对 18 个地理标志产品实施了保护工程，5 个产品入选中欧地理标志协定保护名单④。绿色、有机、地理标志的农产品大幅度增长，将有效满足城乡居民对高档次产品的需求，有利于全国人民身心健康和农牧业高质量发展。

①②③④ 内蒙古稳住"基本盘"，守好"压舱石"［N］. 内蒙古日报，2021-04-06.

二、存在的问题

（一）农牧民收入结构单一性显著，收入减少的风险大

由于内蒙古是以农牧业为主的省区，是我国重要的农畜产品生产、加工、输出基地，是我国牛羊肉、奶制品、粮食“压舱石”，所以农牧业收入结构中经营性收入占较大比例，农牧业经营性收入占人均可支配收入的 53.4%，换言之，农牧民收入的一半以上来自农牧业经营性收入，这就决定农牧民经营性收入增长存在着自然风险、经营风险、市场风险三大风险。政策性转移性收入占人均可支配收入的 23.5%，持续增长的空间并不大。工资性收入占人均可支配收入的 20.2%。财产性净收入仅占人均可支配收入的 3.0%，如何增加农牧民财产性收入是值得研究的重大课题。

（二）种植业领域突出的问题

1. 耕地资源约束

内蒙古耕地资源质量有待提升。内蒙古 700 多万公顷的耕地面积是自治区政府成立以来逐步开垦形成。1947—1961 年大约开垦 191.70 万公顷，1962—2005 年开垦 272.18 万公顷，累计新开垦 463.88 万公顷。这是内蒙古现有耕地面积的新增加的面积，最终形成 756.8 万公顷的最多农作物播种面积规模①，其中多数耕地需进行休耕、有机肥料改良。因为根据全区第二次土壤普查数据，全区中低产田面积共 604.1 万公顷，占耕地面积的 84.4%，耕地质量较差，急需改良休耕。

2. 自治区水土流失问题比较突出是农产品产量增长的潜在制约因素

根据内蒙古自治区水利厅公布的《内蒙古自治区水土保持公报 2019 年度》数据，全区水土流失面积 584083.15 平方公里，占全区土地总面积的 48.83%。按侵蚀类型划分：水力侵蚀面积 83482.26 平方公里，占水土流失总面积的

① 1947—1961 年大约开垦 191.70 万公顷的数据来自《内蒙古自治区志·农业志》，内蒙古人民出版社，2000 年版，第 160—161 页；1962—1996 年数据来自郑世成主编的《内蒙古农牧业经济 50 年》（1947—1996 年），内蒙古农村牧区社会经济调查队，内部资料。

14. 29%；风力侵蚀面积 500600. 89 平方公里，占水土流失总面积的 85. 71%。按照侵蚀强度划分：轻度侵蚀面积 367641. 77 平方公里，占水土流失总面积的 32. 94%；中度侵蚀面积 72184. 62 平方公里，占水土流失总面积的 12. 36%；强烈侵蚀面积 47967. 06 平方公里，占水土流失总面积的 8. 21%；极强烈侵蚀面积 54284. 55 平方公里，占水土流失总面积的 9. 29%；剧烈侵蚀面积 42041. 15 平方公里，占水土流失总面积的 7. 2%。可见，自治区治理水土流失任重而道远。

3. 水资源是粮食生产的硬约束

内蒙古粮食生产的水资源消耗量较大。根据《内蒙古自治区水资源公报（2008—2019)》数据，2008—2015 年，内蒙古农田灌溉用水量虽然整体上呈现减少趋势，可是农田灌溉用水量占全区用水总量的 60. 0%以上，2008 年占 70. 3%，2009 年占 70. 8%，2010 年占 69. 9%，2011 年占 68. 5%，2012 年占 64. 6%，2013 年占 64. 1%，2014 年占 65. 3%，2015 年占 64. 9%，2016 年占 63. 3%，2017 年占 64. 3%，2018 年占 64. 6%，2019 年占 63. 9%。可见，虽然农田灌溉用水量呈现逐年下降趋势，可是占全区用水总量的比例依然超过 60. 0%。换言之，内蒙古每年消耗水资源的 60. 0%多用来生产粮食，内蒙古为粮食生产投入巨大的水资源付出，这种粮食生产方式不符合内蒙古干旱少雨、水资源紧缺的实际。

4. 农业面源污染问题突出

内蒙古的粮食生产虽然取得了巨大成就，但也付出了巨大的环境成本的代价，农田生态环境亟需改善，农田生产环境的污染程度不可低估。根据历年《内蒙古统计年鉴》数据计算，2009 年以来每公顷农作物化肥使用量远超出发达国家认定的 225 公斤/公顷的安全线，2009 年 275 公斤/公顷、2010 年 249 公斤/公顷、2011 年 247 公斤/公顷、2012 年 338 公斤/公顷、2013 年 360 公斤/公顷、2014 年 303 公斤/公顷、2015 年 302 公斤/公顷、2018 年 252 公斤/公顷、2019 年 245. 8 公斤/公顷。为此，内蒙古农作物化肥使用量虽然呈现下降趋势，可是依然高于发达国家的平均水平。农田生态环境是粮食稳定生产和保障粮食品质的生态基础，因此，要加大投资力度并完善制度，改善农田面源污染问题，改善农田生态环境。

（三）畜牧业领域突出的问题

1. 养殖结构单一化问题突出

根据上述资料，2020年牲畜总头数7279.4万头，其中羊6074.2万头，占牲畜总头数的83.4%。可见，以“羊老大”为主的养殖结构不利于降低市场风险、自然风险及农牧民的稳定增收，更不利于巩固、拓展脱贫攻坚成果和乡村产业的稳定振兴。

2. 牧草短缺是畜牧业发展的较大短板

内蒙古是自然灾害高发地区。每年发生的以干旱、洪涝、雪灾等为主的极端气候对畜牧业生产造成不少损失，尤其草场产草量减少，牧民购置牧草的成本基本占生产支出的60%以上，所以，如果牧民牧草储备不充足当面临较大的自然灾害，就只能高价购置牧草维持生产。为此，内蒙古畜产品生产始终围绕牧草生产储存来进行，牧草对畜牧业生产和牧民来说像粮食一样，是“头等大事”。虽然近年来国家对畜牧业生产的投资力度加大，畜牧业棚圈等基础设施得到显著改善，可是牧草短缺问题始终未得到根本解决，对牧草的支出依然占牧民生产成本的大部分，尤其由于自然资源环境的受阻，苜蓿草等优质牧草产量较低，无法满足牲畜的需求。为此，如何解决牧草问题是内蒙古畜牧业生产的头等大事。

3. 未充分发挥半农半牧区和农区发展肉类产业的优势

内蒙古103个旗县（区）中除33个纯畜牧业旗，其他70个旗县（区）是半农半牧区和农区及城市郊区。广阔的半农半牧区和农区不但生产以玉米、大豆为主的饲料粮，还生产稻谷和五谷杂粮，每年产生十分丰富的秸秆资源。可是现在由于技术和资金的短缺，这些秸秆资源无法转化为饲料，同时每年丰产的玉米主要以原粮形式销售南方地区，未转化为优质饲料。由此，半农半牧区和农区的玉米和秸秆是大力发展肉类产业的宝贵资源，也是半农半牧区和农区的天然优势，如何把半农半牧区、农区的天然资源优势转化为最大经济优势是值得研究的重大课题。

4. 亟待重视如何保护、发展草原优质五畜种质资源问题

内蒙古独特的自然生态孕育了极其丰富畜牧业资源。例如，草原五畜牛、绵羊、山羊、马、骆驼是内蒙古大草原上几千年传承下来的优质牲畜资源，无

论是在我国的革命年代还是在建设和改革开放年代，都一直发挥着重要的作用。可是当前资金、技术、人才和地球大气候的变化导致草原地区以干旱为主的极端气候已常态化，使草原生态承载力显著下降，草原上几千年传承下来的优质五畜种质资源大幅度缩减，已经危机到草原畜牧业的发展。为此，如何保护、发展优质五畜种质资源是内蒙古优势传统畜牧业可持续发展中的突出问题。

（四）农畜产品加工业领域突出的问题

1. 农畜产品深加工业落后是建设农牧业强区的“短板”

从目前的内蒙古农牧业的发展来看，农畜产品产业链和价值链短，农畜产品加工业对农牧民带动力不强，打造地区品牌产品的能力弱，对地区经济增长的贡献度较低。就是说，未充分发挥优质农牧业资源的比较优势和发展潜力，换言之，未把农牧业优势资源转化为经济优势。截至 2020 年末，全区规模以上农畜产品加工企业数量为 443 家，比上年减少 6.7%；占规模以上工业企业数量的 15.2%，较上年下降 2 百分点；农业产业化国家级重点龙头企业数量 38 家，仅占全国总数的 3%①。不符合内蒙古全国农牧业大区的地位。

2. 农畜产品加工企业的整体实力偏低

一是企业资产规模偏小。2020 年，全区规模以上农畜产品加工企业资产合计 2464 亿元，占规模以上工业企业资产 7.6%，较上年提高 0.5 的百分点，但仍不足全国平均水平的一半。二是经济效益水平偏低。2020 年，全区规模以上农畜产品加工业增加值与农、林、牧、渔业增加值之比为 2.25∶1，与全国平均水平还有较大差距，农畜产品综合利用水平不高，农畜产品附加值偏低。全区规模以上农畜产品加工业实现利润总额 169.2 亿元，下降 22.6%，占规模以上工业营业利润的 12.9%，农畜产品加工业经济效益仍有较大的提升空间。②

3. 产业结构发展不平衡

从农畜产品加工规模和效益来看，仍以食品制造业和农副食品加工业为主，特别是其中的乳、肉及粮食加工业支撑作用突出。其他加工业规模相对小，尤其是纺织业、皮革工业、木材加工业增加值占比仅为 1.2%，因而内蒙古优势资源没有形成优势产业。③为此，应加快深度开发畜牧业资源，提高畜牧业发展档次。

①②③ 内蒙古自治区统计局. 优化农畜产品加工业，打造乡村振兴新引擎（第 30 期）. 2021-03-29.

（五）农畜产品恶性竞争趋势极其不利于全区农牧业竞争力提升

农牧业是多数旗县的主导产业，是农牧民收入的主要来源，也是脱贫攻坚的主力产业。各地区为了争夺销售市场农畜产品同质化、效仿化、贴牌化现象在一定程度影响了农畜产品“蒙”字号品牌建设。换言之，各地区还未充分挖掘本地区自然生态特征、文化底蕴及传统优势农畜产品的开发。这是提高内蒙古农畜产品品牌价值、生态产品价值的不足之处，导致各旗县之间的恶性竞争加剧。

（六）现代物流发展滞后，生产端和消费终端未有效衔接

由于内蒙古面积118.3万平方公里，拥有广阔的纯牧区、半农半牧区、农区和城市郊区。加之内蒙古是欠发达的边疆少数民族地区，经济总量不大，财力有限，产业结构调整难度较大，同时牧民居住分散，半农半牧区和农区各村之间、各乡镇（苏木）之间距离较远，并且冬季漫长，施工时间较短，所以，交通、电力、水利等基础设施建设成本较高。由此，农牧民生产和城市居民消费衔接的“最后一公里”问题始终未得到彻底解决，导致农牧民和城市居民的交易成本较高，农畜产品流通不畅，需要加强物联网建设。

三、对策建议

（一）千方百计提高农牧民收入

农牧民收入稳定增长是农牧业稳定发展的“压舱石”。一是巩固农牧业经营性收入的稳定增长。二是扩大进城务工渠道，保障进城季节性就业率，提高工资性收入在总收入中的比例，甚至超过经营性收入。三是逐步增加财政转移性收入，稳定农牧民心态。四是加快探索如何提高财产性收入，这是缩小城乡居民收入差距和缓解城乡发展不平衡、不充分的突破口。

（二）巩固种植业发展的对策建议

一是内蒙古是我国重要的五谷杂粮种植地区，要保护耕地，打好种子翻身仗。近年来，玉米、小麦、稻谷、大豆、马铃薯种子资源的保护和提高单产成

效显著，可是弱点在于大豆品种的保护和提高单产还未取得实际性的突破，还有小米、绿豆、黑豆、米子、莜麦、荞麦等种子资源库的建设比较薄弱。上述方面需要被大力扶持，打好种业翻身仗，为种植业提供强大的种子库。二是严格落实《坚决遏制耕地"非农化"和防止耕地"非粮化"》措施，严格保护内蒙古永久性农田，保障农产品生产的基本农田。三是打好农田环境整治的耕地保卫战，科学、合理地治理水土流失问题，加快不宜耕种的山坡地退下来，大力发展草产业，为肉牛、肉羊、奶牛产业的发展提供优质牧草。四是大力发展绿色生产方式。把丰富的秸秆资源转化为优质饲料，把废弃秸秆变为宝贵资源，同时大力发展有机肥料生产企业，逐步代替化肥等化工产品，从而保护耕地，提高耕地有机质含量，彻底扭转、改善耕地面源污染问题。五是采取增加价格差价补贴、保险险种、冷藏设施建设，畅通销售渠道等有利措施，稳定马铃薯种植面积和产量，保住内蒙古在全国马铃薯产业中的地位。

（三）巩固畜牧业发展的对策建议

畜牧业是内蒙古传统优势产业，要把畜牧业优势和自然资源优势真正转化为强大的经济优势。一是打好牲畜种子翻身仗。内蒙古抓住好《全国畜禽遗传改良计划（2021—2035 年）》难得机遇，建设好内蒙古传统优势牲畜西门塔尔牛、奶牛、黄牛、蒙古马、蒙古羊、骆驼的种质，建设完善的繁育体系，为畜牧业稳定发展提供强大的资源库。二是加大饲草料的供给能力，降低畜产品生产的饲草料成本。因为玉米、豆粕、苜蓿草分别占饲料成本的 60%、30%、10%，所以，应充分发挥内蒙古饲料粮生产优势，并降低饲料企业运行成本，大幅度提高饲草料供给能力。三是因地制宜地实施"增牛减羊"政策。在牧场条件较好的地区增加肉牛头数，同时在适合养殖骆驼的地区增加骆驼头数，发挥骆驼养殖的独特优势，从而发展多样化养殖，降低市场风险，保增收。四是充分利用农区和半农半牧区丰富的秸秆及玉米优势，大力发展设施畜牧业。建立完善的激励机制，以较少的财政投入撬动民间资本成为发展设施畜牧业的主力军。五是竭尽全力降低交易成本。在减免活畜运输过路费的同时还要减免畜产品运输车辆的过路费等费用，降低畜产品运输成本和农牧民交易成本。六是做好畜产品品牌化发展和销售渠道做好顶层设计。加大区域品牌建设，建设完善的畜产品追溯体系，遏制各盟市之间的恶性竞争，严厉打击贴牌产品损害优质产品利益的现象。

（四）农畜产品加工业对策建议

农畜产品加工业是畜牧业产业链上的核心环节，在畜牧业的高质量发展和品牌化发展上发挥着重要作用。要做好农畜产品加工业发展的各项制度的顶层设计，例如奖励制度、惩戒制度等，从而建立公平、公正竞争的市场环境，主要调动社会民营资本进入农畜产品加工业发展领域，大力扶持、发展中小微型企业，深挖畜牧业优质资源，多元化生产产品，减少产品的同质化发展，延长畜牧业产业链和价值链，大幅度提高畜产品附加值，有效带动农牧民稳定增收，并提高当地稳定就业，成为新的经济增长点。

（五）减少农畜产品生产地区恶性竞争，内涵式生产产品

一是各旗县区加大农畜产品的地理标志注册，为品牌化发展打好基础。保障农畜产品是无污染的生态产品，体现内蒙古生态环境的生态价值。二是借助北京帮扶内蒙古的机遇，用好北京的科技、人才、市场、资金、管理等优势资源推广本地区的农畜产品，在扩大销售农畜产品的同时提高农畜产品的魅力。有关部门与北京市各区协商，不能把所有农畜产品扎堆推广到一个区，要在不同的区推广不同地区的农畜产品。同时与东部发达省份合作推广内蒙古味道，提高内蒙古农畜产品的美味影响力。从而避免在同一个地区销售农畜产品时产生恶性竞争局面，有利于提高内蒙古农牧业整体竞争力的提升。

（六）加快发展现代物流业，打通生产端和消费端的堵点

现代物流业是系统的工程，要求配套设施、设备齐全，需要巨大的资金投入。一是按照现代物流业建设要求科学规划设计工作，有序建设。二是通过土地、财政、税收等的优惠政策撬动民间资本进入现代物流业体系建设，扩大资金来源渠道，保障资金投入有效、安全地获益。三是在农畜产品生产重点地区建设大型农贸批发市场，打通农畜产品生产重点地区和大型农贸市场之间的交通要道，同时解决好大型农贸市场与城市消费市场的衔接问题，打通快捷通道，保证农畜产品的新鲜。

作者简介：韩成福，内蒙古社会科学院社会学研究所研究员。

乡村振兴的地方探索实践与经验研究
——以贵州省黔东南苗族侗族自治州为例

何选高

摘　要：党的十九大以来，黔东南州把打好精准脱贫攻坚战作为实施乡村振兴战略的优先任务，推动脱贫攻坚与乡村振兴有机结合、相互促进，到2020年实现了现行标准下全州农村贫困人口的整体脱贫、贫困县全部摘帽，解决了区域性整体贫困。目前，城乡二元体制仍是制约全州经济、社会发展的巨大障碍，建设社会主义现代化强国的最薄弱环节仍在农村。黔东南乡村振兴探索实践和经验对于打破城乡二元体制、构建科学的乡村治理体系、实现共同富裕具有现实意义。

关键词：黔东南乡村振兴；探索实践；经验研究

脱贫攻坚与乡村振兴二者的关系是相互联系、内在统一的。精准脱贫是对全面建成小康社会最具有决定性意义的攻坚战，而乡村振兴是全面建设社会主义现代化国家的重大战略。黔东南州把两大战略的协调推进、有机衔接，书写了少数民族边远地区反贫困事业的黔东南篇章，开展了乡村振兴的初步探索，取得了一些可以复制的经验。

一、从脱贫攻坚到乡村振兴的黔东南探索实践

（一）农村基本生产生活条件得到大力改善

黔东南州把打赢脱贫攻坚战与乡村振兴有机衔接作为最大的发展机遇，通过大规模、高强度的集中投入，促进了农村基础条件明显改善和公共服务水平

明显提升。特别是扎实推进“四在农家·美丽乡村”六个小康行动计划升级版建设，从2016年至2020年，累计完成投资突破200亿元，切实改善了全州农村基本生产、生活条件，拓宽了农村群众受益面。

1. “要想富，先修路”

到2020年底，黔东南州解决了农村交通的“最后一公里”，完成全部通组硬化路建设任务，建成路面9000多公里，实现全州3806个30户以上村民组100%通硬化路目标，直接受益群众达100余万人；同年完成新（改）建农村公路1000多公里，完成畅返不畅农村公路修复；完成公路安全生命防护工程，处治隐患路段7004.9公里，公路密度达98.2公里/百平方公里。全州实现3509个建制村通油路，建制村通油路率100%，全州行政村通客运班车率达100%，全州有80%以上的乡镇实现了“半小时上高速”目标。

2. 不断完善水利设施

2016年以来，黔东南州累计完成水土流失治理面积692.7平方公里，累计完成水土保持重点工程投资17461.5万元，2020年完成治理达到200平方公里；完成骨干水源工程蓄水验收17次，解决供水58.7837万人（其中农村人口10.8145万人），解决灌溉面积19.1304万亩；从2016年至2020年，累计实施30个中央财政小型农田水利设施项目县项目，共扩大耕地灌溉面积超过3万亩。

3. 加快改造农村电力网络设施

从2014年至2020年，凯里电网投资42.81亿元全力改善农村电网，“两率一户”提前一年实现国家新一轮农网改造升级目标，全网农村电网供电可靠率99.80%、综合电压合格率98.89%、户均配变容量2.26千伏安；全面保障了90个易地扶贫搬迁安置点用电，惠及搬迁群众30.8万人；全面推进“中压运维集约化+低压业务网格化”，全力提高农村地区的用电质量和供电服务水平。实现光纤宽带和4G网络行政村全覆盖，农村固定网络宽带接入能力普遍达50Mbps以上，30户以上自然村寨4G网络覆盖率达98%以上。

（二）农村社会事业得到快速发展

1. 创造条件帮助困难家庭学生接受非义务教育

黔东南州积极引导、鼓励企业、社会团体、个人等捐资，帮助经济困难的家庭儿童、孤儿和残疾儿童接受普惠性学前教育。对在普通高校本专科（高职）、中职学校一至二年级、普通高中就读，以及具有全日制学历教育正式学籍的农村户籍建档立卡贫困户子女进行资助。免除公办普通高中建档立卡等家庭经济困难学生的学杂费。免除公办中等职业学校全日制正式学籍一、二、三年级在校生中所有农村（含县镇）学生，城市涉农专业学生和家庭经济困难学生的学费，资助具有正式注册学籍的普通高中在校生中的家庭经济困难学生，平均资助标准为每生每年 2000 元。全州各级各类学生资助资金由 2014 年的 9.79 亿元增长到 2020 年落实各类学生资助资金 14.84 亿元，资助学生由 2014 年的 145 万人次扩大到 2020 年的 192 万人次，农村建档立卡贫困学生全覆盖享受资助政策。

2. 加快推进医疗卫生事业发展

到 2020 年全州完成州、县两级全民健康信息基础平台搭建，29 家县级以上公立医院均接入全省统一预约挂号平台，远程会诊、远程诊断、远程培训等远程医疗服务应用逐步常态化，极大地方便了患者就医。全面推进全州 1025 个深度贫困村卫生室规范化建设，大大改善了深度贫困地区群众基本生产、生活条件和医疗保障水平。全州共组建家庭医生签约团队 1000 个，重点人群签约率达 53.18%，建档立卡贫困人口签约率达 95.65%。

3. 不断完善农村社会保障制度

加强农村养老制度保障体系建设，全州拥有养老床位 21000 张，平均每千名老年人共有床位 31.6 张。对建档立卡未标注脱贫的贫困人口、低保对象、特困人员等困难群体，由政府代缴部分或全部最低标准养老保险费，基础养老金从 2014 年的 55 元每月每人提高到 2020 年的 100 元每月每人，农村低保提高到 2020 年的 4091 元每年每人，特困供养人员供养水平提高到 11302 每年每人。

（三）持续加强生态保护和利用

黔东南州认真践行"两山"理念，致力于加强生态环境保护，合理开发生态资源，出台了贵州省第一部地方综合性生态环保法规《黔东南州生态环境保护条例》，以法规的形式明确了地方政府的责任，建立了州、县市、乡镇、村四级环境监管网格化管理机制，制定了生态文明建设目标评价考核办法，实行环境保护"一票否决"，保护生态环境的制度框架初步形成并不断完善。"十三五”期间，通过实施“依法护绿、增绿添彩、提质增效、转型创新”四个行动计划，全州森林面积三年净增 70 万亩以上，2018 年全州森林覆盖率达到 67.67%，为贵州省最高。

1. 增强生态效益“补农”

实施退耕还林补助，积极争取国家将州内 25 度以上坡耕地、严重石漠化耕地、陡坡梯田和严重污染耕地纳入退耕还林范围，兑现补助资金共计 42134.2 万元。在退耕还林中，重点向贫困山区农民倾斜，确保贫困农户“宜退尽退”。建立公益林补偿机制，全州界定生态公益林面积 1385.89 万亩，占全州林地面积的 45.21%。公益林补偿资金惠及农户 46 万户，总受益 193 万人，涉及贫困人口约 13.5 万人。2018 年度及以前公益林生态效益补偿资金到位 16106.26 万元，占应到位资金 17794.89 万元的 90.51%；2019 年度已兑现 1511.12 万元。实施生态护林员补助，2020 年全州新增中央财政生态护林员 6044 名，全州生态护林员扩大到 19494 人，其中中央财政补助 16342 人，省级财政补助 3152 人，确保 19494 户 60000 多贫困人口全部稳步脱贫。

2. 发展生态产业“富农”

积极创建“国家有机产品认证示范区”，麻江、雷山两县成为“国家有机产品认证示范创建区”。将林下经济作为实施农村产业革命的突破口，大力发展林鸡、林菌、林药、林蜂产业，着力建设 100 万亩油茶、100 万亩茶叶、100 万亩竹产业基地。2019 年，通过开展油茶基地建设、竹产业基地建设、蓝莓基地建设带动脱贫，林下经济快速发展惠及农户 14 万户（其中建档立卡贫困户 8.6 万户）。自 2019 年 8 月 16 日全州林下经济产业发展大会以来，全州林下中药材、林下生态家禽、林下食用菌、林下养蜂产业发展迅猛，“百千万”工程基地建设建成村级百亩基地 675 个、乡级千亩基地 60 个，17 个县级万亩基地正在建设之中。

3. 推动污染治理“护农”

积极推进落实“全州环境保护十件实事”“全州环境污染治理设施建设三年行动计划”“全州环境保护攻坚行动工作方案”，严格落实国家污染防治工作考核。全州设州、县、乡、村四级河长 3835 人，建立河湖管理保护联合执法机制，加大涉河水事违法行为查处力度。制定《农药使用量零增长行动实施方案》，2020 年农作物病虫害防治用药比 2019 年减少了 20 多吨，实现负增长。

(四) 不断增强产业发展能力

在乡村振兴时期，靠传统的、常规的办法来抓农业结构调整短期难以见到明显成效，必须采取超常规的举措。全州掀起了一场新的农村产业革命，为乡村振兴注入了新的动能，为农村经济发展带来了新的活力。

1. 以做强、做大特色产业为重点，推动农村产业结构深刻变化

坚持党政主抓、创新制度机制、突出特色产业、拓展市场销路、强化技术服务，一批新的产业发展了起来。2019 年，蔬菜累计种植面积、产量、产值达到 248. 3 万亩、393. 7 万吨、113. 64 亿元，食用菌累计种植面积 3. 84 万亩，茶叶投产面积 50. 03 万亩，油茶基地累计种植面积 108 万亩，中药材累计种植面积 104. 8 万亩，蓝莓累计种植面积 14. 72 万亩。黔东南州正在从"为吃而生产"的自给自足向"为卖而生产"的参与现代市场经济转变，正在从主要种植低效玉米向种植高效经济作物转变，正在从粗放模式向集约转变，正在从"提篮小卖"向现代商贸物流转变，正在从村民"户自为战"向形成紧密相连的产业发展共同体转变，正在从单一种养业向第一、第二、第三产业融合发展转变。有劳动能力的贫困户获得了收入，农民增收渠道越走越宽。

2. 以"八要素"为重点，为新型产业全方位提供要素支撑

发展农村产业，仅突出自身优势是远远不够的，甚至会给农民带来很大的损失。决定成败的，往往是各要素条件中的短板。扶贫产业的发展承载着贫困户脱贫的重任、农民增收的希冀，担不起太大的风险。在市场经济中发展扶贫产业，需要系统思维，准备好产业发展需要的各种要素条件。黔东南州紧扣产业选择、培训农民、技术服务、资金筹措、组织方式、产销对接、利益联结、基层党建"八要素"，以基层党组织建设为根本保障，不断凝聚各方力量为农民解决迫切需要解决的问题，在很大程度上克服了短板效应。通过精深加工延长产业链，提升价值链，优化供应链，产业综合价值快速增长。2019 年新增农业产业化国家级重点龙头企业 1 家（麻江县明洋食品有限公司），黔东南州国家级龙头企业实现零突破。2020 年全州州级以上龙头企业达到 432 家，合作社 9699 家（国家级示范社新增 7 家，累计 23 家；省级示范社 29 家，州级示范社 57家），专业大户 1711 户（新增 42 户），家庭农场 1908 个（新增 96 个），实现了建档立卡贫困户全覆盖。

3. 以坚持农业绿色理念为主题，创建黔东南绿色产品名片

首先是绿色有机地标认证不断扩大。全州绿色食品获证 27 个，认证面积 7.59 万亩，分属 11 家企业、7 家合作社。绿色食品产量 7.32 吨。获得有机产品认证证书（含转换证书）129 张、有机产品认证面积（含转换证书）15.24 万亩。有机认证企业（含合作社）共 96 家，认证品种有 46 个，有机认证示范（创建）区有 9 个，其中国家示范（创建）区 4 个，省级示范（创建）区 5 个。全州农产品地理标志登记产品 11 个。其次是“苗侗山珍”农产品区域公共品牌正式运营。全州农业产业依托“苗侗山珍”农产品区域公用品牌建设，着力整合打造一批品质优良、科技含量高、市场竞争力强的特色优质农产品，走出一条具有山地特色的绿色兴农、质量兴农、品牌强农之路，为脱贫攻坚增添新动力，“苗侗山珍”农产品区域公共品牌涵盖茶叶、优质米、蓝莓、思州柚、三穗鸭、山茶油、红酸汤、太子参、天麻等品种，现已成立协会，并完成《苗侗山珍食用畜牧产品》《苗侗山珍食用种植业产品》《苗侗山珍加工食品》《苗侗山珍食用淡水产品》《苗侗山珍通用要求》五个标准文本编制，正在全国标准信息公共服务平台上征求意见。

二、黔东南开展脱贫攻坚与乡村振兴的经验研究

实施乡村振兴战略是农业、农村工作的总抓手，脱贫攻坚战结束以后，黔东南把巩固脱贫攻坚成果、解决相对贫困问题涉及的各领域工作纳入推进农村经济建设、政治建设、文化建设、社会建设、生态文明建设和党的建设的总体框架之下，贯彻农业、农村优先发展的总方针，按照脱贫攻坚政策和实施乡村振兴战略的“产业兴旺、生态宜居、乡风文明、治理有效、生活富裕”的总要求，分层、分步推动农业、农村现代化，使农业成为有奔头的产业，使农民成为有吸引力的职业，使农村成为安居乐业的美丽家园。

（一）全力防止返贫与巩固脱贫成果相结合

1. 巩固脱贫攻坚成果

2020 年底黔东南州 15 个贫困县已经全部实现脱贫摘帽，贫困村全部出列，全面消除了绝对贫困，进入了乡村振兴的快车道。在乡村振兴开新局之际，黔

东南州没有产生“大功告成”的松劲懈怠，没有出现撤摊子、歇歇脚、转移重心、更换频道的倾向，而是继续建立巩固脱贫长效机制，坚持摘帽不摘责任、不摘政策、不摘帮扶、不摘监管。并且及时组织开展“回头看”，对所有建档立卡贫困人口再次进行“过筛子”，对出现的返贫人口和新发生贫困人口，及时建立台账，因户施策，采取有针对性的措施及时予以帮扶，对失去劳动能力的贫困人口做到应保尽保。脱贫、返贫和发生新的贫困现象是一个动态变化的过程，黔东南州定期启动贫困人口的再次识别机制，建立更加健全的监测网络和监测预警机制，为巩固脱贫攻坚成果，建立、健全扶弱帮困提供支撑。

2. 夯实乡村振兴基础

黔东南州正在加快实施乡村振兴战略规划，推进“四在农家·美丽乡村”小康升级行动，推动“四好农村路”示范创建提质扩面，深入开展农村人居环境整治，确保农村生活垃圾和污水得到有效治理。推动基本公共服务向乡村延伸，基本补齐乡镇寄宿制学校和乡村小规模学校短板，持续提升乡镇卫生院和村卫生室服务能力，扩大乡村文化惠民工程覆盖面。规范农村住房规划建设，强化宅基地用地管理。坚持并发展新时代“枫桥经验”，巩固并提升“十户一体”“五户联保”等治理成效。强化农业技术人才、产业发展人才、市场推广人才的培育和引进，建设新型职业农民和农村职业经纪人队伍，鼓励并引导有技术、有能力的农民返乡创业。

（二）提升农业、农村发展水平与补齐突出短板结合

在解决基本生存问题后，在乡村振兴阶段根据经济、社会整体发展水平、收入与生活差距、政府财力等状况确定扶贫工作的标准和对象，采取相应的措施，提升农业、农村的经济发展水平，改善农村生产生活条件，是黔东南州的一项长期任务。

1. 推动产业，就业、创业帮扶

一是大力发展乡村产业。产业发展是乡村振兴的关键，是预防返贫的重要抓手，是农民群众持续增收的主要来源。以前的产业扶贫政策绝大多数只针对精准贫困户，随着乡村振兴阶段的到来，产业振兴政策应该惠及更多的群众，尤其是边缘贫困群众和中低收入群众，只要持之以恒干下去，就能逐步克服进入大市场的障碍和困难，最终能蹚出一条乡村振兴的新路来。

二是挖掘就业增收潜力。黔东南州以就业致富为统揽，强化组织领导，精准工作措施，全力打好易地搬迁就业、创业、贫困劳动力全员培训、劳务输出三场硬仗，各项目标任务超额完成，就业脱贫产生明显效果。同时，继续健全覆盖城乡的公共就业服务体系，为包括农村转移劳动力在内的所有劳动者免费提供政策咨询、岗位信息、职业指导、职业介绍等服务。目前，黔东南州以促进转移就业为目标，大规模开展职业技能培训，加大对农村富余劳动力、在岗农民工的技能培训投入力度。持续推进农业转移人口市民化，深化户籍制度改革，促进有条件、有意愿、在城镇有稳定就业和住所的农业转移人口在城镇有序落户，依法平等享受城镇公共服务。

三是优化农村创业措施。外出人员回乡创业的势头已经显现出来，为传统的苗侗村寨注入了新的生机。黔东南州像20世纪八九十年代抓乡镇企业发展那样抓“归雁经济”，大力推进干部和知识分子、大学生、农民工返乡创业，以创业带动就业。另外，继续落实税费减免、担保贷款贴息等创业扶持政策，加强创业培训，为有创业意愿和服务需求的劳动者提供信息咨询、开业指导、创业孵化、跟踪辅导等“一条龙”创业服务，提高创业成功率。

2. 改善农村基本生产、生活条件

一是推进道路建设。加快推进县、乡、村现有公路提档、升级，偏远山区和贫困地区的县与乡之间争取通达一级公路，乡与乡之间争取通达二级公路。加快推进偏远山区和贫困地区的县、乡、村公路成网建设，减少断头路，少走回头路，加快推进偏远山区村寨通硬化路、沥青路（水泥路）等工程建设。加快实施农村公路“组组通”工程，加快推进农村联户路（串户路）建设，方便山区群众出行。加快建立以县为单位的县道、乡道公路养护保障制度，切实保障农村公路有效使用，保障农村公路的通畅和安全。

二是改善生产设施条件。加快推进偏远山区机耕道、生产作业路、耕地平整等基础设施建设，提高农业生产机械化水平，降低劳动强度。要引导、支持企业、农民专业合作社等经济组织在村里根据需要建设冷库，建设经济适用的现代化物流体系，为农副产品卖个好价钱创造条件。

三是弥合城乡数字鸿沟。实施数字乡村战略，加快推进偏远山区和深度贫困地区宽带网络和第五代移动通信网络覆盖建设步伐，开发适应“三农”特点的信息技术、产品、应用和服务，推动远程医疗、远程教育等应用普及。

（三）深化产业发展与产业振兴结合

产业兴，百业兴。无论是之前决战脱贫攻坚还是现在的乡村振兴，黔东南州都把产业发展摆在突出位置。

1. 加快构建现代乡村产业体系

一是发展优质粮油产业。粮油产业承载着保吃饭、保基本收入、传承文化的多重功能，始终是黔东南州最基本的产业。在以优质化、特色化、绿色化、产业化为方向，稳步提高产能的同时提升粮油产业的质量、效益和竞争力。在继续发展商品性好的杂交稻的同时，着力把丹寨硒锌米、从江九芗香禾糯、锡利贡米、地方红米等品牌做大，利用稻鱼（鸭）绿色生产技术模式提高综合经营效益。争取用几年时间把马铃薯种植面积扩大到120万亩以上，将早熟菜用品种提高到60%以上，适宜主食加工的品种种植比例提高到30%以上。目前，高粱、小豆（红小豆）、蚕豆、小米等杂粮的市场正在稳步扩大，要依托生产加工龙头企业和农民专业合作社，建成一批标准化生产基地，将种植面积扩大到20万亩以上。以深加工增值为带动，将油菜种植面积稳定在80万亩左右。

二是大力发展特色、高效农业产业。伴随我国农产品、食品需求结构的升级，基于独特的生态、资源、环境、气候条件，黔东南的特色农产品总体上处于供不应求的状态，蔬菜、茶叶、中药材、水果、油茶、生猪、牛羊、肉（蛋）禽、特种水产等产业已经初步形成了较强的市场竞争力。要努力扩大特色高效产业规模，将蔬菜、精品水果、茶叶、中药材种植面积分别扩大到200万亩、110万亩、100万亩、100万亩以上，把特色蔬菜、雷公山绿茶、黎平红茶、麻江蓝莓、道地药材、从江香猪、黔东南小香鸡、绿壳蛋鸡、三穗麻鸭、天柱骡鸭等打造成更具有广泛影响力的区域性品牌。同时重点培育、壮大果蔬、畜产品和中草药精深加工产业，引进、培育一批规模以上加工企业，促进农产品加工业转型升级，争取农产品加工业产值与农业总产值之比达到全国平均水平。

三是大力发展新产业、新业态。黔东南州乡村旅游资源丰富，乡村休闲旅游产业方兴未艾。近年来，乡村旅游、民居民俗、康养基地、"互联网+"等新产业、新业态呈现出快速发展的态势，对农民增收的带动力明显增强。抓住机遇，重点做足生态文章，深入推进“农、文、旅一体化”，探索“农业+旅游”“农业+文创”“农业+康养”等模式，建立以农业为核心的农村经济产业链，着力推进农业生产和文化、旅游、康养等互联、互通，拓宽把绿水青山变成金山银山的渠道。

2. 构架新型经营体系

新型经营体系是“产业兴旺”的主角，对防止致贫返贫、提高脱贫稳定性具有重要带动作用。目前，“村支部+合作社”是黔东南新型农业经营体系的基本主体，在组织生产中具有关键而独特的作用。但要看到，村内的力量是有限的，绝大多数村级合作社仍然解决不了与大市场衔接的问题。缺乏市场开拓能力强、产业链条完整、规模优势明显的龙头企业是黔东南州农业经营体系最大的软肋。架起农户与大市场之间的桥梁，必须加快培育、引进农业产业化龙头企业，发展大型合作社、合作联社、产业协会等龙头，加快培育农业产业联合体，在构建新型农业经营体系方面取得突破。对运行规范、利益联结机制好、带动农户面大、带动贫困人口多、农户增收幅度大、产业优势突出的农民专业合作社，还要继续整合各类项目资金、物资等支持开展信息、培训、农产品质量标准认证、“三品一标”、贷款贴息、基地建设、市场营销和新技术、新品种的引进、技术推广等，与实施乡村振兴战略中涉及产业发展的有关政策、项目、资金整合起来，集中支持新型农业经营主体。发挥政府扶持资金的引导作用，加快推广“订单收购+分红”“土地流转+优先雇用+社会保障”“农民入股+保底收益+按股分红”等多种利益联结方式，将企业与农民的产品购销、劳务关系、土地流转等简单的交易关系转变为紧密的合作共赢关系。

参考文献

[1] 习近平. 把乡村振兴战略作为新时代“三农”工作总抓手［J］. 实践(党的教育版)，2019（6）.

[2] 韩长赋解读2020年中央一号文件［J］. 湖南农业，2020（4）.

[3] 韩俊. 以习近平总书记“三农”思想为根本遵循实施好乡村振兴战略［J］. 管理世界，2018（8）.

[4] 豆书龙，叶敬忠. 乡村振兴与脱贫攻坚的有机衔接及其机制构建［J］. 改革，2019（1）.

［5］刘奇. 如何实现脱贫攻坚与乡村振兴有机衔接［J］. 中国农村科技，2019（2）.
［6］庄天慧，孙锦杨，杨浩. 精准脱贫与乡村振兴的内在逻辑及有机衔接路径研究［J］. 西南民族大学学报（人文社科版），2018（12）.
［7］徐虹，王彩彩. 乡村振兴战略下对精准扶贫的再思考［J］. 农村经济，2018（3）.
［8］单士兵. 乡村振兴与脱贫攻坚要协调推进［J］. 农村工作通讯，2018（11）.
［9］黄勇. 推进贵州脱贫攻坚与乡村振兴战略有机衔接［N］. 贵州日报，2019-05-22（6）.
［10］郭晓鸣，张耀文. 贫困地区实施乡村振兴战略的路径与对策［J］. 农业经济与管理，2018（4）.
［11］张晓山. 实施乡村振兴战略的几个抓手［J］. 人民论坛，2017（33）：72-74.
［12］杨世伟. 乡村振兴战略与精准脱贫攻坚有机衔接研究［J］. 中国国情国力，2019（6）.
［13］蒋小娟，董佳星. 黔东南：产业兴经济，富民奔小康［N］. 贵州日报，2019-08-29.
［14］朱冬亮. 贫困“边缘户”的相对贫困处境与施治［J］. 人民论坛，2019（3）.
［15］黔东南州政府工作报告［EB/OL］. 黔东南州人民政府网，2021-03-19.

作者简介：何选高，黔东南州社科院副院长、教授。

贵州“三变”改革，助推乡村振兴的经验、理论、问题及对策

刘培生

摘　要：发源于贵州六盘水的“三变”（资源变资产、资金变股金、农民变股东）改革是农村基层通过实践和探索得来的。该改革探索成效显著，得到党中央和国家领导人的认可，连续9次被写入中央的政策文件中。“三变”改革中的“三要素”与乡村振兴的“五个”要件紧密衔接，是新时期推动乡村振兴的重要抓手。对贵州“三变”改革助推乡村振兴进行经验总结、理论提炼和问题解析，不仅对推动贵州乡村振兴具有重大的意义，而且可以作为样本在全国其他地区推广，为全面实施乡村振兴战略做出贵州应有的贡献。

关键词：“三变”改革；乡村振兴；经验；理论；问题及对策

2014年以来，贵州六盘水市市委、市政府根据基层农民的实践探索，开创性地推进了“资源变资产，资金变股金，农民变股东”的农村改革（以下简称“三变”改革），其改革成果得到了党中央和国家领导人的肯定。2015年11月27日，习近平总书记在中央扶贫开发工作会议上讲话强调：“要通过改革创新，让贫困地区的土地、劳动力、资产、自然风光等要素活起来，让资源变资产、资金变股金、农民变股民，让绿水青山变金山银山，带动贫困人口增收。”2017年“三变”改革第一次被写入了中央一号文件，2018年1月，农村“三变”被写入《中共中央国务院关于实施乡村振兴战略的意见》（中发〔2018〕1号），2018年9月，推动“三变”改革被写入中共中央、国务院印发《乡村振兴战略规划（2018—2022年）》，2019年1月，农村“三变”改革被写入《中共中央国务院关于实施乡村振兴战略的意见》（中发〔2019〕1号）。截至目前，“三变”改革已先后9次被写入中央的政策文件，实现从“地方实践”

到“国家政策”的蜕变，成为助推乡村振兴的重要政策机制和实现手段。

伴随着对“三变”改革的研究和推进，“三变”改革的宝贵经验和有效做法由六盘水市向贵州全省传播，由贵州向中、东、西部省区扩散，由农村向城市渗透，为全国的农村改革和乡村振兴战略实施做出了重要贡献。贵州“三变”改革在全国各地的知名度和影响力日趋提升。“三变”改革的实践为贵州探索出一条乡村振兴新路径。对贵州“三变”改革与乡村振兴开展研究，从理论层面进行总结和研究，不仅对于推动贵州乡村振兴具有重大的意义，而且可以作为可复制的样本在全国其他地区推广，进而为解决“三农”问题，实现农村、农业的优先发展和全面实施乡村振兴战略做出贵州应有的贡献。

一、“三变”改革助推乡村振兴的基本经验

（一）党委领导是“三变”改革助推乡村振兴的重要推动力

通过“三变”改革，村级党组织积极探索“组织联建强引领，产业联营强支撑，股权联心强动力，群众联创强活力”的“四联四强”模式，走出了一条机制新、产业强、百姓富、生态美的脱贫攻坚新路子，把组织带动作为乡村振兴的先导和基础，建强乡村振兴的堡垒。

（二）政府公共财政支持是“三变”改革助推乡村振兴的重要手段

以财政投资改善农村基础设施、农业生产条件和农民生活环境，会直接创造出更多的投资和消费需求，客观上又会提高民间社会资本、土地资本、劳动力等要素的边际生产效率，通过“三变”改革机制，实现要素重组，形成推动乡村振兴的巨大力量。

（三）培育企业家“带头人”是“三变”改革助推乡村振兴的重要措施

农业产业的发展一定需要具有独到的市场眼光，敢闯、敢干的品质和组织各种经济资源开办企业的能力的能人。这就是能够协调各种关系，抵抗各种风险，把各种资源、人才、资金组织起来努力干的“企业家才能”，这样的“企

业家才能”既要具备为自己谋利益，也要具备为合作社所有成员谋利益的共产党员关爱群众的情怀。选择、发现、引进善经营、会管理、懂市场的企业家型人才进入基层党组织，是整合农村的各种资源要素，协调各阶层的相关利益，以“三变”改革的机制推进农业产业规模化发展，进一步延伸产品的加工营销，实现产业融合促进产业振兴的根本措施。

（四）建设特色优势产业是“三变”改革助推乡村振兴的重要环节

产业发展是乡村振兴的基础要件。“三变”改革的目的是整合各种资源发展现代农业产业，不断增加农民收入，带动农村经济、社会、文化的全面发展，没有产业的发展，就不会有全面的乡村振兴。推动乡村振兴，每个地区发展什么产业不是随意的，而是要根据各地的自然资源禀赋、生产技术条件等选择对经营主体具有相对比较优势的产业，比较优势包括要素禀赋优势、生产优势、加工优势、稳定市场需求优势。

（五）推动要素市场化配置是“三变”改革助推乡村振兴的基本路径

“三变”改革中“变”的本义是“变化、改变”，法律含义指要素的权属变化，即要素的所有权、承包经营权、使用权的主体发生改变，其经济含义就是各种要素的权属在不同的主体之间交易、流转。土地资源、货币资本、劳动力、技术与信息是产业发展的基本要素，“三变”改革的核心是以股份合作为基础推动农村各种要素的流动、交易、重组等合理配置。“三变”改革推动了要素的市场化配置。

（六）党组织动员全民参与是“三变”改革助推乡村振兴的组织保障

党组织具有组织、宣传、凝聚、服务群众四项功能职责，通过汇集“民心”，组织“民力”，激发“民智”，解决“民困”发挥基层党组织引导作用，整合本区域内各种资源、资金、劳动力、技术要素。乡村党组织始终把带领群众谋发展摆在首位，一刻也不停歇，一件接着一件干，在每一项创业中都不断地组织、发动群众积极参与，充分发挥了群众的创造能力，让群众通过共同奋斗实现共同发展、共同富裕。

（七）完善利益联结机制是“三变”改革助推乡村振兴的内生力量

在“三变”改革中，要重点保护农民的土地资产（承包经营权）收益，优先照顾农民的务工权益和收益、各种财政扶持补贴资金产生的入股分红，更多地汇集贫困户，同时兼顾农村基层组织的所有权和公共管理权收益，从而形成利益联结机制，通过不断完善的要素分配方式激发了经营主体、农民、基层组织、社会团体、各级政府等各方的积极性、主动性和创造性，不断为乡村振兴注入内生动力。

二、“三变改革”助推乡村振兴的理论分析

（一）“三变”改革在本质上是制度创新

“三变”改革中各种资产权属的重新界定和主体之间利益分配上的变化，各基层政府对所辖区域内的所有集体资源、农户个体资源权属界定包括耕地加“四荒地”、林地、宅基地及房产的确权，本质上是完善产权保护制度，确保农村资源、资产的公平、有效流通，并及时调整农业、农村生产关系，以适应社会主义市场经济生产力发展的需求。由于“三变”改革实现了生产组织形式的创新，即把原来分散的家庭经营户转变为现代新型经营主体，有利于降低生产经营过程中的产前购买投入要素（化肥、种子、技术、机械设备）阶段、销售产品和服务阶段的交易成本，并获得规模化生产和加工环节的收益，有力地激活了各类生产要素，把企业家和带头人锻造成乡村振兴的“排头兵”，使资源利用效率大大提高，为乡村振兴提供了内生推动力。

（二）“三变”改革理顺了政府与市场的关系

在发挥市场在配置资源的决定性作用的基础上，充分发挥政府的引导、指导、扶持和监督保障作用，是乡村振兴和可持续发展的路径。政府作为公共管理服务部门，根据经济发展水平和财政收支状况，为经济社会提供相应的公共产品和公共服务。市场和政府的双重作用催生了“三变”改革，“三变”改革运势而为，为现代产业的发展和乡村振兴开辟了新路径。

（三）“三变”改革推动了农村经济增长

“三变”改革通过推动产业发展、规模收益和总体效率的提升，生产函数向上移动，增加了农村集体和农民个人的收入，成为解决“三农”问题的钥匙，带动了农村公共服务设施和治理体系的完善。“资源变资产”扩充了资产的外延；“资金变股金”扩展了融资渠道；“农民变股东”调动了农民的经营积极性，树立起农民的主人翁精神。因此，“三变”改革推动了技术创新和制度创新。

（四）“三变”改革通过多种途径推动了乡村振兴

“三变”改革把分散的土地、资金、技术和劳动力要素集中起来，按照股份制的收益共享、风险共担原则合作经营，通过改变资源要素的组合方式，推动了农业的持续增长，增加了农村集体和农民个人的收入，从而推动了农业、农村经济快速发展，推进了以产业兴旺、生态宜居、乡风文明、治理有效、生活富裕为目标的乡村振兴战略的实施。

三、深化“三变”改革，助推解决乡村振兴面临的问题和困难

尽管“三变”改革在推动乡村振兴中取得了很大的成绩，但是，在深化“三变”改革的过程中仍然存在着一些问题和困难，这些问题和困难既限制了“三变”改革的深入开展，又阻碍了乡村振兴战略的推进步伐。

（一）资金投入不足，农村基础设施短板明显

近年来，着眼于打赢脱贫攻坚“歼灭战”，国家加大了对农村各项基础的设施投入，与过去相比，农村的生活基础条件有了较大改变，基本达到了脱贫目标。但就贵州的大部分农村地区而言，由于历史和自然的原因，生产性、经营性基础设施如水利、田间机耕道路、高标准农田，物流、网点、仓储等建设滞后，生产工具和技术手段落后（如平均机械化水平低），远不能满足现代农业的发展需要。农村基础设施建设的滞后不仅影响“资源变资产”的定价，无

法降低农业生产的自然风险，致使土地和劳动力的生产效率难于提高，也难以满足乡村振兴对农业发展现代化及第一、第二、第三产业融合的要求。

（二）土地流转机制不畅，农村建设规划滞后

耕地、宅基地和经营性建设用地是农村生产、生活的重要资源。就集体经营性建设用地、宅基地入市机制不活等问题，新的《土地管理法》规定，"土地利用总体规划、城乡规划确定为工业、商业等经营性用途并经依法登记的集体经营性建设用地，土地所有权人可以通过出让、出租等方式交由单位和个人使用"。宅基地实行一户一宅，虽然《物权法》规定宅基地使用权人的权益，但要取得农村的宅基地（及其）附属物的前提是取得"村籍"，因此宅基入市流通仍有障碍。但就实际调查结果看，界定过于宽泛，在摸底调查时操作性不强。按照《中共中央国务院关于构建更加完善的要素市场化配置体制机制的意见》(2020 年 3 月 30 日)，要求出台农村集体经营性建设用地入市指导意见，但目前还没有国家和省级层面的指导意见，从中央到地方基层的政策机制衔接不通畅。农村、农业发展规划长期缺位，造成农村住房私搭滥建，无序发展，不利于村容、村貌的整治和公共基础设施的提供。建设用地规划滞后，预期不足，限制了未来农村的第二、第三产业布局，不利于农民应有的土地收益和产业收入提高。土地要素市场化的体制机制滞后，影响了土地要素流转。

（三）农村村社管理体制不顺，乡村振兴所需人才依然缺乏

以发展产业为基础，以农民专业合作社为载体，以基层党组织建设为领导核心，发展集体经济，推动农村产业振兴有必要对农村基础党组织加以调整。现实的做法是村支书兼任村委会主任及农民专业合作社理事长，这就产生以下问题：第一，要求"一把手"兼通党务工作、村集体事务工作方法，还要懂企业经营、管理的各项知识使得他们往往顾此失彼。第二，"一把手"权力集中，使得"一把手"的"损人利己"行为难以被有效规制。第三，要在合作社的经济活动中使"一把手"按"企业家才能"要素取得对应的收入，对其所做贡献给予相应的回报以激励其多做贡献，这种激励办法很难确定。随着"三变"改革的深入，农村产业发展需要各类专业技术和基层管理、服务人才，但大学生毕业后大多留在城市就业，只有很少部分回农村就业。城乡、农工、农

商的工作环境和工资级差，使农村既有的劳动人员的“人才中坚”流进城市。人才外流，加上已有的农村农技人员老龄化，既懂管理又懂生产，还懂市场的基层管理人员和致富带头人少之又少。

（四）部分经营主体能力不强，优势特色产业培育不够

“三变”改革虽然取得了一定成绩，一些国家、省、市、县级的重点产业园区的经营主体经营能力强，资金实力雄厚，表现出较好的绩效，带动了本地特色产业发展。从理论上讲，只要有劳动、资本、土地和技术要素的组合，产业的发展就会成功。理论上的“丰满”代替不了现实的“骨感”。在“三变”改革的推动过程中，不乏存在部分经营主体拿到了“三变”改革的产业发展项目，由于自身生产能力、经营组织能力弱，开拓市场的能力不强，而致经营不善，产业发展失败，不仅给国家、村集体和农民带来一定的经济损失，还给“三变”改革深入推进带来社会心理影响的现象。这是部分经营主体生产技术水平不高，经营、管理能力不强导致的。一方面，在生产阶段，种养殖业在选种、育种等方面与自然条件不相适应，或者是管理不善导致产业发展失败；另一方面，在加工、销售阶段，加工的农产品质量低下，达不到国家质量体系认证标准，或由于市场需求变化，成本居高不下，无法与竞争者竞争，致使销售困难，难于收回投资而失败。

（五）制度机制衔接不畅，乡村发展的融资成本高

除了人才、土地之外，乡村振兴实现从传统农业转型到现代农业，需要大量的货币资金投入。充裕的货币资本支持是现代农业转型发展的必备条件，仅靠有限的财政资金的投入是远远不够的，需要更多的社会资本，尤其是银行等金融机构的资金支持。“二元化”土地所有权制度、人才选拔制度和投资机制造成城乡间的要素（尤其是资金）流动机制不通畅。一方面，第一产业的附加值不高，并且要面临生产的自然风险和流通经营的市场风险，为了规避经营风险，多数金融机构不愿为农业经营主体贷款；另一方面，农业经营主体的部分资产的产权不完整（有确权，无评估，没颁证），无法通过抵押向银行等金融机构融资贷款。有经营效益的“三变”改革主体不得不转向，通过民间担保公司向各种平台公司融资，融资的成本居高不下，融资

难问题仍然没有得到解决。

四、深化"三变"改革，助推乡村全面振兴的政策建议

深化"三变"改革，助推乡村振兴战略实施，要深入贯彻习近平关于"三农"工作的重要论述和党的十九大和十九届二中、三中全会精神，坚持把党中央关于深入推进"乡村振兴"的战略决策部署与深化"三变"改革结合起来，坚持贯彻贵州省委、省政府通过狠抓"八要素"促进农村产业革命的相关会议精神，进一步解放思想，以"三变"改革为动力，深入推进乡村振兴战略的实施。首先，要坚持在解决"三农"问题中尊重、支持农民的首创精神，在深化"三变"改革中，通过发展、完善股份合作，切实维护、增大农民的利益，让农民成为真正的股东，让农民成为乡村振兴的建设者和推动者，让乡村发展的成果惠及广大农民。其次，要坚持以产业为基础推动农业的现代化，推动乡村全面振兴。产业是经济发展的基础，也是"三变"改革助推乡村振兴的核心枢纽。"三变"改革的根本目标是促进农业和农村的现代化，要通过深化"三变"改革促进三次产业的融合，促进农村的"产业革命"，以现代产业的发展兴旺为农村的文化建设、生态建设、人才培养和现代化的社会治理提供坚实的物质基础。再次，要坚持以完善市场机制与加强政府指导扶持为基本路径，要让市场成为农村生产要素配置的决定性路径，政府要通过财政分配和指导帮助，消除商品和要素流动的障碍，促进农村商品的市场开拓和生产要素的市场化配置。在经济、社会发展的不同阶段，针对农村产业结构和社会经济发展面临的主要矛盾，政府要通过加强对农村基础设施建设和公共服务的投入，大力发展农村特色产业，全面提高农民的收入水平和生活水平。最后，要充分发挥农村基层党组织的核心领导和战斗堡垒作用，通过对农村基层公共事务的组织和管理，充分利用集体资源和集体经济平台，深化"三变"改革，形成生产要素组合的新机制，通过制度创新完善要素市场，建立统一、开放、竞争、有序的要素市场。以"三变"改革推动土地、人才、资金等要素充分发挥作用，推进乡村振兴战略的实施。针对"三变"改革存在的困难和问题，我们就深化"三变"改革以助推乡村振兴提出以下对策建议，供各级党政领导和乡村有关组织参考。

（一）加强党和政府的领导，提高对“三变”改革助推乡村振兴的认识

在深化“三变”改革，推进乡村振兴战略的实施过程中，党的坚强领导和政府的政策实施至关重要，各级党委和政府干部必须提高对深化“三变”改革是乡村振兴强大动力的认识，破除自满思想和故步自封的意识，正确对待一些人对“三变”改革发表的负面言论，牢固树立“创新、协调、绿色、开放、共享”的新发展理念，在“三变”改革中敢于创新，敢于先行、先试，敢于把“三变”改革推动乡村振兴的经验向全省推广。各级党委和政府的“三变”改革办公室和乡村振兴办公室的干部要认清自己的历史使命和工作职责，认真研究深化“三变”改革以推动乡村振兴的政策，做好政策实施效果的评估工作，切实抓好深化“三变”改革，推动乡村振兴的各个方面工作的开展。

（二）加大政府对农村、农业的投入，补齐、补足发展“短板”

优化中央转移支付结构，继续加大对贵州农业、农村的转移支付力度，在“两不愁，三保障”的基础上进一步加大对农村生产、经营、加工的水利、道路、仓储、物流等“五网”过程基础设施建设，深入推进特色农业机械化建设，为“三变”改革和乡村振兴提供必要的基础条件。争取更多的产业资金——积极争取省、市专项扶贫资金、对口支援和社会捐赠资金投入到“三变”改革中，努力提高各类资金的投资效率，以此带动社会资本、金融资本，夯实“资金变股金”的基础，进一步建立城乡统一的公共服务体系和社会保障体系，补齐、补足各项社会事业发展短板。

（三）加强农村国土空间规划，推动生产要素市场的建设和完善

加快推进农村国土空间规划编制，预留农村发展用地空间，以制度创新推动农村土地要素市场建设。首先，在国土空间规划、土地利用计划和规划许可的基础上，积极探索落实农村宅基地、集体建设用地的所有权，保障宅基地农户资格权和农民房屋财产权，适度放活宅基地和农民房屋使用权的实现形式；其次，加大对土地建设的投资，提高土地的级差地租收益，拓宽土地的融资渠道，对于城市建设用地的异地补偿要充分照顾农民、农村的当前利益和长期发展。再次，推动土地要素建设，在市场的竞争中发现土地要素的真实价值，同

地同价，尽快推进农村建设用地入市，最终实现城乡统一开放的土地要素市场。

要有序推进集体经营性建设用地入市和农房一体确权登记工作，积极开展集体经营性建设用地试点，因地制宜地开展权籍调查，积极化解困难，依法、依规办理登记。加快建立统一的建设用地市场，推进集体经营性建设用地和农村宅基地平等入市。具体而言，就是通过“三变”改革，对农村的耕地、宅基地、建设用地的权利主体进行确认，然后经过专业化的评估机构对耕地、宅基地及其附属房产和建设用地进行价格评估，并对评估结果进行公示，公示无异议后给予颁证确认。土地资源的确证基础信息接入政府信息平台。

（四）完善乡村治理结构，培养乡村振兴需要的各类人才

加强农村党的建设，完善农村基层组织内部治理结构，按现代企业制度建设农村企业和合作社为“三变”改革和乡村振兴提供了组织保证。首先，明确基层公共管理、服务组织和经济组织职责，对基层党务工作、村级事务工作和合作社的经济业务的本质要有所区分，各有侧重；其次，健全并完善专业合作的内部治理机制，创新基层管理体制机制，建立完善的松紧结合的监督、激励机制，引入职业经理人制度，完善村级合作社的现代治理结构建设；最后，加强基层党政干部人才的流动性，推进村务公开，强化对基层组织“一把手”的内外监督。同时完善村集体合作社的股份设置，股份与业绩挂钩，保障农村基层管理人员在合作社按贡献获得相应收入，激发他们经营管理的积极性和主动性。

加大人才的引进和培养力度，满足乡村振兴各类人才需求。首先，紧紧抓住我国目前各大中专院校人才输出的高峰期，以满足乡村振兴对各类专业人才的需求为导向，积极调整专业人才培养目标，为基层农村培养生产、加工、营销、动植物保护与防疫、农村经营与管理、乡村治理等专业型人才。其次，政府充分发挥功能性财政职能，以劳务购买（或部分购买）的方式推进专业人才下乡，促进乡村人才振兴。第三，积极培育农村本土企业家和“三变”带头人，通过改善生产、创业条件吸引外出打工人员，退伍、转业军人和本土各类离退休人员回乡创业，把农民培养成“新型农民”和“产业员工”，以弥补乡村实用人才缺口。

（五）提高“三变”经营主体能力，大力发展优势特色产业

按现代企业制度建设的要求，优化村级合作社的现代治理结构，引入职业经理人制度，激发农村企业和合作社的主体经营活力。以“三变”改革为推手，培育、引进乡土企业家和农村致富带头人。以“企业家才能”为引擎，努力提高各种要素整合能力，产品生产、加工能力和市场成本——价格的反应能力，不断提高“三变”改革经营主体的能力。构建现代农业产业体系、生产体系、经营体系，完善农业支持、保护制度，发展多种形式适度规模经营，健全农业社会化服务体系，实现小农户和现代农业发展有机衔接，促进农村第一、第二、第三产业融合发展。

以制度创新和技术创新为中心，比较本地自身要素禀赋的优势与劣势，以“优势企业家”为引擎，创新思维，宜农则农，宜工则工，宜商则商，不拘一格选择、发展本地的优势产业，以市场和政府推动为双引擎，以要素集合、重组为基础，促进农业生产体系创新，不断延伸优势产业链条，实现“产业兴旺”并带动经济发展。

（六）推动城市反哺乡村，为乡村振兴提供先进技术和优质金融服务

要加快城乡融合、城乡一体化的进程，推动城市的企业组织和事业单位与农村合作，通过城市反哺农村实行城乡互补、互助，对等交流合作，引导城市的人、财、物、技术等向乡村转移，特别是充分利用互联网、大数据、人工智能的现代信息技术发展农业、农村，鼓励城市向农村提供先进技术、金融等服务，以“三变”改革的精神和措施，将城乡的贸易、投资、技术合作开展起来，破解乡村的产业“空心化”和集体经济“空壳化”难题，推动农业的现代化和乡村的全面振兴。政府相关部门要通过设立风险保障基金和互保联保机制，建立融资平台对接中国人民银行授信额度和信用评级体系。商业银行及其他金融机构要以中国人民银行的信用信息为依据，为“三变”改革经营主体提供通畅、便利、高效的融资渠道，从根本上解决农业、农村发展中的融资难、融资贵问题。同时，要加强农村的诚信制度、乡规民约和法制建设，形成良好的生产、经商环境，吸引更多的城市资金和人才去农村发展。

为做好深化“三变”改革，助推乡村振兴的工作，我们建议省委、省政府

选择两到三个地区作为深化“三变”改革，助推乡村振兴的实验区，在区内对如何深化“三变”改革以推动乡村振兴开展实验，包括整体规划实验、政策措施实验、典型工作实验、人才培养实验等，通过实验取得经验，用典型经验示范引导、推进全省的“三变”改革和乡村振兴战略的实施。

作者简介：刘培生，六盘水师范学院“三变”改革研究中心副主任、副教授，经济学博士。

小农户与现代农业衔接的地方探索与经验启示
——以重庆涪陵榨菜产业“三变”改革为例

洪业应

摘　要：实现小农户和现代农业发展有机衔接是当前我国全面推进乡村振兴战略的重要途径。要全面推进乡村振兴，就要立足特色资源。文章以重庆涪陵榨菜产业“三变”改革为例，通过“三化”破解“三连”，是小农户与现代农业有机衔接的典型模式。即：一是精准化发力，瞄准区域性优势产业——破解了“连什么”；二是组织化产销，推动股份制合作模式——破解了“怎么连”；三是一体化共享，创新利益联结新机制——破解了“持续连”。以榨菜优势产业为载体，赋予“三变”改革新内涵，积极探索出一条既区别于东部又不同于西部，实现小农户与现代农业有机衔接的发展之路。经验启示在于：一是前提基础：强抓特色产业发展；二是根本动力：激发农民内生动力；三是关键一环：积极搭建多元化平台；四是核心要义：不断创新体制机制。

关键词：小农户；现代农业；有机衔接；“三变”改革；涪陵区

党的十九大报告明确提出，要“健全农业社会化服务体系，实现小农户和现代农业发展有机衔接”，旨在借助现代农业产业的快速发展带动小农户持续快速增收，进而实现农业现代化。小农户是我国农业生产经营的基本单位，是推动我国实现农业现代化的根本动力。实现小农户和现代农业发展有机衔接是当前我国全面推进乡村振兴战略的重要途径。习近平总书记强调，要“全面推进乡村振兴，要立足特色资源，让农民更多分享产业增值收益”。然而，如何破解“千家万户农民难以应对千变万化的市场和农民的市场履约意识差”两大现代农业发展难题，是政府和学术界的当务之急。因此，本文拟在梳理小农户与现代农业有机衔接理论与实践问题的基础上，以涪陵区榨菜产业“三变”改革为例，系统诠释小农户与现代农业有机衔接的路径问题。

一、文献综述：探讨小农户与现代农业有机衔接的价值

实现小农户和现代农业发展有机衔接已成为政学两界分别开展政策解读和学术探讨的一个热点话题，并有了诸多成果。鉴于此，有必要对小农户和现代农业发展有机衔接的理论与实践路径进行系统的梳理和归纳，探索符合中国特色的农业现代化发展道路具有重要的参考价值。“小农户”一词在党的十九大报告中首次从国家层面被正式提出，这就说明小农户普遍存在是中国的一项基本国情。国外学者对小农和现代农业问题的探讨较早，并形成了诸多理论。如“道义小农”或“生存小农”理论（恰亚诺夫，1930）①、“理性小农”（舒尔茨，1987）② 等理论。中国学者则分别提出了“商品小农”（黄宗智，1986）③、“社会化小农”（徐勇等，2006）等理论④。贾志军等（2019）指出英国消灭小农模式、日本农协模式，“组织化小农”对中国实现小农户和现代农业有机衔接有重要的参考价值⑤。此外，中国地域广阔、资源禀赋的差异性致使地方在开展二者有机衔接实践中呈现多样化的发展模式，对其他地区的实践具有重要的指导意义。如山东省构建以合作社为基础、以土地托管为核心的现代农业发展体系（孔祥智，2018）⑥，破解了小农户经营的细碎化问题；四川省崇州市的农业共营制模式实现了将小农户与农

① 恰亚诺夫. 农民经济组织［M］. 萧正洪，译. 北京：中央编译出版社，1996.

② 舒尔茨. 改造传统农业［M］. 梁小民，译. 北京：商务印书馆，1987.

③ 黄宗智. 华北的小农经济与社会变迁［M］. 北京：中华书局，2000.

④ 徐勇，邓大才. 社会化小农：解释当今农户的一种视角［J］. 学术月刊，2006：5-14.

⑤ 贾志军，乔博. 促进小农户和现代农业发展有机衔接研究［J］. 青海社会科学，2019（4）：112-117.

⑥ 孔祥智，穆娜娜. 实现小农户与现代农业发展的有机衔接［J］. 农村经济，2018（2）：1-7.

业经营主体联结为一体（刘同山等，2018）①；要实现小农户和现代农业发展有机衔接关键在于强调村社组织等社会组织的组织化作用（陈义媛，2019）②及生产托管模式（贾志军等，2019）③ 等。

综上所述，国外学者主要偏重于从小农户经济行为及未来农业发展的宏观理论层面来分析，具有一定的理论指导意义，但存在国情和国家制度环境的局限；中国学者就小农户和现代农业发展有机衔接提供了理论基础，并具有借鉴意义，但研究尚处于探索阶段，且学者侧重于将农业资源禀赋置于社会转型中进行阐释，但针对有机衔接的内生性论述相对不足，尤其是在如何破解千家万户农民应对千变万化的市场、如何破解农民的市场履约意识差、两大现代农业发展难题上。鉴于此，本文选择涪陵榨菜产业“三变”改革为例，对其有机衔接进行探析，以期从“三化”发展思路上探索出一条更加适合我国国情的小农户和现代农业发展有机衔接之路。

二、“三化”破解“三连”：小农户与现代农业有机衔接的典型案例

作为世界三大名腌菜、中国榨菜之乡的涪陵区，“涪陵榨菜”品牌价值达到 147.32 亿元，居全国区域农产品公用品牌价值第二位。2020 年涪陵区榨菜产业总产值达 120 亿元，实现产业利税 20 余亿元，带动 16 万余农户人均榨菜纯收入 2200 元。涪陵榨菜产业现已形成完整的榨菜产业链和产业化经营发展格局，年生产榨菜 140 万吨以上，产品远销全国各地并出口 52 个国家和地区。但长期以来，涪陵榨菜产业在发展进程中，如何破解“千家万户农民难以应对千变万化的市场和农民的市场履约意识差”两大现代农业发展难题，已成为推动涪陵榨菜产业持续健康发展的当务之急。调研发现，涪陵区的“三化”破解

① 刘同山，孔祥智．小农户和现代农业发展有机衔接：意愿、实践与建议［J］．农村经济，2019（2）：1-8.

② 陈义媛．小农户与现代农业有机衔接的实践探索——黑龙江国有农场土地经营经验的启示［J］．北京社会科学，2019（9）：4-13.

③ 贾志军，乔博．促进小农户和现代农业发展有机衔接研究［J］．青海社会科学，2019（4）：106-111.

"三连"是小农户与现代农业有机衔接的典型模式。

（一）主要做法

1. 精准化发力，瞄准区域性优势产业——破解了"连什么"

在瞄准区域优势产业的基础上精准发力，着力破解"连什么"瓶颈。

第一，方向精准，明确思路。涪陵区是全国规模最大的榨菜加工原料基地，涪陵榨菜具有相对完整的"种植+加工+市场"产业链，是全区最大的优势产业。2017 年 12 月，重庆市农村"三变"改革试点工作会议后，涪陵区委、区政府把榨菜产业作为探索农村"三变"改革的突破口，先后制定了《涪陵区榨菜产业"三变"改革试点方案》（涪陵委办发〔2018〕46 号）、《涪陵区深化落实"2 十 X"现代山地特色高效产业惠贫带贫利益联结机制的实施方案》（涪扶组发〔2019〕7 号）等政策文件，厘清了"三变"改革的方向思路、目标重点。

第二，购销精准，保价护农。构建了"37 家榨菜生产企业+1700 户半成品加工户+72 万亩榨菜基地+16 万户菜农"的紧密型订单生产、经营模式，实行了"保护价+随行就市"价格调节机制，建立了稳定的青菜头购销关系，优先为农户菜款收益保驾护航。2019 年，全区 70%以上的基地实施订单生产，其中仅榨菜集团就与 145 个基地签订了保护价收购协议。

第三，扶持精准，降低风险。为推动榨菜产业可持续发展，切实保护农民利益，加强政策扶持"保险"，做到了如下几点：一是撬动金融支持杠杆。创新产业园新型经营主体金融支持，积极开展贷款贴息、融资担保费、还款保证保险等支农新模式。二是强化指导性保护政策举措。榨菜行业协会提出当年青菜头收购保护价，政府对保护价进行会商和指导性审定，并加大对股份合作社建立和经营的监管力度，并对相关行业管理部门进行"保姆式"服务，确保各方利益落实。三是出台专项收益保险举措。针对自然灾害、病虫害等不可控风险，专项出台青菜头收益保险费补贴政策，安排财政支农资金 300 余万元支持农户购买青菜头收益保险，近三年共支持 4 万余户农民承保 53 万亩，获赔 1180 万元。

2. 组织化产销，推动股份制合作模式——破解了"怎么连"

创新"企业+合作社+农户"股份合作模式，实现组织化生产，着力破解

"怎么连"瓶颈。

第一，组建榨菜股份合作社。由村集体经济组织、青菜头种植农户、榨菜加工企业等自愿组建青菜头种植股份合作社、榨菜半成品加工股份合作社。种植农户以青菜头种植当季土地经营权（青菜头产量×入股价计算的菜款）入股，原料收储大户以窖池折价入股，其他成员以资金或资产入股，形成紧密的股权联结。合作社成员（农户）主要负责青菜头种植和供应，合作社对榨菜种植实行统一管理，榨菜龙头企业主要负责精深加工、产品市场销售和品牌打造。

第二，组建榨菜股份农业公司。引导榨菜龙头企业或其他企业以现金或资产出资，整合农民专业合作社、村组集体经济组织、种植农户等各类主体，以资金、技术、管理、土地经营权等资源折价入股，建立合股联营或参股经营公司，独立经营，自负盈亏。2018 年，重庆振涪农业科技有限公司（以下简称"振涪公司"）组建榨菜股份农业公司（或股份合作社）100 个，形成榨菜产业联合体。振涪公司与榨菜半成品加工大户在榨菜产业发展基础较好的区域引导发起组建榨菜股份合作社，按照"企业参与的半成品加工股份合作社"模式进行经营。全面推行"龙头企业+股份合作社+基地+农户"模式，197 个榨菜股份合作社吸纳社员 20774 户。

第三，组建榨菜企业销售联盟。涪陵区建立全国榨菜直销和电商网点，直销网点遍及全国 34 个省级、270 多个地级市、2000 多个县级市场，在天猫、京东等多个电商平台上线销售榨菜产品 40 多个。加快拓展国际市场营销网络，以涪陵榨菜集团为主体，以现有出口榨菜企业为成员，组建榨菜出口企业联盟，在稳定日本、东南亚等既有市场的基础上再扩张到"一带一路"沿线国家。目前多个榨菜品牌已在欧美、东南亚 20 余个国家或地区进行了商标注册，其中"乌江""巴国名珠"两个榨菜品牌成功通过美国"FDA"市场准入认证。

3. 一体化共享，创新利益联结新机制——破解了"持续连"

探索建立"一个保护价、两份保证金、一条利益链"的利益联结新机制，共享改革发展成果，着力破解"持续连"瓶颈。

第一，构建"一个保护价"机制，实行兜底收购。探索建立"保护价+随行就市"价格调节机制，极大地调动了农户种植青菜头的积极性。一是建立保护价机制。研究出台青菜头分时段优质、优价收购政策，按照保护价进行收购，坚持应收尽收，助力农户抵御市场风险。二是建立随行就市机制。在分时段优质、优价保护兜底收购的基础上，若市场价格高于保护价，则按“就高不就低”原则，各榨菜生产企业、合作社按照市场价格收购青菜头，确保种植户利益。

第二，构建“两份保证金”机制，从源头管控质量。探索建立“两份保证金”制度，以契约精神约束市场主体行为，推动榨菜企业与合作社、合作社与农户建立紧密合作关系，从源头提升榨菜产业发展质量。一是建立农户向合作社交纳履约保证金机制。合作社每年与青菜头种植户签订收购合作协议，农户按照每吨 30 元的标准向合作社交纳履约保证金。农户按照协议约定，将所有的青菜头保质、保量交付给合作社后，合作社及时向农户退还保证金；反之，合作社依约扣减一定数额的保证金。二是建立合作社向企业交纳履约保证金机制。榨菜生产企业为保证有足够的原料来源，把合作社作为企业第一车间，每年收购前与合作社签订原料加工订单。

第二，构建“一条利益链”机制，由博弈走向共赢。探索建立“一条利益链”制度，打造农户、合作社和企业的利益共同体。一是建立“企业+合作社”利益联结机制。涪陵榨菜集团等龙头企业与合作社签订原料加工订单，龙头企业根据协议向合作社收购加工原料。榨菜生产的初加工环节前移到合作社，合作社成为榨菜企业第一生产车间，保证了初加工利润，也促进了合作社长远、健康发展。二是建立“合作社+农户”利益联结机制。种植农户以土地或资金入股合作社，构建“保底分红+财政投入资金股权化分红+农户务工收入+盈余二次分红”的股权收益分配机制，推动农户与合作社紧密联结。三是建立“榨菜+”利益联结机制。建立、健全榨菜产业农、文、旅深度融合制度机制，定期举办“中国重庆·涪陵榨菜产业博览会”“涪陵榨菜文化嘉年华”等活动，重点打造“中国榨菜城”等农、文、旅融合项目，不断拓展榨菜产业利益链条。

（二）成效

2018 年以来，涪陵区坚持把榨菜产业“三变”改革作为小农户和现代农业发展有机衔接的“牛鼻子”、全面推进乡村振兴的“新引擎”，经过三年多的实践努力，取得了十分明显的成效。

1. 推进了资源变资产，唤醒了沉睡资源

由村集体经济组织、榨菜企业、原料收储大户、青菜头种植农户等组建半成品加工股份合作社，推行以农村土地、原料窖池等可经营性资源参社入股基本模式。其中土地资源以当季入股土地青菜头产量600元/吨进行折算，窖池资源以租金30—40元/立方米进行折算，合作社按每年销售收益进行分红，入股农户按股份领取分红，推动农村可经营性资源有序流转，带动农户凭借自有资源获利、增收。2019年，涪陵区参社种植户累计入股当季青菜头土地经营权10余万亩，折算股金1.5亿元，参社半成品加工户累计入股榨菜原料窖池近20万立方米，折算股金近800万元。

2. 促进了资金变股金，盘活了闲散资金

研究出台支持榨菜产业发展“投改股”政策，创新探索财政资金支农、扶贫模式，将贫困户帮扶资金代持入股合作社，其他农户自愿以菜款或现金入股合作社，每年按约定方式进行分红结算，形成紧密的股权联结助农增收。2019年，涪陵区累计整合财政支农“投改股”资金1576万元，分别向每个股份合作社投入8万元，用作参社贫困农户的入股引导资金，由村集体经济组织代为持股，每年按销售利润进行分红，共惠及“投改股”贫困户4000余户。

3. 实现了农民变股东，激活了人力资本

农户以资源或资金入股合作社，农民在园区内既是股东，又是工人，构建起“保底分红+财政投入资金股权化分红+农户务工收入+盈余二次分红”分配机制。农户种菜当季土地经营权价款（按入股价与交售青菜头数量计算的价款）、资产折价和资金入股按5%计算的价款为保底分红，企业（振涪公司或市级以上农业产业化榨菜龙头企业）不参与5%保底分红；合作社有经营盈利每年实行盈利二次分红，优先支付市场价高于入股价的差价款给入股菜农，在提取公积金（5%—20%）、公益金（5%—20%）后按股分红，约定时间支付，原则上在每年12月30日前。2020年，涪陵区在197个榨菜股份合作社中开展财政补助资金固定分红，分红金额128.53万元，实现户均增收2500元以上。

4. 破解了农企两张皮，实现了共赢发展

全面推行“龙头企业+股份合作社+基地+农户”模式，依托涪陵国家现代农业产业园，打造优势互补、高效联合的“榨菜产业联合体”，实现农户、合作社和企业三者利益有机捆绑，破解了农户与企业联系不紧密。2019年，涪陵国家现代农业产业园内有榨菜股份合作社企业 132 家，占比 67.01%，全区内 40%以上农户、约 1.5 万人加入合作社，户均增收 9000 元以上。与此同时，企业高质量发展得到有力支撑。涪陵区采取股份制合作模式，能够降低企业的生产成本，提升企业的生产效率，使企业腾出更多的时间和精力专注产品市场的销售和品牌打造，促进了企业高质量发展。

三、经验启示：小农户与现代农业有机衔接的实践逻辑

瞄准区域优势产业，以榨菜优势产业为载体，赋予"三变"改革新内涵，积极探索出一条既区别于东部又不同于西部、实现小农户与现代农业有机衔接的发展之路。

（一）前提基础：强抓特色产业发展

强抓特色产业是基础。产业发展要因地制宜选择资金雄厚、管理先进、绿色生态、可持续发展、有社会责任感的产业。产业是农民增收的基础，产业调整是"三变"改革的重要内容。瞄准区域优势产业，以区域优势产业为载体，赋予"三变"改革新内涵，激发优势产业新动能。一是瞄准优势产业。榨菜是涪陵对外开放的名片，涪陵区是全国规模最大的榨菜加工原料基地，并已形成了相对完整的"种植+加工+市场"产业链，是全区最大的优势产业。二是做强产业集群。遵循"市场导向、合理布局、调优做大"原则，成功创建了国家级现代农业产业园，构建以榨菜产业为主导产业，以中药材、经果、蔬菜为配套产业的"1+3"现代农业产业体系。产业园集聚乡村发展要素，抓住了产业园，就牵住了乡村产业振兴的"牛鼻子"。三是发展新兴业态。深入推进榨菜产业农、文、旅融合，发展观光农业、休闲农业、乡村旅游等新兴业态，重点建设黄草山十二居榨菜风情园、珍溪镇东桥果菜观光体验园等项目，举办中国重庆·涪陵榨菜产业博览会、涪陵榨菜嘉年华等文化活动，"涪陵榨菜传统制作手工技艺"成功入选国家非物质文化遗产目录。

（二）根本动力：激发农民内生动力

激发内生动力是根本。人民是改革的主体，只有充分发挥人民群众的积极

性、主动性、创造性，改革才能得以顺利推进。“三变”改革是关乎群众切身利益的改革，必须遵循“改革依靠人民，改革为了人民”的原则。一是坚持农民主体地位。涪陵区在依托榨菜产业“三变”改革中盯紧“农户+集体经济组织+企业”利益链，坚持农民主体地位，构建“三变”改革利益共同体。二是提升农民参与内生动力。综合衡量企业需求、农户收益及市场波动情况，涪陵区研究出台青菜头收购优质、优价政策，探索建立“保护价+随行就市”价格调节机制，既保证了企业充足的原料供应，又有效规避了“菜贱伤农”的现象，极大调动了农户种植青菜头的积极性。三是培育农民履约意识。全面推行合作社向企业交履约保证金、农户又向合作社交履约保证金的“两份保证金”信用合作机制。通过两份保证金机制，引导培育、增强了农民的市场履约意识，逐步建立起契约精神，真正构建了农户、合作社、龙头企业的三方利益链。

（三）关键一环：积极搭建多元化平台

搭建多元化平台是关键。没有平台，资源就无法聚焦，资源无法聚集，就无法得到充分利用，“三变”改革就无法推行。依托榨菜产业“三变”，涪陵区抓住了平台建设的关键，实现了政府搭台、商家唱戏、农户受惠的有机结合。一是搭建农村产权交易平台。依托涪陵区林权交易所建立了农村产权交易市场及服务体系，出台了《涪陵区农村产权流转交易管理办法》规范交易行为，提高交易服务水平和能力。二是成立资管会和村集体平台公司。涪陵大顺乡新兴村对“农房股”“管理股”等进行了有益的探索，成立了村集体资产管理委员会（简称“资管会”）和村集体平台公司，确定农户闲置宅基地收储标准和收益分配制度。农户按照自愿原则过户产权到村集体，由资管会对宅基地进行收储回购和补偿安置，并通过城市资本招租、引入社会资本合股经营、自行规划改造等形式发展乡村旅游民宿经济，形成“资管会+企业+农民闲置宅基地”发展模式。2019 年已收储农户宅基地 19 户 3331. 15 平方米，村集体获得租赁收入 33. 93 万元，收储农户户均一次性增收 6 万余元。

（四）核心要义：不断创新体制机制

创新体制机制是核心。要提升小农户种植的积极性、主动性、主体性，确保企业拥有优质原材料基地面积，就要增强他们抵御市场风险的能力，必须推进体制机制创新。机制创新是探索“小农户和现代农业发展有机衔接”改革的核心。一是着力构建合同订单模式。涪陵区探索构建“榨菜公司+基地农户”合同订单模式，实行“保护价+随行就市”价格调节机制，出台保价护农政策，兜住农户收益底线。二是着力构建股份合作模式。涪陵区创新“企业+合作社+农户”股份合作模式，盘活了农村资产资源，推动了农户资产折股量化、分红增收，拓展了助农增收渠道。三是着力打造利益共同体。涪陵区坚持“政府引导、农民主体、市场主导”和“平等自愿、协商一致、利益共享、风险可控”的原则，构建了“一个保护价、两份保证金、一条利益链”的现代农业经营机制，为全国单季农作物产业探索可复制、可推广、可持续的“三变”改革经验，有效破解了农户、合作社、企业三方的利益博弈，实现了农户、合作社和企业三者的利益共同体，推动了榨菜产业的高质量发展。

四、结论

涪陵榨菜产业通过“三变”改革实现了由传统农业向现代农业的转型升级，实现了小农户与现代农业发展的有机衔接。但是在推进过程中也存在很多问题。这主要表现在：一是农民主体参与积极性有待提高，二是农业经营主体发展规范有待加强，三是政策支持力度有待加大。尽管涪陵区在榨菜产业改革中仍然面临一些问题，但是取得的“三化”破解“三连”、构建利益联结新机制等地方探索，为全国各地有效推动小农户和现代农业有机衔接的实践提供了有益启示和经验借鉴。

作者简介：洪业应，重庆市涪陵区行政学院副教授、博士。

创建乡村振兴，巩固、拓展脱贫致富成果的江苏示范研究

赵锦春　仇　鑫

摘　要：“十三五”时期，江苏抽样建档立卡低收入农户和经济薄弱村全部达标，脱贫攻坚取得决定性实效并高于全国平均标准完成既定任务目标。户均收入低、兜底式家庭占比多、集体经济收入差异明显仍是制约脱贫致富成果巩固、拓展的主要因素。乡村振兴背景下，江苏应完善返贫预警与动态帮扶机制，探索综合社会保障体系，推动社会帮扶常态化，优化帮扶利益联结，强化巩固、拓展脱贫成果责任落实，创建以乡村振兴巩固、拓展脱贫致富成果的江苏示范。

关键词：乡村振兴；脱贫致富；巩固、拓展；江苏示范

一、引言

截至2020年底，江苏“十三五”初期确立纳入建档立卡的省定6000元人民币以下低收入人口2542114人，脱贫率达到99.99%以上，821个省定经济薄弱村集体经济年收入全部达到18万元的标准（江苏省财政厅课题组，2020）。江苏“十四五”规划提出：“要实现巩固拓展脱贫致富奔小康成果同乡村振兴有效衔接”。2021年江苏省委一号文件更是明确严格落实“四个不摘”。脱贫致富奔小康工作重点转向加快推进产业、人才、文化、生态、组织等乡村全面振兴领域。创建乡村振兴，巩固、拓展脱贫致富成果的江苏示范是践行总书记“两争一前列”新要求，夯实江苏实现全面基本现代化目标的根本保证。

本文结合江苏省社院农村发展研究所2019和2020年度展开连续两轮江苏

脱贫致富奔小康工程情况评估获得的4079户低收入农户、170个省定经济薄弱村的详细数据资料①，对"十三五"时期江苏脱贫致富奔小康工程完成情况进行评价，总结脱贫致富与乡村振兴有效衔接的江苏实践，提出创建乡村振兴，巩固、拓展脱贫成果江苏示范的思路与对策。

二、江苏脱贫致富奔小康工程完成情况分析

（一）高标准完成脱贫攻坚任务目标

1. 抽样建档立卡低收入农户全部脱贫

一是建档立卡低收入农户收入全面达标。2019年和2020年两次抽样调查获得的4079户江苏建档立卡低收入农户年人均收入达6000元以上，脱贫率为100%。2016至2019年不同脱贫年份的抽样低收入农户家庭人均可支配收入基本保持在10314.4元和11259.3元区间内。低收入农户家庭人均收入最小值为6000元，最大值为103000元，全部达到人均可支配收入6000元以上的江苏脱贫标准（见表1）。

表1　全样本脱贫户家庭人均可支配收入（单位：元/户）

脱贫年份	样本数	人均收入均值	标准差	最小值	最大值
2016	1102	11259.3	5254.8	6776.5	103000.0
2017	1168	11156.7	4842.1	6653.3	78746.7
2018	967	10788.8	3989.1	6000.0	33298.7
2019	833	10314.4	4321.0	6750.4	74194.8
2020	9	11732.1	3803.0	6774.0	19481.5

① 2019年11月11日至28日，江苏省社科院农村发展所受江苏省扶贫办委托进行实地调查核实与评估，对苏北地区12个重点帮扶县（区）的120个省定经济薄弱村与2407个省标建档立卡低收入农户的帮扶脱贫情况进行问卷及半结构化访谈调查。2020年10月江苏省社科院农村发展所再次在苏中、苏北8个设区市展开第二轮调查，在每个市兼顾重点县、非重点县随机抽取2个县，在每个县兼顾重点片区、非重点片区随机抽取2个乡镇，在每个乡镇兼顾省定村、非省定村随机抽取2~3个村，共获得苏中、苏北八市1672个省标建档立卡低收入农户、50个省定经济薄弱村的抽样数据。具体地区包括苏中的扬州、泰州、南通，苏北的徐州、盐城、连云港、宿迁和淮安。本文对2019年和2020年两轮扶贫评估数据进行整合汇总，用于本文的样本分析。

续表

脱贫年份	样本数	人均收入均值	标准差	最小值	最大值
均值	816	11050.2	4442.0	5190.9	61744.3

注：原始数据来自2019年《苏北12个扶贫开发重点县区“十三五”实施脱贫致富奔小康工程情况评估报告》及2020年《苏中苏北八市“十三五”实施脱贫致富奔小康工程情况评估》调研数据，经作者整理后所得。

二是低收入农户增收渠道逐渐拓宽。两轮调查样本农户家庭人均收入有所增长。苏北低收入农户人均收入由2019年的10129.6元上升至2020年的11370.2元。工资收入和转移收入是抽样低收入农户的主要收入来源，家庭收入渠道逐步拓宽，转移收入和财产收入增幅明显。2020年苏中、苏北样本户转移收入占家庭总收入的比例提高至39.4%，同比2019年增长7.9百分点；工资收入占比则下降至42.9%。低收入农户财产性收入占比则由2019年的5.0%增长至5.6%，提高0.6百分点。说明已脱贫低收入户家庭对财政转移收入仍有依赖性，但家庭收入来源渠道多样化格局初步形成（见表2）。

表2　2019年至2020年脱贫户家庭分项收入占比

年份／地域	家庭人均收入	经营收入	工资收入	转移收入	财产收入
2019苏北	10129.6	16.8%	46.7%	31.5%	5.0%
2020苏北	11370.24	16.7%	47.5%	30.5%	5.2%
2020苏中、苏北	12073.55	12.1%	42.9%	39.4%	5.6%
均值	11191.13	15.2%	45.7%	33.8%	5.3%

注：同表1注。

2. 经济薄弱村经营收入全部达标

一是经济薄弱村经营收入稳定达标。经济薄弱村集体经营总收入稳定达标情况良好。[①] 2016年抽查县、区、市10个市定经济薄弱村中达标村数较少，市定经济薄弱村集体经营收入均值为35.3万元。苏中、苏北8个设区市的省定、

① 市定经济薄弱村主要分布在扬州、泰州和南通；省定经济薄弱村则主要集中在苏北五市。省定经济薄弱村标准为经营性收入18万元以下，扬州市沿河地区45万元、沿江地区55万元；泰州和南通则分别按照35万元和30万元的经营性收入的标准划定市定经济薄弱村。

市定经济薄弱村年集体总收入逐年增长。经济薄弱村总收入均值由2016年的46.5万元上升至2020年的86万元，增幅高达85%左右，全面、稳定达到省定、市定经济薄弱村标准（见表3）。

表3　经济薄弱村集体经济总收入（万元）

年份	样本数	均值	标准差	最小值	最大值
2016	54	46.5	34.7	3.0	144.0
2017	59	72.9	56.7	5.2	282.1
2018	182	45.5	77.8	1.0	894.2
2019	184	57.3	124.7	18.0	1658.8
2020	77	86.0	56.4	24.3	267.6
均值	111	61.6	70.1	10.3	649.3

注：同表1注。

二是资源、资产类收入构成经济薄弱村集体经济收入的主体。村集体经营收入占村集体收入的比例较大，但出现一定程度的下降。扶贫资产收益类收入占比快速提高。扶贫资产类收入占村集体总收入的比例则由2016年的8.7%上升至2020年的17.8%；直接经营性收入占比由2016年的0.8%快速上升至2020年的5.0%，自有资源资产增收幅度明显，依赖扶贫资产的增收模式有所改变（见表4）。

表4　经济薄弱村集体经济分项收入比重

年份	经营	资源类	扶贫资产	股权类	直接经营
2016	47.0%	18.1%	8.7%	1.5%	0.8%
2017	43.8%	13.5%	12.4%	1.4%	2.2%
2018	22.1%	9.5%	37.6%	4.7%	5.1%
2019	23.0%	11.2%	35.5%	7.2%	4.9%
2020	41.3%	8.7%	17.8%	3.1%	5.0%
均值	35.4%	12.2%	22.4%	3.6%	3.6%

注：同表1注。

（二）存在的主要问题

1. 户均收入水平仍然较低

低收入农户的家庭人均可支配收入水平整体不高。2019 年苏北五市低收入农户人均收入在 6000—8000 元的农户占 33. 11%，在 8000—10000 元的农户占 30. 83%，超过 20000 元的农户占比仅为 3. 03%①。2020 年，苏北样本中 50. 33%的农户收入低于 10000 元，低于 15000 元的农户占比则高达 85. 6%。2020 年苏中、苏北样本中同样有 83. 43%的农户收入低于 15000 元（见表 5）。农户脱贫脆弱性较强，如家庭遭遇突发性风险冲击，近一成脱贫户仍存在极大的返贫风险。

表 5　2019 年至 2020 年脱贫户家庭收入区间

收入区间	[6000,8000)	[8000,10000)	[10000,15000)	[15000,20000)	[20000,+)
2019 苏北	33. 11%	30. 83%	26. 67%	6. 36%	3. 03%
2020 苏北	12. 77%	37. 56%	35. 27%	9. 82%	4. 58%
2020 全样本	9. 57%	30. 62%	43. 24%	10. 59%	5. 98%
均值	18. 48%	33. 00%	35. 06%	8. 92%	4. 53%

注：同表 1 注。

2. 兜底式帮扶家庭占比较多

兜底式、半兜底式家庭比例较高。两轮调查中开发式帮扶户占比 69. 8%，兜底式和半开发半兜底式家庭分别占 17. 8%和 12. 4%，二者合计占比高达 30. 2%。近三成的低收入农户需要政府转移支付的支持才能达到脱贫标准。在兜底式低收入农户的家庭收入中，转移性收入占 76. 4%。半兜底式家庭中转移性收入占比也高达 69. 3%（见表 6）。就脱贫户而言，过度依赖财政收入局面短期内仍难以改变。

① 原始数据来自 2019 年江苏省社会科学院课题组《苏北 12 个扶贫开发重点县区“十三五”实施脱贫致富奔小康工程情况评估报告》。

表 6　按帮扶方式划分脱贫户家庭分项收入占比

帮扶类型	样本数	占比	经营收入	工资收入	转移收入	财产收入
开发式	2849	69.8%	17.0%	60.1%	18.0%	4.8%
兜底式	725	17.8%	5.6%	12.3%	76.4%	5.7%
半开发半兜底	505	12.4%	16.2%	7.6%	69.3%	7.0%

注：转移性收入占家庭总收入比例超过 90%的家庭界定为兜底式脱贫户，处于 50%—90%的家庭界定为半开发半兜底户，处于 50%以下的家庭为开发式帮扶户。

3. 集体经济收入差异明显

经济薄弱村内部村集体经济收入差距较大。2016 年最低收入组村集体经济收入仅 8.3 万元，最高收入组集体经济收入达到 102.8 万元。[①] 2020 年，最低收入组与最高收入组村均收入差距进一步增大至 47.8 万元。2016 至 2020 年样本村集体经济收入的基尼系数也由 0.39 增大至 0.56（见表 7）。说明尽管经济薄弱村均已实现达标，但村内部集体经济收入差距正持续增大。

表 7　2016 至 2020 年经济薄弱村五等分集体经济收入（单位：万元）

年份	最低收入	中低收入	中等收入	中高收入	最高收入	基尼系数
2016	8.3	25.5	36.6	55.8	102.8	0.39
2017	16.1	35.0	55.3	92.0	161.2	0.41
2018	12.8	20.5	25.6	36.9	144.5	0.50
2019	19.7	24.9	34.3	50.8	155.7	0.52
2020	32.0	49.6	67.2	96.4	179.8	0.56
均值	17.8	31.1	43.8	66.4	148.8	0.48

注：按照低收入户人均收入五等分收入标准进行分组，原始数据来自两轮抽样调查。

① 样本村中有部分村的达标年份为 2020 年，因此出现了 2020 年之前村集体经济收入低于省定经济薄弱村 18 万元标准的情况。

三、乡村振兴巩固、拓展脱贫致富成果的目标、内涵与江苏实践

（一）乡村振兴巩固、拓展脱贫致富成果的具体内涵

1. 脱贫、致富、奔小康成果的“巩固”

江苏脱贫攻坚取得决定性实效，在沿海发达地区也表现突出。[①] 江苏有能力、有条件在乡村振兴巩固、拓展脱贫、致富、奔小康成果过程中创建示范。目前，江苏低收入农户致贫原因中，因病占 50.87%，因灾占 2.38%，因残占 15.98%，缺劳动力占 9.93%，缺技术占 6.45%，因学占 5.71%，缺资金占 5.74%[②]。因此，“巩固”的内涵在于建立返贫预警和动态帮扶机制，防止已脱贫低收入农户和经济薄弱村返贫，及时纳入、退出建档立卡低收入农户和集体薄弱村帮扶目录，实现动态调整。

2. 脱贫、致富、奔小康成果的“拓展”

“拓展”脱贫、致富、奔小康成果的目标则应聚焦在实现乡村振兴战略背景下，充分激发乡村保障粮食安全、提供生态屏障、传承传统文化的三大自身功能[③]，以城乡融合为抓手，推动城乡、区域协调发展。江苏应重点解决低收入农户经济薄弱、收入依然较低和收入差距扩大的问题，完善已有的脱贫攻坚责任体系、政策体系、产业体系等“七大体系”建设，健全、拓展脱贫、致富、奔小康的机制体制，实现人民共同富裕。

---

① 主要体现在：一是绝对贫困标准较高。2015 年起江苏将绝对贫困户标准由 4000 元提高到 6000 元，明显高于同时期浙江的4600 元、广东的4000 元及山东的 3600 元。省定经济薄弱村全部实现“新八有”，集体经营性收入全部达到 18 万元以上，标准同样高于浙江、广东与山东（肖宜滨等，2019）。二是减贫人口规模位居前列。2019 年底，江苏 300 万农村低收入人口人均收入超过 6000 元；821 个省定经济薄弱村集体经济年收入全部超过 18 万元。同时期，浙江建档立卡低收入农户 80.5 万人实现达标；6920 个省定经济薄弱村经营性收入均达到 5 万元以上。广东于 2020 年 6 月实现了 161.5 万相对贫困人口达到省定出列标准。2016 年至 2018 年，山东累计减少省定贫困线标准以下贫困人口 251.6 万人（董光华，2020）。

② 参见江苏省社会科学院农村发展研究所课题组《苏中苏北八市“十三五”实施脱贫致富奔小康工程情况评估报告》，2020 年 11 月 25 日。

③ 陈锡文．乡村振兴要突出乡村特有功能［EL/OL］．https：//new. qq. com/.

（二）乡村振兴巩固、拓展脱贫、致富成果的江苏实践

1. 构建多维医疗保障体系

江苏在构建多维度低收入农户医疗保障体系上取得显著成效。各地着力构建基本医疗保险、大病保险、医疗救助、医疗补充保险和财政兜底五道保障线。如连云港在全省率先出台扶贫大病特惠保险政策，为所有建档立卡低收入人群购买大病特惠保险；扬州落实先诊疗后付费、一站式结算等医疗政策，政策范围内住院费用个人自付的部分控制在10%以内。

2. 建立扶贫防贫保障基金

涟水县、淮阴区出台《建档立卡深度贫困低收入农户专项救助暂行办法》，对无法依靠创业、就业实现脱贫的深度贫困人口，县财政按照年度人均收入6200元标准补差。丰县、宿城区试点开展"防贫保"保险。仪征则在市、镇设立扶贫基金，在村设立慈善工作站，开展急难社会救助。

3. 减贫长效机制初步建立

2020年江苏确定高淳、昆山、海安、仪征、沭阳、淮阴6个县（市、区），连同国家扶贫改革试验区宿迁市，构建"6+1"解决相对贫困长效机制试点格局。同年仪征就出台了《关于做好监测帮扶防止返贫工作的通知》，对国扶系统内家庭人均年收入低于7800元的脱贫不稳定户和当年支出明显高于上年收入的易致贫边缘户开展动态监测和针对性帮扶。

4. 增强村集体发展动力

目前，江苏"村企结对"已实现"全覆盖"，部分地区组织动员经济实力较好的企业、商会、协会等开展"村企联建"。如徐州、淮安等实施集体经济薄弱村增收脱贫巩固、提升三年行动计划。扬州坚持"项目跟着市场走，能人跟着项目走，农户跟着能人走，资金跟着农户走"的"四跟四走"策略，探索扶贫产业项目与农业机械化、新兴产业、后方单位资源、种养殖业、中小企业园区、上级配套政策相结合的"六个结合"帮扶制度。

四、江苏以乡村振兴巩固、拓展脱贫致富成果的思路与对策

（一）江苏以乡村振兴巩固、拓展脱贫致富成果的基本思路

1. 产业兴旺——提升扶贫产业质效

一是优化扶贫产业空间布局，提升扶贫产业项目质量效益。调整经济薄弱村扶贫产业项目布局，实现扶贫产业项目的精细化管理，动态调整、撤销、合并一部分扶贫产业项目，重点支持具有发展潜力和发展前景的扶贫产业项目加快发展。二是推动扶贫产业项目现代化发展。打造高效精品农业和都市高品质农业，实现扶贫项目高质量发展，强化产业兴旺与经济薄弱村集体经营性收入的产业利益联结度，带动低收入农户和经济薄弱村稳定增收。

2. 生态宜居——改善乡村居住环境

重塑低收入农户和经济薄弱村的生态宜居群众满意度。巩固、拓展2018年以来苏北农房改造工程成果，提升城乡公共服务均等化水平，确保农民集中居住或流动到城镇之后基本生产和生活条件持续改善。重点关注失地农民在社会保障体系中的收益度，提升农民进城之后的获得感和福利水平，在解决农民劳动力流动到城市之后的后顾之忧的基础上，确保乡村居住条件和生态涵养功能的发挥，切实改善低收入农户和经济薄弱村的村居环境。

3. 乡风文明——实现城乡要素流动

鼓励城市资本下乡投资扶贫产业。乡村振兴已成为中国经济社会发展的“压舱石”①。城乡融合是处理新时代城乡关系的宗旨。江苏应引导更多城市资本到乡村地区从事生产、生活领域的投资，积极鼓励城市企业下乡。通过“万企联万村，共走振兴路”行动，引导资源要素向乡村流动，实现城乡融合发展，提振低收入农户和村居乡风文明价值认同度。

4. 治理有效——完善基层贫困治理

构建新型乡村贫困治理体系。南通海门区探索推行以基层党建为引领，自

① 温铁军. 百年大变局下，乡村振兴是压舱石［EB/OL］. https://xw.qq.com/.

治、法治、德治、智治"四治融合"的乡村治理模式①，该区已被确立为全国乡村治理体系建设首批试点单位之一。"1+4+1"是党建引领，自治、法治、德治、智治融合，村级集体经济充分发展的乡村治理创新模式。江苏应丰富、完善"1+4+1"乡村治理的"江苏路径"，将基层贫困治理有机融入"1+4+1"乡村治理体系。

5. 生活富裕——促进农户持续增收

扩大"三变"改革在江苏乡村地区的应用示范。传统扶贫开发模式下，每个经济薄弱村对应一个对口挂钩帮扶的省市政府组织，不同政府组织的资源调动能力、政府地位及领导力均存在较大差异，造成了经济薄弱村集体收入的较大差距。乡村振兴时代的脱贫致富应是乡村全体居民物质富裕和精神富裕的综合体现。江苏应扩大"三变"改革应用示范②，推进农业从业人员职业化，加快形成"新农人"群体，夯实乡村全体居民共富的制度基础。

（二）乡村振兴巩固、拓展脱贫攻坚成果的政策保障

1. 完善返贫预警动态帮扶

一是构建低收入农户返贫监测指标体系。在江苏"阳光扶贫"监督系统中构建低收入农户和经济薄弱村返贫预警监测指标体系，依据不同风险等级标准，对易返贫的低收入农户进行分类风险管理。二是建立定期实地走访调查低收入农户和经济薄弱村的返贫风险评估机制。以扶贫机构升级乡村振兴为契机，利用扶贫办机构原有人员配置组织体系，加强重点监测和入户调查，准确掌握易返贫低收入农户的资产收支情况。

2. 探索综合社会保障衔接

一是提高农村基础养老金。江苏基础养老金标准仅为贫困线（低保）标准的29.6%。2019年才缓慢调增至每人每月148元。据统计，苏北农村老人年收入不足3000元（承包地经营收入1056元③+基础养老金1737元+农业保护补贴

---

① 江苏形成"1+4+1"模式，乡村善治创新探索"江苏路径"[EB/OL]. https://www.sohu.com/.

② "三变"改革是农村"资源变资产、资金变股金、农民变股民"的简称。其中，"资源变资产"是利用市场化机制整合分散的农村资源要素，用股份合作的运作模式进行经营管理。"资金变股金"是加大支农资金整合力度，激活并放大资金杠杆，变一次性投入为持续性获益。"农民变股民"则需实行"股份合作"，让农民拥有股份"耕者有其田"的基础上实现"耕者有其股"。

③ 包宗顺，等. 江苏"十四五"时期扶贫减贫前瞻性研究 2021-03.

120 元/亩，合计为 2913 元)。因此，应大幅度提高乡村社保标准。二是发挥临时性救助作用，加强对重点监测农户的临时性救助。对因病、因残、因灾等意外变故返贫致贫的家庭及时落实健康扶贫，以及残疾人、灾害、临时救助等政策。

3. 推动社会帮扶常态化

首先，建立多元社会主体参与扶贫开发的制度化激励政策体系。加强社会组织参与扶贫的法制保障，提升社会组织、爱心人士参与扶贫救助的合法地位。其次，鼓励社会资本参与脱贫致富奔小康工程建设。在乡村振兴背景下，鼓励城市社会资本下乡，推动城乡要素融合。要特别加强对经济薄弱村的社会资本参与力度，对于投资经济薄弱村的社会资本项目，要在用地审批，财政税收，金融贷款，就业、创业启动基金设立等方面加大支持。

4. 优化脱贫帮扶利益联结

一是组织体系衔接。应考虑把脱贫攻坚形成的一套行之有效的经验移植过来，搞好领导体制、发展规划、政策投入、工作体系、考核机制等有效衔接，像抓脱贫攻坚一样抓乡村振兴，加快脱贫地区现代化建设。二是工作任务平稳过渡。推动乡村振兴战略目标下脱贫致富奔小康工作组织体系平稳过渡。重点从动态监测、有效应对返贫、政策保障、立体帮扶、资产管理、利益分配等方面进行有益探索。

5. 强化巩固、拓展责任落实

一是树立推动乡村振兴巩固、拓展脱贫致富成果的政绩观。督促各市级乡村振兴相关职能单位，加强本辖区各县、乡镇、村的脱贫攻坚向乡村振兴的过渡工作。二是发挥基层党组织的领导作用。利用基层村级组织加强对乡村振兴与脱贫致富工作有机衔接的科学规划，明确年度实施计划和任务分解，落实责任人。三是将巩固、拓展脱贫成果纳入乡村振兴目标考核。设立县级乡村振兴目标任务考核体系，明确落实巩固、拓展脱贫成果作为乡村振兴考核的重点任务。同时，发挥好地方人大、政协等机构的监督作用。

参考文献

[1] 陈文胜. 脱贫攻坚与乡村振兴有效衔接的实现途径 [J]. 贵州社会科学，2020 (1)：11-14.

[2] 赵锦春，范从来. 风险冲击、农村家庭资产与持续性贫困——基于 CHNS 微观数据的实证分析 [J]. 农业技术经济，2021 (10).
[3] 范从来，秦研，赵锦春. 创建共同富裕的江苏范例 [J]. 江苏社会科学，2021 (3).
[4] 江苏省社会科学院农村发展研究所课题组. 苏中苏北八市“十三五”实施脱贫致富奔小康工程情况评估报告 [R]. 第三方机构评估报告汇编，2020-11-25.
[5] 江苏省财政厅课题组. 江苏：探索缓解相对贫困，助推乡村全面振兴 [J]. 中国财政，2020 (8)：23-26.
[6] 赵锦春，仇鑫. 苏北精准扶贫实施成效评价及推进策略研究 [R]. 第七届贵州后发赶超论坛会议论文集 . 2020.
[7] 肖宜滨，张立冬，包宗顺. 江苏脱贫攻坚历程、举措、绩效与展望 [J]. 南京农业大学学报（社会科学版），2019 (6)：39-48.
[8] 董光华. 农村贫困人口稳定脱贫长效机制构建研究——以山东省为例 [D]. 山东师范大学 . 2020.

作者简介：赵锦春，江苏省社会科学院农村发展研究所副研究员、南京大学理论经济学博士后；仇鑫，南京大学中美文化研究中心客房部主管。

特色农业在福建脱贫攻坚与全面乡村振兴进程中的有效衔接研究

郭　莉　刘海栋

摘　要：2019年底福建率先在全国完成了脱贫攻坚。福建作为生态强省，近年来特色农业快速发展，在脱贫攻坚中发挥了重要作用。福建要进一步发展特色农业，顺利将脱贫攻坚与乡村振兴战略有效衔接。

关键词：特色农业；福建；脱贫攻坚；乡村振兴

2021年2月25日，习近平总书记在全国脱贫攻坚总结表彰大会上发表重要讲话，向全世界庄严宣告我国脱贫攻坚战取得了全面胜利。中国是世界上最大的发展中国家，也是世界上人口最多的国家。中国创造了减贫治理的中国样本，给全世界消除贫困带来了巨大的信心。在脱贫攻坚的战场上，福建在中国不仅是一只领头羊，而且交出了一份高质量的答卷。

一、福建脱贫攻坚的主要经验

福建在脱贫攻坚的进程中创造了多个全国领先的新举措，形成了“四个阶段、五个率先”的扶贫经验。习近平同志从1985年6月到2002年10月先后在厦门、宁德、福州，以及福建省委、省政府任职。如何摆脱贫困是他花很大精力一直在思考的重大问题。他于1992年结集出版的《摆脱贫困》是我国扶贫研究领域最有影响力的一部专著。

改革开放以来，福建始终把扶贫工作摆在重要位置，大力协调推进，统筹规划发展。福建开展扶贫工作分四个阶段。一是1978—1993年改革开放推动扶贫工作阶段，以改革开放促脱贫致富成为缓解贫困的主要途径。二是

1994—2000年"八七"扶贫解决温饱阶段，各级组织层层下派各种专业扶贫工作队，帮助80多万贫困人口解决了温饱问题。三是2001—2010年大扶贫开发阶段，组织实施脱贫致富奔小康工程，集中全省资源优势来开展扶贫。四是2011—2020年精准扶贫阶段，突出"精准"二字，将脱贫攻坚与全面建成小康社会目标有机衔接起来。[①] 福建创造了"五个率先"的扶贫经验。

（一）率先开展扶贫工作，引发蝴蝶效应

1979年2月，福建省民政厅就开始协同晋江民政局在惠安县山霞公社开设第一个扶贫试点。1984年宁德一名基层通信员给《人民日报》写了一封反映宁德福鼎县磻溪镇赤溪村下山溪自然村贫困状况的信，产生了"蝴蝶效应"，引发了全国的扶贫大潮。1984年6月24日，《人民日报》以《穷山村希望实行特殊政策治穷致富》为题，在头版刊登这封来信，并配发评论员文章，引起了中央的高度重视。当年9月，党中央、国务院发出《关于帮助贫困地区尽快改变面貌的通知》，拉开了新时期扶贫开发工作的序幕。赤溪村因此被称作"中国扶贫第一村"。

（二）率先开展山海协作、山海联动发展

20世纪80年代中期，福建省就提出"念好山海经"的区域发展战略。20世纪90年代开始实施"山海协作，联动发展"战略。2012年出台了《关于深化山海协作的八条意见》。一是推动省内经济较发达地区与重点县结对共建产业园区，在项目招商、技术帮扶、产业链延伸、资金落实、用工帮困等方面实现共建，建立山海产业转移项目的利益共享机制。二是制定山海对口帮扶制度。确定23个沿海经济较发达县与23个扶贫开发重点县建立对口帮扶关系。三是制定山海干部人才交流制度。每年有计划地组织山海干部双向交流，对口帮扶的县（市、区）每年为被帮扶县培养一批专业技术人才，并推荐、安排就业。

---

① 林萍. 福建省扶贫开发的历史演进、主要经验与未来展望［J］. 福建教育学院学报，2020（4）.

（三）率先开展造福工程，易地扶贫搬迁

福建实施扶贫搬迁造福工程，即对高山和偏远山村实施整村搬迁扶贫集中安置。1994年福建开始组织实施“造福工程”，福建也是全国最早推行异地搬迁扶贫的省份之一，极大地改善了贫困群众的生产、生活条件。在此过程中，造福工程把集中安置点设置在城镇、工业区、中心村周边，提升贫困人口就业机会。还可以很好地与新型城镇、新农村建设、减灾防灾结合。

（四）率先选派干部驻村，定点、定向扶贫

福建省从20世纪90年代就开始下派各种专业干部进村开展扶贫工作，并逐步使科技特派员制度覆盖所有乡镇。习近平总书记在福建工作时大力倡导、亲自推动选派党员干部驻村任职。选派党员干部驻村工作发源于南平。21世纪初福建实施“扶贫开发整村推进”，探索“高位嫁接、重心下移、互动联动、一体运作”的农村工作新机制，坚持把选派驻村第一书记制度作为扶持贫困村发展的重要措施；2004年以来实施“部门挂钩、资金捆绑、干部驻村”工作机制。驻村干部实现了对贫困村驻村的全覆盖，有效发挥了农村基层党组织在扶贫开发中的组织、引领作用，促进了农民脱贫致富。

（五）率先完成脱贫攻坚，苏区老区全部脱贫

福建原有23个省级扶贫开发重点县。福建是著名的革命老区，有22个原中央苏区县，这些苏区老区大部分是贫困县。福建加大力度扶持苏区老区的脱贫攻坚工作，苏区老区人民的生活得到了极大的改善。截至2019年底，福建省扶贫开发已取得了决定性进展，23个省级扶贫开发重点县、2201个省定贫困村、110万贫困人口已全部摘帽退出，实现脱贫。①

二、特色农业对福建脱贫攻坚的主要贡献

特色农业是在我国农业经济发展到一定阶段下孕育而成的。我国对特色农

① 2020年福建省人民政府工作报告［EB/OL］. http://www.fujian.gov.cn/szf/gzbg/szfgzbg/202001/t20200121_5184943.htm.

业的探索和实践开始于改革开放以后，萌芽于20世纪80年代。依据2002年农业部印发的《关于加快西部地区特色农业发展的意见》，"特色农业"被界定为"具有独特的资源条件、明显的区域特征、特殊的产品品质和特定的消费市场的农业产业"。因此，虽然农业在我国属于第一产业，但是特色农业不仅涵盖了第一产业所包括的农业、林业、牧业、渔业等，还涉及了第二产业、第三产业相关的产业链，如农业机械、农业金融、农业旅游、农业服务等。

第一次从国家战略意义上提出大力发展特色农业是在2004年，中央"一号文件"《中共中央国务院关于促进农民增加收入若干政策的意见》明确指出鼓励各地发挥区域比较优势，建设农产品产业带。2006年农业部出台了《特色农产品区域布局规划（2006—2015年）》。进入21世纪以后，我国大力发展中国特色现代农业，特色农业成为农业现代化发展的重要标志。2014年1月农业部颁布了《特色农产品区域布局规划（2013—2020年）》，特色农业朝着多元化、纵深化发展。① 2015年，中央农村工作会议明确提出要以改革、创新为动力，加快农业现代化。特色农业成为各地农业经济发展的热点。

福建省特色农业的探索在全国起步较早。改革开放以来，中国农业政策的改革孕育出福建"特色农业"发展方略。2003年福建特色农业发展思路形成，提出发展3个特色农业产业带、4个主导农业产业、9个重点特色农产品的"三、四、九"现代农业发展战略。福建高度重视"三农"工作，提出树立特色现代农业发展理念，推进农村第一、第二、第三产业融合。2014年，习总书记来福建考察时提出"切实加快特色现代农业建设"的重要要求。2015年福建出台《关于全面推进农村改革加快特色现代农业发展的若干意见》。福建特色农业发展迅速，随着中央农业政策的改革调整，朝着农业现代化的方向不断明晰。至今，福建特色农业已经发展了近20年，取得了丰硕的成果。特色农业是绿色产业。一方面有利于充分利用当地自然条件，将扶贫开发与生态文明建设紧密结合，发展开放式生态经济；另一方面，特色农业对于水土流失治理、流域综合治理、地质灾害防治等工作，对贫困地区具有生态保护和修复的作用。特色农业还促进贫困地区形成当地特色产业，推动了贫困地区农业文化旅游的形成，为贫困人口提供了大量的就业机

---

① 严小燕，陈志峰，曾玉荣．特色农业发展的内涵、演变与评价研究综述［J］．福建农业学报，2017（4）．

会，有力推动了脱贫攻坚工作的进程。

（一）福建特色农业总体发展迅猛

1978 年以来，福建经济发展进步显著，特色农业也随之快速发展。按 GDP 总量排位，1978 年以来，全国共有 12 个省级行政区位次前移，福建由第 22 位升至第 10 位，增速居全国第二。根据《福建统计年鉴》数据整理计算，从 1978 年至 2017 年，福建城镇化改革不断推进，福建农业人口占全省总人口的比例不断下降，由 82.10%降为 35.21%。与此同时，特色农业涵盖的农、林、牧、渔业生产总值却不断增长，1978 年至 2017 年，福建国民经济生产总值增长了 485.63 倍，农、林、牧、渔业生产总值增长了 117.42 倍；福建农民人均纯收入 16335 元，增长了 117.36 倍（全国农民人均纯收入 13432 元，增长了 99.23 倍），福建农民人均收入比全国高 21.59%，增长速度比全国高 18.27%，足以证明农村经济的飞速发展成就喜人。

（二）以原产地优势带动特色农业品牌

福建不断开创特色农业品牌。福建特色农业主要有茶叶、水产、花卉苗木、林竹、水果、畜禽、蔬菜七大优势产业。福建是中国第一产茶大省，改革开放以来茶叶产量基本保持在全国首位，安溪铁观音、武夷岩茶、福州茉莉花茶、福鼎白茶的制作工艺均为“国家级非物质文化遗产”，又是原产地地理标志产品，在全国享有盛名。还有古田食用菌、平和蜜柚、福建百香果、建宁莲子等全国知名品牌。水产、林竹、水果、畜禽、蔬菜五大产业总产值均超千亿元。福建持续植树造林，发展特色林业，森林覆盖率由 1978 年的 39.50%增至 2017 年的 65.95%，连续 38 年居全国第一。

（三）深入闽台农业合作，提升现代农业水平

海峡两岸恢复交往的“破冰之旅”就是由福建与台湾的农业交流开始的。1986 年，闽台茶界交流开了两岸恢复交往的先河。1987 年，台湾允许一般民众赴大陆探亲。1993 年，台湾天仁集团在闽投资创办天福茶业，成为台商在大陆投资茶业的典范。1997 年 7 月，福州、漳州经国家批准，设立“海峡两岸农业合作实验区”。福建有多个国家级台湾农民创业园。以漳州台湾农民创业园

为代表的农民创业园带动模式已经成为全国特色农业的典范。福建先试先行，对台农业合作领域、规模和成效在大陆居于领先地位，是大陆第一个建立海峡两岸农业合作试验区和拥有最多台湾农民创业园的省份，也是最先颁布推进两岸农业交流与合作的地方性法规的省份，同时，福建在大陆率先启动零关税进口台湾农产品。此外，福建省政府颁布并出台了一系列关于促进闽台合作的政策，推动了台湾农民创业园建设，深化了与台湾的农业合作、农业科技合作，为福建特色现代农业的发展奠定了良好的示范基础。

（四）以农业标准化生产培育龙头企业

福建不断调整品种结构，优化产业布局，培育龙头企业，加快推进农业由增产导向转向提质导向，加快构建现代农业产业体系、生产体系、经营体系。近年来福建以龙头企业带动特色农业标准化生产，省级以上农业龙头企业发展迅猛。福建农业产业化持续推进，省级以上农业重点龙头企业增长迅速，带动农户发展特色农业；还出台专门政策扶持龙头企业，帮助贫困地区的农户就业脱贫。

（五）延伸产业链形成农业产业集群

福建围绕推进农业供给侧结构性改革，不断延伸特色农业的产业链。以绿色蔬菜、花卉园艺、烟叶、名优果茶、食用菌、水产为代表的现代农业产业化的特色产业链已初步形成。如古田食用菌产业链生产规模位居全国前列，成为国家菌草工程技术中心示范推广基地。这类特色农业产业比重的不断提高，带动了福建特色现代农业的升级发展。目前，福建已初步建立闽西北绿色农业、闽东南高优农业、沿海蓝色农业三条特色农业产业带。福建建成了一批种养设施化、管理智能化、网络控制化的福建特色现代农业产业集群区，如福州茉莉花茶制作、福清洪宽生态农业、安溪茶业、福鼎白茶加工、漳浦兰花生产、平和蜜柚深加工、连城林坊食品加工、漳平永福休闲农业、浦城正大奥格生态农业等，推动了农业示范区的整体水平，提高了福建特色现代农业的发展竞争力。贫困地区也通过地方特色农业产品建设"一村一品"，提高农民收入。

（六）创建现代农业产业园，促进第一、第二、第三产业融合

2012 年 12 月，福建开始建设福建农民创业园，使福建特色现代农业形成

“一区两园”（国家现代农业示范区、台湾农业创业园、福建农民创业园）架构。2016年，福建根据国家“五区一园四平台”发展方向，进一步融合第一、第二、第三产业，大力发展特色农业。福建大力推进“互联网+”特色产业，应用物联网、云计算、大数据、移动互联等现代信息技术，推动现代农业改造升级。构建农业物联网应用服务云平台，推广成熟、可复制的农业物联网应用模式，加快发展智慧农业。

三、脱贫攻坚必须与全面乡村振兴进行有效衔接

脱贫攻坚与乡村振兴紧密相连，前者侧重于到2020年解决贫困群体的“两不愁三保障”和区域性整体贫困问题，消灭绝对贫困，后者则在决胜脱贫攻坚的基础上解决脱贫后的持续发展问题，推动农业全面升级、农村全面进步、农民全面发展，从根本上解决“三农”问题，实现农业、农村现代化。

2020年12月，国家出台《关于实现巩固拓展脱贫攻坚成果同乡村振兴有效衔接的意见》。2021年中央一号文件《关于全面推进乡村振兴加快农业农村现代化的意见》发布，指出“把全面推进乡村振兴作为实现中华民族伟大复兴的一项重大任务”。打赢脱贫攻坚战、全面建成小康社会后，要进一步巩固、拓展脱贫攻坚成果，接续推动脱贫地区发展和乡村全面振兴。脱贫攻坚与乡村振兴的有效衔接符合发展的逻辑。

（一）脱贫攻坚与乡村振兴在终极目标上具有战略一致性

二者最终的目的都是消除绝对贫困、消除城乡差距，其在本质上都是为了解决社会的分配与再分配不均衡问题而进行顶层制度设计。

（二）脱贫攻坚与乡村振兴在时间上具有历史延续性

在实施时间上，脱贫攻坚为乡村振兴奠定基础。乡村振兴体现着巩固、提升脱贫攻坚成果的迫切需要。

（三）脱贫攻坚与乡村振兴在内容上都具有复杂性和多样性

二者在内容上都包括经济、社会、文化、生态等诸多方面，尽管具体要求

和标准有别，但在实施内容的层面和体制机制的维度高度上基本一致，并在组织机制、督导考核等具体工作机制上一脉相承。

四、发挥特色农业优势，从脱贫攻坚升级到全面乡村振兴

福建省是生态强省。从 2002 年被列为全国第一批生态省建设试点省份，到 2016 年成为全国首个生态文明试验区，福建始终牢固树立“绿水青山就是金山银山”的生态意识，把生态保护放在优先位置，探索生态扶贫的道路，脱贫攻坚从生态修复与建设中寻找到突破口和长效机制。

特色农业在福建贫困地区产生的效益已经逐步显现。在脱贫攻坚与全面乡村振兴的衔接过程中，福建可以进一步发挥特色产业的优势，带动第一、第二、第三产业进一步融合，并立足于 21 世纪海上丝绸之路核心区，延续“一带一路”的渠道积累，促进国际、国内双循环，以特色产业作为撬动点，全面推进乡村振兴。

（一）进一步做好整体规划和机制衔接

有效发挥福建作为首个国家生态文明试验区的政策优势，切实为特色产业发展搞好规划顶层设计，坚持不懈连续干，把脱贫攻坚规划还需持续推进的任务、工程、项目等纳入乡村振兴规划，强化接续支持，发挥长效作用。有效衔接各级制度和管理机制，将扶贫开发机构转化为乡村振兴机构。在工作机制上，沿用“中央统筹，省负总责，市、县、乡抓落实”的工作机制。产业就业类政策要着眼于相对贫困基本面，针对有劳动能力和就业意愿的低收入人口，整合产业发展、就业服务、技能培训、创新创业、金融支农等政策，与乡村振兴战略业已明确的项目、工程衔接，巩固脱贫攻坚成果。

（二）进一步发挥生态优势

福建依山傍海，资源丰富，生态环境质量优异。独特的自然条件使得福建农业必须走特色农业的道路。福建素有“八山一水一分田”之称。耕地比例小，仅占总土地面积的 10.64%，山地丘陵面积约占土地总面积的 85%。海岸

线长，沿海有广阔的海涂、浅海和海洋渔场。境内河流纵横，水资源较为丰富。森林覆盖率居全国第一。全省 12 条主要河流整体水质为优。9 个设区城市空气质量优良天数比例达 96.2%，比全国平均水平高 18.2%。① 2017 年 12 月，国家统计局等 4 部委首次发布各省生态文明建设年度评价结果，福建绿色发展指数位居全国第二，以生态产业为基础的特色农业的发展前景将越来越广阔。

（三）进一步发挥物种优势

福建省生物种类繁多，特色品种丰富，为特色农业提供了丰富的产品。植物有 3000 种以上。野生动物有数千种，鱼、虾、贝、藻种类繁多，经济鱼、对虾、扇贝、西施舌等海珍品资源丰富。微生物中真菌类有 430 种。人工培育的作物、林木、畜禽、鱼等品种也多种多样。今后应进一步保护特色物种，丰富特色农业产品，以“一村一品”为契机，形成各地的特色。

（四）进一步发挥农业文化遗产作用

福建农业历史悠久，最早可以追溯到几千年前；农业文化遗产丰富。闽侯县昙石山遗址、福清市东张遗址等见证了福建早期农业的发展。目前，福建有 2 项农业遗产被联合国列入“全球重要农业文化遗产”（“福州茉莉花种植与茶文化系统”“福建尤溪联合梯田系统”），福建项目数量位列全国第二。福建共有 4 项“中国重要农业文化遗产”（“福州茉莉花种植与茶文化系统”“福建尤溪联合梯田系统”“福建安溪铁观音茶文化系统”“福建福鼎白茶文化系统”）。福建还有 10 大类 272 项农业文化遗产。今后要进一步结合现代科技和文化，使福建农业文化遗产符合特色农业的发展方向，推动农业产业链完善，带动乡村旅游。

（五）进一步发挥闽台区位优势

福建是距离台湾最近的省份，历史上台湾曾经属于福建管辖，台湾八成以上的人祖籍为福建。台湾农业技术、机械与营销管理理念都比较先进，但岛内已不具备拓展空间、劳动力成本逐年增加，农业市场日渐萎缩。福建与台湾气

---

① 福建全省推广首个国家生态文明试验区 7 项改革成果［N］. 中国经济导报，2018-04-20.

候、水土、风俗最相近，最适宜台胞进行农业投资，能够优势互补、互利共赢。一方面，台湾同胞不断到福建投资创业，从茶产业逐步扩大到特色农业。另一方面，福建也在台湾进行农业投资，用雄厚的资金和广大的市场，为台湾打开销路，使之获得发展。福建还为台湾农民创业提供了大量优质的基地，促进台湾农业拓展业务。当前，福建在推进海峡两岸交流、维护祖国统一方面具有独特的区位优势和不可推卸的重任，以特色农业为纽带，可进一步推动闽台合作互惠，更好地增进两岸人民相互了解，促进闽台深度融合。

参考文献

[1] 刘志民，刘华周，汤国辉．特色农业发展的经济学理论研究［J］．中国农业大学学报（社会科学版），2002（1）．

[2] 开展特色农业，推动社会发展［EB/OL］．中国农业新闻网，2017-02-28．

[3] 于伟国．发展特色现代农业，加快乡村振兴步伐［N］．人民日报，2018-01-15．

[4] 黄玲．扶贫开发四十年的福建经验［J］．福建党史月刊，2018（3）．

[5] 姜正君．脱贫攻坚与乡村振兴的衔接贯通——逻辑、难题与路径［J］．西南民族大学学报（人文社会科学版），2020（12）．

[6] 陈明星．脱贫攻坚与乡村振兴有效衔接的基本逻辑与实现路径［J］．贵州社会科学，2020（5）．

作者简介：郭莉，福建社会科学院副研究员；刘海栋，福建社会科学院《亚太经济》杂志社编辑。

河北省巩固、拓展脱贫攻坚成果与乡村振兴有效衔接研究

赵然芬　穆兴增

摘　要： 巩固、拓展脱贫攻坚成果，接续推动乡村振兴是全面打赢脱贫攻坚战后，脱贫地区农业、农村工作的重要内容。脱贫攻坚取得决定性胜利后，河北脱贫地区的产业发展、乡村面貌、居民收入水平等都有了很大改善，但部分脱贫地区和脱贫人口的内生发展动力还比较薄弱，脱贫基础尚不稳固，既存在着一定的返贫致贫风险，又缺乏足够的支撑推进乡村振兴。推进巩固、拓展脱贫攻坚成果同乡村振兴有效衔接，要在筑牢返贫“防火墙”的基础上着力提升脱贫地区和脱贫人口的内生发展动力，接续推动脱贫地区乡村振兴。

关键词： 巩固、拓展脱贫攻坚成果；乡村振兴；内生发展

2021年是“十四五”规划开局之年，也是乡村振兴全面推进之年。河北省有国家级和省级贫困县62个，在全面打赢脱贫攻坚战中都取得了决定性胜利，但部分脱贫地区和脱贫人口的内生发展动力还比较薄弱，脱贫基础尚不稳固，既存在着一定的返贫致贫风险，又缺乏足够的支撑全面推进乡村振兴。习近平总书记在中央农村工作会议上强调，“脱贫攻坚取得胜利后，要全面推进乡村振兴，这是‘三农’工作重心的历史性转移。要坚决守住脱贫攻坚成果，做好巩固、拓展脱贫攻坚成果同乡村振兴有效衔接”。总书记的重要论述为脱贫地区推进乡村振兴指明了方向，是新阶段河北凝心聚力巩固、拓展脱贫攻坚成果，全面推进乡村振兴和农业、农村现代化，加快建设经济强省、美丽河北的核心指引和根本遵循。

一、河北省脱贫攻坚工作取得伟大成就

（一）以特色农业为主要构成的扶贫产业蓬勃发展

"十三五"期间，河北省农业农村厅持续加大项目资金支持，不断完善服务体系，着力发展特色扶贫产业。五年来共安排财政资金300多亿元。实施了特色种养、林果、光伏、电商、乡村旅游、家庭手工六大类产业扶贫项目5.3万个，培育了食用菌、中药材、马铃薯、肉牛等27类农业特色扶贫产业586个（次）。截止到2020年末，全省在贫困地区创建省级现代农业园区95个，基本实现贫困县覆盖，建成扶贫产业园551个，其中贫困地区的占494个。打造年销售额亿元以上龙头企业101家，打造产值超50亿元的加工园区2个，培育县域特色农产品加工集群11个。每个贫困县都培育了1—3个优势特色产业，每个贫困村都培育了1个优势品种，贫困地区"一县一业、一村一品"格局基本形成。全省建档立卡的99.5万贫困户、232.3万贫困人口实现了贫困户产业扶贫项目100%全覆盖、两重覆盖率达到64%。产业扶贫带动全省125.4万贫困户、321.4万贫困人口实现增收；贫困村集体经济年收入逐年提高（2016年2.7万元、2017年3.9万元、2018年4.8万元、2019年5.6万元、2020年6.9万元），推动全省贫困发生率由2016年的5.88%下降为2020年的0.07%，顺利实现所有贫困县摘帽。

（二）以农村低保、社会救助等为主要内容的社会保障和救助体系日益健全、有力

"十三五"期间，河北就保障、救助困难群众基本生活，救助供养农村特困人员，对农村特殊困难群体实施临时社会救助，帮扶低保户等制定实施了一系列兜底性保障政策和措施，下达困难群众基本生活救助补助资金383.8亿元，在促进无劳动能力贫困户脱贫，以及帮扶农村非贫困低保户和其他困难群众方面发挥了重要作用。一是全省农村低保实现应保尽保。通过完善监测预警机制、强化精准排查落实兜底保障政策、做好受疫情影响困难群众生活兜底保障、加强特殊群体关爱帮扶、"逐户逐人"核对排查等工作举措，对全省符合

条件的农村贫困人口全部做到了应兜尽兜、应保尽保。二是社会救助能力和水平不断提升。"十三五"期间，河北持续推进社会救助机构和服务建设，到2020年，全省社会救助供养标准提高到低保标准的1.3倍，全省贫困县特困人员集中供养能力超过了70%，对完全或部分丧失劳动能力的特困人员全部实现了集中供养。

（三）以"两不愁、三保障"为基础的民生福祉日益增进、提升

以"两不愁、三保障"为核心内容的脱贫攻坚战的全面胜利大大提升了贫困地区生产、生活设施和基本公共服务水平，贫困人口的居住条件、人居环境、公共服务等便利化程度，以及宜居、宜业水平等显著提升。一是有效解决农村贫困群众住房安全问题。2016年以来，按照中央部委要求，进一步把建档立卡贫困户、低保户、农村分散供养特困人员和贫困残疾人家庭4类重点对象农村危房改造摆在优先位置，全力推进危房改造，对符合条件的农村危房户应改尽改，全面覆盖，一户不落。截至2019年底，全省累计实施农村危房改造29.4万户（其中，建档立卡贫困户危房改造9.8万户），提前完成"十三五"时期农村危房改造任务。二是大力推进农村饮水安全巩固、提升工程。"十三五"期间，河北在全省贫困地区实施了以深度贫困村为重点的农村饮水安全设施改造、提升项目，提前一年解决了贫困村358.45万人饮水安全问题。三是交通、通信条件显著改善。"十三五"以来，河北加快推进贫困地区交通、通信建设，截止到2019年底，贫困村村村通公路、乡乡通公交，光纤宽带通达、4G网络覆盖目标全部实现。四是公共服务质量和水平显著提升。2016年起，河北积极推进贫困地区医疗卫生和教育服务体系建设，通过实施公共服务设施提升行动、服务"空白点"清零、城乡联动服务、强化人才引进等系列工作，贫困地区医疗、教育等公共服务条件和水平显著改善。

（四）易地扶贫搬迁"搬得出""稳得住""逐步能致富"目标稳步实现

2016年全省启动易地扶贫搬迁工作以来，河北省委、省政府高度重视易地搬迁扶贫工作，先后制定印发了《全省"十三五"易地扶贫搬迁规划》《实施方案》和2016年至2019年《年度计划》。始终把安置住房建设作为搬迁工作

的重中之重，把产业园区作为搬迁群众稳定脱贫的重要途径，聚焦配套设施、公共服务、后续产业、拆旧复垦、安置区管理权益保障等重点工作，着力推进406个集中安置项目和632个配套扶贫产业园区或项目建设。到2019年底，全省“十三五”确定的30.2万人易地扶贫搬迁目标已提前完成，其中，建档立卡贫困人口13.6万人、同步搬迁人口16.6万人，“搬得出”目标已提前实现。13.6万建档立卡贫困人口人均安置住房面积不超25平方米。全省规划建设的406个集中安置项目如期交付使用，建成住房8.06万套、636.4万平方米，有32个项目独立或配建养老住房。建成各类配套公共服务设施360所（个），其中学校20所、幼儿园46所、卫生室（所）100个、派出所等其他设施194个。全省规划的632个扶贫产业园区（或项目）已全部建成，为110个集中安置项目配建扶贫光伏，对13.6万贫困搬迁人口全部落实后续帮扶举措并全部实现脱贫。国家统计局河北调查总队统计数据显示，搬迁群众对易地扶贫搬迁工作的满意度为99.7%。

二、河北省推进巩固、拓展脱贫攻坚成果同乡村振兴有效衔接面临的问题

（一）部分扶贫产业和项目发展动力依然较弱

产业扶贫是脱贫攻坚的主要抓手。为了实现脱贫，河北在脱贫地区部署实施了一大批产业扶贫项目。但是，很多地方的扶贫产业因为快速上马、市场论证不充分等多种原因，其在实现长效稳定发展方面还存在着很多不稳定因素。表现在：一是扶贫产业多集中于传统的农业种养业，因为规模小、产业层次低、产业链条短，抵抗自然风险和市场风险的能力较弱，一旦遇到天灾、人祸和剧烈的市场波动，较易陷入破产的境地。二是在单位对口帮扶机制下，各脱贫村的扶贫项目多采取单打独斗、独立作战的发展方式，相互缺乏关联合作，总体呈现“碎片化”发展态势，不仅容易导致各村产业项目普遍规模不大、实力不强，而且严重的同质化还加剧了相互之间本就激烈的市场竞争，一旦政府扶持力度减弱或脱离政府扶持，项目持续发展前景就会很不乐观。三是脱贫地区发展环境尚未根本好转。脱贫地区之所以曾发生规模性贫困的重要原因之一

就是其恶劣的自然资源条件和发展环境，尽管河北大部分脱贫地区的交通、通信、农田、水利等农业、农村发展环境在脱贫攻坚战后得到了大幅改善，但与一般地区相比，脱贫地区的交通、环保、营商环境、生产要素、生产服务等仍然较差，农业、农村发展的良好软硬件环境和要素支撑尚未形成。

（二）就业脱贫机制稳定性不强

就业帮扶是河北打赢脱贫攻坚战的一项重要举措，河北脱贫户中有相当大一部分是依靠外出务工增加劳务收入来实现脱贫的。然而，由于受多方面因素制约，并没有针对就业脱贫人口形成稳定的劳务增收机制。一是就业脱贫人口劳动力素质不能适应经济发展要求和企业转型、升级需要。河北就业脱贫人口的人力资本素质和劳动技能水平相对不足，外出务工者多在传统产业、非技能型岗位就业。随着我国经济由高速增长阶段转入高质量发展阶段，产业结构、增长动力和劳动力需求结构也正在发生变化，特别是由于当前宏观经济形势的复杂变化，经济下行压力加大，农民工就业不稳定性因素增加，主要依靠传统劳务输出就业的部分脱贫人口可能面临收入不稳定的风险。二是稳定的劳务供需配置机制尚不健全。尽管河北也开设并实施了开通网络招聘渠道、鼓励单位吸纳就业、扶持创业带动就业、引导居家灵活就业、开发专岗安置就业、劳务协作转移就业等一系列脱贫就业举措并取得了良好的成效，但通过政府部门主导推动的扶贫车间吸纳、返乡创业带动、有组织劳务输出、扶贫公益性岗位安置等就业方式实现就业的劳动力占比尚不足30%，脱贫地区劳动力外出务工主要还是依靠亲戚、朋友的引领和带动，就业地点、就业岗位和就业时长都处于不稳定状态。

（三）脱贫人口内生发展能力依然脆弱

精准扶贫政策推动了脱贫人口收入的稳定性增长，2016—2020 年，河北贫困地区农村居民人均可支配收入分别实现了 10.6%、11.3%、11.4%、12.4%、10.5%的增速，均高于全省平均水平。但脱贫人口的内生发展能力依然脆弱。一是脱贫人口整体收入水平依然偏低。“十三五”期间，尽管脱贫人口收入水平实现了较大幅度增长，但总体水平偏低，多数仍属于低收入群体。河北调查数据显示，有 10%左右的脱贫户人均年收入水平低于 5000 元。二是脱贫人口收入结构不够稳定。脱贫人口的收入构成中，政策性补贴收入占比较高，有的脱贫地区甚至占到了30%左右；有的尽管经营性收入占比较大，但其农产品销售主要靠扶贫干部推销、熟人购买、帮扶单位采购等方式，依赖性强，持续性差。三是内生发展能力依然较弱。脱贫人口大都受教育水平较低，而其在脱贫攻坚中受到的职业技能培训也具有一定的时效性，受脱贫地区教育水平和脱贫人口认知限制，脱贫人口依靠教育实现持续发展仍任重道远。而且，在脱贫人口中，因年龄大、长期患病等原因部分或全部丧失劳动能力的人口占很大一部分，这部分人口基本没有发展能力，只能依靠财政兜底，一旦地方财政出现困难，就会面临返贫风险。此外，少部分脱贫人口中还存在较严重的"等靠要"思想，精神贫困也制约了其内生发展能力的提高。

三、河北省巩固、拓展脱贫攻坚成果与乡村振兴有效衔接的思路及对策

（一）筑牢脱贫人口等低收入群体返贫致贫"防火墙"

一是补齐"两不愁、三保障"短板。围绕"两不愁、三保障"建设内容，定期对脱贫村和脱贫户进行走访排查，对标、对表"两不愁、三保障"关键指标，逐户、逐项跟踪、核实、施策，确保不使一人、一户返贫。聚焦脱贫地区农村基本医疗、义务教育、住房安全和饮水安全等重点工作中的短板和弱项，集中人力、物力、财力等资源实施巩固、提升行动。二是健全防返贫动态监测和帮扶机制。积极运用现代信息技术，对脱贫不稳定户、边缘易致贫户，以及因病、因灾、因疫情、因意外事故等刚性支出较大或收入大幅缩减导致基本生活出现严重困难的困难户实行靶向监测和帮扶全覆盖，坚持预防性措施和事后帮扶相结合，综合运用社会保障政策、产业就业帮扶和扶志扶智措施、防贫保险等化解返贫致贫风险。三是强化农村低收入人口常态化帮扶。合理确定农村低收入人口监测帮扶范围，定期核查，动态调整，重点关注农村因病、因灾、因意外事故等导致收入骤减或支出暴增的低收入人口，根据其困难类型和困难程度，及时纳入帮扶政策范围，分层、分类实施社会帮扶和救助。

（二）着力强化脱贫地区经济、社会发展支撑

全面打赢脱贫攻坚战后，尽管脱贫地区的产业发展基础和水平、乡村面貌、居民收入水平、生态等都有了很大的改观，但经济、社会发展的资源、要素、营商环境基础设施等的支撑能力依然较弱。巩固、拓展脱贫攻坚成果，接续推进乡村振兴，要着力强化脱贫地区经济、社会发展支撑。一是全面提升贫困地区产业发展设施水平。加大财政投入，全面提升脱贫地区水、电、路、气、通等基础设施，农田水利设施及重点乡村人居环境水平，强化其产业发展的基础支撑。二是大力优化贫困地区营商环境。强化对脱贫地区县级领导班子以培育、壮大内生发展动力为主导目标的政绩考核内容，优化营商“软环境”建设，试行超常规举措，着力构建政务、市场、法治都“友好”的投资发展环境。三是着力提升脱贫地区宜居水平。实施脱贫地区公共服务提升工程，加强脱贫地区农村人居环境整治，全面推进脱贫地区各类基本公共服务及设施建设，补足历史欠账和设施短板，打造质量更高的绿色宜居新农村。

（三）全面提升脱贫地区产业内生发展动力

发展产业不仅是实现精准脱贫的根本举措，也是实现产业兴旺的必由之路。要通过提升脱贫地区产业内生发展动力，推动产业扶贫向产业兴旺转变。一是提升脱贫地区产业组织化、规模化水平。通过成立合作社、联合社等方式，着力改变脱贫地区农业产业“小而散”“碎片化”的发展方式，以及单个经营主体单打独斗、同质竞争、市场话语权缺乏的生产经营状况，推进脱贫地区产业“组团”发展，以规模化、组织化提升发展效能。二是推进脱贫地区特色优势农业产业化发展。深入实施脱贫地区农业特色产业提升工程，引导脱贫县选择1—2个特色优势主导产业，通过培育、壮大产业化联合体，建设特色产业基地，实施农业产业强镇项目，创建三产融合发展的扶贫产业园，引导农产品加工产能向县城和重点乡镇转移，转化挖潜生态红利为发展优势等，延伸、培育、稳固、提升产业链条和价值链条，强化要素投入和品牌化建设，推进脱贫地区特色优势主导农业产业化、现代化发展。三是积极推进脱贫地区农产品产销衔接。引导脱贫地区通过“电商平台+合作社+新农人”“政府+媒体+电商平台”“媒体+直播+电商”“新农商”等模式推进其农产品线上、线下生

产、销售的无缝对接；持续深入开展消费扶贫行动，强化脱贫地区特色优势农产品在省内的宣传消费，构建、优化其省内销售渠道，并使之畅通。

（四）多措并举推进脱贫地区人口收入稳定增长

脱贫地区受经济、社会发展和公共服务水平低下限制，不仅脱贫人口，而且其他低收入群体中也都普遍存在劳动力素质和文化技能水平较低，不能很好地适应国内经济转型需要和劳动力需求结构变化的问题。提升脱贫地区人口内生发展动力，不仅要着力强化现代劳动技能培训，更要从其收入构成着手，全方位推进其收入稳定增长。一是强化现代生产技能培训。紧跟经济社会发展对劳动力的需求的动向，以及当地农业、农村经济发展需求，以农业现代生产技能、实用务工经商技术、岗位适用技术培训为重点，采取多种方式提升脱贫地区人口劳动技能和人力素质。二是推动脱贫地区人口多渠道就业。深入开展京津冀劳务协作，农村基础设施和涉农项目建设中以工代赈，公益岗位安置，扶贫车间就业，农村就地、就近就业、创业等就业安置工作，做好就业服务管理，推动脱贫地区农村劳动力稳定就业。三是着力促进转移性收入增加。深入推进脱贫地区农村土地制度改革，积极利用扶贫资产发展、壮大新型农村集体经济，完善利益分配机制，促进脱贫人口转移性收入增加。

作者简介：赵然芬，河北省社会科学院副研究员；穆兴增，河北省社会科学院研究员。

农村金融服务乡村振兴的实践探索
——以“田东模式”为例

蒙筱逸

摘　要：广西田东县是我国农村金融综合改革试点的第一个县，自2008年开启农村金融改革以来，十多年的改革试点取得了明显成效，形成了我国农村金融综合改革试点的“田东模式”。“田东模式”的实践极大地推动了农村经济的发展，有力支持地方乡村振兴，为金融服务乡村振兴实践积累了大量可复制推广的经验。

关键词：农村金融服务；乡村振兴；实践探索

田东县是国家扶贫开发重点县，2008年12月成为全国农村金融综合改革试点的第一个县。田东县从探索破解农民贷款难、银行放贷难、农村支付结算难等农村金融服务难题入手，经过十多年的努力，全县以“农金村办”为核心，逐步建立、健全农村金融组织机构、农村信用、支付结算、保证保险、抵押担保、村级服务“六大体系”，创新金融扶贫模式，开展农村产权改革，逐步形成了可复制、易推广、能持续的农村金融普惠机制，为我国农村金融改革和金融扶贫积累了“田东经验”，也为乡村振兴对多样化金融的需求提供了“田东方案”。

一、农村金融改革“田东模式”的主要做法及成效

（一）“田东模式”的“六大体系”

1. 完善组织机构体系

田东县把增加金融市场供给主体、健全农村金融市场的组织体系作为农村

金融改革市场的突破口和切入点，2009年以来，田东县不断放宽金融业市场准入门槛，积极培育并大力引进金融机构，不断丰富金融供给主体，进一步发挥金融机构在整合社会资源层面上的重要作用。到2019年末，田东县金融机构达到31家（见图1），其中银行业金融机构12家，非银行业金融机构19家，银行网点49个，覆盖全县10个乡镇和部分村屯，金融机构种类齐全度居广西县域首位。田东县已经形成了包括农村商业银行、村镇银行、小额贷款公司、资金互助社在内的传统金融机构与新型微型机构既相互竞争又互为补充的多层次、梯度化金融市场结构，满足了不同经济主体的融资需求，基本解决了"三农"融资渠道单一的难题，与商业银行形成了"高低搭配"的农村金融服务组织体系。

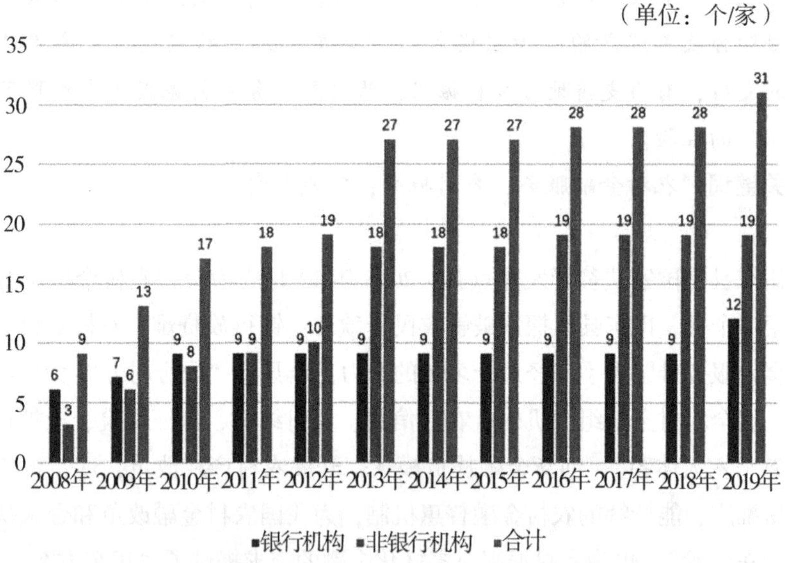

图1 2008—2019年田东金融机构发展一览

2. 建立农村信用体系

良好的金融生态环境是金融资源优化配置的必要条件，在金融改革试点启动后，人民银行百色市中心支行与田东县人民政府针对农户信用评级缺失问题启动农村社会信用体系建设，共同建立了农户信用信息采集和评价系统，将全县十个乡镇的农户信用信息全部纳入农户信用信息数据库，实现了田东县农户信用评级系统平台由各涉农金融机构自建系统的分散型平台向统一集中型平台过渡，有效解决了各涉农金融机构农户信息指标不统一、多头采集、重复采集的问题，极大地缓解了农民与银行的信息不对称问题，农村信用环境得到了极大优化。2019年末，全县有7.2万户建立了农户信用信息电子档案，1251家中小微企业、182家农民专业合作社被纳入征信体系。全县评定A级以上信用户5.7万户、信用村139个、信用镇7个。信用体系有效降低了金融机构与农户间的信息不对称程度，有效提升了农户和新型经营主体贷款的可获得性，累计协助7.57万农户获得免抵押、免担保的小额贷款超26.2亿元。2011年10月，田东县获批广西第一个“信用县”，也是全国第一个“信用县”。2014年中国人民银行授予田东县“全国农村信用体系建设示范区”称号。田东县农村信用体系建设有效破解了农户和金融机构信息不对称、信息采集指标不统一、信息不能共享三大难题，促进了金融机构加大对农户的贷款力度，缓解了农村贷款“两难”问题。

3. 建立支付结算体系

2009年完成了大小额支付系统乡镇全覆盖，在广西第一个实现了“乡镇级金融网点跨行资金汇划乡乡通”。创建了广西第一条银行卡刷卡无障碍一条街。全县在乡镇和人口集中的农事村办点布放了190台ATM机和自助服务终端，实现ATM机乡镇全覆盖；在行政村布放了POS机2864台，成为全国首个实现转账支付电话“村村通”的县；发行各种银行卡126.69万张，人均2.95张，个人网银、短信通等服务方式得到广泛使用；被中国人民银行确定为“全国农村支付服务环境建设联系点”。通过建立、完善面向农村、服务农民的支付结算体系，农民足不出村就可以进行2000元以下的小额存取款，提高了农民获得支付服务的效率和便捷度。

4. 建立、完善“三农”保险体系

针对农业保险起步晚、农民和承保机构都缺乏积极性而在现实中又十分必要的问题，田东县在两翼山区乡镇建立了保险服务站，先后开展了竹子、芒果等13项特色农业保险。开展“小农户+小贷款+小保险”，银保合作，有效分担小额贷款风险，创新开办残疾人保险、留守儿童意外伤害保险等，为贫困群众的生产、生活提供了有效保障。同时，田东县积极建立保险保证体系：一是“政银担”分散风险，联合机制为信贷提供强有力的保障。到2019年末，助农担保公司累计融资2.54亿元，提供担保382笔；广西金融投资集团田东综合金融服务中心累计为中小企业提供担保资金 10.93 亿元。二是推行扶贫小额贷款保证保险，为 3172 户贫困户的 1.51 亿元贷款提供了保障。三是建立风险补充机制，刺激金融机构支农的积极性。推动地方政府建立 800 万元土地经营权抵押贷款风险补偿基金、378 万元扶贫小额信贷保证保险基金、2300 万元扶贫小额信贷风险补偿基金、736 万元小额担保贷款补偿基金，有效化解了区域金融风险。2011 年、2012 年分别获得“全国农村保险示范县”“全国农村保险明星示范县”称号。2017 年，人保财险田东支公司“一揽子保险计划”荣登中国保险行业协会首期“保险精准扶贫先锋榜”。

5. 建立抵押担保体系，切实降低农户融资难度

为进一步拓宽农户的融资渠道，田东县引进融资担保公司，组建广西首家农村产权交易中心，引导金融机构提高创新积极性，完善农村承包土地的经营权抵押贷款管理制度，加快土地流转，为小微企业、养殖大户提供融资担保，切实提高资金获得性。截至 2018 年 12 月末，累计为田东县小微企业、个体工商户提供融资担保 11.85 亿元。

6. 建立村级金融服务体系，延伸普惠金融触角

为将金融服务延伸至村一级，扩宽普惠金融服务范围，缩短村一级农户的业务办理的时间，降低金融机构的经营成本，田东县大力推进“农金村办”村级体系建设，充分发挥大学生村干部、第一书记扶贫带队的作用，培养乡村金融宣传队伍，为农村群众提供答疑和宣传服务。截至 2018 年 12 月末，全县累计建成“三农金融服务室”162 个，“三农金融服务室”实现所有行政村全覆盖，累计为全县 7.3 万户农户推荐办理贷款 24 亿元。

（二）“田东模式”的特征

1. 以“农金村办”为根本

把金融服务融入“1+6”村级综合服务模式，推动数字普惠金融服务平台普及，使金融服务不断向村、屯、户延伸。大力实施“引金入村”工程，在村里广泛设立普惠金融综合服务点“乡邻小站”。如桂林银行在林逢镇平洪村设立农村金融业务综合服务站，引导金融服务下沉、农资下行与农产品上行相结合，实现 24 小时不间断服务，普惠金融等便利性惠民服务收效良好。“农金村办”实现了金融服务“零距离”，推动了面向“三农”的普惠金融线上、线下融合发展，大幅降低了金融机构的工作成本。贫困户贷款从 2016 年的 1.25 亿元升至 2019 年的 4.36 亿元。

2. 以信用建设为核心

优化信用指标体系，推行信用采集动态管理，建立广西第一个信用信息中心，与扶贫信息系统、“六合一”农户信用信息系统融合运行。全县评定 A 级以上信用户 5.7 万户、信用村 139 个、信用镇 7 个，提升了农户贷款的可获得性。小额信用贷款由 2016 年的 4 亿多元增至 2019 年的 6.6 亿元。

3. 以产权交易改革为支撑

针对农户缺乏有效抵押物这个突出难题，田东县建立了广西首家农村产权交易中心，拓展农村有效抵押担保物范围，探索推动林权、土地承包经营权、农村房屋所有权抵押贷款。全面升级电子交易系统，加强信息化支撑。截至 2019 年末，累计完成产权交易额 11.25 亿元、产权抵押贷款 15.05 亿元（其中贫困村产权抵押 1.56 亿元），排全区第一位。

4. 以小额贷款为牵引

围绕强力助推打赢脱贫攻坚战，创新金融扶贫模式，全面实施扶贫小额信贷政策，促使金融资源真正下沉到“毛细血管”，实现户贷户用。主要特点是“一授、两免、三优惠、双保险”，即评级授信，免抵押、免担保，贷款期限、贷款利率和财政贴息三大优惠，设立风险补偿金、开办保证保险。截至目前，扶贫小额信贷累计发放 4.36 亿元，排在全区前列；信贷资金精准投向特色农业产业，先后创建百冠芒果合作社等新型经营主体 698 家；带动 7094 户建档立卡贫困户发展产业、就业创业，增强了“造血”脱贫能力。

（三）“田东模式”的“升级版”

经过多年的探索实践，田东县打造出了农村金融改革的“田东样本”，促进农村金融服务补短板，同步推动农村各项改革，到 2018 年底，多层次、广覆盖、可持续的农村金融改革“田东模式”已成为广西沿边金融改革中可复制、可推广的经验之一，推广至全区乃至全国，为乡村振兴战略注入了更多的金融力量。但随着改革的深入推进和形势变化，一些措施已经不适应发展的需要，及时总结、升级、推广“田东模式”，探寻更准的突破点，在金融高质量发展方面继续有效服务“三农”，才能巩固脱贫攻坚成果，更好地服务乡村振兴战略。因此，田东县委、县政府提出用三年左右的时间，按照十九大以来深化农村金融体制改革的思路，围绕怎么实现田东的高质量发展来谋划改革的"升级版"，进一步提升城乡金融服务"均等化"水平，筑就中国农村金融改革新高地。

1. 搭建新型农村金融服务模式，升级基础金融服务

以提升"农金村办"工作水平为目标，以信用维护、融通产品、助推金融改革为主线，建设田东县数字金融服务平台。包括建设平台门户、信用大数据、金融超市三个板块功能，通过二维码普及到村、到户到人，真正实现金融服务零距离，改变金融服务到村的落后状况，实现基础金融服务提档、升级。

2. 完善农村集体产权制度体系，扩大农民增资渠道

全面推进农村集体产权制度改革，使信用和产权成为农村金融改革腾飞的两个重要支撑。主要是推进农村产权确权登记、颁证工作，重启林权复核和确权工作；启动"四荒"确权，实施芒果等经济作物的经营权颁证。依托产权改革大力发展农业产业链金融。强化农村产权交易平台建设，把田东农村产权交易中心升级为百色市农村产权交易中心。加强对涉农资产、资源入市交易的引导，不断拓展贷款抵押物品种。推进农村集体产权股份制改革，向村民释放集体经济发展红利。

3. 大力完善农业经营体系，做强农业产业链金融

一是坚持规模化、品牌化，带动农业产业升级。在县域产业发展规划基础上推动一村（乡）一品建设，促进主导产业适度规模化、产业化发展，整合产品资源，推动县域公共品牌建设。紧紧抓住国家支持广西芒果产业发展的政策机遇，全力推进田东国家级芒果产业创新示范园创建工作；加快推进国家级芒果种质资源圃、农产品加工与物流产业园、中国特色农产品优势区等重点项目建设。二是大力培育农业经营主体，带动千家万户增收。三是大力培育农产品营销体系，促进农产品流通。深化田东县与北京新发地的深度合作，建设北京新发地百色（田东）农产品交易中心。在整合农产品资源和品牌建设的基础上强化电子商务平台建设。出台农产品营销奖励政策，大力培育农产品营销队伍，鼓励协会、组织等营销队伍以批量直供、电商零售等方式开拓农产品市场，打通农产品流通市场的瓶颈。

4. 全面强化贷款增量措施，满足全域金融需求

一是重塑农村信用体系。用大数据的思维推进信用体系建设，为新的信贷需求提供与贷款额度匹配的个人资信；为银行机构挖掘潜在客户，巩固优质客户疏通渠道。二是调整贷款授信额度。三是开发农村消费贷款产品。四是扩大农民增资渠道。五是探索涉农龙头企业的直接融资。六是增强担保实力。做大担保公司，放大放贷倍数；改革资金互助协会，对经营管理不到位的，收回本金，成立乡村担保基金。七是探索大型项目设施建设定融。

5. 融入改革大局，实现跨越发展

向自治区和百色市政府争取，将田东国家农村改革试验区新型农村金融服务模式融入云南省、广西壮族自治区沿边金融综合改革实验区和百色市全国金融服务乡村振兴试验区的内容进行升级并推广。争取田东参与沿边金融综合改革实验区和百色市全国金融服务乡村振兴试验区建设，在金融服务“三农”，金融服务实体经济，金融机构参与项目建设（项目投融），人民币跨境结算，产权交易体系，大宗农工产品交易，不良资产收储、处置等提供田东智慧和案例。

（四）“田东模式”的成效

经过十多年的不断探索，田东县在农村金融改革上取得了明显的成效。以“农金村办”为基础的“六大体系”为广大农民提供了“接地气”的金融服务，实现了从农村金融服务“均等化”到城乡金融服务“均等化”，为服务全域经济、脱贫攻坚和乡村振兴提供了充分的金融支撑。

田东的金融改革成效得到了多方肯定，2015 年 11 月，习近平总书记在中央扶贫工作会议上指出，“广西田东县通过建设机构、信用、支付、保险、担保、村级服务组织六大金融服务体系，有效缓解了贫困户资金缺、贷款难问题”，金融改革成果转化为中央文件。2018 年初，全国农村改革试验区办公室将田东“农金村办”模式向全国推广。2018 年 12 月 10 日，在广西成立 60 周年纪念大会上，全国政协主席汪洋提道：（广西）创造了农村金融改革的“田东模式”。2020 年 5 月 19 日，在全国农村改革试验区到期试验任务验收评估工作视频会上，人民银行总行研究局等单位专家认为田东农村金融“六大体系”升级版属国内首创，体现了新形势下“接地气”的线上、线下相结合的新型农村金融服务创新，代表未来中国农村金融服务的新方向。2021 年 4 月广西壮族自治区人民政府办公厅印发《农村金融改革“田东模式”六大体系升级建设方案（2021—2023 年）》，在全区全面升级建设农村金融改革“田东模式”六大体系。

二、当前农村金融服务乡村振兴面临的难题

尽管田东县的农村金融改革取得了显著的成效，但是随着乡村振兴战略的实施，农村金融服务出现了新的趋势：一是农村金融的需求随着乡村振兴战略的推进逐渐多元化；二是农村金融改革伴随着土地制度改革的深入，很大程度上缓解了原先农村金融供给的难点问题；三是互联网手段将更多地应用在乡村振兴金融服务创新上；四是以绿色金融服务助力乡村振兴势在必行。这些发展趋势说明我国现代农村的金融发展建设进入了新的阶段。田东和全国很多地区一样，在发挥金融对乡村的支持作用时，还存在一些问题：

（一）涉农金融服务不平衡、不充分

主要体现在农村金融市场发展不均衡，农村金融需求难以有效满足，金融供求配比失衡，金融服务的可获得性和便捷性不足。

（二）信息不对称和成本偏高

在农村，由于信用评价体系不完善，各种农村土地资源，社保（医疗）信息，工商、税务，农业、农村补贴政策，涉农产业信息，保险政策等涉农信息在各机关部门还处于分割状态，没有形成涉农信息对外开放共享机制，使得金融部门无法及时掌握相关信息，不利于提升融资对接精准度。同时，信息不对称还增加了银行等放贷机构获取信息资源的成本。

（三）抵押担保存在障碍

在广大农村，作为借贷主体的农户，几乎没有相应的资产，就算有也达不到金融机构的要求。此外，农村的一些企业同样缺乏抵押担保导致企业后续信贷需求得不到满足。在2020年的“复工贷”大走访中，企业普遍反映由于抵押品不足，难以获得后续信贷资金支持。如都安神瑶医药健康管理有限公司在中蜂养殖方面形成一定规模，已带动当地农民成立31个养蜂专业合作社，解决了当地部分群众的就业，但中蜂养殖依托当地农村的荒山岭，无土地、房屋等不动产作为抵押，企业融资需求很难得到满足。

（四）农村金融产品和金融服务创新力度不足

随着农村产业融合发展进程不断加快、新型农业经营主体不断成长，其对多元化、多层次的金融需求日益扩张。当前，涉农金融机构金融产品和金融服务的创新力度明显不足，金融供给和需求之间存在严重的结构性失衡，农村金融相关的产品及服务与实施乡村振兴战略的要求尚有较大差距。产品与市场的契合度不足，信贷品种也不够丰富，涉农金融机构线上、线下信贷产品较为单一，创新较缓慢，存在同质化现象，难以满足乡村振兴多元化、多样性金融服务需求。

（五）金融科技和信息支撑手段落后

伴随着金融和科技的相互融合，金融科技正在成为全球包容性增长和金融创新发展的新动力。但是在广大农村，由于金融机构规模较小，科技人员不足，高端科技人才基本空缺，专业人员匮乏，很难有效应对金融科技的发展需要。与此同时，金融科技作用的发挥有赖于现有客户或潜在客户信息的完整性和准确性。当前农村由于缺乏良好的信用评价体系，农村地区大多数农户依然是游离于各类数据系统外的“白户”，再加上政府部门、相关机构间信息的割裂、分散，金融机构利用金融科技手段分析客户行为及风险的作用有限。此外，由于服务乡村的金融机构经营水平不够、服务理念传统，再加上长期以来受传统经营模式影响，对金融科技重视程度不高，多数都沿用过时设备，导致系统运行效率低下。

三、“田东模式”的经验启示

（一）坚持问题导向，找准切入点

自改革之初，田东县就把破解金融瓶颈，从制度和机制层面探索农村金融难题作为突破口，坚持市场化和可持续的改革方向。遵循农村金融发展内在规律，构建农村金融和农村经济的共生机制，创造农村金融与农村经济共生发展的基础条件，破除制约农村金融市场发展的机制体制问题，在市场准入、管理服务等方面提供便利，逐步打破农村金融市场垄断局面，激活农村金融市场发展活力，推动构建以商业性金融为主、政策性金融为辅的农村金融市场机制，提高涉农金融机构服务农村经济的能力和水平。

（二）整合资源，形成合力

田东县在金融改革的过程中注重发挥党委和政府的领导作用，引导金融机构主动参与，整合各类资源，形成农村金融综合改革的合力。建立并完善组织领导机制、政银企（农、商）沟通协调合作机制。政府及有关部门成为农村金融综合改革的有力推手，金融监管部门当好农村金融综合改革的有力助手，涉农金融机构和保险公司作为推进农村金融改革的主要工作试点。广西壮族自治区、百色市、田东县各级政府和人行、银监、保监、金融机构等部门形成了分工协作、相互配合、上下联动、共同推进的工作机制，整合、优化了区域资源，推动了农村金融改革发展，提高了农村金融服务水平。

（三）财政政策与金融政策结合

田东县农村金融改革试点工作紧紧围绕“促进财政和金融融合发展”这一主要方向和目标，以推动金融机构构建支农体系和服务平台，以及保障集资为主要着力点，充分发挥财政政策、资金的导向引导和示范作用。通过综合运用补助补贴、以奖代补、股权投资、债券投资、风险分担补偿机制等方式充分发挥财政支农资金在“引金入县”、信用体系建设、支付结算体系建设方面的撬动作用，能有效填补农村金融市场服务体系准公共物品缺失的空白，推动农村金融市场洼地效应的形成，吸引金融资源在农村经济体系内进行良性循环，推动农村普惠金融发展和农村金融综合改革试验。

（四）加强改革，系统集成

田东县的农村金融改革注重系统性、整体性及协同性。不仅是单个环节、单个业务领域的改革，而是从组织机构、农村信用、支付结算、保证保险、抵押担保、村级服务六大体系进行改革。不单抓农村金融改革，而是把农村金融改革同扶贫攻坚工作、发展现代农业、城乡一体化、农村产权制度改革等结合，统筹融合，整体推进。

四、相关建议

（一）推进农村金融系统全面改革

一方面，推进农村金融纵向系统全面改革。在农村金融体制内部，不再停留在单个环节、单个业务领域的改革，而要实现全环节、全要素、全业务的改革。推进农村金融从体制到业态、从产品到服务的系统性改革。另一方面，推进农村金融改革与农村其他改革横向统筹。要把农村金融改革同基层财政改革、农村集体产权制度改革、承包地宅基地“三权分置”改革、产权交易改革、农业保险改革、农村经营体制改革等进行横向配套统筹融合、整体推进，解决农村金融运行中的深层矛盾和问题，打造农村金融改革的升级版。

（二）做好政策协同配合，健全、完善财政金融政策合作机制

一是加强协调联动。各级地方政府引导建立农业、发改、财政、金融等部门的协调配合机制，建立跨行业、跨部门的信息共享、交换和交易机制，实现信息共享和沟通。二是优化财政供给结构，发挥好财政保障乡村振兴的积极作用。三是积极创新机制，有效引导银行、保险、担保、基金、社会资本等金融资源，全方位支持乡村振兴。

（三）优化农村金融生态环境，营造有利于金融服务乡村振兴的良好氛围

一是加强农村的金融基础设施建设。优化转账电话、ATM 机的布设，淘汰业务量少的设备；引导群众运用微信、支付宝等现代支付工具；在数字金融服务平台嵌入聚合支付功能，实现信用、信贷、支付的有效融合。二是加快信用体系建设，整合各类信息资源，开展信用评价、信用培植，发挥征信系统在乡村振兴中的作用。三是扎实推进农村金融消费维权工作，畅通金融机构、行业协会、监管部门等金融消费争议解决渠道，完善非诉第三方纠纷解决机制，促进金融部门与涉农主体互信合作，营造良好的金融服务环境。

作者简介：蒙筱逸，广西社会科学院农村发展研究所副研究员。

乡村振兴背景下贵州生态扶贫长效机制探析

张琳杰　田　牛

摘　要：良好的生态环境是农村的最大优势和宝贵财富，生态振兴是乡村振兴的重要组成部分。在乡村振兴战略背景下，将生态扶贫融入乡村振兴，充分依托贵州生态资源禀赋优势，根据不同区域的发展特点和优势，探寻使贵州同时实现生态环境保护和减贫的生态扶贫长效机制，提升脱贫攻坚和乡村振兴的质量和效果，助力实现贵州乡村生态振兴及生态宜居的发展目标。

关键词：乡村振兴；生态扶贫；长效机制

生态扶贫是将生态保护与扶贫开发结合的一种扶贫模式。随着我国贫困治理迈入新阶段，生态振兴是乡村振兴的重要组成部分，以生态振兴巩固脱贫攻坚成果，发挥生态扶贫在生态振兴中的重要作用，乡村振兴与生态扶贫工作必然相互交织、相互促进。党的十八大以来，贵州坚持生态优先、绿色发展，坚持“绿水青山就是金山银山”，将生态扶贫纳入首要工作，将扶贫与生态维护结合，以大生态、大扶贫两项战略协调为目标，以改善生态促进贫困人口增收，实现居民收入的提高与生态环境逐步改善统一。贵州省生态扶贫的实践和探索始终走在全国同类地区的前列，在生态工程建设扶贫、生态公益性岗位扶贫、生态产业及生态资源扶贫、生态保护补偿扶贫、生态移民扶贫等方面都取得了令人瞩目的成绩，为生态振兴提供了良好的基础和有效经验。新阶段，探寻乡村振兴与生态扶贫的互促、互进之道，结合贵州生态扶贫实践中积累的宝贵经验和存在的不足，进一步思考如何实现区域经济发展和生态文明建设之间的良性循环，构建乡村振兴战略背景下贵州生态扶贫的长效机制具有重要的现实意义。

一、贵州生态扶贫的实践与探索

（一）生态工程建设扶贫

在工程建设扶贫方面，贵州通过开展退耕还林建设，以及石漠化及水土治理，实现了生态系统保护、修复和扶贫增收的双赢。贵州森林面积逐渐增加，森林覆盖率从 2000 年的 23.83%提高到 2019 年的 60%。按照巩固退耕还林政策专项资金、中央完善政策补助和中央原定补助政策要求，贵州退耕还林工程投资超过 240 亿元，2003 万亩坡地实现还林。贵州粮食产量基本保持在 1100 万吨，197 万贫困户因生态扶贫获得致富机遇①。新阶段，根据《贵州省生态扶贫实施方案（2017—2020 年）》，将退耕还林区域集中于 3 个集中连片特困地区和 14 个深度贫困县，符合政策的贫困户与贫困区实现全覆盖，确保近 70 万贫困户退耕还林政策性补贴。同时，贵州治理石漠化调整农业产业结构与贫困区增收结合，因地制宜选择适合当地情况的特色作物作为切入点，大力发展特色经济作物，探索综合式治理方式，贫困户收入得到了切实提升，又调动了农民参与恢复、重建自然生态系统的积极性，实现了区域生态经济系统的良性循环。

（二）生态产业和生态资源扶贫

贵州具有良好的生态资源优势，气候环境相对优良，污染较少为东部地区较高端生态产品需求创造了物质基础。因地制宜地打造生态绿色产品品牌，结合农业供给侧改革，大力发展生态农业，积极推动旅游扶贫、茶叶种植、劳务输出等生态扶贫特色产业，推进农村生态优势转化为经济优势，实现贫困户经济层面脱贫。为了让贫困群众获取更多收入，贵州立足各地生态资源优势，深挖绿色产业潜力，推进农村产业革命，使贫困群众多渠道致富。利用贵州大数据技术优势，进一步提升农业产业化水平，加强生态农产品、地理标志产品的认证和宣传，打造贵州知名生态产品生产基地。旅游业对生态环境影响较小，且有利于贫困地区对外交流与文化发展，贵州重要景点多分布于贫困地区。依

① 贵州省地方志编纂委员会．贵州省减贫志［M］．北京：方志出版社，2016.

托生态旅游扶贫，以污染较少的旅游业作为带动区域经济发展构成贵州产业扶贫的重要内容。

（三）生态公益性岗位扶贫

生态公益性岗位扶贫是生态扶贫中的重要政策和实践创新。按照中央多个部委出台文件设立生态公益性岗位的目标要求，贵州省在生态公益性岗位扶贫方面进行了一系列的创新实践。例如通过开发护林员、保洁员、护路员、护河员等生态公益性岗位，在保障困难家庭持续稳定就业增收脱贫的同时，不断强化农村人居环境整治和生态环境治理，实现贫困人口脱贫和生态管护的双赢。贵州剩余贫困人口有很大一部分分布在森林资源丰富的林区和山区。基于贵州省情设立生态护林员岗位，通过强化贫困人口技能培训，以森林等管护为主，让贫困人口参与生态管理，在当地实现生态脱贫，将建档立卡贫困人口选聘为生态护林员是贵州通过生态补偿脱贫的重要抓手。

（四）生态保护补偿等政策扶贫

借助国家生态补偿机制，从服务区域生态大局的高度出发，加大对贫困地区发展政策与资金的支持，主动限制本地区经济发展，最大限度地保护本地生态资源，依靠生态补偿转移支付保障地区人口收入和生活水平。完善贫困地区森林资源保护、矿产资源开发、流域水环境保护等重点领域生态补偿制度。贵州不断完善转移支付制度，探索建立多元化生态保护补偿机制，逐步扩大贫困地区和贫困人口生态补偿受益程度。贵州省政府办公厅印发《生态优先绿色发展森林扩面提质增效三年行动计划（2018—2020 年)》提出，到 2020 年通过林业助推生态补偿脱贫 78 万人，推进森林生态效益补偿脱贫，将地方公益林补偿标准提高到 15 元，带动 30 万建档立卡贫困户、100 万贫困人口增收。《贵州省生态扶贫实施方案（2017—2020 年)》提出实施森林生态效益补偿扶贫工程，促进重点生态区位集中连片生态公益林质量提高、森林生态服务功能增强和林农收入稳步增长。

（五）生态移民和易地扶贫搬迁

贵州紧扣"一方水土养不起一方人"锁定搬迁对象，从源头上破解贫困人口生存和发展的难题，尽快阻止生态环境被破坏的趋势，降低扶贫成本，促进城乡协调发展，确保贵州和全国其他地区同步进入小康社会。在国家政策支持下，2015 年底，贵州启动新阶段大规模易地扶贫搬迁工作。政府通过宏观调控，以提供就业、帮助培训等方式实现移民再就业，实现生态与扶贫良性互动。“十三五”时期，贵州实施易地扶贫搬迁 192 万人，全省贫困人口的 1/3 通过搬迁实现脱贫，搬迁人口占全国易地扶贫搬迁人口总数的近 1/5①。从安置方式上看，95%以上实施城镇化集中安置，通过城镇化建设和农村人口转移，降低了农村土地承载的压力。此外，贵州在自然保护区实施生态移民，将区内自愿搬迁贫困人口优先纳入新增易地扶贫搬迁计划，并对移民对象进行生态补偿，促进农户脱贫增收。

二、乡村振兴背景下贵州生态扶贫的现实困境

（一）生态宜居目标与环保投入资金短缺的矛盾

加快农村人居环境整治和改善是贵州解决城乡发展不平衡、农村发展不充分的前提条件，关系到美丽、宜居乡村建设的效果，关系到乡村振兴战略的实现进度。近年来，贵州积极开展农村垃圾治理、“厕所革命”、村庄清洁行动等，以绿色发展引领乡村振兴，农村人居环境进步明显，但面临的困难也不少。一方面，农村生态环保设施建设投入不足。贵州生态环境工程处于起步阶段，缺乏村庄管理和维护能力，基础设施出故障后存在维修困难问题，公用区域则垃圾聚集，河道经常受到生活垃圾污染。农村生态环境保护设施长期落后制约着贵州生态扶贫项目的落实和发展。连片贫困区部分居民居住于陡坡等处，生活设施难以覆盖。② 少数村镇远离市区，客观地造成了危房改造等工程成本较大，即使有政府补贴，亦难以满足实际需求。尽管贵州省实行村村通公路计划，但乡村道路改造等的资金缺口依然存在，对地方财政形成较大压力。另一方面，项目资金支撑力度不足。农村人居环境整治工程点多面广，前期工

① 贵州省 2020 年易地扶贫搬迁工作推进情况新闻发布会［EB/OL］. http://www.scio.gov.cn/index.htm.

② 张健翎．贵州：乡村振兴背景下的农村人居环境问题［J］．区域治理，2019（51）.

程建设及后期的维护、管理费用巨大。由于乡镇级财政困难、村组集体经济薄弱，无力支持所需的环卫设施建设，环卫设施、排污配置不齐全与深入推进整治工作的矛盾凸显。

（二）乡村振兴诉求与产业发展基础薄弱的矛盾

贵州坚持以脱贫攻坚统揽经济、社会发展全局，贫困治理取得了巨大成就。但与中东部发达地区相比，贵州经济、社会发展基础依然薄弱，脱贫质量有待提升。在乡村振兴背景下，广大农村地区仍面临生态产品价值实现不足、生态产业发展升级困难等问题。一方面，乡村生态产业发展的质量和效益有待进一步提升。贵州乡镇企业科技创新能力不强，生态农产品加工创新能力不足，技术水平落后于中东部省区。优质绿色农产品占比较低，乡村旅游普遍存在同质化现象，乡村振兴产业聚集度较低，农业园区有待提档、升级。农业和农村土地流转资金的比例较低，农村生态资源变资产的渠道尚未打通，阻碍了社会资本进入乡村。农村土地空闲、低效、粗放利用，新产业、新业态发展用地也存在供给不足的问题。另一方面，生态产业链条仍然较短。农产品精深加工不敷，副产品综合应用程度低，产业融合层次低，农户与企业的利益连接还不紧密。此外，在产业发展项目和生态保护项目落实过程中，各部门形成信息壁垒，造成产业重复性建设，导致生态项目布局不合理、效率较低，规模效用难以发挥。

（三）生态扶贫可持续性与农户内生动力不足的矛盾

生态扶贫应继续突出政府作用，进一步动员民众参与。贫困人口比较了解实际情况，有效的动员能够发挥区域生态特点，实现生态产品经济效益潜力发掘。群众参与能使相关部门充分组织社会各界力量，动员、引导广大群众参与生态扶贫，扩大生态产品消费市场。生态保护与乡村振兴的受益者主要为农户。受知识水平限制，村民环境保护意识淡漠，对环境污染潜在危害认识不足。在经济相对发达地区，居民热衷于获得经济利益，对改善人居环境关心得较少。群众对农村人居环境整治参与度不高，甚至部分村庄还存在“干部在干，村民在看”的现象，村民的等、靠思想依然有待改观。个别自然村整体自然环境恶劣，特别是一些居住人数较少的乡村，基础设施薄弱，整治效果不理想。同时，贵州农村大量的劳动力外流，农民文化水平低等阻碍了乡村振兴。随着城镇化发展日益加快，贵州农村大量农民进城务工，农村大中专毕业生流动到城市，农村“空心化”现象严重。农村人口文化水平总体偏低、结构不合理，尤其是生态贫困地区，留在农村的大多是老、弱、病、残、妇，难以满足乡村振兴对人才的需求。

（四）生态扶贫与乡村振兴有效衔接存在不足

生态扶贫工作机制的可持续性不够。经济发展是贵州农村贫困地区的首要任务；同时，这些地区也是重要的生态功能区，增强生态承载力、维护生态系统安全迫在眉睫。然而，生态文明建设是一项长期工程，对贫困地区的群众而言，脱贫致富是首要任务，生态扶贫成效难以在短期内体现出来，脱贫攻坚的短期性和生态建设的长期性存在矛盾。生态扶贫以政府主导为主体，具有明显的政策性和时代性特点。各级政府的生态扶贫政策集中于消除绝对贫困，长效机制尚未完全形成。当财政扶持等输血性扶贫措施减少后，存在较大返贫概率，最终导致生态扶贫效果存在不可持续性。生态扶贫存在长期性，短期效果较弱。以经济指标统计扶贫效果造成生态扶贫工作人员积极性下降，生态扶贫让位于短期效用，难以实现既定目标。此外，生态扶贫仍存在各部门衔接不足的问题，在参与实施上尚未形成合力，生态扶贫质量和水平有待提升，各种帮扶资源有待整合，缺乏有效的政策协调机制，未形成生态扶贫的治理合力和有效衔接机制。

三、乡村振兴背景下贵州生态扶贫长效机制构建路径

（一）建立生态扶贫与乡村生态振兴有效衔接机制

随着脱贫攻坚战的完成，紧接的乡村振兴战略中生态振兴的重要性更加凸显。乡村振兴背景下，生态振兴表现为生态扶贫的拓展和升级，要坚持以“两山理论”为指导，将生态振兴与产业振兴融合，兼顾好贵州的“绿水青山”和“金山银山”，实现生态文明建设和农民增收、致富的双赢。一是在乡村振兴中推广生态扶贫有益模式。生态扶贫为农村地区实施乡村振兴奠定了基础。农村

地区还需进一步巩固、提升生态扶贫成效，推进生态扶贫工作向纵深发展，提升生态保护和修复能力，改善生态环境，增强可持续发展能力，在乡村生态振兴中推广生态扶贫的有益模式，做好有效衔接工作，推动贵州从生态扶贫迈向生态振兴。二是扶贫部门与生态环保部门组织协调机制。坚持党建引领有效衔接脱贫攻坚和乡村振兴，发挥基层党组织的战斗堡垒作用。加强相关部门的沟通协作、形成有效的工作合力是新时期生态扶贫工作的重要支撑点。各级生态环境、农业农村、扶贫开发等部门要加强配合协作，发挥脱贫攻坚时期组织模式优势，建立乡村振兴工作协调机制，确保衔接期乡村振兴工作稳步、有效开展。有效统筹生态保护和经济发展的共同诉求，坚持可持续发展、生态建设与环境治理并举。

（二）建立生态价值实现的长效机制

生态环境本身就是重要资源，就是宝贵的生产要素。坚定不移走生态优先、绿色发展之路，依托资源禀赋选准产业，深挖绿色产业潜力，多措并举稳固脱贫成果，为乡村振兴奠定更坚实的基础。在全面乡村振兴背景下，加快生态扶贫政策向长效稳定增收政策转变、生态扶贫行动向绿色减贫行动转变，加快生态产业提质、增效，打造乡村绿色产业链，实现巩固、拓展脱贫攻坚成果同乡村振兴有效衔接。一是持续加强生态建设，提升自然生态基础。加快修复、改善乡村生态环境，积极探索农村人居环境治理方式，建设生态宜居乡村。加快农村生态环保基础设施建设，推进农村“厕所革命”，加强厕所粪污治理、生活污水治理等农村人居环境改造。构建绿色发展方式和生活方式，补齐生态环境的治理短板，协同推进经济富裕和生态宜居的美丽贵州乡村建设。二是坚持可持续的价值实现路径。将生态保护置于首位，不以眼前经济利益牺牲长远生态利益，以生态资源的可持续开发和利用为基础，通过资本化运作，其经济价值得以发挥，形成非对称性经济优势。通过建立、健全生态产品价值实现机制，实现生态资源的高效、持续利用。三是通过构建市场化、多元化的生态补偿机制，提高、扩大对贫困地区的生态补偿的标准和范围，给予为生态保护做出贡献的贫困人口合理的经济补偿，提高贫困地区公共服务均等化水平，让贫困地区共享经济发展成果。

（三）建立农户稳定脱贫及增收长效机制

脱贫是一个动态、持续的过程，建立稳定脱贫长效机制，实现脱贫效果的可持续性，接续推进稳定脱贫与乡村振兴有效衔接。一是培育农户内生动力机制。乡村振兴背景下贵州生态扶贫长效机制的构建，需要进一步提高贫困群体的自我发展能力。农村生态环境状况与农民的生存、发展质量密切相关。农民既是农村生态环境恶化的直接受害者，也是生态环境保护和治理的生力军。培育农户的内生动力是稳定脱贫的关键，尊重农户在生态扶贫中的主体地位，激发其参与生态扶贫的主观意愿，提升其自可持续生计能力，实现从“要我脱贫”到“我要脱贫”。二是建立生态移民和长效帮扶机制。在巩固、拓展脱贫攻坚成果同乡村振兴有效衔接的历史交汇期，立足于易地扶贫搬迁后续扶持与乡村振兴、新型城镇化、社会治理体系和治理能力现代化的有效衔接，抓好集中安置区产业发展、就业帮扶和社区治理，促进搬迁劳动力充分就业和稳定就业，巩固搬迁脱贫成效，实现搬迁群众增收致富和可持续发展。

（四）建立生态扶贫共建、共治、共享机制

生态保护和脱贫攻坚两项工作都具有公共产品属性，应鼓励、引导社会各界参与，凝聚推动工作的强大合力。建立以政府为主导，主体多元化、运行市场化的生态扶贫体系，降低管理成本，形成生态扶贫多方参与的大格局。现阶段生态扶贫主要由政府主导推动，参与主体单一，财政资金投入是主要资金来源，要构建政府、企业、个体、组织多方共抓的格局。一要发挥政府主导作用。政府在生态扶贫中扮演着重要的角色，要强化顶层设计，集中政府力量专项推动，不断加大财政资金支持力度，探索建立成熟的生态扶贫模式。二要发挥群众主体作用。贫困群众是生态扶贫的主体，要广泛开展政策宣传，让贫困群众了解生态扶贫的重要意义、参与方式等，培养贫困群众参与生态扶贫的技能，切实使贫困群众广泛参与进来。三要鼓励企业深度参与。企业是生态扶贫的重要力量，要通过财政资金补贴、政策优惠、完善公共服务、强化贫困群众技能培训等多种途径，积极引导企业参与到生态扶贫中，构建多方参与的治理格局。

作者简介：张琳杰、田牛，贵州省社会科学院对外经济研究所副研究员。

乡村振兴视角下新疆乡村旅游发展路径研究

吾斯曼·吾木尔

摘　要：乡村振兴战略视角下，新疆从实际出发，加快农村供给侧结构性改革，循序渐进推进乡村旅游资源整合、拓展功能，以点带面，改善农村社会面貌，发挥产业带动作用，促进乡村旅游产业兴旺，有效拓展旅游从业者和相关农户就业和增收渠道，提升农民幸福感，实现经济效益、社会效益和生态效益。本文在实地调研走访的基础上总结了新疆乡村旅游发展的现状和限制因素，分析了乡村振兴视角下新疆乡村旅游发展的意义，提出了相应对策建议，以期为新疆乡村振兴及乡村旅游发展提供借鉴。

关键词：乡村振兴；新疆乡村旅游；发展路径

党的十九大报告指出，实施乡村振兴战略，要按照产业兴旺、生态宜居、乡风文明、治理有效、生活富裕的总要求。乡村振兴战略的提出为乡村旅游的发展提供了前所未有的机遇，指明了前进的道路。新疆发挥乡村旅游在“置就业、惠民生、促发展、奔富裕”方面的独特功能，加快旅游资源优势向经济优势转变，不断夯实乡村振兴的产业基础，充分发挥优化产业结构、增加就业、帮助农民脱贫致富、保护农村生态环境等方面的作用，助推乡村振兴，以旅促农、以旅富农效果日益显现。

一、新疆乡村旅游发展现状

（一）产业规模扩张、综合效益显著

近年来，新疆依托“旅游+文化+经济”，加大乡村旅游产业发展投入力

度，产品业态更加丰富，基础设施日益完善，提供了更多的就业岗位，带动农民增收致富。据统计，从2016年至2018年9月，自治区旅发委累计投入旅游扶贫资金17181万元，涉及项目263个。其中旅游行业扶贫项目24个，投入资金1306万元；乡村旅游富民工程项目12个，投入资金4735万元；乡村旅游扶贫专项培训项目10个，投入资金790万元。截至2018年5月，创建国家级休闲农业和乡村旅游示范县5个，全新疆共有星级农家乐1552家（不含兵团117家），旅游商品经营户1681家，旅游餐饮、民宿经营户1513家，国家级休闲农业和乡村旅游示范点13个，乡村旅游模范村27个，乡村旅游模范户30个，乡村旅游金牌农家乐300个，乡村旅游致富带头人283人，乡村旅游发展基础条件逐渐完善。2019年，新疆93个村申报创建全国乡村旅游重点村，带动旅游消费4亿多元，带动就业逾1.3万人。2020年，全新疆将建设民宿2803间，预计年接待游客1822万人次，带动就业24333人，乡村旅游正逐渐成为脱贫攻坚的新引擎。

（二）乡村旅游精品线路多元化，激发乡村旅游市场活力

新疆依托精品景区，特色产业聚集区，非物质文化遗产传承地，传统村落，特色村寨，城郊休闲，风景廊道，新农村建设，历史文化名村、名镇等，布局全新疆乡村旅游特色村镇，推出“农业+旅游”“农业+教育”“农业+文化”“农业+康养”深度融合的旅游产品，着力提升内涵，用升级版的理念追求、新颖的展示形式加强乡村旅游与脱贫攻坚在生态、经济、产业、文化等方面的耦合性、联动性、互补、共建与共享，发挥显著的拉动作用。打造东天山（吐鲁番—哈密）、天山北坡（乌鲁木齐—昌吉—石河子—沙湾—乌苏）、阿尔泰山千里画廊三条旅游富民产业带。培育形成库尔勒城郊区—焉耆盆地、阿克苏—库车、喀什—莎车、伊犁河谷区、和田绿洲、塔额盆地六大旅游富民集群区。推出温泉疗养游、滑雪运动游、冰雪摄影游、健身休闲游、自驾旅游等五大冬季乡村主题旅游产品和20条冬季乡村休闲旅游精品线路，助力冬季旅游“淡季不淡”目标，进一步开发优质旅游产品，丰富旅游产品供给，激发冬季旅游市场活力。

（三）加大人才培养力度，强化乡村旅游发展人才支撑

自治区党委一直重视人才培养，通过区、地州、援疆省市委培等形式举办

一系列的乡村旅游人才培训，不断提升专业人才的综合能力，为乡村旅游工作的深入开展做好了人才储备。2016 年至 2018 年 9 月，自治区旅发委通过“万人培训计划”累计培训以建档立卡贫困人员为主的学员 1108 人。其中 2016 年开展乡村旅游扶贫专项培训班 8 期，每期 100 人，共计 800 人。2017 年共录取 107 名学生，达成就业意向的有 92 名，占全部录取人数的 86%。2018 年将培训 200 人，且组织、指导各地州开展相关培训累计约 3 万人次。湖南省对口支援吐鲁番人才培养一直保持较高热度，衡阳技师学院开展 853 人次的培训，不断提升旅游援疆综合效益和带动效用，通过旅游业带动当地脱贫致富。2020 年 6 月，中国石油天然气集团公司联合中国慈善联合会举办了“新疆阿勒泰地区文旅产业扶贫培训班”，酒店、民宿、农家乐经营者共计 200 余人参加培训，学员就酒店管理、民宿经营与管理、民宿互联网影响、品牌打造、规划设计等进行学习，强化了乡村旅游发展人才支撑。

（四）以“产业援疆+乡村旅游”为契机，坚持多措并举求突破

援疆省市围绕产业援疆、旅游送疆、人才扶疆加大基础设施建设、人才培养、打造旅游精品等旅游援疆力度，积极推动两地旅游合作及人员交流，打造“文旅产品+乡村产品”的生态产业链，助推受援地乡村旅游发展，带动当地脱贫致富。例如，援疆省市与新疆铁路部门合作推出旅游专列，据不完全统计，已有天津“津和号”、广东“奥新号”、安徽“皖和号”、浙江“诗画浙江—阿克苏号”、上海“四季上海—喀什号”、湖北“鄂博号”、山西“一带一路·黄河号”等数百列旅游专列陆续进疆，开启了内地游客“坐着火车游新疆”之旅，带动了新疆乡村旅游产业兴、人气旺。上海市在对口援建喀什地区四个县过程中探索“企业+合作社+农户”形式，大力发展乡村旅游，吸纳当地群众就业 3 万余人，2019 年上半年就新增就业 7000 余人，其中六成岗位安排给建档立卡贫困户。浙江省帮助阿克苏地区培训旅游从业人员 600 余人次，完成各类旅游援疆项目 60 余项，累计投入旅游援疆资金 6000 万余元，社会资本投资超过 16 亿元，组织赴阿克苏旅游 60 万余人次。河北省文旅厅投入旅游规划专项资金，编制完成《巴州文旅品牌营销策划全案》和《巴州区域乡村旅游规划》，挖掘巴州优势资源，突出地域特点，打造旅游精品。

二、新疆乡村旅游发展限制因素

（一）乡村旅游产品开发低端化和同质化较为严重，营销模式单一

部分乡村旅游以农家乐的形式出现，其产品大多停留在赏花采果、农园观光、农家饭、简单的农具展示等方面，没有很好地与当地特色结合，没有做到不断夯实乡村振兴的品牌基础。乡村旅游由于门槛低，加之经营者资金短缺，对产品开放的精度和深度的认识都不够，游览内容仍未脱离观光的特征，产品形式单一，内容简单，乡村旅游产品季节性明显。部分以农户家庭接待为主，经营规模小而散，粗放化、同质化严重，难以把握市场变化，缺乏定价权，以及包装、深加工、策划、运营、推广技能，“旅游+电商”项目规模小，外销产品以农特产为主，单价和利润有限。部分乡村旅游景点的主题定位模糊不清，缺乏参与性和体验性，游客感觉单调、乏味，降低了乡村游的吸引力和影响力。部分乡村旅游点宣传方式滞后，现阶段多数乡村旅游点还是传统的“口口相传”宣传方式，部分乡村旅游点利用网络进行宣传仅限于初级的方式，互动性和关注量较少。利用官方微博和网站宣传的数量也较少，微信公众账号虽数量较多，但维护运营效果不佳，关注者数量较少。各乡村旅游点结合携程、去哪儿等旅游电商平台进行网上交易的规模也较小。

（二）产业发展低端化，管理机制有待完善

在新常态下，乡村旅游产业提档、升级需走内涵式发展道路，植入绿色、协调、开放、创新、共享的发展理念，以及区域合作、“大旅游”理念。尽管近年来新疆乡村旅游业发展较快，但少数乡村旅游景点的发展仍然存在理念陈旧、盲目开发、增长粗放等问题，还有一些乡村旅游景点脱离实际，民宿盲目追求高档，降低了市场覆盖面，阻碍了乡村旅游的可持续健康发展。部分乡村旅游点经营者环保意识不强，存在垃圾处理不当、生活污水乱排放等问题。少数乡村旅游点缺乏诚信，假冒伪劣产品充斥等现象时有发生，严重损害了旅游地的形象。乡村旅游产品承载的旅游功能相对低端，游客的黏性相对较差。多数游客逗留时间较短，停留期间的休闲体验不佳，可供游客深度参与的项目较

少且品质相对粗糙，农旅互动、工旅互通、文旅互融需进一步完善，产品结构有往转型升级，从初级的观光型产品向中、高级综合参与型产品转变。

（三）专业人才匮乏，管理粗放

高质量的乡村旅游体现为集农业观光、餐饮、住宿、康体娱乐、文化教育等多种服务于一体的融合发展模式，这就需要综合型的管理人才进行经营管理，但由于专业人才缺乏，粗放式经营成为部分乡村旅游经营的常态。大多数经营者为当地农民，文化程度和服务技能水平普遍较低，在经营理念上只注重外在，不重视内在，即只注重餐饮、住宿等硬件服务设施方面，却忽略产品文化特色凸显、服务质量提升等软件方面，而这正是产品附加值增加的砝码，是提高市场竞争力的核心因素，失之实为可惜，再加上经营者学习先进管理经验的意识不强，使得部分乡村旅游景点长期处于经营管理不善、服务不到位的境况，管理态势亟须进一步改善。部分乡村旅游景点缺乏正规、系统的专业知识和技能培训，缺少对运营服务标准的监督和管理，服务理念和水平不足，经营理念和游客需求之间仍然存在差距，影响经济效益的提升。

三、乡村振兴视角下新疆乡村旅游发展的意义

（一）加快农村供给侧结构性改革，促进乡村产业兴旺

游客数量的增加既能提升农民服务意识，促进了客栈和民宿、休闲养老、手工零售等产业的规范发展，又能为农民和游客搭建供需交流的平台，使农产品面向市场，农民精准知晓市场需求，避免对农产品盲目生产，推动农村供给侧结构性改革，农副产品附加值不断攀升，拓宽农业功能，促进乡村农业种植、加工，休闲旅游，餐饮，住宿，旅游纪念品设计、制作等行业规模化发展，推动产业深度融合，打造乡镇企业产业集聚区，最终实现乡村多业并举繁荣向上，助力乡村振兴中产业兴旺目标的实现。例如，博斯腾湖5A级旅游景区周边村镇新建五六十家农家乐，数百位农民在农家乐就业，数百家农户为农家乐提供蔬菜、肉、鱼、鸭、鸡等特色优质食材，景区、农家与农户之间形成一条完整的旅游产业链，加快推行强村富民政策，惠及更多百姓。巴音布鲁克

5A 级旅游景区不断提升旅游服务品质，吸引了众多游客纷至沓来，从前完全依赖牛羊生活的牧民们经营起牧家乐，靠旅游增收致富，主动从第一产业向第三产业转型升级，参与到旅游核心产业和相关产业的发展，加快农业供给侧改革，助力乡村经济振兴。

（二）改善农民生产方式和农村社会面貌，有效提升农民幸福感

通过推动旅游资源丰富的乡村盘活农村深睡资源，实施“资源变资产、资金变股金、农民变股民”的农村“三变”改革，扶持、壮大村集体经济，有效激发农业、农村发展活力。通过“公司+合作社+农户”的模式，鼓励旅游景区、乡村旅游点周围的农民以闲置房屋、林权、土地经营权等出资入股建立乡村旅游合作社，开办乡村旅游店、农家乐、精品民宿，共同打造乡村旅游示范点、现代农业庄园、度假村等乡村旅游综合体。以阜康市山坡中心村美丽山坡旅游专业合作社为例，引入现代经营模式，采取“党支部+合作社+农户”的模式运营，村集体以闲散土地资源入股合作社，经营户达 82 家，形成了富民产业链，开展旅游共享收益。截至 11 月，已接待游客 20.37 万人次，比去年同期增长 6.3%，旅游收入超过了 730 万元，比去年同期增长 5.9%，预计合作社社员平均年收入 6 万元以上，以旅游带动乡村振兴，拓宽增收渠道，实现农民就近、就地、就业、创业。

（三）有效拓展从业者和相关农户就业和增收渠道，推动农民生活富裕

伴随着乡村振兴战略的推进，新疆从实际出发，循序渐进整合乡村旅游资源，拓展功能，以点带面，全面提升人居环境质量，发挥产业带动，提升社会效益、经济效益、生态效益、旅游效益，提升群众的生活幸福指数。例如，巴里坤县石人子乡高家湖、花园乡兰州湾子等乡村旅游特色村的打造，带动 60 余户贫困农牧民发展个体自营、联户经营等多种形式的农牧家乐、家庭旅馆及特色旅游产品开发，使 138 户 485 名贫困人口实现年人均增收 3000 元。博湖县拉罕诺尔村依托博斯腾湖国家 5A 级旅游景区的地缘优势，创建“党支部+合作社+农户”的运营体系，以资源变资产、资金变股金、农民变股东的“三变”方式，合作社吸纳周边 126 户农户加入合作社，其中有 70 户为贫困户，增加了周边农牧民群众的就业机会，带动大家共同增收致富。2019 年，塔什库尔干塔

吉克自治县坎尔洋村以完善基础设施为先，集中打造了3条景区环线，通过成立旅游公司建成50家牧家乐、22间旅游标准房，累计接待游客6000余人次，实现村集体收入近20万元。

四、乡村振兴视角下新疆乡村旅游发展路径

（一）强化规划引领、旅游资源有机整合，不断夯实乡村振兴的品牌基础

乡村旅游必须以规划为引领，全面统筹，“以点串线”，重点突出，谋划深远，明确发展方向，打造并推出相应的乡村旅游精品路线。转变以往乡村旅游以景区为主要架构的空间经济系统，构建以景区、旅游示范县市、度假区、休闲区、旅游街区、旅游小镇等模式，深挖内涵，增加产品组合深度，时尚打造，全面升级游客体验，提升口碑。注重产业链延伸，将第一、第二、第三产业融合在一起，不断引进新品种，整合资源，规模开发，统一销售，形成品牌，促进农产品深加工，产品附加值提升，生产、销售一体化的链条式发展道路，实现互动促进的可持续发展之路。以市场为导向，通过规划引导、政策支持、示范带动，发挥“政府+企业+合作社+农户”的优良模式，因地制宜推进乡村旅游发展，避免低水平同质化竞争，同时，加大对乡村旅游债券融资支持力度，探索建立乡村旅游产业投资基金，鼓励社会资本以PPP模式、BOT模式或“旅游+三变”方式，充实旅游发展资金。

（二）推动“互联网+乡村旅游”深度融合，实现乡村产业振兴

以点带面，全力推进新疆主要乡村旅游点智慧化、信息化建设，全面促进乡村旅游的产品升级、服务升级、管理升级。加快乡村旅游手机App的开发和推广，为旅游者提供基于位置的旅游查询和导览服务，实现互联网与乡村旅游服务的高度融合。鼓励、支持乡村旅游点与携程、去哪儿、艺龙、阿里旅游等旅游OTA的合作，通过整合入驻大型在线旅游平台的方式进行创新网络营销。顺应社交平台发展的大趋势，开通官方微博和微信公众账号，制作宣传微电影，开启乡村旅游的“微营销”时代。以电商扶贫、众筹扶贫为内容，探索出一条新疆特色的创新、共享的“互联网+乡村旅游+新途径”，推动乡村旅游的

转型升级，实现乡村产业振兴。鼓励、扶持乡村旅游企业开展产品研发，重点打造土特名产、风味食品、文化产品、手工艺品、旅游生活品等一批具有鲜明特色的乡村旅游特产和纪念品，将实用、精美、个性化的概念植入旅游商品的设计中，提高旅游商品的知名度，实现乡村产业振兴。

（三）加快农村旅游人才培养步伐，强化乡村振兴人才支撑

乡村旅游工作需要全社会参与，需要大批专业人才参加。一是建立人才激励机制。通过新疆高层次紧缺人才引进工程，将符合条件的乡村旅游人才和团队优先纳入各类人才计划项目，引导、推动更多的人才、技术、资本等要素向农村、农业流动，紧紧围绕促进产业发展，强化乡村振兴支撑。二是鼓励、支持、吸引劳动力和人才资源回流返乡创业，扶持乡村能人在当地创业，有条件区域可成立乡村旅游创新创业园区，激活乡村旅游带动、吸纳就业潜能，助推脱贫攻坚。三是利用人才援疆机制，充分发挥援疆省、市、乡村旅游的先进经验、技术和市场优势，加大受援地区乡村旅游从业者、待业大学毕业生的委托培训力度，创新参训方式模式，为学员提供精细化、多层次、全方位的乡村旅游培训体验，培育乡村旅游人才，为受援地区乡村旅游发展“援智育才”。四是成立乡村旅游专家智库，在规划、设计、投资运营、营销策划方面为乡村旅游提供智力支持和人才保障。五是推进大型乡村旅游企业、平台、院校合作办学。进一步深化产教融合，推进专业设置与产业需求对接，通过跟班学习、经验交流、实地参观等各种实训方式发展、壮大新疆农村乡村旅游队伍，有效缓解乡村旅游人才缺乏瓶颈，为实现乡村振兴夯实基础。

参考文献

[1] 陈玉，原伟鹏．乡村振兴背景下新疆旅游决胜脱贫攻坚战的策略探讨［J］．农业与技术，2020. 16.

[2] 任江．发挥行业优势，促进精准扶贫—新疆行业扶贫系列报道之二［N］．新疆经济报，2018-09-17.

[3] 胡嘉琛．新疆和田：昔日贫困村吃上“旅游饭”带动就业实现脱贫［EB/OL］．http://www.chinanews.com/cj/2020/06-13/9211362.shtml.

[4] 新疆维吾尔自治区文化和旅游厅．新疆首批70个乡村旅游重点村颁牌，

乡村旅游重点村成为乡村振兴、高质量发展和脱贫攻坚的新载体［EB/OL］. https://www.mct.gov.cn/whzx/qgwhxxlb/xj/202005/t20200528_853869.htm.
［5］李凯. 新疆计划打造六大旅游富民集群区、三条旅游富民产业带［N］. 乌鲁木齐晚报，2016-12-30.
［6］贾春霞. 新疆乡村旅游：破浪扬帆正当时［N］. 新疆日报，2017-03-16.
［7］贾春霞. 我区同时推出20条冬季乡村休闲旅游精品线路［N］. 新疆日报，2020-01-21.
［8］薛玲. 新疆“百名工程”少数民族旅游人才首期培训班开班［EB/OL］. http://www.xjmsw.cn/msgc/20170227/2017022727513.html.
［9］周旭峰. 122名吐鲁番市高校毕业生到衡阳取“创业经”［N］. 人才就业社保信息报，2018-08-14.
［10］刘淑荣. 新疆阿勒泰地区文旅产业扶贫培训班助力阿勒泰旅游产业发展［EB/OL］. http://www.jmn.gov.cn/013/013006/20200624/566e4b75-4e99-48d5-bd12-da83-d5b3aeca.html.
［11］周融江，陆常青. 为旅游援疆、旅游富民砺志笃行——记上海第九批援疆干部、喀什地区文化广播电视和旅游局副局长徐军［N］. 新民晚报，2019-12-27.
［12］张治立. 长三角旅游援疆联盟 助推南疆四地州旅游业发展［N］. 新疆日报，2019-07-12.
［13］周海霞. 河北省文化和旅游厅领导来巴州开展旅游援疆工作交流［N］. 巴音郭楞日报，2019-09-09.
［14］孙小贝，张静要，朱专法. “互联网+”山西乡村旅游发展研究//朱专法. 山西乡村旅游发展研究. 太原：山西经济出版社，2016.
［15］黄涛. 陕南乡村旅游扶贫的成效、困难与对策//任宗哲，白宽犁，王建康. 陕西精准脱贫研究报告（2018）. 北京：社会科学文献出版社，2018.
［16］耿卫新. 供给侧结构性改革背景下河北省乡村旅游发展对策研究//魏后凯，张占仓，翁鸣，苗洁. 深化农业供给侧结构性改革研究. 北京：社会科学文献出版社，2018.

[17] 丁晓燕，张春凤. 吉林省乡村旅游发展研究//丁晓燕，刘炬，朱立春，陈春生，唐冰开. 吉林省文化和旅游发展报告（2019）. 北京：社会科学文献出版社，2019.

[18] 陈胜，李晓. 河北省乡村旅游高质量发展研究//康振海，王亭亭，李会霞. 河北经济发展报告（2020）. 北京：社会科学文献出版社，2020.

[19] 罗艳. 贵州旅游扶贫现状和对策研究//王兴骥，高刚，周芳苓. 贵州社会发展报告. 北京：社会科学文献出版社，2019.

[20] 张晶. 我们的合作社，倾力打造天池脚下“美丽山坡”[EB/OL]. http://www.fk.gov.cn/fk/tpjj/855920.htm.

[21] 叶翠，樊娜. 新疆乡村旅游业“多元”发展“全面开花”[EB/OL]. http://www.chinanews.com/cj/2020/06-09/9207226.shtml.

[22] 都古尔加甫，胡侍琦. 新疆博湖县：党建引领促脱贫，乡村旅游添活力[EB/OL]. http://xj.people.com.cn/n2/2020/0803/c394722-34202711.html.

[23] 朱景朝，胡嘉琛，张欢. 冰山上迎新来客：一首“新疆名曲”见证乡村旅游“成长”[EB/OL]. http://www.chinanews.com/sh/2020/07-22/9245143.shtml.

作者简介：吾斯曼·吾木尔，新疆社会科学院农村发展研究所助理研究员、新疆财经大学应用经济博士后流动站在站博士后。

乡村振兴下贵州县域经济高质量发展的对策分析

陈其荣

摘　要：县域是乡村振兴战略实施的主要空间载体，实施乡村振兴战略与促进县域经济高质量发展是一脉相承的。当前，县域发展存在明显的地区差距、城乡差距、板块分化，以致城乡发展不平衡、不充分，产业集聚水平不高，乡村创新人才匮乏，产业链供应链不完善，区域创新能力不足等，制约了县域经济的高质量发展。本文分析了县域经济的含义和特征，梳理了县域经济与乡村振兴、产业集群的内在联系，归纳了县域经济的基本发展模式，结合贵州县域经济发展存在的问题，提出有效承接产业转移加快产业集聚，积极壮大特色产业集群，分类施策推进农业、农村现代化，促进县域经济高质量发展。

关键词：乡村振兴；县域经济；高质量发展；对策

“民为邦之本，县乃国之基。安邦之难，难在固本；治国之难，难在强基。”① 县域是我国城市和农村的结合点，是城乡联动的关节点，是我国政治、经济体系和社会系统中最基础的层次和最基本的单元，发展县域经济是改善民生，巩固发展竞争力，加快推动农业、农村现代化的根本。贵州曾是全国脱贫攻坚的主战场，在消除绝对贫困问题，全面建成小康社会后，迈入了新的发展阶段和发展方位，尤其是乡村振兴战略进入全面推进阶段，科学判断贵州县域经济发展所处的方位，科学认识县域在推进乡村振兴和高质量发展经济中的内涵和机理，是当前和今后一个时期贵州激发县域乡村振兴的自发性，促进经济

① 戴宏伟，陈永国，等. 城乡统筹与县域经济发展［M］. 北京：中国市场出版社，2005.

高质量发展的大逻辑。① 对于贵州县域发展存在板块差异大、资源环境制约不同、产业发展水平各异、人才和创新能力不齐等，有效激发县域发展的自主性，分类施策促进地区经济协调发展，缩小贫富差距，对于乡村振兴具有重大的现实和理论意义。

一、县域经济的含义与特征

（一）县域经济的含义

县域经济是在县级行政区划和空间内，以市场为导向优化配置经济社会资源而形成的区域经济，是以县城为中心、以乡镇为纽带、以乡村为腹地的区域经济。中共十六大第一次明确提出“壮大县域经济”的概念，之后中共十七届三中全会提出要“增强县域经济活力和实力”。十八届三中全会报告指出：“城乡二元结构是制约城乡发展一体化的主要障碍。必须健全体制机制，形成以工促农、以城带乡、工农互惠、城乡一体的新型工农城乡关系，让广大农民平等参与现代化进程，共同分享现代化成果……完善城镇化健康发展体制。”② 因此，县域经济既是城市经济与农村经济的接合部，也是城市经济向农村经济拓展、延伸的枢纽，既是国民经济的重要组成部分，也是统筹城乡发展和维护社会稳定的关键环节，具有极强的综合性和不可替代性。县域经济作为国民经济的基本单元，是功能完备的综合性经济体系，县域经济活动涉及生产、流通、消费、分配各环节，以及第一、第二、第三产业各部门。③ 但是县域经济又区别于国民经济，县域经济不能“小而全”，要“宜农则农”“宜工则工”“宜商则商”“宜游则（旅）游”，注重发挥比较优势，突出重点产业、首位产业、特色产业发展。

---

① 杨琳. 基于乡村振兴背景的县域经济发展策略分析［J］. 新农业，2021（5）.

② 中国共产党第十八届中央委员会第三次全体会议公报［EB/OL］. http://ww. gov. cn/jrzg/2013-11-12/content-2525960. htm.

③ 范毅，王笳旭，张晓旭. 推动县域经济高质量发展的思路与建议［J］. 宏观经济管理，2020（9）.

（二）县域经济的特征

1. 综合性

县域是城市和乡村的过渡地带，连接城市和乡村两个经济网络。与乡和建制镇相比，县域经济是一个功能完备的综合经济体。它既有公有制经济，又有非公有制经济；既包括农业、工业、商业、交通、建筑、服务等产业部门，又包括计划、财政、金融、税务、物价、工商管理等职能部门。县域经济不仅有生产经营性的企业和经济部门，还有经济社会管理结构，是一个“小社会”，是经济和社会功能比较齐全，综合各产业、各部门乃至各社会单位于一体的国民经济小系统、小网络。但受体制的制约，县域经济强调综合性容易导致产品雷同、“小而全”，从而形成“全能县”。[①]“全能县”的发展容易使县域产业陷入不专、不精、不大、不强等困境，不利于县域经济构建自身发展竞争力。

2. 薄弱性

由于历史和现实的多因素影响，县域经济成为国民经济的薄弱环节。目前，县域划分主要是以地域的行政划分为标准，不同县域所属的地区及自身的地理条件导致不同区域的县拥有不同的资源条件和生产条件，并且不同的县级单元之间存在较大差异。县域内的资源结构和生产的投入、产出结构不对称，投入、产出差距较大，产业结构和产品结构与市场需求不对称，阻碍县域经济增长，造成县域经济薄弱。尽管县域经济是在县行政区域长期稳定的基础上逐步建立起来的，但县域经济不是封闭性的，应以市场为导向，打破自然条件、地理交通、资源优势、人口规模、产业基础的差距，在更大的区域内进行资源配置，形成跨县域的经济协作网络、贸易集散地或专业化生产中心。

3. 市场导向性

县域经济坚持以市场为导向。县域经济并非封闭的“县域内经济”，具有开放性。随着市场经济的发展，县域经济逐步突破县级行政区划的约束，在更大的区域内进行资源配置，获取竞争优势。

---

① 周维现. 中国欠发达县域经济发展研究 [D]. 武汉：武汉大学，2013.

二、乡村振兴、县域经济与产业集群的内在联系

乡村振兴战略与县域经济高质量发展的目标具有一致性和同向性。乡村振兴战略的总目标是实现农业、农村现代化，实现乡村产业兴旺，缩小城乡经济差距，逐步完善农村基础设施和公共服务配套建设，缩小城乡社会差距。新时期县域经济要实现高质量发展，也必须处理好新型工农关系和城乡关系，着力加快补齐农业、农村短板，实现新型工业化、新型城镇化、农业现代化和旅游产业化同步发展、同步繁荣。乡村振兴是县域高质量发展的重要内容，包含县域经济、政治、社会、文化、生态文明“五位一体”的全面高质量发展，因此经济高质量发展是衡量县域高质量发展的重要指标，乡村振兴的实施内容、布局范围、推进方式、发展成效等均为县域经济高质量发展提供重要的支撑。① 此外，乡村振兴是促进县域经济高质量发展的内生动力，推进乡村振兴战略必然建立、健全城乡融合发展体制机制、政策体系、人才保证和组织保障，完备的制度保障能够有效促进城乡人口、人才、土地、资本、技术、科技等生产要素的自由流动、平等交换和公共资源的合理配置，有效激发县域内的劳动力、生产主体、发展主体的积极性、主动性和创造性，从而为县域经济实现高质量发展做出更多更大的贡献。

产业集群是区域竞争力的重要标志，通过整合要素和生产环节，建立以专业化分工为基础的产业集群，有效强化地区经济增长的核心动力，加快区域经济和产业转型、升级，实现高质量发展。产业集群具有明显的地域标识性，在一定的地理区域内，产业集群按照一定的制度安排组成创新网络与机构，构成多级的区域产业创新体系，为企业空间集聚提供有效载体，发挥县域产业优势及企业集群促进经济发展的联动效应，构建县域产业集群体系。产业集群体现区域特色产业与经济的有机结合，其目标是通过企业集聚形成外部经济，显著降低创新成本，提高产业和区域竞争力。产业集群是县域经济体系建设的基础和有效途径，集群的多样性和特色化是区域经济发展的活力源，积极培育、推进地方产业集群已成为当前县域创新体系建设的重点和政府制定政策的着眼

① 段燕青，李志勇．县域特色经济产业发展困境及破解措施［J］．现代企业，2020（9）．

点。因此，县域内的产业集群已成为区域经济建设的基础和活力源泉，需要立足并依托区域经济体系，强化发展的根本动力，提高产业与区域的创新环境的整合度，有利于产业和区域的耦合，加速产业集群的产业结构高级化。

三、县域经济基本发展模式

县域经济因资源条件、产业特色、交通区位、地理优势、人口规模等多因素的差异影响，导致县域经济发展的基本模式具有多样性。不同的发展模式的形成、演进和深化都有其特定的历史背景和文化基础，因此，将县域经济基本发展模式分为工业为主导、专业化市场为先导和农业产业化三种。

（一）工业为主导的发展模式

随着经济的发展，在工业化初期，第一产业在国民收入中所占的比重持续下降，第二、第三产业在国民收入中的份额持续上升，当工业化达到一定阶段后，第二产业在国民收入中的份额也将逐渐下降，而以服务业为主的第三产业的份额将进一步提高，即在工业化后期，经济发展开始步入"经济服务化"阶段。现阶段，我国沿海发达地区的县域经济已进入工业化中后期阶段，且以工业为主导的县域经济主要来自民营经济的贡献，这与发达地区县域率先实行市场化改革息息相关。特定的生活区域和不同的自然、地理环境往往孕育出具有特色的价值观念和个性特征，县域经济的工业展现的都是从不发达到发达的升级和演化，形成以工业为主导的县域经济，往往需要区域企业发展主体、地方政府等具有强烈的商品意识、"敢为天下先"的气魄和敢于拼搏的精神。例如，福建的"泉州模式"、浙江的"温州模式"、江苏的"苏南模式"等都是基于地方悠久的文化而形成的产业发展模式。[①] 福建是一个具有悠久经商传统的地方，泉州在宋元时期便成为"海上丝绸之路"的重要发源地。泉州自古以来形成的商品意识、竞争意识、开放意识等深厚的历史文化积淀，凝练、升华为具有鲜明时代特征的区域文化，为泉州区域经济的发展奠定了良好的文化基础。

自2009年开始，泉州就有五个县入选全国百强县，泉州也是全国第一个

① 苏东水．产业经济学［M］．北京：高等教育出版社，2018：255-258.

形成县域经济模式的地方，2020 年县域经济总量占全市经济总量占高达 76.12%。“泉州模式”率先提出企业要走“股份制的经济形势、外向型的市场经济、侨洋式的生产条件、灵活性的经营管理、国际化的发展”道路，强调以外向型为特征、产业与市场互动、以产业集群为组织形态、以“五缘”网络聚合作用为基础的开放型县域经济。泉州区域经济发展模式呈现出中心城市对县域经济的带动力、辐射力、凝聚力和影响力，共性表现为县域发挥各地的比较优势，充分吸收、接受中心城市的辐射和带动。而“温州模式”通过发展个体、私营经济而带动县域经济快速增长的发展模式，从发展起点就建立了明晰、排他性的产权制度，以家族企业为主体，但存在城市化水平明显滞后于工业化发展水平的问题。“苏南模式”是通过大力发展乡村集体企业促进县域经济快速发展，重点探索农村工业化道路的县域经济发展模式，以鲜明特色和优势产业为主要特征，地方政府掌握了积累的支配权，促进了农村基础设施和社会事业的发展。

（二）专业市场为先导的发展模式

专业化市场通过需求集聚作用，对产品的需求不断增长，传统产业集群的规模不断扩张，并生产了以延伸的产业链为纽带的企业网络。在“根植”阶段和“集体学习”阶段，在专业市场这一重要的交易平台上，由于地域文化的作用，以及学习机制和学习能力（吸收能力）的形成，县域产业集群的集群竞争力也不断增强。专业市场的发展带动了会展、中介、物流、金融等现代服务业的大发展，也为传统产业集群升级营造了良好的产业环境。如义乌充分发挥小商品博览会的机遇，已成为全国最具规模、最有影响的日用消费品类展会；贵州茶产业博览会、贵州酒博览会已成为我国茶和酒具有影响力的交易场所。另外，产业集群通过供给的聚集效用带来的多品种和低价格的商品优势，专业市场的交易规模不断扩大，内部分工不断发展，交易效率不断提高。

产业集群的发展与专业市场的发展形成一种有效的互动模式，而且发达地区县域经济的产业集群发展往往以专业市场发展为先导，最为典型的是“义乌模式”。义乌在改革开放之前是一个经济落后、地瘠人贫的农业小县，工业基础薄弱。迫于生存压力，形成了勤劳、节俭，善于发现、挖掘、把握商业机会的品质，为小商品市场的萌芽、诞生和发展创造了必要的商业文化基础，奠定了义乌市场薄利多销的小商品起步的基础。义乌市场以品种齐全、成本较低、效率高，人流、物流、信息流汇聚等优势，成为广大企业、客商开拓国内、国际市场的窗口和从事小商品贸易的首选之地，也强有力地带动了周边地区乃至更大区域范围内相关产业的快速发展。同时，义乌市场不断扩大对外开放，增加国际市场份额，半数以上的义乌企业和市场经营户在不同程度地开展国际商务，在巩固传统的欧美等出口市场的同时，不断开辟新的市场，对外贸易结构调整步伐加快，且成效显著，为义乌区域经济的发展注入了新的活力。

（三）农业产业化的发展模式

农业产业化是一大批欠发达地区的县域经济发展的主要模式，主要依靠经济和法律的关系将农业同与其相关的工商服务等行业联合，形成纵向组织经营形式。在国外，产业化又称为“一体化”，主要包括完全一体化和合同制一体化，完全一体化指主要由大的企业或公司直接接入市场，从事大规模的农业生产，并将农业同产品加工、储运、销售，以及生产资料的生产与供应结合在一起，形成完整的经济体系。合同制一体化是农、工、商一体化最主要的形式，广泛存在于现代化农业国家中。农场或农户通过合同与有关工商企业联系起来，农场向工商企业提供农产品，企业向农场供给生产资料、技术和贷款。此外，还有由社会团体牵头，通过市场、服务等环节把分散的农场或农户加以连接，形成利益连接、相互依赖的社会化生产和销售服务体系。

我国鼓励龙头企业采取设立风险基金、利润返还、股份合作等方式实行多种形式的联合与合作。支持发展“龙头企业+合作组织+农户”和“农产品行业协会+龙头企业+合作组织+农户”的组织模式。其中山东德州的“中澳模式”已被联合国列为扶贫开发案例，在全国推广。2007 年中澳集团推动成立了全国首个养鸭专业合作社，主要采取以集团为龙头，“公司+专业合作社+金融+标准化农场+农户”的订单标准化养殖模式。“中澳模式”把农民集中到标准化养殖农场，向农业标准化生产迈进了一大步，是符合中国国情的一种农业产业化新型发展模式。

四、贵州县域经济高质量发展的困境

（一）经济规模偏小

近年来，贵州经济取得了显著的成效，经济增长速度持续位居全国前列，但县域经济发展水平和发展规模与东部、中部先进、发达地区仍有一定差距。县域生产总值偏小，2019 年全省县域经济占全省地区生产总值的 41.80%。工业总量偏小。一方面，规模以上工业企业数量较少，与周边省（市）相比，2019 年全省规模以上工业企业单位为 4686 个，与东部浙江省（45695 个）、江苏省（46090 个）、广东省（55415 个）相比，仅有其约十分之一的规模，差距较大。另一方面，规上工业企业规模较小，从总体上看，2019 年贵州省大中型企业（453 个）与沿海发达县市差距较大，企业发展规模总体偏小。此外，大中型企业盈利水平不高，在市场、资源、物流成本等多因素叠加的情况下，县域规模以上企业获利甚微，综合竞争力不强。

（二）产业层次偏低

贵州是欠发达的山地省份，县域经济中农业大县占比多，农业结构调整和农业产业化也取得了一定成效，但整体看来，农业发展速度和发展成效仍有待提升。目前，贵州县域产业普遍存在产业结构单一、服务业占比过大、工业发展不完全、农业发展价值有待提升等问题，2019 年，全省三次产业对地区生产总值增长的贡献率的结构分别为 13.6∶36.1∶50.3。从城镇化水平来看，2019 年全省城镇化水平为 49.02%，落后于全国 11.58 百分点，经济的产业层次明显偏低，经济发展的结构性矛盾较为突出。近年来全省县域第三产业中旅游产业发展迅猛，旅游资源成为新的经济增长点，但旅游产业普遍发展层次低，精细化管理水平不高。

（三）财政状况不佳

我省县域支柱性财政缺乏，财政收入结构不合理，大大低于全国平均水平。整体来看，我省县域的各项产业贡献率的比率偏低，从非税收入来看，县域财政收入有限，辖区内企业发展水平不高，税收结构单一，税源零散，缺乏支柱性财源，增收困难。县域投入、产出效益不佳，全社会完成固定资产投资规模稳步增长，但投资对拉动县域经济增长的成效不明显，加快培植、夯实地方财政税收成为促进县域经济高质量发展的重要举措。财政收支矛盾突出，县域税源主体不足，部分县域工业不发达，农业规模不大，服务业参差不齐，规上企业数量少、税种呈下降趋势，受国家政策调整、市场变化等因素影响，县域缺乏稳定的税源增长点。

（四）区域发展不平衡

在地理位置、经济条件、发展基础等多因素的综合作用下，县域经济发展不平衡问题较为突出。一是区域发展不平衡。贵州同一区域内的县发展程度差异大，分布在区域性中心城市周边、交通节点、旅游景点、工业发达的县整体发展水平较好，部分资源优势不突出、产业支撑较弱、交通不便的县的经济发展水平较差，如遵义市湄潭县与道真县。二是城乡发展差异明显，贵州县域经济体系中县城、小城镇和乡村的综合发展水平各异，随着城镇化进程的推进，城乡发展差异主要体现在教育、医疗、就业、卫生、基础设施等方面，导致农村居民就业不充分，城乡收入差距分化，城乡二元结构仍存在。

五、贵州县域经济高质量发展的对策

（一）有效承接东部产业转移，积极发展循环经济

贵州是西部欠发达的省份，应在经济全球化和国际经济布局、分工的重新调整下推动资金、技术的流动和转移。目前东部地区经济发展已进入工业中后期阶段，土地、劳动力要素成本上升，东部劳动密集型、资源密集型产业为降低成本，开始向中西部转移。贵州近年来快速发展，交通枢纽的地位逐步凸显。县域拥有人力低成本和资源优势，应顺应国际产业转移和国内产业布局的大趋势，立足县域发展特点，积极承接东部产业转移，特别要加强产业链、供应链招商，将产业转移与中西部地区产业结构优化紧密结合，强化县域在积极支撑、承接东部产业转移上的多项政策措施，提升营商环境，加快县域经济的

协调、平衡发展。同时，贵州要坚持生态的发展底线，注重环境污染、节能降耗，提高产业价值，发展绿色低碳经济，建立贵州县域现代化产业生态链，走出一条县域新型工业化道路。

（二）深入推进管理体制改革，加快提升发展环境

深入推进县域经济管理体制改革途径，加快提升营商环境竞争力，推进县域经济和社会民生全面发展。准确把握我国迈入新发展阶段的历史方位，积极进行管理体制改革，不断总结、推广发达地区县域发展经验，借鉴可行的创新管理的体制机制，赋予我省各县更多的发展空间。同时，全面推进乡镇体制改革，逐步精简机构和人员，创新社会事务管理等管理机制，加快转变乡镇政府职能，强化公共服务，推进“放、管、服”改革，依法赋予经济发展快、人口吸纳能力强的小城镇在投资审核、工商管理、社会治理等方面的行政管理权限，加快县域发展环境畅通，提高行政效率，提高县域经济发展质量。

（三）积极壮大特色产业集群，培植区域创新能力

从我国东部县域经济发展经验看来，积极壮大特色产业集群，培育创新能力强、机制灵活、主体明确的企业创新环境有益于产业升级和新兴关联产业的形成。产业集群有利于企业间自发性地开展合作，互相学习、相互合作有助于平衡县域经济，缩小城乡发展差距，建立县域产业集群的创新组织模式。积极鼓励创新县域经济制度，调整并完善农业生产制度、土地制度、产权制度和社会组织制度，打通县域工农一体化发展的体制机制障碍，加快推进城乡生产要素自由流动，形成城乡统一开放的市场体系，促进区域产业集群的整体提升和拓展，有助于创新产业集群的升级，缩小县域区域经济发展差距和城乡发展差距，培植区域产业创新力，提升县域经济竞争力。

（四）分类施策推进县域发展，促进农业、农村现代化

县域经济发展需要立足实际，推动县域经济发展必须以小城镇作为有效载体和支撑，把小城镇纳入县域经济发展的范畴，以此带动经济高质量发展。贵州大多数县城还处于农业经济发展阶段，主导产业仍是农业，农业产业结构调整慢，工业化发展进程缓。应加快实施“工业兴县，工业强县”战略，有效提

升县域经济发展的空间。要立足县域资源环境、特色产业、首位产业，将资源优势转化为特色经济优势，积极发展工矿经济、旅游经济、工业经济，大力发展农业龙头企业，发挥农业产业的“头部效应”，逐步完善农业产业链、供应链，提升价值链，促进农业产业品牌化、标准化、绿色化、规模化发展，全面提升农业综合生产能力，提高农产品附加值，提高农业的比较效益，带动县域经济全面发展。积极推动农业产业结构优化，转型、升级，促进县域基础设施和经济社会全面发展，实现农业现代化。

作者简介：陈其荣，贵州省社会科学院城市经济研究所助理研究员。

县域现代农业发展水平评价研究

——以陕西省富平县为例

司晓宏　白宽犁　黄　懿　王建康　马建飞

摘　要：本文梳理了现代农业的演变过程，分析了现代农业的内涵，从产业体系、生产体系、经营体系三个方面探讨富平现代农业的发展状况。构建了3类一级指标、21个二级指标的现代农业发展评价体系，采用熵值法计算各指标权重，采用线性加权函数计算现代农业发展水平。以富平县为例进行评估，并对测算结果进行了分析。研究表明，富平现代农业发展处于起步阶段，发展态势较好，在区位、资源、政策等方面已具备了发展现代农业的基础，但是在龙头企业、合作社等新型经营主体，农业园区、设施农业等规模化经营，农产品深加工，农、林、牧、渔服务业等产业延伸，有效灌溉率等农业基础设施建设等方面对现代农业发展的贡献较低。针对以上分析，提出了进一步提升富平现代农业发展水平的对策建议。

关键词：富平；现代农业；评价体系

实现农业现代化事关建设社会主义现代化强国的大局，是新时代县域经济发展的重要基础和必然选择。构建现代农业体系，加快推进县域经济高质量发展，不断壮大县域经济实力和竞争力是陕西实现追赶、超越目标的根本要求。本研究拟在对富平现代农业发展情况进行实地调查和分析的基础上，构建现代农业发展评价模型，分析富平现代农业发展水平及影响因素，探讨土地、资金、人力、制度等要素在推动农业现代化进程、构建现代农业体系中的作用，为富平及同类地区的现代农业发展提供理论依据和对策建议。

一、现代农业的内涵

党的十六大报告提出“建设现代农业，发展农村经济，增加农民收入”。随后，历次全会，中央1号文件及国务院召开的农业、农村工作会议，都把推进现代农业建设作为“三农”工作的核心内容。（表1）同时，在规划层面，2011年编制了《全国现代农业发展规划（2011—2015年）》，2016年编制了《全国农业现代化规划（2016—2020年）》。

表1 历年党代会、中央1号文件

时间	来源	内容
2002	党的十六大报告《全面建设小康社会，开创中国特色社会主义事业新局面》	建设现代农业，发展农村经济，增加农民收入。
2007	中央1号文件《关于积极发展现代农业与扎实推进社会主义新农村建设的若干意见》	积极发展现代农业。
2012	党的十八大报告《坚定不移沿着中国特色社会主义道路前进，为全面建成小康社会而奋斗》	坚持走中国特色新型工业化、信息化、城镇化、农业现代化道路。
2013	中央1号文件《关于加快发展现代农业，进一步增强农村发展活力的若干意见》	促进工业化、信息化、城镇化、农业现代化同步发展，着力强化现代农业基础支撑。
2014	中央1号文件《关于全面深化农村改革，加快推进农业现代化的若干意见》	努力走出一条生产技术先进、经营规模适度、市场竞争力强、生态环境可持续的中国特色新型农业现代化道路。
2015	中央1号文件《关于加大改革创新力度，加快农业现代化建设的若干意见》	继续全面深化农村改革，全面推进农村法治建设，推动新型工业化、信息化、城镇化和农业现代化同步发展。
2016	中央1号文件《关于落实发展新理念，加快农业现代化，实现全面小康目标的若干意见》	大力推进农业现代化，必须着力强化物质装备和技术支撑，着力构建现代农业产业体系、生产体系、经营体系。

续表

时间	来源	内容
2017	党的十九大报告《决胜全面建成小康社会，夺取新时代中国特色社会主义伟大胜利》	加快推进农业、农村现代化。
2018	中央1号文件《中共中央国务院关于实施乡村振兴战略的意见》	提升农业发展质量，培育乡村发展新动能。
2019	中央1号文件《关于坚持农业农村优先发展，做好“三农”工作的若干意见》	调整、优化农业结构，加快突破农业关键核心技术。
2020	中央1号文件《关于抓好“三农”领域重点工作，确保如期实现全面小康的意见》	加强现代农业设施建设。
2021	中央1号文件《关于全面推进乡村振兴，加快农业农村现代化的意见》	强化现代农业科技和物质装备支撑，构建现代乡村产业体系，推进农业绿色发展，推进现代农业经营体系建设。

《国民经济行业分类》（GB/T4754-2017）中的农业包含各类种植业（如谷物种植，豆类、油料和薯类种植，水果种植等）和其他农业，与林业、牧业、渔业有区别，主要用于对行业分类需要精确描述的场景，如统计部门的数据统计。但是一般情况下农业指广义农业，等同于“农、林、牧、渔业”，主要用于与工业、服务业等产业区分的场景。本文出现的“农业”主要指广义农业，在就“农、林、牧、渔业”的内部产业进行探讨时，为避免混淆，表述上用“种植业”代替“农业”。

现代农业的表述侧重于体现农业发展阶段。目前，“农业发展阶段”提法较多，如原始农业、古代农业、近代农业和现代农业，石器时代农业、铁器时代农业和工业化时代农业，传统农业阶段、低资本技术农业阶段和高资本技术农业阶段等。现代农业的内涵暂时无统一标准。农业现代化就是用现代物质技术要素（包括人力资本）替代传统要素投入，使传统农业转变为现代农业的过程。而农业、农村现代化是新时代针对“三农”问题的交叉性、多样性，推动农业全面升级、农村全面进步、农民全面发展而提出的。本文按照党的十九大提法，拟从产业、生产、经营三方面阐述现代农业，发展现代农业就是构建现代农业产业体系、生产体系、经营体系。

二、构建评估模型

本文拟从产业结构、产业链条、三产融合等方面探讨现代农业产业情况，从生产能力、科技、要素投入效率、农业园区等方面探讨现代农业生产情况，从经营主体、品牌建设、电子商务发展等方面探讨现代农业经营情况。

（一）指标选择

现代农业发展水平的指标选择应遵循系统性原则、可操作性原则、代表性原则。指标选取不但要尽可能全面地考虑产业、生产、经营等方面的诸多因素，也要保证各个指标的独立性。县域层面的数据资料较少，统计口径连续性不够，尤其是反映经营水平的数据较少。同时，为便于后续制定提升现代农业发展水平的政策，提供目标量化、过程监督依据，选取的指标应具有可操作性。现代农业范畴大、内涵丰富，未有统一标准，为更加准确地反映发展水平，分析影响因素，应突出重点，选择有代表性的指标。

根据相关文件及文献资料，结合富平县情，初步得出富平现代农业发展评价指标体系，共3个一级指标、21个二级指标（见表2）。产业类指标中，农业总产值主要反映现代农业产业整体水平，种植业①、林业、牧业的占比主要反映产业结构。农、林、牧、渔服务业产值占比，农副食品加工业与农业总产值之比，农产品深加工比例等指标反映了产业链条延伸、附加值提升，以及第二、第三产业发展情况。生产类指标中，农业机械总动力反映了农业机械化程度，投入产出率、土地产出率、农业劳动生产率等指标反映了农业生产要素投入、产出情况，有效灌溉率、高标准基本农田、设施农业用地等指标反映了农业生产基础设施建设情况。经营类指标中，农业园区、规模养殖场等指标反映了适度规模经营情况，家庭农场、农业合作社、职业农民、龙头企业等指标反映了新型经营主体情况，“两品一标”反映了品牌发展情况。

① 为避免混淆，本文的“农业”指广义农业，即农、林、牧、渔业。需要按照国民经济行业划分标准表述时，如数据分析所用的统计数据，用“种植业”代替“农业”。

表 2　富平现代农业发展评价指标体系

一级指标	二级指标	说明
产业水平	农业总产值	指农、林、牧、渔业总产值
	种植业产值占比	种植业产值/农、林、牧、渔业总产值
	林业产值占比	林业产值/农、林、牧、渔业总产值
	牧业产值占比	牧业产值/农、林、牧、渔业总产值
	农、林、牧、渔服务业产值占比	农、林、牧、渔服务业产值/农、林、牧、渔业总产值
	农副食品加工业与农业总产值之比	农副食品加工业产值/农业总产值
	农产品深加工比例	农副食品加工业产值/食品制造业产值
生产水平	农业机械总动力	—
	有效灌溉率	有效灌溉面积/耕地面积
	投入产出率	农、林、牧、渔业增加值/(农、林、牧、渔业固定资产投资额+农副食品加工业固定资产投资额+食品制造业固定资产投资额)
	土地产出率	农、林、牧、渔业增加值/耕地面积
	农业劳动生产率	农、林、牧、渔业增加值/农业从业人口
	高标准基本农田面积	—
	设施农业用地面积	—
经营水平	农业园区数量	-
	规模养殖场数量	—
	家庭农场数量	—
	农业合作社数量	—
	职业农民人数	—
	省级以上农业产业化龙头企业数量	—
	“两品一标”品牌数量	绿色食品、有机产品、农产品地理标志

注：“—”表示可以直接从统计资料获取数据，不需要计算。

（二）数据来源

指标数据主要来源于《陕西区域统计年鉴（2018）》《渭南统计年鉴

（2019）》《富平统计年鉴（2014—2018）》《2019年富平县国民经济和社会发展统计公报》《富平年鉴（2017、2018、2019）》，以及陕西省农业农村厅网站相关资料等。

表3　富平近三年现代农业发展指标

一级指标	二级指标	2016	2017	2018
产业水平	农业总产值（亿元）	52.04	53.28	66.85
	种植业产值占比（%）	62.62	66.40	69.78
	林业产值占比（%）	4.00	4.67	3.26
	牧业产值占比（%）	29.44	24.74	23.34
	农、林、牧、渔服务业产值占比（%）	3.90	4.13	3.59
	农副食品加工业与农业总产值之比（%）	58.15	71.04	47.31
	农产品深加工比例（%）	59.15	76.67	76.83
生产水平	农业机械总动力（万千瓦）	61.24	62.43	65.58
	有效灌溉率（%）	72.44	72.32	67.92
	投入产出率（万元/万元）	1.26	0.88	0.24
	土地产出率（万元/万亩）	0.29	0.30	0.39
	农业劳动生产率（万元/人）	1.50	1.54	2.01
	高标准基本农田面积（万亩）	27.25	23.00	23.00
	设施农业用地面积（亩）	7737	8129	8549
经营水平	农业园区数量（个）	35	38	39
	规模养殖场数量（个）	440	480	542
	家庭农场数量（个）	509	545	625
	农业合作社数量（个）	628	657	669
	职业农民人数（人）	673	885	1319
	省级以上农业产业化龙头企业数量（个）	9	11	11
	“两品一标”品牌数量（个）	6	7	20

（三）水平测算

现代农业发展水平评价，一般包括 4 个步骤。第一步，原始数据的标准化。第二步，各指标的权重确认，运用较多的方法有主成分分析、层次分析、熵值法等。第三步，采取线性加权函数等方法测量分项及综合发展水平。第四步，对现代农业的发展阶段进行判断。有的是不同地区通过横向比较采取排名的方式判断现代农业发展水平，有的是确立不同阶段的标准参考值判断现代农业发展水平。

确定指标权重的各种方法具有不同的适用性。主成分分析对样本的数量有一定要求，已有文献多是以多个县域之间、省域之间现代农业发展水平的横向比较，或者是 10 年以上时间序列数据的纵向比较为主要内容。本文中 21 个二级指标，只有 3 年的数据，不适合采用主成分分析法。层次分析法通过专家打分确定权重，不同专家的侧重不同，具有一定的主观性。熵值法是一种客观赋权方法，反映指标信息熵值的效用价值，从而确定各指标的权重。熵越大，携带的信息越少；熵越小，携带的信息越多。因此，本文采取熵值法计算各指标权重，再通过确立不同阶段标准值判断富平现代农业发展水平。

将原始数据导入 SPSSAU 软件，经过数据标准化、正向化处理，通过熵值法计算出 21 个二级指标权重（表 4）。

表 4　富平现代农业发展评价体系各指标权重

一级指标		二级指标	
名称	权重	名称	权重
产业水平	0.306	农业总产值	0.0686
		种植业产值占比	0.0378
		林业产值占比	0.0379
		牧业产值占比	0.0512
		农、林、牧、渔服务业产值占比	0.0368
		农副食品加工业与农业总产值之比	0.0396
		农产品深加工比例	0.0341

续表

一级指标		二级指标	
生产水平	0.387	农业机械总动力	0.0480
		有效灌溉率	0.0341
		投入产出率	0.0360
		土地产出率	0.0691
		农业劳动生产率	0.0716
		高标准基本农田面积	0.0893
		设施农业用地面积	0.0389
经营水平	0.307	农业园区数量	0.0347
		规模养殖场数量	0.0419
		家庭农场数量	0.0458
		农业合作社数量	0.0351
		职业农民人数	0.0446
		省级以上农业产业化龙头企业数量	0.0341
		"两品一标"品牌数量	0.0708

各指标权重确定后，采取多目标线性加权函数法计算现代农业发展水平。计算公式如下：

$$S_i = \sum_{k=1}^{7} P_{ik} M_{ik}$$

$$S = \frac{3}{i=1} A_i S_i$$

其中，S 是综合水平测算值，S_i 是第 i 个一级指标的测算值，A_i 是第 i 个一级指标的权重，P_{ik} 是第 i 个一级指标的第 k 个二级指标对应的无量纲化数值，M_{ik} 是第 i 个一级指标的第 k 个二级指标的权重。

三、评价结果分析

将整理后数据代入权重值，可得富平现代农业发展水平测算结果如表 5 所示。2018年，富平现代农业发展水平综合测算值为0.2036，处于现代农业发展的起步阶段[①]。其中，生产水平测算值、经营水平测算值分别为0.2276、0.2362，高于产业水平测算值。现代农业的生产水平、经营水平相对较好，现代化程度依次为经营水平>生产水平>产业水平。从纵向来看，2016—2018年综合测算值从0.0104增加到0.2036，发展势头较好。

表5　2016—2018年富平现代农业发展水平

年份	产业水平	生产水平	经营水平	综合水平
2016	0.0073	0.0137	0.0094	0.0104
2017	0.1103	0.1594	0.1353	0.1370
2018	0.1405	0.2276	0.2362	0.2036

但是，较多指标在时间序列上呈现出不稳定性。产业水平发展水平较低，与多项指标下降有关，如林业产值占比、牧业产值占比。生产水平发展的各项指标稳步提高，特别是土地产出率从0.29（万元/亩）增加至0.39（万元/亩），设施农业用地也从7737（亩）增加至8549（亩）。经营水平发展指标全部呈现单调递增趋势，各类新型经营主体数量不断增加，相对而言农业龙头企业增速较慢，三年只增加了两家。

四、提升对策建议

根据以上关于富平县现代农业发展水平的评价结果，结合2021年中央1号文件《关于全面推进乡村振兴，加快农业、农村现代化的意见》，提出富平县提升农业现代化水平的主要对策如下：

（一）以尖柿、奶山羊为重点优化现代农业产业结构

全面打响尖柿、奶山羊两大核心品牌。延长以尖柿为主的林果产业链，推动林果规模化种植、标准化管理，鼓励农户与龙头企业、合作社积极合作，加强富平与其他柿子生产基地的合作，提升品牌影响力，打造柿子产业集群、全

① 大多研究文献认为，0.50以下为起步阶段，0.50—0.75为快速发展阶段，0.75以上为成熟阶段。

省果品深加工基地。加快"富平奶山羊"全产业链示范建设，推动羊奶产业提档、升级，建设国家级高产优质奶山羊种源基地和输出中心、饲草饲料营养成分和质量安全检测中心、国家级羊乳产品质量监督检验中心。

（二）以培育新型经营主体为核心推动特色农业持续发展

依托农业产业化龙头企业，以规模化种养基地为基础，建设"生产+加工+科技"的现代农业产业园区，统筹布局生产、加工、物流、研发、示范、服务等功能板块，发挥技术集成、产业融合、创业平台、核心辐射等功能作用，推动农业全环节升级、全链条增值。认定一批职业农民实训基地，以种养大户、家庭农场主、合作社理事长等为重点加强职业技能培训，鼓励农民通过"半农半读"等形式就地、就近接受职业教育，培育一批生产经营型、专业技能型、社会服务型职业农民和职业经理。

（三）以加快推广先进适用技术为依托提升农业附加值

继续发挥各农业技术中心和创新平台的科技支撑作用。围绕生物技术、资源利用、病害机理、节水机理、生态修复、农业工程、食品加工、营养安全等关键领域，大力开展农业科技协同创新。支持农技推广人员与家庭农场、农民合作社、龙头企业开展技术合作，建成一批"专家+新型农业经营主体"现代农业示范点。优化农机装备结构，推广地膜覆盖、机械深松、节水灌溉等关键技术，实施旱作农业、保护性耕作等示范工程。加快推进农业生产智能化、经营网络化、管理数据化、服务在线化，实现信息技术与农业生产、经营、管理、服务全面、深度融合。加快县级农业信息综合服务体系建设，开展农技服务、农产品质量安全监管、农产品电子营销等服务，推动土地托管、农用机械、农业技术的商业化服务网络的村镇全覆盖。

（四）以标准化、品牌化、定制化为重点提升农产品质量

推行农业标准化生产。健全农业生产和农产品质量安全标准，大力开展柿子、蔬菜、苹果标准园和羊标准化示范场（小区）建设，实现农业生产规模化、标准化、绿色化。培育特色品牌。持续提高"两品一标"、区域公用品牌数量。以延伸产业为重点持续发挥尖柿品牌影响力，以提档、升级为重点整合

奶山羊全产业链品牌。支持新型经营主体发展特色农产品的物流运输、快递配送，以委托生产、订单农业等形式形成长期、稳定的产销关系。实施农业“走出去”战略，支持有实力的企业、园区与中亚等国家开展农业合作。

（五）以农村“新基建”为契机促进农业经营模式创新

打造农村电商2.0版。建设富平特色农业展示平台，推进新型农业经营主体对接电商平台，建设优质农产品统一的官方电商服务平台。引入国内知名电商企业，围绕尖柿、羊奶、苹果、花椒、面粉等优势产品，开展网上销售应用示范。完善商贸流通体系。建立统一的农业信息监测网络，强化主导特色产业数据采集和即时利用，充分运用大数据、云计算等现代信息技术，实现农业生产、流通、消费和农产品质量安全的全面实时监测。整合农业信息服务资源，促进农业生产、经营、管理、决策领域各类数据的高效利用。

（六）以改善设施条件、要素投入为重点夯实现代农业发展基础

推进田、水、林、路、电综合配套，发展高效节水灌溉。以地力培肥、土壤改良、养分平衡、质量修复为主要内容，推广农机深松整地，提升耕地质量。制定耕地质量标准，开展质量评估、等级认定和信息管理，做好占补平衡、补充耕地质量验收评定，稳定耕地产能基础。在确保粮食安全的基础上调整种植结构，采取修复、轮作、间作等措施，确保现代农业土地要素投入的可持续性。

健全农业、农村财政支出优先保障和稳定增长机制，积极向上争取农业发展政策、项目和资金，推进涉农资金整合统筹，扶持各类典型和板块基地做大、做强。充分发挥财政资金的杠杆作用，采取以奖代补、贷款贴息、保费补贴等方式，撬动金融和社会资本更多投向现代农业。加大金融服务现代农业力度，创新金融服务产品，降低融资成本，把更多的金融资源配置到现代农业发展的重点领域和薄弱环节。

参考文献

[1] 中国农业科学院．全国农业现代化监测评价指标体系方案［EB/OL］. http://jiuban.moa.gov.cn/fwllm/hxgg/201711/t20171117_5903945.htm.

[2] 艾洪娟，蒋和平．基于熵值法的新疆现代农业发展阶段评价［J］．江苏农业科学，2017（18）．
[3] 姚晓萍．基于主成分分析的山西省农业循环经济发展水平评价研究［J］．中国农业资源与区划，2018（7）．
[4] 葛丽亚，丁生喜．基于主成分分析法的海东市农业现代化发展水平评价研究［J］．中国农业资源与区划，2018（9）．
[5] 武奇峰．山西省现代农业发展水平评价研究［D］．杨凌：西北农林科技大学，2016．
[6] 喻珍．四川省现代农业产业体系发展水平研究［D］．成都：西南财经大学，2019．
[7] 陈林生，鲍鑫培．现代都市农业背景下农业产业融合水平测度及评价研究——以上海为例［J］．经济问题，2019（12）．
[8] 高春雨，邱建军，尹昌斌．郑州市都市型现代农业发展水平评价与模式选择［J］．中国农业资源与区划，2013（1）．
[9] 郭涛，赵德起．中国现代农业经营体系发展水平测度及收入效应［J］．山西财经大学学报，2018（10）．

作者简介：司晓宏，陕西省社会科学院党组书记、院长、二级教授、博士生导师；白宽犁，陕西省社会科学院党组成员、副院长、研究员；黄懿，陕西省社会科学院农村发展研究所、助理研究员、博士；王建康，陕西省社会科学院科研管理处处长、研究员；马建飞，陕西省社会科学院农村发展研究所副研究员。

充分发挥基层党组织在乡村振兴中的作用
——颇洞村党社联建抱团发展的经验及启示

魏　霞　张清凯

摘　要：习近平总书记强调，办好农村的事情，实现乡村振兴，关键在党。贵州省黔东南三穗县台烈镇颇洞村在推动脱贫攻坚助力乡村振兴实践中，坚持党的领导，以党建扶贫为抓手，创新推行"党社联建"发展模式，通过党支部引领、合作社推动、党员带头、群众参与，完成了由"空壳村"向明星"双超村"的华丽蜕变，走出了一条"融合发展，抱团脱贫"的富民强村之路。本文总结了颇洞村的经验，提出在推进乡村振兴战略的实施过程中要坚持党的全面领导，充分发挥基层党组织的政治领导力、思想引领力、群众组织力、社会号召力的作用，促进农业全面升级、农村全面进步、农民全面发展。

关键词：党社联建；脱贫攻坚；乡村振兴

在脱贫攻坚取得历史性巨大胜利的同时，习近平总书记高瞻远瞩，深刻洞察时代发展大势，鲜明提出了全面推进乡村振兴这一重大历史战略。党的十九届五中全会强调，要全面推进乡村振兴，加快农业、农村现代化。这是党中央做出的重大决策，是"十四五"时期"三农"工作的主题主线。《中共中央国务院关于全面推进乡村振兴加快农业农村现代化的意见》明确提出："要在巩固、拓展脱贫攻坚成果的基础上，做好乡村振兴这篇大文章，接续推进脱贫地区发展和群众生活改善。"《中华人民共和国乡村振兴促进法》明确指出，全面实施乡村振兴战略，应当坚持中国共产党的领导，贯彻创新、协调、绿色、开放、共享的新发展理念，走中国特色社会主义乡村振兴道路，促进共同富裕。实现乡村全面振兴是一项系统工程，其中坚持党的领导，不断增强农村基层党组织的政治领导力、思想引领力、群众组织力、社会号召力，把农村党员、干部、群众的力量和智慧凝聚起来，齐心协力投身乡村振兴。在脱贫攻坚的伟大实践中，农村基层党组织发挥着重要的作用。脱贫攻坚工作既是农村基层党组织的重要工作内容，也是夯实农村基层党组织建设的一大保障。在推动脱贫攻坚的伟大实践行动中，一些地方探索出把脱贫攻坚工作与加强党的基层组织建设紧密结合起来，在脱贫攻坚中更好地发挥基层党组织的作用的思路和做法值得借鉴。其中，贵州省黔东南三穗县台烈镇颇洞村以党建扶贫为抓手，创新推行"党社联建"发展模式就是一个典型代表，在推进乡村振兴这一重大历史战略中，经验值得借鉴。

一、基本情况

颇洞村位于贵州省黔东南三穗县台烈镇东北部，距三穗县城 12 公里，总面积 20.3 平方公里，耕地面积 4137 亩，有 11 个自然寨、31 个村民小组，是一个典型的山区农业村。2014 年初，按照新一轮村镇调整改革要求，颇洞村由颇洞、寨坝、寨塘三个小村合并而成，现有 1391 户、4979 人。自成立以来，颇洞村以党建扶贫为抓手，创新推行"党社联建"发展模式，通过党支部引领、合作社推动、党员带头、群众广泛参与，仅用了 3 年的时间，就建成了三穗县颇洞村生态农业扶贫旅游示范园区，创建了国家 3A 级旅游景区，组建了拥有 8 家公司、12 家合作社的颇洞集团公司。2014—2017 年，村级固定资产增至 6078 万元，集体经济收入从 2013 年的零收入增加到 2017 年的 268 万元；村集体企业累计实现分红超 1000 万元，全村居民人均可支配收入从 2013 年的 5710 元增加到 2017 年的 14160 元，由落后于全县平均水平到超全县平均水平 5564 元。2020 年，颇洞村集体经济收入、居民人均可支配收入从 2013 年的 52 万元、5710 元分别增加到 323 万元、18016 元。村级固定资产增至 6078 万元，311 户 1123 人建档立卡贫困户全部实现脱贫，初步实现了"产业兴旺、生态宜居、乡风文明、治理有效、生活富裕"的总体目标，完成了由"空壳村"向明星"双超村"的华丽蜕变，走出了一条"融合发展，抱团脱贫"的富民强村之路，取得了群众参与最广泛、扶贫效果最明显、村民受益最直接、党群关系最和谐的发展成效，先后荣获贵州省、黔东南州、三穗县"先进基层党组织""脱贫攻坚先进集体"，国家级"综合减灾示范区""人居环境整治示范村"

“美丽村庄示范村”等 30 余项殊荣。

二、工作成效

（一）党社联建，健全并完善利益联结机制

自颇洞村党委成立以来，村两委结合本村实际，按照党的十八届三中全会提出的“允许财政补助形成的资产转交合作社持有和管护”精神，在上级党委、政府的大力支持和指导下，在广泛听取本村党员、群众的意见和建议的基础上，领办成立了农峰专业合作社，采取“党支部+合作社+基地+农户”的“党社联建”发展模式，实行村党支部与合作社管理层交叉任职，村党支部书记任合作社监事长，支部副书记任合作社理事长，村主任、文书、计生主任等兼任合作社（协会）理事或监事。同时，健全并完善利益联结机制，实行红利“六分法”，即将总利润的 60%作为入股分红，28%作为合作社滚动发展资金，4%作为村级集体经济收入和村级公益事业基金及贫困户扶持资金，2%用于颇洞村爱心协会公益基金，2%用于村两委工作人员奖励工资，4%作为合作社管理人员绩效奖金。2014—2020 年，股民累计实现现金分红 1200 多万元。

（二）党建“三带”，壮大了村集体经济

在持续深化“党社联建”模式的基础上，颇洞村创新探索“支部带实体，强村带弱村，能人带贫民”的“三带”党建扶贫路子。一是支部带实体，聚积资源发展。积极鼓励群众用闲散资金、土地、劳动力等入股合作社，让群众获得分红股金、土地租金、劳动薪金、保底使用息金、代养收益金、社会公益金“六金”，带动群众脱贫致富，壮大了村集体经济。二是强村带弱村，抱团帮扶发展。颇洞村与相邻的魁计村达成帮扶协议，通过产业发展、项目规划实施、技术培训等形式进行结对帮扶，落实帮扶弱村 6 万元发展启动资金。魁计村用财政扶贫资金 36 万元入股颇洞绿源食品公司，从第一年开始分别按盈利的 6%、7%、8%的比例分红给魁计村 97 户贫困户，通过以强带弱的帮扶机制拓宽了弱村持续创收渠道，补强了发展短板，激活了弱村自身的“造血”功能。三是能人带群众，辐射带动发展。颇洞村注重将服务群众意识强，具有较强致

富能力和开拓、创新能力的能人选进班子，以此推动“能人治村”。目前，颇洞村两委的7名班子成员均来自返乡创业人员、致富带头人、复转军人和大中专毕业生。一方面，采取联系一户富裕户、扶持两户示范户、帮助三户贫困户“联一扶二帮三”的帮扶方式，利用能人掌握的技术、销售渠道等优势为群众提供上门指导、资金扶持、产品帮销等服务。组织村企业负责人、种养殖专业大户等致富带头人，积极与800户农户结成帮扶对子，实现“滴灌式”精准帮扶。另一方面，推动“能人富村”。围绕村级脱贫目标，充分发挥全村100名党员先锋模范带头作用，鼓励党员积极投身村级经济、社会发展中，创新开展“党员+帮扶主体”“党员+经济实体”“党员+就业培训”的“党员+”工作，通过乡村旅游、精品水果、林下养鸡等帮扶路径带动贫困户有效脱贫。结合“金种子”带富计划，引导党员能人积极参与到村级发展中，充分发挥党员能人的传、帮、带作用，先后涌现出20名党员创业带富致富能人。在他们的带动下，颇洞村产业呈多样化发展，实现了1200余名群众稳定就业。

（三）“强村带弱村”，推进区域产业协调发展

短短几年时间，颇洞村由一个“空壳村”发展成为富裕村。鉴于颇洞村的成功发展模式，三穗县委、县政府于2015年8月在颇洞村设立联村党总支，对颇洞村与周边台烈镇的屏树村、绞颇村，滚马乡德明村、下德明村4个村进行捆绑发展，通过“强村带弱村”，形成区域共同发展格局，并在全县范围内推广颇洞模式，扩大“党社联建”成果。自此，颇洞村开启了一条“强村带弱村”，从联村党总支到跨区域构建村级联合党委的一条“融合发展，抱团脱贫”之路。2017年6月，在原来2个乡镇联合党总支的基础上，颇洞村又建立了跨4个乡镇和10个中心村（武笔街道青洞村，文笔街道星光村，台烈镇颇洞村、屏树村、绞颇村，滚马乡德明村、下德明村、枫木溪村、塘冲村、白崇村）的区域联合党委。联合党委按照建设一个乡村旅游发展经济圈，组建一个区域发展的实体公司，主攻“党建、产业、扶贫”三个方向“一圈一体三方向”的发展思路和村村实现村集体经济累积超过100万元、村人均可支配收入超过1万元的“双超”目标，以及将颇洞村打造成为“中国党社联建第一村”的发展目标，构建基层组织共建、民主管理共筑、产业发展共谋和服务平台共搭的党建新格局。在产业发展上，一是实行联产联销，汇聚各村资源优势，共同搭

建区域发展的“融合平台”。充分发挥强村传统优势产业的辐射功能，统筹捆绑农户土地、资金、项目、产业等生产要素。绿源生态食品公司作为各村农特产品的加工平台，努力提升农产品价值，各村发展农产品基地为食品厂供应加工原料，实现共赢。二是推行“错位”发展，通过帮谋划、帮项目、帮联络、帮资金、帮开发“五帮”，推进区域产业融合发展、协调发展、错位发展。根据各村资源禀赋布局适宜产业，打造一村一品。随着黔东南州大力发展农、文、旅一体化发展，颇洞村依托建好的精品水果、商品蔬菜基地，着手发展乡村旅游产业。2015 年，村两委创办了富黔生态旅游有限公司，建设了一座生态农庄用于接待游客。在联合党委的带动下，2017 年，区域内合作社赢利 776.95 万元，实现了 2 个贫困村出列、294 户 1152 人脱贫。2019 年，区域内合作社已发展至 30 个，企业发展至 12 家，拥有精品水果育苗基地 200 亩、优质蔬菜基地 600 亩、苗木花卉基地 400 亩、蓝莓采摘基地 300 亩、草莓采摘基地 100 亩、葡萄基地 200 亩，建成文化长廊、荷花池、生态鱼池、热带植物馆、旅游公厕、景观坝等设施。入股资金共计 8546 万元，实现了贫困人口全覆盖。

三、经验及启示

坚持党的领导，把党的领导切实贯彻到脱贫攻坚和乡村振兴全部活动之中，强化发挥基层党组织在推动乡村振兴中走在前列的作用。

（一）坚持党的领导，强化政治引领力

为了实现脱贫攻坚和乡村振兴，颇洞村创新提出“党社联建”，把党支部建在产业上，创建了村党支部领办合作社，党支部引领发展、合作社推动产业、党员带头示范、群众广泛参与的“党支部+合作社+基地+农户”的发展模式。首先，村干部带头参股，并承诺不盈利决不领取一分工资；其次，限定入股范围、标准和上限，规定只有本村户籍人口才能入股，可以现金、土地、劳力等方式进行入股，村民有钱出钱，有地出地，有力出力，但入股不得超过 200 股，以防止有钱人恶意控股；第三，对于没有资金或土地入股的群众，只要其有入股意愿，由村干部出面在农村信用社进行担保贷款入股；第四，村两委在村集体合作社中交叉任职，聘请村内能人、党员参与合作社经营，把产业

能人吸纳到党组织中来。党支部与合作社实行联合办公，既有分工，又有合作，合作社在村党支部的领导下，按章程实行科学管理、自主经营；第五，土地流转由村两委统一进行，外来或者本村私人经营主体如果到颇洞流转土地，由村两委对项目进行考察、审核，并与农户进行协商流转；第六，利用三穗县委、县政府把农业园区部分大棚、灌溉设施、冷库、管理用房、土地等固定资产划拨给颇洞村运营管理的机遇，加大对村农业基础设施的倾斜力度，同时将财政扶贫资金以量化到贫困户的形式注入合作社发展扶贫产业项目。党支部不断创新发展，带动了颇洞村及周边村民脱贫致富。

（二）营造发展氛围，提升思想引领力

为了让颇洞百姓富，生态美，颇洞村党支部积极统一思想，凝聚力量，振奋精神，鼓舞士气，营造发展氛围，提升思想引领力。颇洞村党支部实行"民主管理"构建区域化事务管理体系，实行村级行政区域不变、村民自治主体不变、财务管理体制不变、村级目标考核奖惩不变、村干部职数配置不变，发展统一规划、产业统一布局、利益统一分享、镇村统一建设的"五不变、四统一"管理模式。切实打消各村干部、群众认为组建联合体就是"并村""无偿援助邻村"等认识上的误区，把党员干部、群众的思想统一到"融合发展，抱团脱贫"上来。同时，联合党委在县委的领导下开展工作，由武笔街道、文笔街道、台烈镇、滚马乡党委分别协助管理，围绕"整合资源、统筹兼顾、高效运行"三个目标，行使承接上下、协调各方、分级负责职能和职责，增强引领发展、维护稳定、促进和谐的能力。同时，由各村特别是强村带动后进村进位升级，既注重共享党建经验、帮助完善党建制度，又注重干部互动交流，帮助提高党建、经济、群众工作等技能。以"抱团互助"为导向，明确村级联合党委以"党建工作联席会议"为议事机构，推行"大事共议、实事共办、要事共决、急事共商、民事共调、难事共解"的"六事共议"工作法，联席会议每月至少召开一次，村级联合党委书记为召集人，其余各村书记为成员，营造区域大事共商、各村难事共议的良好氛围；在"回馈好社会"方面，颇洞村两委班子达成共识：充分发挥党员的奉献精神，在合作社未盈利之前，村干部不拿一分工资报酬。受颇洞村两委班子影响，合作社起步之初的管理人员每个月只领取为数不多的汽车油费和通信补贴，为全体村民树立了良好的榜样。村两委班

子全心全意为村民做事，使颇洞村得到了较快发展，凝聚了民心，为干事、创业打下了良好的群众基础。自觉、自愿、积极投身村集体经济发展中，形成奋发进取、和谐团结的良好氛围。

（三）夯实基层党建根基，强化组织力

颇洞村不断深化基层党组织，建设搭“党建平台”，构建区域化党建引领体系，夯实基层党建基础，强化组织力。以“联合零边界，服务零距离，发展零差距，覆盖零间隙”为目标，村级联合党委实行片区型和链条型双重管理体制，即保留原有10个中心村党支部，构建以村级党委为核心，村级党组织和全体党员共同参与的区域化党建工作新格局。在选配班子上，按照“政治上靠得住，发展上有本事，党员群众信得过”的原则，把具有解决实际问题能力、敢讲实话、肯办实事、讲求实效的党员选配到村级联合党委班子中来，选举工作能力强、作风正派、核心作用明显的村干部为村级联合党委书记，形成了“选好一个领头人、兴一个产业、强一个村子、富一方百姓”的良好发展效应。2013年末，颇洞、寨坝、寨塘三个小村合并为颇洞村，村两委换届工作同步进行。颇洞村面临着发展带来的土地纠纷遗留问题和外来农业产业经营主体纷纷流走的局面，产业发展进入了瓶颈期。此时，在外务工返乡创业的致富带头人吴富才参加了村两委的换届竞选，成为颇洞村的党支部书记，同届入选村两委班子的其他7名成员分别是返乡创业人员、致富带头人、复转军人和大中专毕业生。正是颇洞村新一届“两委”这些领军人物，成为带领颇洞村村民找出路、谋发展、奔小康，走过发展的困难时期的带头人。短短几年的时间，颇洞村支部强了起来，产业壮大了起来，老百姓富了起来，实现了由“空壳村”向明星“双超村”的华丽蜕变。由“1”到“1+4”再到“1+9”，颇洞村通过“党社联建”走出了一条“融合发展，抱团脱贫”的富民强村之路。

（四）强力打造基层党员队伍，增强号召力

颇洞村党支部把强力打造基层党员队伍作为一项重要任务，夯实村党支部基层基础，增强基层党组织在群众中的影响力和号召力。一是强化党员教育管理，结合“两学一做”学习和教育，通过进一步固化“三会一课”、组织生活会，以及党章教育、党史教育、宗旨教育等，建立、健全区域统一的党员教育

管理制度，组织各村联合开展党组织生活日等活动。二是探索实行党员组织生活联过、流动党员联管、党员发展联审、重大事项联议的“四联共建”机制，为党员先锋模范作用的发挥找到对接点。三是组建“发展联盟”，构建区域化经济发展体系。以优化资源、整体提升为目标，在制定区域党建联合体总体规划时推行村镇建设、产业布局、交通路网、公共服务、社会管理、休闲旅游“六型合一”总体规划，发展集颇洞农业观光、滚马生态旅游、邛水土司文化、高铁经济等为一体的农、文、旅生态旅游扶贫经济带，引导各村投身旅游经营、旅游商品生产、就业等文化旅游产业，形成“龙头合作社（企业）+产业链+产业集群+产业基地”一条龙的区域发展格局。注重发挥强村传统优势产业的辐射功能，构建“党社共建，十户一体”抱团发展新格局，把农户、合作社、企业等发展个体汇聚成若干个发展主体，捆绑农户资金、项目、产业等生产要素，通过帮谋划、帮项目、帮联络、帮资金、帮开发，推进区域产业融合发展，带动群众抱团脱贫。同时，采取“联手”方式实施产业“错位”发展，结合各村实际明确一个村重点打造一个精品产业，其他村不再复制，真正形成“一村一品”“一社一特”，实现四季皆可游、可玩、可摘、可吃的产业发展格局。为规避以中心村为市场主体带来的发展要素难以在村际高效流转的问题，以及由此产生的强弱村两极分化现象，不断细分各村发展要素，倡导“资源互补”理念，实现土地、资金、技术、劳动力等要素的高效流转与整合。通过区域联建，强村带弱村，推进了区域产业融合发展，构建了广大群众抱团脱贫，实现了可持续发展的新格局，为巩固、拓展脱贫成果同乡村振兴有效衔接奠定了良好的发展基础。

（五）造福广大群众，增强凝聚力

以吴富才为支部书记的新一届颇洞村两委班子履职后，提出做好“服务好群众，壮大好集体经济，回馈好社会”三件事，努力造福广大群众，增强人民群众凝聚力。在“服务好群众”方面：一是召开村两委与党员、村民小组长和代表的交心会，让他们对村两委的工作和颇洞村的发展提出宝贵的意见和建议，以促进工作的开展；二是村两委开展了矛盾纠纷大排查活动，实行“大事不出村，小事不出组”，将矛盾纠纷化解在村内，仅用了短短 1 个月的时间，村两委就把村里的 26 起矛盾逐一化解；三是设立便民服务大厅，实行周一至周五坐班制，周末值班制，方便群众办理事务。为群众用心做事，既凝聚了人心，同时也为产业发展营造了良好的社会环境。在“壮大好集体经济”方面：当时颇洞村的村集体经济几乎为零，中心村的村办公楼修建还欠着账款。村两委牵头成立村集体合作社，通过发展实体产业来壮大村集体经济。村两委结合颇洞村靠近县城的区位优势和村两委班子的个人特长，成立了一家以种养殖为主的专业合作社发展蔬菜和精品水果种植，并结合体验采摘发展乡村旅游。此外，还依托颇洞村从事建筑行业的工人多的特点，组建了一支施工队伍，通过进行规范化管理，承接了一些小型的工程建设项目，为颇洞村集体经济赚到了第一桶金。到 2015 年，这支村级施工队不断壮大，发展成为拥有三级市政建设资质和三级房建资质、颇洞村集体所有的贵州生态建筑公司，年承接项目逾千万元，业务扩展到周边县市。在不同的发展时期制定出适宜的利益分配方案特别是在 2015 年 2 月第一次分红大会上，合作社将 2014 年实现盈利的 229.3 万元中的 183.44 万元分给股民，每股分红 800 元，还向孤寡老人、贫困户发放了慰问金，对没有入股的村民，按照村户籍人口，每人发放 20 元。2015 年，颇洞村实现整村全面脱贫，人均收入破万元，村集体经济破百万元，到 2017 年，人均可支配收入达到了 14160 元，村集体经济达到了 268 万元。此外，在颇洞村注册成立了颇洞村爱心协会，以村集体企业利润的 2%作为颇洞爱心协会公益基金，同时向社会吸收善款，用于帮助贫困群众。自 2015 年 9 月爱心协会成立以来，截至 2019 年，共帮助困难群众 2800 余人，捐助爱心资金及物资共计 100 余万元。按照 100 元至 400 元的标准，按月资助县内外 67 名学生就学。同时，还积极向周边县市受灾的地区捐款、捐物。红利普惠，村级发展成果人人共享，彻底改变了村民对村两委和合作社的看法，让全体村民享受到了村集体经济发展带来的红利，感受到了党组织的温暖。进入新时代，颇洞村围绕打造“全国党建扶贫示范点”的目标，提出把推动、巩固脱贫攻坚成果与乡村振兴有机结合，使之相互促进，坚持“绿水青山就是金山银山”的发展理念，用好自然生态和民族文化两个“宝贝”，以“党建+扶贫+农业+旅游”的发展模式，通过联合党委引领区域发展，凝聚各村力量形成攻坚合力，贯彻落实好乡村振兴战略，打造新时代百姓富、生态美的乡村。

当前，我国“三农”工作重心发生了历史性转移，持续巩固、拓展脱贫攻坚成果，接续推进脱贫地区乡村振兴，必须坚持党对农村工作的全面领导。要充分发挥农村基层党组织的政治领导力、思想引领力、群众组织力、社会号召力，进一步发挥村民委员会、农村集体经济组织在村民自治，发展集体所有制经济，维护农民合法权益方面的作用，进一步完善村民委员自治、法治、德治相结合的乡村社会治理体系，促进乡村产业振兴、人才振兴、文化振兴、生态振兴、组织振兴，推进城乡融合发展，促进农业全面升级、农村全面进步、农民全面发展，加快农业、农村现代化，全面建设社会主义现代化国家。

作者简介：魏霞，贵州省社会科学院区域经济研究所研究员；张清凯，颇洞村联合党委第一书记。

基于 Logistic 回归分析的优秀村支书成长规律研究

——以贵州安顺为例

罗　强

摘　要： 村支书是农村主要的管理者和领导者，是推动党委、政府政策下沉到基层的重要抓手，也是乡村振兴的骨干力量。研究村支书成长规律并将其应用于乡村振兴实践之中，对推进乡村振兴、巩固党在农村的执政基础具有十分重要的意义。本文以实地调查为基础，运用 Logistic 回归分析法对影响村支书成长的因素进行分析，进而探索优秀村支书的成长规律，提出推进村支书队伍建设的对策建议。

关键词： 安顺；优秀村支书；成长规律；Logistic 回归分析

"农村富不富，关键看干部；支部强不强，关键看班长"。从一大批优秀村支书的成长过程和实践经验看，村支书的成长是有规律可循的。本文通过田野调查、访谈调查、问卷调查，运用 Logistic 回归分析法分析影响农村党支部书记成长的相关因素，探索村支书队伍成长规律，结合贵州的实际情况提出问题，分析问题，解决问题。

一、优秀村支书成长规律指标体系的构建

近年来，我国党政机关干部、专家、学者都对村支书队伍建设进行了长期的有益的探索，积累了非常丰富的成果，贵州数字图书馆和中国知网收录的著作共有 150 余部，学术期刊、会议论文、毕业论文等方面的文章共有 2300 余篇。

在村支书承担的角色方面，武汉大学钱全、湖北工业大学周涂丽、江西师范大学王平等进行了有益的探索。其中钱全认为村支书作为国家与农民、制度与传统、公与私的聚焦点和衔接点，应该是党中央方针、政策的宣传者和实践者，村集体经济的组织者和掌舵者，上传下达的沟通者，社会资源的整合者及群众利益的维护者。在对影响优秀村支书成长因素的研究方面，孙竹林通过对好、中、差三类村 120 名农村支部书记的综合调查，发现农村党支部书记成长有以下几方面的特点：较高的政治素养、较强的市场经济意识、较强的组织领导能力和工作能力、较高的个人修养和人格魅力、一定的科技致富本领，以及严格的组织选拔、长期的组织培训、多年的实践锤炼。在村支书队伍建设的方向方面，苏州市委党校杨征征认为应该打造法治型村支书，泰州市委党校许倬恺认为应打造“能人型”村支书，孟津县委组织部部长段治军认为应该加强“双强”① 型村支书。贵州安顺则探索出退役军人担任村支书的路子，即“兵支书”模式，开辟了村支书队伍建设的新领域。

以上研究成果为本文的研究奠定了理论基础，提供了丰富的实践素材。

党的十八大以来，中央先后出台了《中国共产党农村工作条例》《中国共产党农村基层组织工作条例》等文件来指导村支书队伍建设。其中 2019 年 1 月中共中央发布的《中国共产党农村基层组织工作条例》规定：“村党组织领导班子应当由思想政治素质好、道德品行好、带富能力强、协调能力强，作风正派、廉洁自律，热心为群众服务的党员组成。村党组织书记还应当具备一定的政策水平，坚持依法办事，善于做群众工作，甘于奉献，敢闯敢拼”，为新时代农村党支部书记队伍建设指明了方向。

本文以中央关于村支书建设的相关政策为基础，在借鉴国内研究成果的基础上构建了影响村支书成长的个人基本情况、组织保障情况和村级党组织建设情况三重指标体系。

1. 个人基本情况包括年龄、党龄、文化程度、家庭收入，以及任职前是否做过教、兵、医、商工作等二级指标。

2. 组织保障情况包括选任方式、报酬满意度、参加培训次数等二级指标。

3. 村级党组织建设情况包括村民满意度、组织建设情况、集体资产、村支

① “双强”即带头致富能力强、带领群众致富能力强。

书在群众中的威信等二级指标。

二、基于 Logistic 回归分析的影响村支书成长因素分析

Logistic 回归分析是一种线性回归分析模型，常用于因变量为二分变量的回归拟合，解释确定的因变量和解释变量集之间的关系。这种分析方法可以比较全面地分析、评价影响村支书成长的相关要素。

（一）影响村支书成长因素的描述性分析

调研组从 2019 年 8 月起，先后赴安顺 20 余个乡镇、60 余个行政村展开田野调查、访谈调查和问卷调查，调研点涵盖了先进村和软弱涣散村、集中连片特困区和经济条件较好的农村，因而具有很大的代表性。为保证调研的客观性，调研组采取等距随机抽样的方法，根据调查样本与总样本的比例决定等距抽取的间隔，保证不同类别的村支书都有被抽取的机会。填写问卷时，调查人员在现场进行指导，向被调查的村支书细致讲解调研目的、问题设置、问卷填写方法。调研共发放问卷 216 份，最后收集到有效问卷 198 份，问卷有效率为 91.6%。调查对象的平均年龄为 41.6 岁，党龄为 11.6 岁，男性 160 人，女性 38 人，优秀村支书 72 人，非优秀村支书 126 人，大专学历 152 人，高中学历 20 人，初中学历 26 人。此次研究涉及的实证数据主要来自本次调研统计所得。

1. 变量选择与赋值

本文坚持“以人民为中心”的发展理念，以思想政治素质好、道德品行好、带富能力强、协调能力强等要求为参照，以调查研究所得数据为基础，通过构建二元 Logistic 回归模型对影响村支书成长的相关因素进行分析。将“是否曾被评为优秀村支书”作为因变量，对“是否优秀”设置“否”和“是”2 个等级，分别赋值为 0、1。该变量为二分类变量，即一个典型的二元决策。将年龄，党龄，文化程度，家庭收入，担任村干部前是否做过教、兵、医、商等工作，选任方式，报酬满意度，任职以来参加培训次数，村民满意度，在群众中的威信，所在村组织建设情况，村集体资产作为 Logistic 回归分析的 12 个解释变量（即自变量），如表 1 所示。

表 1　模型变量的统计性描述

变量			赋值	均值	标准差	预期方向
因变量（Y）		是否被评为优秀村支书	否=0，是=1	0.37	0.48	+
自变量（X）	个人基本情况	年龄（岁）X1	年龄	41.64	8.72	+
		党龄（年）X2	入党时长	11.59	7.68	+
		文化程度 X3	小学以下=0，小学=1，初中=2，高中或中专=3，大专及以上=4	3.61	0.73	+
		家庭收入（万元）X4	家庭每年人均收入	1.64	0.72	+
		任职前是否做过教、兵、医、商等工作 X5	否=0，是=1	0.47	0.50	+
	组织保障情况	选任方式 X6	选举=0，选派=1	0.58	0.50	+
		报酬满意度 X7	否=0，是=1	2.00	1.09	+
		任职以来参加培训次数 X8	任职以来参加各类培训总次数	8.00	4.98	+
	村级党组织建设情况	村民满意度 X9	所在村村民的满意率	85.67%	11.98%	+
		在群众中的威信 X10	低=0，一般=1，较高=2，非常高=3	1.86	0.77	+
		所在村组织建设情况 X11	软弱涣散=0，一般=1，先进=2	1.20	0.93	+
		村集体资产（万元）X12	村集体总资产	49.00	145.14	+

2. 模型设计

本课题通过使用 SPSS 20.0 软件对调查数据进行 Logistic 回归处理，从而得出优秀村支书成长的相关要素。Logistic 模型的具体形式如下：

第 i 个观测中事件发生的概率 $P_i = \dfrac{e^{\beta_0+\beta_1 x_1+\beta_2 x_2+\cdots+\beta_k x_k}}{1+e^{\beta_0+\beta_1 x_1+\beta_2 x_2+\cdots+\beta_k x_k}}$

第 i 个观测中事件不发生的概率 $1-P_i=1-\frac{e^{\beta_0+\beta_1x_1+\beta_2x_2+\cdots+\beta_kx_k}}{1+e^{\beta_0+\beta_1x_1+\beta_2x_2+\cdots+\beta_kx_k}}$

由此得出成长为优秀村支书的概率与没有成长为优秀村支书的概率之比，即 odd 为：

$$\frac{p}{1-p}=e^{\beta_0+\beta_1x_1+\beta_2x_2+\cdots+\beta_kx_k}$$

对 odd 取对数，得到 Logistic 回归模型的线性表达式为：

$$\text{logit}\ (p)\ =\ln\left(\frac{p}{1-p}\right)=\beta_0+\beta_1x_1+\beta_2x_2+\cdots+\beta_kx_k$$

方程式中，P_i 为村支书成长为优秀村支书的概率，$1-P_i$ 为村支书没有成长为优秀村支书的概率；x_i（$i=1,\ 2,\ ...,\ k$）为解释变量；β_i 为第 i 个解释变量的影响系数；β_0 是常数。

（二）影响村支书成长因素的回归分析

如表 2 所示，本课题采用全部引入法（Enter）对模型参数进行估计，表中 β、Sig 分别代表 Logistic 回归系数和回归系数估计的显著性水平。

Sig=0.046，表明该模型通过了 5%的显著性检验，其中，-2 Log likelihood=62.754，Cox&Snell R Square=0.491，Nagelkerke R Square=0.671，模型预测的总准确率达到 86.7%，回归模型的整体拟合度较好。说明解释变量全体与被解释变量的线性关系显著，模型总体有意义，选择正确，可以通过回归结果来分析、判断解释变量作用的方向和大小，用于具体分析。

表 2　模型参数估计结果（Method=Enter）

变量	β	S. E,	Wals	df	Sig（P）	Exp（B）
年龄	-0.077	0.058	1.780	1	0.182	0.926
党龄	0.132	0.060	4.861	1	0.027**	1.141
文化程度	0.263	0.545	0.233	1	0.629	1.301
家庭收入	0.500	0.535	0.872	1	0.350	1.648
担任村干部前是否做过教、兵、医、商等工作	1.821	0.801	5.165	1	0.023**	6.178

续表

变量	β	S. E,	Wals	df	Sig（P）	Exp（B）
选任方式	2. 803	0. 873	10. 306	1	0. 001***	16. 499
报酬满意度	0. 137	0. 323	0. 179	1	0. 673	1. 146
任职以来参加培训次数	0. 320	0. 104	9. 549	1	0. 002***	1. 378
村民满意度	-0. 209	312. 995	0. 000	1	0. 999	0. 811
所在村组织建设情况	1. 097	0. 404	7. 368	1	0. 007***	2. 994
村集体资产	0. 010	0. 006	2. 808	1	0. 094*	0. 990
在群众中的威信	1. 242	0. 530	5. 494	1	0. 019**	3. 462
常量	-8. 753	4. 392	3. 972	1	0. 046**	0. 000

注："***""**""*"分别表示1%、5%和10%的显著性水平。

表2显示了Logistic模型回归分析中变量的参数估计及显著性检验结果，其中党龄、选任方式、任职以来参加培训次数、所在村组织建设情况、在群众中的威信、村集体资产，以及担任村干部前是否做过教、兵、医、商等工作对村支书影响较为显著；年龄、文化程度、家庭收入、报酬满意度、村民满意度的影响不够显著。将表2所示的模型估计结果带入Logistic回归模型的线性方程得到：

$\mathrm{logit}(p)=\mathrm{In}(\frac{p}{1-p})=0.132\times$党龄$+1.821\times$任职前是否做过教、兵、医、商等工作$+2.803\times$选任方式$+0.32\times$任职以来参加培训次数$+1.097\times$所在村组织建设情况$+1.242\times$在群众的威信$+0.1\times$村集体资产

依据表2显示的模型参数估计结果和Lgistic线性方程，我们可以对村支书成长的影响因素及其作用方向进行简要分析：

1. 关于党龄

Sig=0.027，通过了5%的显著性检验，且回归系数$\beta>0$，表明党龄对村支书成长有显著的正向影响，存在党龄越长，村支书越优秀的趋向。调研中我们发现，入党时间越长，工作阅历越丰富，村支书越容易理解党的惠农政策，越容易做好群众工作，更好地处理各类矛盾。

2. 关于任职前是否做过教、兵、医、商等工作

Sig=0.023，通过了5%的显著性检验，且回归系数$\beta>0$，表明任村支书前

是否做过教、兵、医、商等工作对村支书的成长有显著的正向影响。

3. 关于选任方式

Sig=0.001，通过了1%的显著性检验，且回归系数$\beta>0$，表明选任方式对村支书成长有显著的正向影响，上级党组织越是对村支书选拔严格把关，在全面考查、综合研判的基础上进行选举，越有利于选出优秀的村支书。

4. 关于组织培训

Sig=0.002，通过了1%的显著性检验，且回归系数$\beta>0$，表明村干部培训对村支书的成长有显著的正向影响。上级党组织的有效培训是村支书成长的必要条件，村支书接受培训次数越多，培训针对性越强，越有利于村支书的成长。

5. 关于所在村党组织建设情况

Sig=0.007，通过了1%的显著性检验，且回归系数$\beta>0$，表明所在村党组织建设情况对村支书的成长有显著的正向影响，越是先进村、优秀村的村支书越容易成为优秀村支书，反之不利于村支书成长。

6. 关于村支书在群众中的威信

Sig=0.019，通过了5%的显著性检验，且回归系数$\beta>0$，表明村支两委在群众中的威信对村支书成长有显著的正向影响，村民对村支两委信任度越高、在群众中的威信越高，越有利于村支书工作的开展，越有利于成长为优秀村支书。

7. 关于村集体资产

Sig=0.097，通过了10%的显著性检验，却没有通过5%的显著性检验，且回归系数$\beta>0$，表明村集体资产对村支书成长有显著的正向影响，但影响有限。说明：一方面，村集体资产越高越有利于基层党组织服务群众，越有利于村支书成长；另一方面，将集体资产转化为农村治理效能是有条件的，需要村支书具有高度的社会责任感，以及驾驭市场经济和抵御各种风险的能力。

8. 年龄、村干部文化程度、家庭收入、报酬满意度、村民满意度没有通过显著性检验，对村支书成长没有显著性影响，但并不意味着对于村支书的成长无关紧要

就年龄而言，优秀村支书平均年龄为43岁，并不意味着年龄越大，党性和服务群众的能力就越强。随着年龄的增长，村务工作经验会越来越丰富。但在调查中也发现不少资历较深的村支书观念保守，不注意知识更新和思维转变，存在"对党和政府的各项方针、政策理解不深，工作靠经验，办事凭习惯"的问题，难以适应新时代农村工作的需要。就文化程度而言，文化程度越高无疑越有助于村务工作开展。但调查表明：村支书文化素质有了较大提高，81%拥有高中以上学历，优秀村支书和非优秀村支书在学历上没有明显差异。说明文化程度高低并不是村支书成长的决定性因素。就家庭收入和工作报酬而言，虽然村支书收入普遍高于普通村民，但相对于繁重的工作，报酬依然较低，有的村支书"一年的报酬尚不及打工一个月的收入"。很多村支书放弃自己的事业专做村务工作，更多的不是为了报酬，越来越看重群众的认可和自我实现。就村民满意度而言，村民满意是上级党委考核村支书的一项重要指标，但不是全部，作为一名优秀村支书，还需要做好党建引领、产业发展、协调矛盾，并处理好同村支两委其他成员的关系。

三、基于 Logistic 回归分析的优秀村支书成长规律

村支书成长规律是指影响村支书"成"和"长"的内外因素之间本质的、必然的联系。根据 Logistic 回归分析和实地调研，我们发现：优秀村支书都经历了由"不成熟"到"成熟"的长期过程，是个人努力、组织培养和社会环境塑造的结果，身上有一些"内在的、规律性的特点"。

（一）素质提升是前提

村支书是一个村的当家人，是全村的核心人物，其能力高低、人品好坏直接影响到全村经济的发展、村民生活水平的提高及党在基层群众中的威望。就优秀村支书素质能力情况，调查显示：

从学历看，大专以上占比为67%，高中占比为14%，初中占比为19%，总体文化水平远高于普通群众。

从任职前身份看，从事兵、商、教、医等职业的占72%，经济能人占39%，技术能人占42%，较有威望者占42%。

从家庭收入看，与普通群众差不多的占33%，略好于普通群众的占53%，高于普通群众不少的占14%。

可见，优秀村支书是具备讲政治、人品好、廉洁、有能力、观念新等基本素质的复合型人才。其一，具有丰富的社会阅历，往往经过多岗位的长期磨砺，一步一个脚印循序渐进地成长起来的；其二，具有较高的文化涵养和较敏锐的政治眼光，能够更好地理解党的宗旨和惠农政策；其三，是具备市场驾驭能力、创新意识强、目光远大、有胆识和魄力的经济管理型人才，依托他们可以带富一方。

（二）组织培养是保障

除干部个人自身素质外，长期的任职锻炼和上级党组织的培训、教育是村支书成长必不可少的条件。调查显示：

> 优秀村支书在担任支书前，平均每人已担任 6.5 年的村组干部。
>
> 优秀村支书平均每人接受了 8 次各类培训。
>
> 就培训效果而言，26%认为“帮助非常大”，62%认为“帮助比较大”，12%认为“略有帮助”，几乎没有人否定培训对村支书成长的重要性。

通过党组织的长期培养，大多数村支书的素质有了大幅度提升。体现在思想政治素质增强，理想、信念更加坚定，能做到办事公道、廉洁自律；见识广、思路宽、点子多、懂经营，自富和带富能力出众；协调能力和法制观念增强，逐渐形成依法办事、按章理事的思维，学会运用民主、法律、示范和服务的方法做群众工作，妥善处理矛盾。调研中，不少村支书情真意切地说：“感谢党的关怀与培养。”

（三）村级党建是关键

村级党建与村支书成长有着直接的关系。调查显示：

> 优秀村支书所在村党建情况，“先进村”或“优秀村”占 86.1%，普通村占 13.9%，“后进村”或“软弱涣散村”为 0。
>
> 2019 年，安顺 1008 个村集体经济积累平均达到 176.28 万元，村集体经营性平均收入为 9.23 万元。

当前，贵州村支书队伍建设中依然存在如下两方面问题：一是监督缺失。上级对村支书的考核往往侧重于经济发展、维稳等“硬指标”，而对党建、意识形态等“软指标”重视得不够、方法也不灵活，在一定程度上导致了资金挪用、“小官巨腐”、党性不纯以及“家长制”“一言堂”等现实问题。二是政治和经济待遇有待提升。村支书奋战在农村工作第一线，任务重、责任大，报酬却相对低，也缺乏正常晋升的渠道，更难以取得县级以上党代表、人大代表和政协委员的资格，被认为“端着泥饭碗，干着钢任务”，满足于“守好摊子、维持好班子、不出乱子”的状态。“泥腿子如何入龙门”是村干部的普遍职业困惑。

（四）群众拥护是基础

群众的信任和支持是村支书健康成长的力量源泉，也是评价一个村支书的根本标准。优秀村支书往往拥有较高的群众基础，集中体现在村民的威信和村民满意度上，据调查，优秀村支书中，“威信非常高的占33%，很有威信的占39%，威信一般的占28%，威信较低或毫无威信的为0。村民满意度高达90.5%，其中：满意度70%—79%的占11%，80%—89%的有11%，90%—100%的达78%，总体处于较高水平。”

农村是人情社会，村支书为群众办了哪些事，群众都看在眼里，记在心里。村支书作为政府和群众之间的信息沟通者，是连接政府和群众的节点性人物，只有了解群众的困难，主动为群众发声，为政府排忧解难，才能切实履行好责任和义务。

四、对推进村支书队伍建设的建议

在推进乡村振兴工作中，必须加强村支书队伍建设，让农村基层党组织成为学习型、创新型、服务型、廉洁型、法治型党组织，为农村改革、发展提供坚强的组织保证。问卷调查显示：

村支书个人存在的突出问题中，进取心不足的占53%，不守纪律的占20%，能力不足的占64%，没有起到带头作用的占36%。

制约村支书有效开展工作的因素中，群众工作不到位的占33%，上级支持不足的占25%，班子不团结的占17%，其他因素占25%。

基于 Logistic 回归分析结果和调研情况，笔者就村支书建设提出如下建议：

（一）拓宽渠道“选”，解决“有人干事”的问题

村支书的选拔任用，要坚持德才兼备、群众公认、注重实绩的原则，打破地域、身份、职业界限，多途径、多角度挖掘村支书的“源头活水”。一是“内选”。要注意从乡土人才、大中专毕业生、退伍军人、致富能手及非公经济经营者中选拔优秀人才，引导其加入党组织，进而有计划、有步骤地把那些有廉洁奉公之“德”，体贴群众之“心”，发展思路之“识”，创新、创业之“胆”，驾驭市场之“能”的优秀人才推到村支两委和村支书岗位。二是“下派”。建议暂时选不出合适支书的村采取“下派”的办法，从党政机关选派干部到村任职，理思路，育人才，促发展。三是“外聘”。要拓宽选人视野，可以考虑经过多数党员、群众同意，采取“聘请”的办法，从邻近乡村或企业公开选聘“双强”党员到本村任职，“借力行船”。

（二）丰富途径“学”，解决“有才干事”的问题

对于村支书能力的培养，要整合培训资源，提高培训的针对性，从整体上推动家族型和资历型向素质型和能力型转变，切实提高党性修养和服务群众的能力，让村支书既有“服务之心”，又有“服务之能”。调查显示：

> 就村支书工作能力来说，带领群众致富能力占89%，群众沟通能力占42%，与上级沟通能力占22%，民主管理能力占31%。
>
> 就培训方式来说，48%希望课堂讲授，59%希望交流研讨，36%希望案例教学，75%希望实地观摩，61%希望参观考察。

对此，建议把村支书培训纳入各级干部培训规划，有计划、有步骤地组织实施，使培训工作常态化、制度化、规范化。一是“常态化”培训。将村支书培训纳入全省干部培训计划，依托党校主阵地，在“培”中“带”，在“带”中“培”，快速提升的致富技能和带富本领，解决“想干不会干”“想干不敢干”等问题。二是“走出去”培训。以先进村观摩学习活动为抓手，让村支书定期“走出去”开展实践学习，看先进、学先进、查问题、找差距，有效提升

履职能力。三是“学历化”培训。建议组织部门每年选送一批村支书到高校、职业技术学院的大专班学习，通过参加自学考试、成人高招等方式取得大专学历。力争通过3—5年的努力，45岁以下的村支书达到大专以上学历，提高综合素质。

（三）多个层面“激”，解决“有心干事”的问题

新时代，除了基本经济报酬需求外，村支书社会尊重和自我实现的需求越来越强烈，越来越重视组织的认可和村民的评价，具体体现在政治待遇，经济待遇，养老、医疗、意外事故保障等方面。

调查显示，村支书的需求中，43%为“教育培训”，38%为“政治待遇”，35%为“养老、医疗、意外保险”，22%为“提高经济待遇”。

对此，要结合地方实际情况建立村支书激励机制。一是强化政治激励，实现“政治上有奔头”。健全从优秀村支书中选拔乡镇领导干部、公务员、事业编制人员的常态化机制，在年龄、学历上适当放宽标准，推荐政治素质好、工作成绩突出、参政议政能力强的村支书作为各级党代表、人大代表和政协委员。对于成绩特别突出的，可以考虑破格选拔为乡镇党委委员，给予副科级待遇，激发其干事、创业热情。二是提高报酬激励，实现“经济上有甜头”。市县每年两级财政拿出专项资金，采取以奖代补的方式补贴村干部报酬、村办公经费和为群众办实事。按照责任大小、工作量多少、贡献高低来调节村干部收入分配，适当拉开收入档次。三是加强关爱激励，实现“离职后没苦头”。根据国家现行政策，全面建立村支书医疗保险、人身保险和退职养老制度，解决村支书“干有所得、干有所盼、干有所养”问题，有效发挥离任保障的激励作用。

（四）完善机制“管”，解决“有章干事”的问题

要加强对村支书队伍的规范化管理，尤其要狠抓制度落实。一是完善工作管理制度，将村支书档案纳入县委组织部统一管理，使村支书带领党员主动认领岗位，使履岗、定责制度化。二是完善村级民主集中制制度，凡涉及农民切身利益的重要事宜都应通过村民大会或村民代表大会，不能由个人或少数人决

定，推动村支两委成员的团结协调、密切配合，实现坚持村党组织的领导核心作用与村民自治的有机统一。三是推行工作目标责任制，把村级党组织建设纳入全省发展考核体系，乡镇党委把基层党建、乡村振兴、经济发展、社会稳定等重点任务纳入村支书目标考评，严格实行“半年一检查，年终一考核”，将考评结果与绩效工资直接挂钩，对连续考核不合格者坚决撤换，全面推动责任落实。

参考文献

[1] 顾阳. 如何当好村支书 [M]. 太原：山西经济出版社，2009.
[2] 中国共产党农村工作条例 [N]. 新华社，2019-09-01.
[3] 中国共产党农村基层组织工作条例 [N]. 新华社，2018-12-28.
[4] 苏姗. 村支书工作倦怠感研究 [J]. 武汉：湖北农业科学，2017 (8).
[5] 周涂丽. 村支书在村域治理中的角色研究 [J]. 武汉：湖北农业科学，2017 (8).

作者简介：罗强，中共安顺市委党校科研部负责人、副教授。

乡村振兴视域下加强农村人才队伍建设的思考

陈国富

摘　要：人才是衡量一个国家综合国力的重要指标，也是一个地区经济、社会发展的智力支撑。人才振兴是乡村振兴战略的核心要素，是推进乡村振兴战略实施的首要任务和核心要义。而随着经济全球化不断深入、科技进步日新月异，人才资源已经成为最重要的战略资源。后发地区的发展之所以落后于发达地区，其最大的制约因素就是人才的匮乏。因此，推进乡村全面振兴，离不开人才的支撑；充分发挥人才作用助推本地区经济、社会发展，对于后发地区赶超至关重要。

关键词：乡村振兴；乡村人才；队伍建设；机制创新

习近平总书记指出："乡村振兴，人才是关键。"当今时代，任何社会领域的发展都离不开人才的智力支撑。干事、兴业靠人，乡村振兴战略的实施最终要靠一大批人才来推动。乡村作为国家的重点发展领域，在技术、资金、资源、人力等方面都处于相对落后的状态，可以说，正是人才资源制约了乡村各领域的发展。人才兴则乡村兴，加强农村人才队伍建设，充分发挥人才助力经济、社会发展，让各类人才在乡村振兴中大展才华，对于后发地区赶超具有重要的现实意义。

一、乡村振兴战略下加强农村人才队伍建设的价值

（一）乡村振兴战略为农业、农村发展集聚各类人才

"治国兴邦，人才为重；执政兴国，人才为要"。随着经济全球化不断深入、

科技进步日新月异，人才资源已经成为最重要的战略资源。人才工作是关系到党和国家事业发展的关键，是推动乡村振兴战略实施的骨干力量，具有不可替代的作用和特殊的地位。促进各类人才队伍的发展是推动乡村振兴战略实施的必然要求；也只有重视人才的推动作用，用好人才这个永不枯竭的战略资源，发挥好人才这个最具潜力的发展优势，才能构建服务于乡村振兴战略的人才支撑体系，努力为各类人才投身乡村振兴发展、展现自我提供良好的环境。乡村振兴的核心在于乡村产业经济的合理化和集约化发展，这就要求人才在乡村发展中起到显著的作用，发挥人才的活力，让各类人才在乡村振兴中大展才华，施展才能。这就需要在农业、农村经济快速发展中，必须充分挖掘农村人才，使人才资源的数量和质量与农村产业化经济相匹配，使人才在合适的岗位上发挥才能。

（二）加强人才队伍建设，为乡村振兴发展提供智力支撑

当今时代，任何社会领域的发展都离不开人才的智力支撑。习近平总书记指出："要积极培养本土人才，鼓励外出能人返乡创业，鼓励大学生村官扎根基层，为乡村振兴提供人才保障。"实施乡村振兴战略是决胜全面建成小康社会、开启全面建设社会主义现代化国家新征程的必然选择。而下好乡村振兴这盘大棋，需要推动乡村产业、人才、文化、生态、组织等各个方面全面振兴。人才匮乏一直是影响、制约"三农"发展的瓶颈问题。由于历史的和现实的原因，乡村虽然是中国特色社会主义现代化建设重点发展的领域，但其在技术、资金、资源、人力等方面都相对落后，尤其是人才资源匮乏制约了乡村各领域的发展。干事、兴业要靠人，乡村振兴战略的实施最终也必然靠一大批人才来推动；如果没有人才的支撑，乡村振兴战略目标就无法顺利实现。因此，要实现乡村振兴战略的宏伟目标，必然需要集聚更多的优秀人才，为乡村振兴提供强大的智力支撑。

（三）人才队伍建设是实施乡村振兴战略的保障

国以才立，业以才兴。农村人才资源是农村经济发展的开拓者，也是乡村振兴战略实施的新引擎。作为经济、社会发展的主力，人才在国家竞争和区域竞争中的决定性作用越来越明显。人才既是美丽乡村建设的核心，也是实现富裕乡村的关键。这就需要通过真实、有效的措施来开发、培育农村人才资源，打造一支懂农业、爱农民、爱农村的专业人才队伍。从某种意义上可以说，农村和城市发

展的最大区别就在于人才。中华人民共和国成立初期，由于种种原因，政府对农村的经济投入远不如城市，并且常常有农村支持城市的做法，城市支持农村的案例却十分有限，城乡流动基本处于停滞状态，农村处于闭塞状态，思想文化落后。改革开放以来，城市良好的发展环境吸引大部分农村劳动力外出打工，导致了农村空心化的现象。农村和城市的差距之所以越来越大，就是因为农村的人才都涌向了城市。乡村振兴战略的实施需要政府的推进政策，需要良好的社会环境，更需要农村人才资源的开发。农村人才资源的开发不止改变了农民传统而单一的思想，提高农民的科学、文化素质和技能，更为农村注入了新的活力，带来了新的机遇。他们带来了更为先进、成熟的技术、模式，助力农村第二、第三产业的发展，调整农村产业结构，成为农村整体发展的"领头羊"。

二、乡村人才队伍建设存在的主要问题

（一）农村实用人才总量不足

党的十九大报告提出要培养、造就一支懂农业、爱农村、爱农民的"三农"工作者队伍，而乡村实用人才是"三农"工作队伍中懂农业、爱农村的主力军，也是广大农民中的优秀代表。农村实用人才队伍虽然在不断壮大，但所占比例还比较小，人才结构分布不均衡，人才中经营型人才和社会服务型人才所占比例较小；并且农村实用人才、农业生产经营人员综合素质及学历水平普遍较低，大多数是靠自学成才或者实践经验丰富的乡土人才，学历程度主要集中在小学、初中，高中及以上学历的人员较少，农村实用人才总量不足，整体学历较低，生产经营型人才及科研人才严重缺乏。以重庆市为例，2019 年全市每万名乡村人口中农村实用人才与京、津、鲁、苏、浙等经济发达省份和地区相比还有较大差距。农村实用人才中，主要从事一线种植、养殖活动的生产性人才较多，占比接近50%，而包括农业社会化服务、农村科教文卫保障、农民居家美化及康养等与涉农第二、第三产业发展关系密切的经营型、技能型、带动型、服务型、社会型人才明显偏少。

（二）基层干部力不能及

农村基层干部是党的方针、政策深入推进的执行者，是乡村振兴战略实施的

践行者，也是带领广大群众建设新农村的领头雁。基层农村干部是乡村振兴战略的中坚力量，但目前基层干部队伍整体状况不容乐观，主要存在以下问题：一是工作任务重，点多面广，干部能力不足，工作效率不高。当前新形势下，基层干部要负责精准扶贫，环境保护，防灾、抗灾等各项繁重任务，而上级各部门常常任务下移、责任下推，导致基层干部工作量大大增加；再加上个别干部业务能力不足，办事效率不高，导致政策落实不到位。二是群众诉求不合理，干部压力大，浪费精力多。随着互联网及移动电话的发展和普及，人民群众的呼声和诉求有了更便捷、更广泛的传递渠道，但一些不合理诉求也明显增多。三是干部年龄大，文化程度低，人员不足。调研发现，目前农村各地村支两委成员多数存在老龄化、文化偏低的现象，大多数村干部都在50岁以上，学历多为小学、初中水平。不少基层干部对目前的新事物、新政策的理解和认识都存在一定差距，如大多数干部欠缺对“互联网+”农村电商产业、农产品深度加工及包装、现代农业经营体系、乡村旅游与休闲康养等新业态的了解。四是基层干部晋升渠道狭窄，无法吸引并留住人才。或是因为晋升名额有限，或是受身份、学历、编制等限制，许多村干部个人提升空间不大，往往升到科级就封顶了，造成基层干部队伍不稳定，人才流失严重。

（三）农村人才引不进、留不住，难为无米之炊

农村普遍存在外地人才引不进、本地人才留不住等现象，并且现在的农村人才经受着更大的诱惑和挑战。尤其是一些区位、交通、气候、经济发展、资源共享等与发达地区存在较大差距的地区，对外吸引力更弱，再加上乡村干部晋升渠道较窄、政治待遇和经济待遇没有优势，缺乏足够的吸引力引进各类人才。近年来虽大力引进人才，但主要集中在高层次及高技能领域，人才引进主体单一，结构欠合理，对农业高级技能人才引进得较少，且引进的人才多在硬件设施较好的城乡地区工作，因此，如何吸引并留住人才成为乡村振兴的关键。值得鼓励的是，近年来常有关于商界人士、农民企业家等返乡创业的事迹的报道，这些本土人才的返乡创业为乡村振兴战略提供了强大动力，然而由于土地、户籍、医保、社保等返乡机制不畅，离退休返乡者的养老待遇和医疗保障等划转和对接制度、城市下乡者的宅基地方面存在问题让许多有能力、有实力的人才想为家乡发展做贡献却只能望而却步，家园情怀无法实现。

三、乡村振兴视域下推进农村人才队伍建设的举措

（一）加强农村干部队伍建设，打造高素质农村领头人

党的十九大提出“建设高素质专业化干部队伍”，这是新时期党对干部队伍建设的新要求。农村干部处在农村基层，是党关于农村的各项方针、政策的宣传者、贯彻者和实践者，也是乡村振兴战略实施的领头人。一是加强对现有干部再教育，对他们进行专业技术指导及相关业务培训，提高农村基层干部的综合素质。譬如可以通过邀请各级农业科技专家、互联网农业专家等来进行知识讲座培训，培养一批有能力、懂技术、会经营的农村党员干部，使他们成为农业、农村发展的领路人，组织创业的带头人。二是提升农村干部待遇。通过提高村干部的报酬待遇、误工补贴，为他们的带头致富提供便利，解决他们的后顾之忧，吸引更多有知识、有文化、想干事、敢干事、能干事的农村青壮年、在外创业成功人士在乡村进行创业，做致富的带头人，并把他们引入农村干部队伍中来。三是完善人才晋升渠道，健全人才保障机制。相关职能部门要坚持干部下乡历练，同时加强基层干部的城乡、区域合作交流机制，做好干部的待遇、编制、社会保障等方面的相关配套工作，切实解决干部的后顾之忧，使其全身心投入乡村振兴事业。四是壮大农村选调生、大学生村干部队伍，尤其要吸引懂农业、爱农村、掌握现代农业科技知识的涉农专业大学生到农村就业，逐步转变村干部年龄结构和知识、文化水平。

（二）加快培训新型职业农民，用活、用好乡村本土人才

乡村振兴是关乎亿万农民幸福、安康的大事业，乡村振兴的主力军无疑是广大农民，因此乡村人才振兴战略必须坚持以农民为主体，重点开发、利用乡村劳动力资源，加快打造一支现代化的新型职业农民队伍，为乡村振兴战略的实施贡献力量。加快新型职业农民培育工程进度，围绕新型职业农民知识技能培训、农民工职业技能培训、市场经济理论知识培训等，建立政府主导、部门协作、统筹安排、产业带动的培训机制。加快构建新型职业农民的政府支持体系，聚合多方资源，鼓励高校、企业、农民合作社等多方力量共同参与，完善新型职业农民遴

选、培训、追踪服务等环节，吸引大学生、退伍军人及乡村本土人才尤其是青年农民加入新农村建设，使之成为新时代的农民。要用活、用好乡土人才。乡土人才大多身怀一技之长，要么是传承技艺的巧匠，要么是带头致富的能人，他们有实力、有能力、有技术，长年奋斗在农村，奔走在基层，熟悉农村、农业、农民。因此要充分发挥他们的聪明才智，激发他们创新、创业的活力，引领他们成为乡村振兴发展的领军人物。

（三）利用现有资源推动农村现有人才的成长

一是大力培育本土乡村人才。充分利用高校、职教中心等本地资源优势，大力培育农村实用人才、高技能人才和服务类人才，包括农业、林业、水利、畜牧等系统的专业技术人才和会经营、懂管理的人才。大胆启用那些农村工作经验丰富、驾驭全局能力强的干部，使其加入涉农党政人才队伍，通过积极搭建人才流动平台，鼓励城区能人志士到农村创业，为实施乡村振兴战略添砖加瓦。二是提升现有农村劳动力素质。围绕提升村民文化素质，转变村民思想观念，提高农业经营管理技术，广泛开设田间课堂、市民学校、专家大院，大力建设农广校、农家书屋、专业合作社、村级电商平台不断提升全体村民尤其是村干部的文化素养和现代农业知识水平，使他们适应现代农业、农村发展的需要。三是加大政策支持力度。乡村振兴战略的有效实施离不开上级政府部门在资金及政策方面的支持。要创新投融资体制，加快形成财政优先保障、金融重点倾斜、社会积极参与的多元投入格局。可以设置相应的乡村振兴专项资金，政府统一划拨资金，全面加强乡村公共设施、公共服务等方面的建设和乡村环境治理。加大农村发展资金投入，加强农村、农业基础设施、设备建设，如道路，水利设施，农机具，风干、仓储、加工设备等，为农业生产创造更加便利的条件。改善农村人居环境和投资环境，吸引更多的年轻人和投资人加入乡村振兴战略中来，让更多的人在农村站得稳、留得住。

（四）多措并举创新引才、育才、用才、留才体制机制

一是在引才上创新。针对本土人才总量偏少、结构失衡的问题，实施本土人才吸引工程，强化管理服务，编织乡情纽带，吸引从乡村走出的各类能人回归，发展、壮大乡村振兴的“先头部队”和中坚力量。把本土人才队伍建设纳入人才

建设重要内容，研究制定专项工作方案，运用大数据手段对在外经商和务工人员、复转军人、大中专毕业生等各类农村实用人才进行全面摸排，打好乡情、亲情、友情三张牌，激发其返乡创业热情。二是在育才上精准施策。针对本土人才整体素质偏低、难以适应乡村振兴要求的问题，定向培养，定期培训，定岗锻炼，实行“1+N”结对帮带，盘活存量，扩大增量，打造一支“不走”的高素质专业化本土人才队伍，加强人力、物力、财力投入等定向培养、盘活人才。组织乡土人才赴发达地区和先进企业取经，启迪思维，开阔视野，并通过组织本土人才培训，集中办班，入户指导，开办田间学校、流动课堂等形式开展实用技术培训，促进科技成果转化，提高农业生产水平和产业发展能力。三是在用才上搭建平台。针对本土人才利用率偏低、作用发挥有限的问题，加大政策支持力度，采取“人才+产业”“人才+基地”“人才+项目”等方式搭建创业致富平台，切实提升本土人才的获得感、成就感。通过搭建带头创业平台，选择产业规模较大、辐射带动效应明显的3—5个点，支持本土人才开展技术引进、开发、转化等创新活动，打造乡土人才创新创业示范基地；通过搭建带民致富平台，培育更多以本土人才为带头人的各类经营主体，构建“龙头企业+村级集体经济（专业合作社）+农户”利益联结机制；通过搭建带徒授艺平台，构建由政府牵头、社会各界共同参与的传统技艺研究、开发平台，支持并鼓励大师级能工巧匠、非遗传承人、民间医生等乡土人才带徒授艺，就地培养人才。四是在留才上做优环境。针对本土人才难以扎根、流失比较严重的问题，注重宣传引导，强化激励保障，在政治上爱护，在思想上关心，在发展上帮助，厚植本土人才成长沃土，让其留得住、干得好。深入挖掘优秀本土人才典型案例，组建本土人才宣讲报告团，用好典型事迹，激发“头雁”效应，营造全社会尊重、重视本土人才的外在氛围。组织培养思想觉悟高、综合能力强、群众欢迎的本土人才，营造本土人才成长环境。

作者简介：陈国富，中共重庆市长寿区委党校副校长、教授。

贵州女性专业合作在乡村振兴中的作用研究

蒋楚麟　黄　晓

摘　要： 当前农村男性劳动力大量外出务工，农业女性化现象越发显著，农村妇女作为农村留守群体，毋庸置疑成为农村家庭及其所生活社区的中流砥柱。基于此，农村妇女开始涌进乡村社区公共空间的经济领域和文化领域，并成为乡村振兴的重要参与群体。农村专业合作社已经成为乡村振兴的主要抓手，近年来呈爆发式发展态势，它的出现为农村妇女提供了参与学习的机会和增收致富的途径，而相应地，她们的参与进一步推动了合作社的发展和完善，为实现乡村振兴战略目标贡献着“她力量”。“女性专业合作社”主要指以女性为理事长和女性社员居多的专业合作社，其最主要创新意义在于“生产+生计+生态+生活”：她们将合作社的经济发展、农村社区的文化活动建设和公共服务提供结合起来，走出了一条独特的重塑社区公共文化空间，完善社区公共服务供给，带动可持续的、生态的地方特色产业和就业发展的创新之路。

关键词： 贵州；妇女；农民专业合作组织；乡村振兴

2007年我国出台并实施的《农民专业合作社法》开启了中国合作社发展的新纪元。2019年中央农办、农业农村部等单位联合印发《关于开展农民合作社规范提升行动的若干意见》，开展农民合作社规范提升行动。农民合作社已成为组织服务农民群众、激活乡村资源要素、引领乡村产业发展和维护农民权益的重要组织载体，在助力脱贫攻坚、推动乡村振兴、引领小农户步入现代农业发展轨道等方面发挥了重要作用。

贵州作为2020年实现脱困的省份，在这场脱贫攻坚战中贡献了地方智慧和经验，尤其在广大的贫困乡村，居家的妇女在乡村脱困和乡村振兴道路上做出了相当有价值的贡献，走出了许多新路，也回应了习近平总书记提出的“中国实践证明，推动妇女参加社会和经济活动，能有效提高妇女地位，也能极大提升社会生产力和经济活力"。农民专业合作社正是为贵州农村妇女提供了一条有效参加社会、经济活动的途径。截至2020年6月，贵州省共有6.51万个农民专业合作社，其中包括近6000家由女性担任理事长的专业合作社。农民专业合作社实现了省内行政村全覆盖，平均每个行政村拥有1—3个农民专业合作社，农民专业合作社的发展正成为贵州脱贫后实施乡村振兴战略中的重要举措之一。

所谓的"女性专业合作社"，就是主要以女性为理事长和女性社员居多的专业合作社。以妇女为主体的农民专业合作社不仅是一个经济实体，也是一个社会组织，在少数民族地区可能还是一个情感组织和维系家庭的纽带，在产业发展、乡村治理、生态保护、文化传承、脱贫攻坚等方面发挥多维功能。

一、贵州女性专业合作社的发展现状与特点

（一）贵州女性专业合作社发展及特点[①]

2015年，贵州省农民专业合作社登记注册个数为5476个，2018年达到8746个，增长了37%；从专业合作社法人的性别来看，女性法人数量在2018年增长迅速。从合作社规模来看，小型合作社是主流，10人以下的合作社基本占到85%；合作社法人年龄主要为30—55岁。

1. 女性理事长占比逐年平稳增长，且年龄呈现年轻化趋势

据相关数据，2020年约有6000家女性专业合作社[②]。此外，还存在一定数量的以女村支书为主而领办的"村社合一"的专业合作社。女性作为法人的专业合作社中，两个年龄段的理事长人数呈逐年上升趋势，即20—30岁年龄段和31—40岁年龄段，且前者增长速度更快，从2015年的6.2%激增到现今的14.8%。充分说明越来越多的受过九年义务教育甚至高等教育的乡村青壮年妇女参与乡村建设的积极性激增。她们拥有丰富的外出打工经验，并积累了一定量的知识和技能，对家乡的美好发展越来越充满信心。[③]

①③ 黄晓．发挥妇女在农民专业合作社中的作用［N］．贵州日报，2020-11-04．

② 以2019年6月全省拥有6.51万个农民专业合作社为基数进行测算。

2. 经营规模小型化，生产内容特色化，发展模式多样化

调查显示，女性专业合作社的注册资金和社员人数都偏少。生产活动上，除了传统的种养殖业外，以服装加工、农副产品、手工艺活动为主营的合作社成为亮点，特别是手工艺专业合作社数量在本行业占中比达54%。发展模式和发展类型上，以（公司+合作社）+合作社+农户、龙头企业+合作社+农户、（家庭农场+合作社+公司）+农户模式为主。由于规模不大，相当数量的理事长同时也兼任公司法人，便于经营活动的开展。通过实地调查发现，亦有很多女性经营大户带领更多的社员和村民实现共同富裕。如2007年率先成立的全省第一家农民专业合作社——安顺市秀璞茶业农民专业合作社，在罗丽娟理事长的带领下，九溪村社员实现了茶产业致富目标。又如三都水族自治县大河镇仙桥村股份经济合作社理事长王大英，因自己创办的小型合作社成效显著，被推选为村支书，成为“村社合一”合作社理事长，带领全村社员走上集体经济发展道路。

3. 女性专业合作社区域发展不均衡

仅从2019年登记的数据来看，贵阳市合作社理事长的男女比例最高达13∶1，而全省16个深度贫困县合作社理事长的男女比例失衡严重，有的贫困县几乎没有女性专业合作社。这从一个侧面反映了越是贫困地区，女性的自觉意识、参与性和领导力越低，也充分说明妇女的积极参与对于实现脱困的重要性。

4. 刚柔并济的领导能力

领导力表现为以身作则、身先士卒、事必躬亲，同时也讲究方式和方法。大多数女理事长都有较为曲折而艰辛的创业故事。她们懂技术，也懂经营，作为最大的股东，时刻将自己与社员的利益捆绑在一起，用女性特有的亲和力和爱心把社员将村民凝聚在一起。过程是艰难的，但“坚持”和“不放弃”是她们说得最多的话。兴义市绣娘服饰农民专业合作社理事长冯时素说，今年疫情严重许多合作社都没有活儿做，她想方设法找订单，只要能维持机器运转，哪怕自己不盈利，都要坚持挺过去。兴义紫龙灵专业合作社理事长几乎全年守在基地，付出了难以想象的艰辛，在不可控危机面前依然坚持。

5. 社会责任感和家乡情怀构建起合作社文化

被调查的众多女性理事长，对农村、对家乡都有很深的感情，她们并非只考虑经济效益，更多的是希望回馈乡村，担起更多的社会责任。在合作社发展的过程中，她们也将这种积极、健康的精气神传递给社员和社会，并在社区里形成一种合作社文化。如福泉市道坪镇鸿鑫种养殖专业合作社的王会珍理事长，通过公司+合作社模式带动福泉周边的其他合作社共同致富；兴义鼎裕种养殖农民专业合作社理事长王春，作为外来户在贫困村采取"家庭农场+合作社+农户"的合作社模式，整合当地闲散土地，开办春天坪家庭农场，解决了本村留守村民的就地就业问题。

二、贵州女性专业合作社发展存在的问题与挑战

在本研究中，通过数据分析和实地调研，发现贵州女性专业合作社的发展与全省农村专业合作社的发展一样，还处于初生阶段，存在许多问题，面临着许多现实挑战。

（一）女性主体对农民专业合作社的知晓度、认知度不高

《中华人民共和国农民专业合作社》提出的需要遵循的原则、设立的条件、社员享有的权利、行使的职权、财务管理等，绝大多数理事长和社员不是很清楚。部分理事长对"5 名以上农民就可以登记注册"比较知晓，对合作社可以争取政府项目有所了解；有的理事长在合作社设立之前就经营公司，为争取到只倾斜、扶持合作社的项目资金而设立合作社；还有的是地方政府对合作社提供扶持资金，因而鼓励并动员当地能人带头设立合作社。这些在一定程度上是违背合作社自愿和民主管理原则的，因此，在合作社运作过程中就出现了一系列的问题：理事长仍然采取企业或公司模式，理事会和监事会基本如同虚设；社员也不知晓自己的权利和义务，其股权最后被稀释，收归理事长个人，名为社员，实际还是拿工资的员工。另外，5 人就能设立合作社的原则也使得一个家族成员就能设立合作社，其管理和运作仍然是个人的而非民主的，也就不存在"利益共担"和"分红"一说。

以上种种，我们认为是对专业合作社的认识和理解有偏差，合作社以保护小农户的利益为目的，需要全体社员共同努力获取经济效益，实现利益共享、风险共担，走可持续发展道路。我们走访的女性理事长大都接受过初中以上的教育，有的还接受过大学教育，并有外出务工和经商的经历，知识和阅历较为丰富。她们对合作社的理解尚且如此，作为留守在家的女性社员的认知度会更低。如何真

正落实农民专业合作社的要求，使其在新时期区别于过去出现的人民公社、互助组、协会之类，需要加强对合作社知识的宣传和普及，真正使农村女性的主体性作用发挥出来，实现合作社的价值。

（二）女性专业合作社数量少、经营规模小

目前全省女性担任理事长的专业合作社大约占全省的10%左右；女性社员由于缺乏数据支撑，尚难于统计。贵州农村妇女占广大农村地区人数的60%以上，留守在家并且具备劳动能力的大多是妇女。在调查的典型案例中，由于贵州专业合作社主要从事农业和农副产业，田间管理人员也以妇女为多，因此合作社的发展，女性社员成为不可忽视的力量。但女性担当理事长或女性社员居多的专业合作社还占少数，与当前的妇女发展现状不符合。从规模上来看，稍具规模的合作社主要集中在村社合一的专业合作社，但其中女性理事长极少。规模较小，实力较弱，抵御市场风险的能力较差，一旦市场出现波动或资金等缺乏，容易导致停摆。

（三）合作社内部运作不规范，民主管理水平低

通过对众多的合作社进行发现，除了墙上挂的登记证，以及监事会、理事会章程等外，召开的社员大会、理事会、监事会等都很少，财务实行的也是公司制管理，大多是公司、合作社两块牌子同时运作，针对不同的项目使用合适的牌子。有的项目只准许合作社操作，合作社又很难向银行、信用社贷款，为了发展，很多合作社采取公司+合作社模式，但实际上管理层是同一个。这种界限不明晰的运作，最后呈现的都是企业运作模式，社员很难有参与权和话语权，合作社只成为一个发展工具。另外，在经济发展水平还较为落后的贵州乡村，村民素质差距也较大。实现民主管理还有很长的路要走。

（四）女性专业合作社发展动力不足，发展成效不明显

由于女性专业合作社人数少、规模小，从事的生产活动以农副产品、服饰、手工艺品加工为主，传统农、牧、渔业相对。国家在支持发展农业和农村经济建设项目中，对传统农业支持较大，女性专业合作社获得扶持的机会就相对少，导致发展动力不足的问题。同时规模小也会导致成效不明显，有的合作社基本没有

效益，甚至出现"僵尸社"和"空壳社"现象。这就需要在今后的扶持举措和项目的制定上，有意识地对这部分合作社给予关照和扶持。

（五）外部支持缺乏，获享资源较为困难

调查发现，女性专业合作社的理事长基本上都在凭一己之力艰难地经营着合作社，与管理、指导合作社发展的政府机构联系较少，很难获取国家关于合作社的最新政策，政府和合作社之间存在信息沟通不顺畅的现象，这都是对于合作社的管理和发展的不利因素。同时，合作社之间也缺乏相互交流、学习的平台和机会，导致视野不开阔，许多困难本可以及时解决，却找不到解决途径。

（六）品牌意识不强，产业链短

多数专业合作社都没有创建自己的产品品牌。调查发现，只有经营八年以上的公司有自己的品牌；农副产品的加工生产产业基本没有品牌意识，产品的附加值上不去，经济效益难于凸显。贵州的农民专业合作社销售中，初级农产品仍占主导地位，而从农业生产中获得的利润仅为销售、加工利润的20%，农民增收的幅度较小。从范围来看，跨区域联合、合作较少，范围较广的销售产品比例有限。

三、乡村振兴背景下贵州女性专业合作社的发展逻辑和路径选择

调查发现，由农村妇女领办、创办合作社可以更有效地激发农村妇女的内生动力。特别是妇女自发创办的合作社，既具经济功能，又兼具文化传承、社区服务、乡村治理、生态保护等综合性功能，即不仅能增加家庭的经济收入，促进农村经济的发展，还能满足她们的精神、文化需求，通过文化活动激活社区活力，重塑社区的精神。在参与的过程中还能实现对农村妇女的增能赋权，显现其在乡村建设中的主体作用，有助于实现其人生价值，并促进农村社区的和谐。

由农村女性领办、创办的合作社最主要的创新点和意义在于"生产+生计+生态+生活"：她们将合作社的经济发展、农村社区的文化活动建设和公共服务提供结合起来，走出了一条独特的重塑社区公共文化空间，完善社区公共服务供给，

带动可持续的、生态的地方特色产业和就业的创新之路。

《乡村振兴战略规划（2018—2022 年）》明确提出，“如何引导农村妇女积极创业，对乡村振兴战略的顺利实施具有至关重要的作用”。必须正确认识并高度重视农村妇女的价值和农村女性合作社的组织化建设问题，肯定并强化农村妇女在乡村振兴中的积极作用，从而激发妇女领办、创办合作社的动力。中国传统文化特别强调、重视家庭和亲缘关系，特别是在农村地区，超越家庭或亲缘关系的合作组织，无论从认知层面，还是从实践层面上，对农村妇女来说，都有相当明显的局限性。因此，推动农村女性合作社的建立和发展，不仅需要关注微观层面上能够激发农村女性合作社发展的内部因素，更要强调来自中观和宏观层面的强大的外部驱动力量。

从微观层面来看，要不断完善并加强农村女性合作社的自身建设，完善合作社的管理机制，注重女性能人的培养，开展农村妇女能力建设活动，包括通过培训、交流、教育等手段和方式增强妇女对合作社的认知，使其主动参与，依托女性优势发展特色合作社。

从中观层面来看，要充分发挥农村妇女合作社在完善社区公共服务和重塑社区文化空间方面的积极作用，不仅要推动她们与同地区、同行业的其他合作社的合作，也要鼓励她们与跨地区、跨行业合作社、企业、社会组织的联合。依托合作社联合网络，最大限度综合利用优势资源，促进利益共享，提高风险抵御能力。

从宏观层面来看，要加强党建引领，保障农村合作社高质量发展的顶层设计，全面贯彻落实与合作社有关的系列方针和政策，完善财政、金融、税收、技术服务、信息咨询等相关扶持政策。重点加大各级政府对农村女性合作社的政策支持力度，建立、健全合作社登记、注册和管理的性别统计机制，大力开展政府相关政策的性别分析工作，为农村妇女领办、创办和参与合作社建设营造支持性的政策环境，培育、壮大一批典型，发挥带头示范作用，增强农村妇女参与合作社建设的意愿，进而充分发挥农村妇女的主力军作用，助力乡村振兴。

（一）加强政治站位：农村妇女组织、加入农民专业合作社是中国特色社会主义妇女发展道路的有效实践

中国特色的社会主义妇女发展道路是中国特色社会主义道路的组成部分，中

国特色是在中国共产党领导下，在社会主义道路上不断探寻，从实践中总结出来的。将男女平等纳入我国的基本国策，妇女参加生产劳动、发挥妇女“半边天”的作用历来是我党和我国的政策主张，中华人民共和国成立以来设立的妇联等覆盖全国各层级机构，帮助妇女走出家庭，进入社会。在农村曾出现互助组、协会等妇女组织，探索社会主义妇女发展的方法和途径；专业合作社的出现再一次展现了妇女能力，打破了“户”的限制，以更为规范、更受法律保护和约束的方式让妇女进入公共经济领域，享有同样的独立的参与权和决策权。从这个角度审视，农村专业合作社为妇女进入公共领域开启了一扇大门，也为中国特色社会主义妇女发展道路增添了特色。

（二）必须正确认识农村妇女推动乡村振兴的主力军作用，关心妇女需求，在合作社发展和村庄治理中发挥妇女自身具有的性别优势，即敏感性、坚韧性和社会交往能力

针对部分领导干部和农民对妇女参与合作社建设认知程度不够的问题，要加大宣传和引导，充分认识以妇女为主体的农村合作社不仅具有经济功能，更重要的是发挥着社会、文化等多维功能。尤其是在农业女性化背景下，必须强化组织领导和政策引导，将合作社的高质量和综合发展作为当前的工作重点，特别要发挥好妇女在合作社建设中“生产+生计+生态+生活”的优势特点。

（三）加大对农村女性专业合作社的扶持力度，培育、壮大农村女性合作社

当前农村女性合作社无论是在数量还是在规模上都仍处于初始阶段，缺乏市场竞争力，且专业化和组织化程度较低，急需政府政策的引领和扶持。农村妇女在参与合作社的过程中能够增强合作社的专业化、规模化和组织化程度，加深自身对合作社的了解，真正参与到社区治理和农村发展工作中来，使政府相关部门支持合作社发展的优惠政策、资金、项目等向农村女性合作社倾斜。同时，加大对农村妇女领办、创办合作社相关配套基础设施和设备建设的投入，在合作社必需的设施建设方面提供一定的补贴，降低她们的创办成本。

（四）统筹好涉农资金的管理和使用，为妇女参与合作社建设提供财政扶持，推进完善相应的金融保险和信贷服务体系，以及税收优惠政策支持

加大国家级和省级示范社规范化提升的扶持，通过创建女性创业孵化基地，打造适合妇女自身特点，以及能够最大限度地发挥其优势的合作社和特色产业体系，鼓励并培养一批以女性为主的特色农村合作社，将农村妇女广泛地动员、组织起来，通过合作社发展生态旅游、民族手工艺制造、农村社区休闲文化等产业。

尽快开展合作社信用评价指标体系建设工作，支持金融机构针对合作社开展金融产品创新服务，特别是使金融资源向妇女倾斜。加大对女性合作社的金融优惠政策，有效缓解妇女创业融资困难。积极为农村妇女争取低息、贴息贷款，从而满足她们领办、创办合作社的资金需求。在税收、信贷等方面对农村妇女提供扶持，给予其适当的政策性补贴。精准识别补贴对象，合理分配有限的补贴资金，特别向女性领办、创办的合作社倾斜。

（五）构建信息数据库，加强信息技术与合作社建设的融合，推进“互联网+合作社”体系建设

快速推进涉农信息数据库和网络平台的建设工作。一方面解决合作社对新技术、新产品，以及与市场销售有关信息获取的问题；另一方面，农民在生产前、生产中及生产后所遇到的技术问题，亦可通过平台与专家等开展互动得以解决。另外，实现合作社运行情况的动态化监测，及时为合作社推送扶持其发展的相关政策的信息。

（六）加强农村妇女能力建设，培养、鼓励并引导女能人们在农村社区领办、创办合作社，重点关注、优先扶持并培育壮大一批典型的女性合作社

开展合作社领办、创办人培训，进一步落实并细化《新型农业经营主体带头人指导性培训方案》，依托体系内现有培训项目和骨干教师，提高培训的灵活性和参与性。在政府组织开展的合作社相关专项培训中进一步明确女性合作社领办、创办人参加培训的比例，并根据农村妇女的实际需求，有针对性地计划并制定一定的培训内容，依托妇联、人社部门，以及科研院所和高校，围绕地方产业

特色，提供文化、技能、管理、风险防控等培训。另外，涉农部门在组织参加各类农副产品展销会、推介会、市场相关的超市和物流配送中心考察、地区内外农副产品加工厂联络等活动时，优先给予女性合作社领办、创办人机会。

（七）充分认识针对合作社相关数据开展性别统计的重要性，进一步完善合作社统计机制

建议省市场监督管理局和农业农村厅将性别统计纳入农民合作社统计指标体系，对合作社法人和成员开展分性别的统计工作，从而充分了解、掌握全省农村妇女合作社的发展情况。分性别开展统计，能够增强政策制定者和执行者的性别敏感度，另外，量化数据也更具客观性和科学性，真实地反映出男女两性不同的利益诉求。通过对性别数据的分析，可以准确地为政策的制定、出台和实施提供实证参考，以便最大限度地发挥男女两性的积极作用。

（八）大力推进合作社与其他农业经营主体的联合建设，特别是同“村社合一”合作社的联合，鼓励社会组织参与到农村合作社的建设中来

努力探索、引导农村女性合作社与其他类型合作社的联合，特别是与“村社合一”合作社的联合，从而形成合力，实现物质资源、人力资源和社会资源的优势整合，依托联合发展，共同维护农户的利益，同时增强风险抵御能力。

参考文献

[1] 李晓明. 贵州农村留守妇女现状 [N]. 贵州日报，2007-01-10.
[2] 杜康，黄晓，邬少骅. 贵州妇女发展报告 [M]. 北京：中国社会出版社，2016.
[3] 李旭，等. 农民专业合作社成长与运行机理研究 [M]. 北京：经济管理出版社，2018.
[4] 杜洁，宋健，何慧丽. 内生性脱贫视角下的农村妇女与合作组织——以山西 PH 与河南 HN 两个农民合作社为例 [J]. 妇女研究论丛，2020 (1).

作者简介：蒋楚麟，贵州省社会科学院城市经济研究所副研究员；黄晓，贵州省社会科学院民族研究所研究员。

后脱贫时代乡村旅游的文化反思与困境突破

张新宇

摘　要：目前，乡村旅游对于乡村文化发展具有“双刃剑”效应。乡村旅游文化生产力质量低下、乡村文化的“乡村性”衰退是乡村发展旅游面临的普遍文化困境。其背后有着深刻的机制成因。进入后脱贫时代，乡村旅游要走向高质量发展阶段，要适应并符合乡村文化振兴的要求。为此，要进一步明确文旅融合中乡村文化发展的基本方向，同时强化文旅融合内在推动和保障机制。

关键词：乡村旅游；乡村文化振兴；乡土性；文旅融合

乡村旅游在我国乡村脱困及振兴的实践进程中发挥着重要作用。进入后脱贫时代，乡村发展需要步入全面振兴轨道。乡村旅游也要坚持农、文、旅融合方向，走向高质量发展阶段。我国乡村旅游的发展实践显示，乡村旅游在拉动乡村产业升级、基础环境改善、城乡协同发展的同时，与乡村文化也产生了广泛而深刻的影响。特别值得关注和思考的是，乡村文旅融合还存在一系列不协调的突出问题，一些乡村旅游地的乡村文化因旅游环境的改变而陷入衰败甚至消亡的危机困境。乡村文化中的精华是中华文化，也是现代乡村旅游的生产力内核①，更是乡村社区振兴发展的灵魂纽带。为此，需要深刻反思乡村旅游的文化困境，着力解决乡村社区乡土文化资源的传承和发展问题，提升其内涵式再生产力。这对于在后脱贫时代推动乡村文化振兴，确保乡村社会发展的完整性具有十分重要的意义。

---

① 徐冬，黄震方，李东晔，洪学婷，于逢荷．胁迫视角下乡村旅游地文化影响研究进展与框架构建［J］．人文地理，2019（6）．

一、乡村旅游中藏蓄的文化“质”“性”困境

实践中，乡村旅游业的发展明显具有“双刃剑”的效应。一方面，多年来乡村旅游的开发，使很多乡村脱离了贫困、落后，走上了城乡协同发展、文旅融合产业兴旺的现代化富裕之路；但也有很多乡村在经历了一时的旅游热度之后，又陷于发展停滞甚至衰退，即出现了“围城效应”①；还有些乡村因失败的旅游开发一开始就陷入了更大的发展困境。另一方面，乡村旅游在极大地促进乡村产业发展、设施环境改善的同时，也给乡土文化带来了较大的侵胁影响，乡村旅游社区普遍在不同程度上面临着乡土文化扭曲及“乡村性”衰退的问题。而且，乡村旅游的文化生产力“质量”困境往往与“乡村性”社区文化危机相伴而生。这些问题威胁着广大乡村保持脱贫和全面振兴的顺利实现。

（一）乡村旅游文化生产力质量低下困境

乡村旅游业文化含量和附加值不高，这是制约我国乡村旅游业发展的一个重要因素。② 乡村旅游投资项目普遍存在一时过热现象和二八定律现象③。大量一哄而上的乡村旅游项目缺乏创新，缺乏深入的文化内涵挖掘，缺乏品质保障和可以持久的品牌效应。

一方面，乡村旅游项目过度商业化、娱乐化，严重偏离了乡土文化的审美韵味。大量乡村旅游开发项目停留在增加旅游噱头、取悦游客简单的感官需求的文化水平，无视乡村整体文化风貌，无心关注乡土特色文化传统，或以简单、拙劣的方式包装所谓的“乡村农事体验项目”；或耗资建设品质低劣的乡村人造景观、网红打卡景点；或一味引入酒吧、店铺等城市现代消费场所充斥村落空间；或为增加住客，简单、直接地按照城市住宅形式改造农舍，使得旅游乡村愈发呈现城市主义、消费主义；或盲目投资大体量娱乐性旅游综合项目，占用大量土地，结果空而无当，旅游体验感极差，了无人气，甚至进一步

---

① 邹统钎．乡村旅游发展的围城效应与对策［J］．旅游学刊，2006（3）．

② 周其森．发展乡村旅游要善做“加减乘除”［N］．中华工商时报，2021-05-07．

③ 中国乡村旅游发展指数报告：去年乡村旅游人次达 13.6 亿．https://tourism2011.nankai.edu.cn/2017/0224/c5954a57041/page.htm．

造成乡村人地关系冲突失衡①。

另一方面，对乡土文化特色资源和文化内涵挖掘得不够，智慧应用、创意开发不足。现有乡村旅游大多着力对有形的乡村旅游资源进行观光性开发，但在结合无形的乡土文化资源，包括对农耕文化内涵、民俗风情活动、乡土技艺审美等文化要素进行创意性应用方面开发不足，缺乏成熟的业态创新和产品设计。很多乡村旅游热门地游客如织，但只见观光，消费较少，乡土文化资源的价值没有得到充分利用和释放。此外，还有些一些地方热衷于建造了一些所谓的“网红景点”，如网红图书馆，但景点本身完全脱离当地乡村日常生活和乡土环境，除了具有摆拍功能，缺乏建筑本身的真实功能性，可谓假象毕露，往往一时喧嚣之后就少人问津了。

乡村旅游文化品质的低下也必然导致乡村旅游同质化现象严重。千篇一律、重复建设的农家乐、乡村古镇、农牧庄园等业态导致千村一面，缺乏独特的审美魅力，最终降低了游客的旅游体验价值，乡村自身也只能维持低水平经营，甚至难以为继。

（二）乡村文化的“乡村性”衰退困境

“乡村性”（Rurality）普遍被认为是乡村旅游发展的基础，同时也构成乡村社会发展演进的内在支撑。随着乡村旅游的发展，乡村景观的娱乐化、乡村经营的商业化及乡村生活的城市化使得传统乡土文化赖以存在的生产、生活基础被打破，乡民的文化意识、乡邻关系及民俗行为也产生了极大的变迁，传统乡村社会具有的文化乡土性受到侵胁而不断处于迷失、衰退的困境。

一方面，旅游村庄面临乡土风貌改造危机②。乡土风貌是乡村性的外在元素。传统村落的乡土风貌主要以适宜农、林、牧、副、渔等传统农事生产的方式展开，与自身所处的特定的自然环境要素契合，与自给自足的传统自然经济契合，也就自然呈现出浓郁的自然气息、乡土气象和风貌差异。而乡村旅游的发展使得传统村落空间、街巷建筑、乡村景观在不同程度上均被按照现代商业

---

① 生延超，刘晴．都市近郊传统村落乡村旅游嬗变过程中人地关系的演化——以浔龙河村为例［J］．旅游学刊，2021（3）．

② 华章，周武忠．基于空间生产理论的乡村旅游社区空间演化与治理研究——以无锡市鸿山街道大坊桥旅游社区为例［J］．江苏社会科学，2021（2）．

模式需要加以改造，从而导致传统乡村意象的被破坏和风貌趋同。

另一方面，乡村旅游给乡村内在行为文化、精神文化带来了强烈的异化冲击。消费主义、商业主义在乡村旅游中盛行，改变着村民固有的生活节奏、生活心态、生活习俗，甚至造成村民对传统乡土文化的自我怀疑。经营旅游产生的商业竞争也使得村民的乡邻关系发生着悄然的变化。快节奏的现代旅游服务业生产生活使得一些乡村传统集体性民俗活动被忽视，也使得原有的慢节奏生活中自给自足的一些传统乡村技艺被搁置甚至被遗忘。传统乡村性的文化活动景象和乡土生活意象正在慢慢地异化，直至消亡。

文化资源具有可重复利用的特性，但同时也有存续脆弱性的特点。乡土特色文化资源如果被不加保护地滥用，就会枯竭，直至消亡。乡村旅游的文化困境长期持续必然对乡村全面振兴产生极大影响，因此亟待加以疏解。

二、乡村旅游文化困境的主要成因思考

乡村旅游的文化困境现象是乡村在现代化进程中自身文化破裂、重构的外在表象。导致其破裂、重构的直接原因更值得探究、识别，从而有助于积极应对问题，找出脱困路径。具体而言，主要存在以下内在、外在作用因素：

（一）外部资本低端商业逻辑的异化冲动

随着乡村旅游在各地全面而系统地推广、展开，外来市场主体的主导作用越来越强。实践中，介入乡村旅游的城市商业资本常常带有渴望将乡土资源尽快变现的商业逻辑和逐利冲动，也自然而然地倾向于选择用简单、粗暴的方式去急功近利地开发乡土文化旅游资源，无视甚至不惜让其变质、变味。在这种低端、粗暴的商业逻辑下，乡村文化旅游产品品位低、产品生命周期短不可避免。同时，乡土文化的存续、生产也会从与本地村民的原生态生产、生活相符，转向以取悦外来游客娱乐需要为主，重复化、媚俗化、游戏化的享乐主义文化在乡村大行其道。[①] 更严重的是，不同于乡村本地居民自发经营旅游服务业受到的分散化、缓慢性的商业性冲击，城市商业资本具有更强的运作动能，

---

① 姜辽，雷熠雯，张洁．旅游引导文化产业空间审美修复的有效性研究［J］．旅游学刊，2021（3）．

裹挟着更强势的外来文化理念意识，对乡村文化的整体性异化冲击更加强烈，带来的通常是急剧的、系统化的乡村性衰退变迁。同时，低端商业逻辑的基本同一性也必然导致乡村旅游资本化后乡村意象的同质化。因此，在乡村旅游开发中如何避免低端、粗暴的商业逻辑的侵入，强化外来资本的本地化责任是乡村文化脱困的重要前提。

（二）村民分散经营模式的内在弊端

现阶段，乡村旅游中村民采取分散式个体经营仍是一种普遍现象，特别是对于一些自身村落缺乏特点，主要依靠周边景区旅游资源带动的乡村。这种模式延续了传统小农经济理念，其弊端在于：一方面，个体化经营常导致彼此利益冲突、无序发展，不利于乡村统一规划，打造凸显本地特色的文旅主题；另一方面，村民个体受意识、知识、审美素质等因素的制约，难以有效识别本土特色文化资源，特别是无形文化资源的潜在价值，即使有所意识，也难以形成具有高级审美和高附加值的创意性应用，反而更容易被城市一般流行性审美俘获，被简单的消费性商业逻辑同化，从而下意识地破坏了珍贵的本地乡土性。同时，在缺乏组织、缺乏外部资源支持的条件下，村民个体大多只能开展农家院、民宿项目，以及一些采摘、捕捞等简单的体验性旅游项目，必然导致乡村旅游的附加值产出较低。

（三）城乡文化要素双向流动对乡村原生文化的必然影响

乡村旅游使得乡村从以往的相对封闭系统变为高度开放系统。伴随外来游客、投资项目、商品交易的频繁流动，城乡文化要素也在持续地双向流动。但在这一进程中，具有消费主导地位和现代化魅力的城市文化意识必然占据流动的优势。

乡村旅游服务对象大多为城市游客，这是当前的客观现状。城市游客对乡村旅游的向往其实往往潜藏着城市生活标准这一前提，同时基于自身固有的审美习惯，城市游客对乡土文化的消费认同也必然带有城市文化的想象基因。而城市游客的话语权必然被考虑进乡村文化要素呈现的重构中。① 另一方面，村

---

① 黄臻．“异托邦”：乡村旅游下的文创空间实践——以台湾地区为例［J］．社会科学家，2021（2）．

民向往城市生活，具有向城市审美看齐的文化取向。因此，反映城市文化想象的变异性乡土文化要素符合城乡双方主体的需求，在乡村旅游中成为流行的文化呈现形态，从而对原生乡土文化产生异化影响。

（四）利益分化对传统乡邻伦理关系的瓦解效应

在乡村旅游发展中，临近村落之间、村民和村民之间、村民和村集体之间往往存在受益不均衡的客观情态，特别是村民个体经营者之间由传统的简单的乡邻关系转为商业竞争关系。同时，村民与村集体在乡村旅游项目开发上也常常产生利益分配矛盾。乡村内部的利益分化冲突和相互置疑对传统乡村文化氛围及乡邻伦理关系产生了瓦解效应，加之旅游开发导致商业利益至上的价值观替代了原先传统村落中基于传统伦理道德的价值观给村落带来了严重的个人主义和本位主义①，导致传统乡土情怀遭到极大的破坏。

上述成因，大多带有机制性特征。在强大的城市化文明下，传统乡村社会具有先天脆弱性。乡村传统文化在这些机制因素的冲击下缺乏抵御手段和有效的调适，必然出现发展失衡、失序、失效问题。

三、在文旅融合中促进乡村文化发展的基本方向

要打破乡村旅游的文化困境，明确乡村文化发展的应然方向是前提。乡村是动态发展的，乡村文化也是动态调整的。今日之乡村的“乡土性”必然与传统有别。我们不必刻意追求以固有的形态去保留一切乡土文化传统。同时，以城市文化、商业文化、工业文化取代传统乡土文化、农业文化，也一定不是乡村文化振兴的可行方向和追求的目标。新时代的现代乡村需要构建与之相适应的现代化的“乡村性”。

对于那些受乡村旅游内在、外在因素侵胁而处于文化困境中的乡村，使乡村文化从无序蜕变、被动适应走向理性融合、协调共生，创造出具有中国特色的现代乡村性，应是其追求的目标。相应地，在乡村旅游发展的进程中，文旅融合的理想要求就是要充分彰显中国现代农业文明的独特韵味，厚植源自乡土

---

① 徐冬，黄震方，洪学婷，李东晔，沈伟丽．乡村旅游地文化胁迫类型、格局与机理研究——以苏州东山镇为例［J］．地理研究，2020（10）．

的中国传统文化底蕴，呈现本乡、本土特色文化资源，在满足大众的乡愁、乡游文化需求的同时，也又符合乡村社区自身的文化振兴需要。与这一根本方向相适应，在乡村旅游发展中，文旅融合应贯彻以下发展原则：

一是要立足于本乡、本土特色资源，实现差异化发展。习近平总书记近日在广西考察时就强调，全面推进乡村振兴，要立足于特色资源，因地制宜发展乡村旅游、休闲农业等新产业、新业态，融合农、文、旅，推动乡村产业发展、壮大。乡村旅游要在注重发掘乡土文化和城市文化差异的基础上结合本乡本土、特色精准定位、精心打造自己的文旅主题，实现乡村旅游的区域差异。

二是坚持理性融合的乡村性塑造。乡村不应一味地固守传统，村民对现代化美好生活的向往也要得到充分的满足①。因此，乡村社会合理吸收现代文化审美，兼容并蓄先进城市文化精神是必要的，但是要通过创意设计巧妙地为乡村旅游注入现代文化因素，实现乡村性与现代性的融合，从而提升乡村旅游的品质。

三是在活化中传承乡土文化。只有存在价值并能释放价值的东西才具有持续的活性。因此，在文旅融合项目中，一方面要着力打造那些承载社区日常生活之美的乡村人文景观，另一方面，要通过智慧应用、创意设计把那些日益凝固的传统乡土风俗、技艺、景象嵌入景观设计和项目体验，使其重新获得价值释放能力，从而得以延续并继续造福一方百姓。

四是坚持面向自我服务的乡土文化生产。乡村旅游社区在强化文旅融合，服务现代旅游的同时，更要面向本乡居民开展文化建设，努力促成村民本土文化认同，唤醒共同文化记忆，促进本土文化的传承。

五是不断探索高附加值的文化创意呈现。乡村旅游同样受资源、环境要素制约，发展乡村旅游不能破坏生态环境，不能突破耕地保护限制，不能超越乡村垃圾、污水处理的承载力超负荷运营。有形资源的开发是有限的，要提高旅游产业效率，就需要在有限的有形资源的基础上提升文化资源的附加值，充分发挥文旅业态创新等元素的倍数带动效应，这是今后乡村旅游持续发展的关键。

---

① 宋潇玉，宋子千．对后脱贫时代乡村旅游政策创新的思考［J］．旅游学刊，2021（4）．

四、针对困境成因强化文旅融合内在推动与保障机制

在后脱贫时代，乡村振兴战略的全面实施为广大乡村破解自身文化困境，实现文化振兴提供了重大机遇。《乡村振兴法》的颁布也预示未来乡村政策对于乡村社会的健康发展必然起到更加有力的保障和推动作用。但外因要通过内因才能更好地发挥作用。因此广大乡村自身也要从内在机制入手，主动调适，积极应对，实现自我疏困。

从另一方面看，虽然明确了乡村未来文旅融合推进文化建设的发展方向，但正如在文化困境成因部分揭示的，现实中村民本身的经济能力、知识储备、审美素质比较有限，而导致困境产生的机制性成因的动能巨大。因此，这些理念、方向如何贯彻实现，是实践面临的大问题。同理，文旅融合创意理念的研究和倡导可以为解决文旅融合困境问题提供必要的思路启发，但是一旦到了实际应用场景，就会涉及复杂的利益博弈、信息沟通、策略选择、组织推动等问题。因此，仅仅明确了发展方向，有了好的创意理念还是难以在实际上推动问题的解决。要从根本上疏解这些问题，还是需要针对造成乡村旅游文化困境的机制性成因，从组织推动的视角出发，完善乡村旅游文化升级的机制构建和组织保障，包括优化乡村旅游经营结构、完善乡村治理机制、健全乡村旅游创新创业环境等。

（一）优化乡村旅游经营结构

乡村旅游要适应现代社会发展需要，需要现代化的经营结构。组织化经营是基本方向，构建合理的利益分配机制，实现村民、集体发展需要的最大公因数是根本要求。正如习近平总书记指出："要走组织化的农村市场化发展路子。"在乡村旅游发展中，要着力做大、做强乡村集体经济组织，完善集体经营模式。通过创新村民参股、村民合作、村民合资等多种合作机制推动乡村旅游的现代化、组织化经营。只有这样才能有效克服分散经营的小农经济模式的弊端，乡村自身才能有规划地统一开发自身特色主题，才能有效约束外部资本低端商业逻辑的异化冲动，增强乡村的自我话语权，强化外来资本的本地化责任。同时，要通过创新文化资源产权共有机制、产权使用机制建立乡村旅游资

源现代产权制度。此外，还要在经营性利益分配机制之外建立必要的福利性利益分配机制，以弥补市场经济失灵下的利益分配不均问题，疏解乡村旅游经营带来的乡村价值冲突。

（二）完善乡村治理机制

对于乡村旅游发展而言，任何单一主体的驱动都存在内在的弊端，因此必须通过完善乡村治理机制有效促进多元参与的乡村发展进程。一是强化村民参与、村民共治，完善村民参与乡村发展规划、参与集体决策的民主机制，完善乡村社区善治模式。二是发挥基层党组织和村委会的先锋作用，同时充分发挥乡村党员企业家、乡村能人等先进分子的参与作用。三是特别注重引入外部智力，使之参与乡村发展决策和乡村治理。要充分借助“外脑”帮助乡村完善产业发展规划，挖掘、整理乡土特色文化资源，策划具有高级审美、高级创意、高附加值的文旅融合项目。

（三）健全乡村旅游创新创业环境

增强乡村旅游的活力，提升乡村旅游的创意，就需要激励、引入丰富多元的创新创业力量。一方面，要积极鼓励、吸引源自本土的乡村能人、党员企业家加大对乡村旅游的投资，特别是将他们在乡村以外的先进经验、先进理念同家乡情怀、乡愁记忆结合在一起，提升家乡的乡村旅游品质。另一方面，要着力吸引本村外流青壮年返乡创业，为他们提供本地发展机遇，这样既有利于破解乡村空心化问题，也有利于乡土文化的有效传承。此外，乡村还要保持一定的开放态度，吸引外部创新创业者参与乡村经营，特别要注重筛选、引入带有创意内涵的文旅小微企业和创业团队，这将十分有助于增强乡村旅游创新活力①，丰富乡村旅游的创意氛围，提升乡村旅游的文化品质。

作者简介：张新宇，天津社会科学院副研究员。

① 吴茂英，王怡，李秋成. 乡村文旅小微企业助力乡村振兴的多重效应［J］. 旅游学刊，2021（4）.

乡村文化振兴的符号化介入

蔡贞明

摘 要：文化振兴是乡村振兴这一庞大而复杂系统工程的重要组成部分。在乡村振兴过程中，要始终把营造文明乡风、良好家风、淳朴民风氛围作为乡村文化振兴的重要目标，把凸显民族元素和地域元素作为乡村文化振兴的主要内容，把视觉符号和听觉符号的呈现作为乡村文化振兴的有效手段。

关键词：乡村振兴；文化；符号

乡村振兴是庞大而复杂的系统工程，文化振兴是其中一项重要内容。文化本质上属于精神性范畴，与物质性存在既存在着某种联系，又有着质的区别，是一个相对独立自足的系统。在乡村振兴过程中，无论是经济建设、政治建设，还是社会建设、生态文明建设，都是主体能够直接参与、感知、体察到的行为和活动。文化建设与此不同。这是由精神和物质自身的本质属性决定的。

一、营造“三风”氛围

《中共中央国务院关于实施乡村振兴战略的意见》指出：“乡村振兴，乡风文明是保障。必须坚持物质文明和精神文明一起抓，提升农民精神风貌，培育文明乡风、良好家风、淳朴民风，不断提高乡村社会文明程度。”① 习近平总书记在中央农村工作会议上强调：“要加强社会主义精神文明建设，加强农村思想道德建设，弘扬和践行社会主义核心价值观，普及科学知识，推进农村移风易俗，推动形成文明乡风、良好家风、淳朴民风。”② 要推进乡村文化振兴，加

① 中国政府网［EB/OL］. 2018-02-04.

② 人民日报［N］. 2020-12-30.

强乡村文化建设，就要把营造“三风”氛围作为重要目标，让人们切实感受到厚重的文化意蕴和浓烈的文明气息。而营造“三风”氛围、振兴乡村文化、构建乡村文明绝非一朝一夕之功，需要付出极大的努力，是一个漫长而艰难的过程。

（一）文明乡风

由于文化自身具有特殊性，因而判断一个地方是否文明及文明的程度如何，是很抽象而空洞的事情。换言之，对于文明与否及其程度的评价，可量化和可操作性不高。这么说并不意味着文明和愚昧、文明程度的高低之间就没有了界限和差别。文化虽然是一种具有精神性、内在性、意识性特质的存在，但它最终要通过人们能够切实感知到的载体表现出来，所谓“内化于心，外化于行”即是此意。既然文化可以通过一定的载体加以表现，那么，它的载体是什么？或者说，用来衡量一个地方文明与否及文明程度高低的标准有哪些？依笔者之见，一是对传统礼节、礼仪的继承状况。中国是礼仪之邦，自古就对礼节、礼仪十分重视。“不学礼，无以立。”① 传统礼节、礼仪不仅重要，而且一代代传承下来。一个地方如果继承了传统礼节、礼仪，就说明其文明状况较好；反之，则较差。二是人们的言行表现。一个人内心的状态如何，外人通常不得而知。但他内心的所思、所想总要自觉或不自觉地通过其言谈举止表露出来，所谓“言为心声”“思想是行动的先导”就是如此。从一个地方人们的言谈举止可以折射出该地的文明状况：彬彬有礼的言谈举止说明文明程度较高；反之，则较低。三是环境卫生状况。环境卫生是反映地方文明状况的一面镜子。环境包括自然环境和社会环境。自然环境如果被破坏，社会环境如果很恶劣，就说明文明状况较差，反之，则较好；卫生与此类似。干净整洁之地，表明人们卫生习惯良好，其文明状况也较好；而污水横流、垃圾成堆之所，表明其文明状况较差。四是思想道德水平。思想道德虽然是用来约束人们的行为的一种非强制性规范和尺度，其作用却不可低估。一个地方的文明状况与该地的思想道德水平息息相关。如果人们具有牢固的道德意识且行为自律，那么，其文明状况较好；反之，则较差。五是规则秩序的遵守状况。规则与秩序紧密相

① 论语·孟子［M］. 北京：华夏出版社，2000.

连。遵守规则即意味着秩序井然，无视或破坏规则即暗示着乌烟瘴气、一派乱象。遵守规则秩序井然之地的文明状况较好；反之，则较差。

综上所述，在乡村振兴过程中，要实现乡风文明的目标，就应在五个方面发力：一是对传统礼节、礼仪的继承，二是良好言谈举止的培育，三是环境卫生的改善，四是思想道德水平的提升，五是规则秩序意识的树立。

（二）良好家风

家风即家庭风气。家风的营造及形成需要全体家庭成员共同努力，一家之长的言传身教、示范带动作用至关重要。判断一个家庭的家风如何，可以从两个方面来衡量。一是家庭成员关系的处理状况。如何处理家庭成员之间的关系是衡量家风是否良好的一个重要标尺。对待长辈和晚辈的态度、男女两性在家庭中的地位、夫妻的情感状况、处理邻里关系的状况、对待劳动的态度，等等，都是衡量家风好坏的重要内容。尊老爱幼、男女平等、夫妻和睦、勤俭持家、邻里团结，说明家风良好；反之，则需要努力改进。"《象》曰：家人，女正位乎内，男正位乎外。男女正，天地之大义也。家人有严君焉，父母之谓也。父父，子子，兄兄，弟弟，夫夫，妇妇，而家道正。正家而天下定矣。"① 中国自古以来就很重视家风塑造和家庭建设。"君君，臣臣，父父，子子"② 即是强调要坚守、遵循政治和家庭秩序。如果"君不君，臣不臣，父不父，子不子"③，则意味着政治失序，治国无效；家风不正，治家不力。"父子有亲，君臣有义，夫妇有别，长幼有叙，朋友有信"④则重在强调扮演不同角色者各自的责任。二是家庭成员履行义务的状况。任何家庭成员都有确定的身份。由于身份不同，他们在家里不仅享有一定的权利，而且还要承担相应的义务。权利与义务的对立统一关系使那些只想享有权利而不愿履行义务的家庭成员成为不称职的家庭成员。一个家庭如果多数成员如此或人人如此，这个家庭的家风就滑向了危险的边缘。父母辛勤工作，子女刻苦学习是家庭成员尽责的表现，说明家风不错；反之，父母无所事事，子女游手好闲，则是家庭成员失职的反映，说明家风亟需改进。

概括起来，在乡村振兴过程中，要使家风良好的目标得以实现，家庭的任何一个成员不但要处理好与其他家庭成员及邻里的关系，更重要的，是要扮演

---

① 周易·尚书·诗经［M］. 沈阳：辽宁教育出版社，1997.

②③④ 论语·孟子［M］. 北京：华夏出版社，2000.

好自身角色，将自身义务履行好。

（三）淳朴民风

虽然淳朴民风与文明乡风、良好家风同属于乡村文化振兴的重要目标，但对淳朴民风的要求更高，其也更难达到。在某种意义上，甚至可以说它不仅把文明乡风和良好家风囊括在内，而且还隐含着自觉遵纪守法，热情好客，友善、朴实等特殊内涵，可视为前二者的“升级版”。换句话说，认定一个地方具有淳朴民风，其实就意味着那个地方已不乏文明乡风和良好家风。与文明乡风类似，淳朴民风指涉的是一个较大的地理空间。如果人们对一个地方做出“民风淳朴”的评价，那就意味着这个地方的人们从心灵到语言，再到行为真诚、厚道、单纯，外人在这里不仅有实实在在的安全感，而且就像见到了久别重逢的亲人。“路不拾遗，夜不闭户”所描述的大致就是这种状况。

以前我国许多地方都可以称得上“民风淳朴”，随着形势的发展和社会的变迁，特别是打工潮的兴起和大规模的人口流动，受拜金主义、极端个人主义等思潮的不良影响，一部分人的价值观发生了异化和扭曲。于是，人心不古，世风日下，“道心惟微”被“人心惟危”取代，人与人不再相互信任、奉献爱心，而是彼此提防、人情淡薄，甚至为了一己之私而刻意算计别人，把公共财物据为己有，淳朴民风掺杂了更多的杂质乃至荡然无存。除了个别极其边远之地和少数民族聚居之地，真正民风淳朴的地方已经很少。

面对淳朴民风日渐稀薄、几近缺失的严峻形势，要推进乡村文化振兴，就必须加大淳朴民风营造和培育的力度，要在纪律、法律的遵守、待人接物、自律修为等方面狠下功夫，要向那些至今依旧民风淳朴之地看齐，把在更大范围内构筑神圣净土作为乡村文化建设的长远目标。

二、凸显两大元素

（一）民族元素

我国是统一的多民族国家，除汉族外，还有55个少数民族。“民族是人们在历史上形成的有共同语言、共同地域、共同经济生活，以及表现于共同的民族文化特点上的共同心理素质这四个基本特征的稳定的共同体。"① 按照斯大林的这一定义，不同民族除了居住地、经济、生活等方面的差异外，还存在着语言和心理素质上的差异。而语言和心理素质与文化紧密相关。文化是一个民族与另一个民族相区别的重要方面。不同民族由于语言、音乐、舞蹈、戏曲、礼仪、节庆、习俗等元素存在差异。而共同构成一个异彩纷呈的文化大花园。由于不同民族文化形态各异，因而在乡村振兴过程中，就要最大限度地凸显各个民族具有代表性和典型性的元素。人们已经熟知的民族元素要继续通过各种有效方式呈现、传播，对很少为外界所知悉的民族元素要尽力发掘。呈现、传播民族元素尤其要突出其"人无我有"之处。这不但容易引起外人关注，而且是民族文化自信的具体体现。比如侗族大歌、琵琶歌，水族双歌，苗族滚山珠，傣族孔雀舞，哈萨克族挤奶舞，彝族撮泰吉，景颇族目脑综歌节，布依族认亲习俗等都因其独特的表现力、感染力和吸引力而远近闻名。无论是音乐、舞蹈，还是礼仪、戏曲，抑或是节庆、习俗，它们都是民族文化形态不可或缺的部分。没有一个个独特的民族元素，民族的固有特征就难以显现出来。对此，不管是民族文化传承人，还是文旅、宣传部门的相关工作者，都应以凸显民族元素为己任，多渠道传承、传播民族文化，立体化发掘、展示民族文化，全方位宣传、推介民族文化。只有这样，民族文化繁荣、兴盛的局面才会充分展现。

（二）地域元素

地域是空间概念，置身于不同的空间，即使是同一民族，人们的性格、思想观念、行为习惯都会存在一定的差异。一般说来，空间距离越小，差异就越小；空间距离越大，差异就越大。在我国，燕赵文化、齐鲁文化、吴越文化、巴蜀文化等都属于涵盖较大空间距离的地域文化。其中，燕赵文化以粗犷、豪放为鲜明特征，齐鲁文化以儒家思想的发源地而释放其影响力，吴越文化以水乡处处的优美环境著称，巴蜀文化则以富庶、宁静而令人神往。从较小的空间范围看，每一个省（自治区、直辖市）、市（州）、县（市、区）也都有自己所在地的地域文化。地域元素同样会通过音乐、舞蹈、戏曲、礼仪、节庆、习

① 中国社会科学院民族研究所编．斯大林论民族问题［M］．北京：民族出版社，1990.

俗等表现出来。例如，四川民歌《太阳出来喜洋洋》、陕西民歌《信天游》、东北二人转、安徽黄梅戏，等等。这些地域元素及其代表的文化给人们留下了难忘印象。不同文化因其地域元素有别而呈现出不同特质。地域文化通常有一个内核，围绕这一内核，有大大小小的元素对其进行支撑，从而构成一个相对完整的文化形态。从这个意义上说，着力凸显地域元素不但有助于展示地域文化，而且也有利于提升地域文化的知晓率。鉴于此，在乡村文化振兴过程中，要把凸显地域元素放在更加突出的位置，要深入发掘那些具有地方特点的元素，并尽快将其展现到世人面前。换言之，就是要千方百计把此地区别于彼地的让人过目不忘的元素呈现出来，让不同地方的文化形成独立、炫目、互补的多元共生之势。

三、呈现视听符号

凡是留下人类印记的一切都可以称为“文化”，所有类型的符号都可以被视为文化的表征。罗兰·巴尔特说：“世界充满着记号，但是这些记号并非都像字母、公路标志或者军服那样简单、明了：它们是极其复杂的。”[①] 符号包括文字、图案、颜色、线条、实物、行为、声音等，它们通过人的眼睛、耳朵等感觉器官被感知。“记号就是由一个能指和一个所指组成的。能指面构成表达面，所指面则构成内容面。”[②]“记号是具有（两个侧面的）一束声音、一片视象，等等。意指作用可以被看成是一个过程，它是一种把能指和所指结成一体的行为，这个行为的结果就是记号。”[③]能指与所指结合构成符号，任何符号的外在形式背后都隐含着一定的思想内容。在乡村文化振兴过程中，应借助以下手段对不同文化形态进行呈现和传播：

（一）视觉符号

通过人的眼睛感知的符号是视觉符号。文字、图案、颜色、线条、实物、行为等属于此类。视觉符号还可以分为动态和静态两类。由于客观世界动静并存，因而以动静结合方式加以呈现就更加真实、生动、有效。人类对文化的了

①②③ ［法］罗兰·巴尔特．符号学历险［M］．李幼蒸，译．北京：中国人民大学出版社，2008.

解和把握就是对眼前的各种符号感知的结果。如前所述，文化的精神性、内在性、意识性特质决定了人类感知的非直接性和思维活动的参与，这与非文化存在的感知有较大差别。人们对日月星辰、山川草木、虫鱼鸟兽等自然事物的感知具有直观性特点。换言之，停留在认识对象"是什么"的层面即可；而对代表人类活动的符号，仅仅停留在直观的感知阶段还不够，只有从"所见之象"进入"隐含之义"，亦即从能指进入所指，感觉和认知的任务才算完成。基于此，在乡村文化振兴过程中，无论是呈现民族元素、地域元素，还是其他元素，都要对呈现对象进行综合判断，如究竟用什么符号才比较适合，是一种符号还是多种符号，是静态呈现还是动态呈现，不能千篇一律，一概而论。针对我国农村地域宽广、村民文化程度偏低这一现状，就不能单独使用抽象而难于理解的文字，而应根据情况适当使用图案等辅助性符号。比如，在村口路旁，以文字配图案的方式标明"富强、民主、文明、和谐、自由、平等、公正、法治、爱国、敬业、诚信、友善""社会公德、职业道德、家庭美德、个人品德""崇尚科学，反对迷信"等内容。时间一长，村民的思想道德水平和科学意识就会慢慢上一个台阶。如果当地有历史文化名人或革命先烈，可考虑用实物符号作为呈现手段，为名人或先烈塑像，并作文字介绍。如果是少数民族聚居地，则应在民族服饰上通过颜色、图案等符号突出展示其特征，让外人在无须讲解的情况下就对该民族有一个直观而强烈的印象。如果涉及舞蹈、礼仪、习俗之类，则应在行为符号上多下功夫，因为此类元素大多需要通过动态形式呈现，且往往表现为一系列动作的组合，呈现的难度较大，不仅要体现出多样性、复杂性，而且还要体现出变动性。

（二）听觉符号

人通过耳朵感知的符号是听觉符号。由于文化元素不同，需要借助的感觉器官也不同。语音需要通过耳朵才能被感知，因而在文化呈现方面，凡属语音之类的文化元素，都要借助听觉符号才能传达。听觉符号与视觉符号最大的区别在于：视觉符号可以共时，即可以同时感知到一种或多种符号；而听觉符号具有历时性特征，即只能在语音的推进过程中感知背后的内涵。语音的运行过程需要耗费时间，运行的过程就是时间向前流逝的过程。在此情况下，任何对听觉符号的考察都离不开时间维度。对听觉符号进行呈现需要把握以下几点：

一是要给符号呈现提供足够的时间。因为没有时间就无法展示。二是在呈现过程中要体现出变化。因为如果缺少变化感知主体，就会感到单调而枯燥，长时间的单调和枯燥容易使主体厌倦或疲劳。出现这种情况，呈现的效果就会大打折扣。要解决这一问题，就必须在语音符号呈现的过程中处理好轻和重、高和低、快和慢的关系。音乐表演和讲述故事都是如此。无论是艺术熏陶还是宣传教育，无论是用唱片还是用磁带来呈现、传播，都应注意控制播放时段、播放时长、播放音量、播放内容等。一句话，听觉符号的呈现不能干扰他人正常的工作、学习和休息。时间不宜过长，音量不宜过高，内容必须积极、健康、向上。

需要说明的是，视觉符号和听觉符号不是截然分开的互不关联的两类符号。随着科技的进步和人类感知世界要求的提高，使用单纯的视觉符号或单纯的听觉符号已经越来越不能满足感知主体的需求。电影、电视的普及和光盘、视频的问世已经为打通视觉和听觉符号之间的通道提供了佐证。在不久的将来，视觉和听觉符号的融合会逐渐加深，只是这种融合需要具备一定的条件，也需要经历一个过程。

作者简介：蔡贞明，贵州省社会科学院文化研究所副研究员。

乡贤文化与乡村振兴

郭勤华

摘　要：居官为民，居乡利民，建功立业，荣光乡梓，是谓“乡贤”。中国传统文化把立德、立功、立言称为“三不朽”，既包括处庙堂之上的功臣栋梁，也包括眼光向下的贤达之人。对于乡贤的推崇、选择、认定，无论是历史上的先贤，还是当世的乡贤，标准基本相同，其立德、立功、立言值得推崇和敬仰。乡村伦理道德、民风民俗等的重要承载者是村落，乡村振兴的主要内容就是反映乡村社会生活各个方面的伦理道德、社会秩序、民风民俗等，因此，乡村振兴是加强村落文化建设的目的和手段。重塑乡村社会道德规范是村落文化建设的主要内容，是实现乡村文化自信的重要途径和乡村振兴的基本要求。

关键词：乡贤；乡贤文化；乡村振兴

一、乡贤与乡贤文化

中国乡贤最早起源于汉代末期。“汉武帝与董仲舒携手，确立起‘霸王杂道之’的制度框架和思想格局，于是国家和社会实现了各有分际的良性互动，表现为立五经博士、察举选官，以及标榜以孝治天下，等等。”① 传统文化背景下，地方乡贤开始介入社会基层的各项公益性服务或者管理工作，他们或“命配县社”，或“营立祠宇”，经历了中国历史的汉唐盛世，对社会基层的贡献可谓大矣。宋、元、明、清时期，由于不断完善整合的社会礼仪集中到文庙，乡贤的文化影响力逐渐提高，从民间上升到社稷，甚至影响到国家政治、文化层

① 袁灿兴．中国乡贤·序［M］．北京：新星出版社，2015.

面。通常，在我国古代，生前因德行显著而受到当地民众的推崇拥护，死后被后人立碑缅怀，这样的人就是古代乡贤。“乡先生没则祭之于社，皆乡贤也。”①祭祀乡贤最早可追溯到东汉末年，“孔融为北海相，郡人甄士然、临孝存知名早卒，融恨不及之，乃命配食县社。”② 孔融首创了在宗教文化祭祀中把乡贤列入其中，由此便有了历代祭祀乡贤的风俗。

中国传统文化把立德、立功、立言称为“三不朽”，既包括处庙堂之上的功臣栋梁，也包括眼光向下的贤达之人。缘此，居官为民，居乡利民，建功立业，荣光乡梓，是谓“乡贤”。乡贤的传承由先贤祭祀演变而来，先贤祠就是历代民间推崇、祭祀乡贤的地方，这种祭祀方式有两种情况：一种是名宦。这种官员往往就任于一方，其贤德受老百姓拥戴，即仕于其地而惠泽于民者谓之“名宦”，正所谓“为官一任，造福一方”的官员。另一种是本地品德高尚的读书人。品德、学业被世人推崇的人，即生于其地而德业、学业著于世者谓之“乡贤”，就是有文化且品德高尚的人。宋元时期，乡贤和地方名宦都称“先贤”。明朝朱元璋重视对社会有影响力的乡贤进行祭拜，强调对民众进行礼乐教化，是完善各种祀典活动的主要内容之一。从此，在庙堂祭祀乡贤和名宦成为一种制度被确定下来，延续至今。

人们为了纪念儒学的创始人孔子而修造了祭拜孔子的孔庙，这些孔庙因为传承的是儒家思想，因此孔庙和学校教育结合起来形成庙学或书院。庙学时期，校园教学与祭祀活动都在庙宇内完成。明代之后，祭祀从校园走向民间，庙学祭祀活动范围扩大，乡贤祠、名宦祠、启圣祠等祭祀乡贤的场所相继产生。清代承袭旧制，民国时期，乡贤的社会功能得到很大的提升，他们在某些领域成为地方经济、文化的代言人，乡贤祭祀活动传承的地域文化历久不衰。

由此可见，“乡”表示一个区域；“贤”表示贤明，即有德行成就。乡贤就是对地方有重大贡献、有垂范意义的社会贤达，是人们学习的榜样。乡贤文化是村落文化的重要内容和体现。明代乡贤和名宦各有其祠，各有祭祀的渠道。明代嘉靖十三年（1534 年）官方将其界定为：“生于其地，而有德业学行著于世者，谓之乡贤。”蒋冕则称：“生于其乡，而众人共称其贤者，是为乡贤。”但现实生活中，乡贤已远远超出了地域界限。

① 汪森．粤西文载［M］．北京：商务印书馆四库文渊阁影印本，1990：341．

② ［宋］范晔．后汉书［M］．［唐］李贤，等注．北京：中华书局，1987：2263．

从传承的时间顺序看，前代乡贤都进入当地先贤祠，成为老百姓心目中的乡贤。进入乡贤祠的人物不受时间限制，既有历代传承的贤达，也有当世的贤能、俊杰。对于乡贤的推崇、选择、认定，无论是历史上的先贤，还是当世的乡贤，标准基本相同，立德、立功、立言相互联系，不可分割。如果要造福一方，必须三个方面都具备，必须有让老百姓看得见、摸得着的事实，同时要让老百姓认可其行为值得推崇、敬仰。

名宦列入乡贤，要秉持为民情怀，为民请命（立功），要勇于担当，不畏强敌，为官清廉，慎独、慎行，还要文采过人，传世后代。贤达进入乡贤，在地域内德行成就非凡，躬耕乡里，敬老爱幼，孝行感人，修桥补路，赈济行善，文章传世，教化乡里，传承文化。可见，无论是名宦还是乡贤，都要秉持大公无私，兼济众生，善言、善行，得到乡人认可，思想、教化能够传于后世，在当地产生一种"见贤思齐"的精神引领作用。

"乡贤"的概念与内涵随着时间的推移不断发生变化，每个时代都有乡贤，彰显不同时代的功德言行。乡贤在中国传统社会里渗透到社会和乡村事务的各个领域，是引领社会进步的精神向导。作为传统社会的杰出人才，乡贤治理社会的品行卓越，以奉献社会为己任，在乡村社会治理的各个领域发挥着作用，用自己的品德、行为感染周边的人，维持社会基层乡村的和谐秩序。乡贤身上承载着传统社会忠孝、仁义、自强、勤奋、爱国等诸多文化元素，承载着社会发展、进步的积极的深层的元素。正是从这个意义上讲，在实现中华民族伟大复兴中国梦的历程上，乡贤的作用更具有现实意义和历史意义。中国特色社会主义新时代需要"新乡贤"投身到建设美丽家乡的潮流中，用他们的善言、善行带动、引领乡里。所以，传承、弘扬乡贤文化是新时代对传统文化的创新，乡贤的嘉言懿行可垂范乡里，能育化乡风文明。同时，乡贤拥有广泛的社会资源，调动社会资源服务有益于当代美丽乡村建设，在实施乡村振兴战略中作用更加明显。

乡贤文化是乡贤的善言、善行和社会作为传承发展形成的一种文化现象。乡贤文化包括古代乡贤们热爱乡土，关心乡民、维系乡里、品行端正、以德服人的优良传统和文化精神，还有他们留下的文物、故居，佳作、文献和做人、做事的故事，也包括现代乡贤继承、践行、创新传统乡贤精神的丰富内容。在近两千年的历史时空中，乡贤文化在我国传统文化发展过程中形成村落文化的独特领域，依附于村落文化得以传承。时至今日，在文化传承和保存较好的乡村，乡贤仍然在社会经济、文化发展中发挥着重要作用。现代文明的强劲活力不仅没有影响流传千年的乡贤文化的传承和弘扬，相反，乡贤精神得到了更大范围的推广，乡贤文化依然强烈渗透在村落文化的各个领域，渗透到村落空间的各个缝隙，包括家庭，在乡风文明建设中独具魅力。

乡贤与乡贤文化是一对历史概念，也是一对文化概念。不同历史时期乡贤在维持乡村社会治理及其文化传播中发挥着重要作用。明清以来，宁夏地方志记载了许多人们视野中的“乡贤”。村落场所背景下，乡贤文化是儒家文化在乡村社会的代表和传播者，乡贤在某种意义上讲传递的是乡村基层社会的无私奉献精神，体现着一种服务于社会和民众的价值向度，如民间认为合适的行为规范、发展村社教育、赈济乡邻、改善乡村基础设施，等等。在实现中华民族伟大复兴的中国梦的新时代，“看得见山，望得见水，留得住乡愁”的家国情怀融注在乡贤的文化视野里，给予乡贤文化新的生命力，乡贤文化成为推进乡村振兴战略逐步贯彻落实的新生力量，“新乡贤”必将成为基层干部、有为人士跟进的方向，生于乡村，离乡谋事，热爱家乡，反哺乡里。“在朝美政，在乡美俗”赋予乡贤新的思想境界和新的历史使命，那就是弘扬、传承优秀传统文化。

新乡贤在乡村振兴中将发挥重要作用。本文的论述正是基于村落场所背景下人文关系中乡贤文化的现实走向，以体现其传承性和时代意义，为新时代宁夏村落文化保护和传承培育新生文化力量，使宁夏乡村振兴融入全新的文化内涵，为其增添新的动能，使其具有文化传承等多个层面的社会价值。

二、乡贤文化与乡愁

乡愁是一定区域内的人们根据个人思想、共同文化和社会实践积极地、持续地构建起的对家乡故里的感怀和希冀。“留住乡愁记忆是延续历史文脉的基础。文化是历史的反映，历史是文化的积淀”“在中华民族走进新时代和纪念改革开放40周年的今天，留住乡愁，延续中华文化历史文脉，至关重要”“随着农村城市化进程的加快，乡村文化面临着发掘和延续的考验。党的十八大以来，中央提出要走中国特色的新型城镇化道路，让居民望得见山、看得见水、记得住乡愁。党的十九大提出产业兴旺、生态宜居、乡风文明、治理有效、生活富裕的乡村振兴战略总要求，把城乡融合发展纳入农业、农村工作中，对推进村落文化保护、发展具有积极意义。强劲的政策、措施加剧了乡愁文化构建，乡村社会价值观、理想、信念、文化信息等都在发生着剧烈的变化。如何留住乡愁，延续村落文化、历史的根脉，古代乡贤的德行和善举、现代新乡贤的无私奉献和善行引导至关重要。乡贤是乡风文明的引领者，乡贤文化是地域文化的精神标识，是乡愁文化的重要内容。

乡贤文化能强化乡愁的文化认同感。乡贤文化在新时代的自觉意味着对村落文化人文精神的高度肯定，是激发乡土情怀、维系集体文化认同感进一步加强的表现。在传统社会，一个村落就是一个社会，其文化生态系统体现着村落区域文化的差别。乡贤们留下的文物、文献、传说是建构村落社会体系的重要内容，也是村落文化的历史记忆。当社会发展到宗族关系解体的文明时代，地域性历史记忆便是维系集体文化认同的关键。乡村社会力量之所以能够对抗汹涌而至的城市化文化的浪潮，与人们对故乡的眷恋基于历史记忆而生成的集体文化认同有很大的关系。当下在推进乡村振兴进程中，需要强化人们的乡愁。

乡贤文化能够保护乡愁绵延不绝。对乡村的意义和价值来说，乡愁是其中重要的环节。大多数情况下，乡村的凋零也会使乡愁随之消失。而要让乡愁永驻，必须借力乡贤文化长期以来在乡村社会的积淀来塑造当代乡村社会文化建设主体，培育乡风文明建设队伍，形成乡村振兴的内生力量。充分利用乡贤在传统社会中社会功能多元的特点培养、培育乡村社会管理者，乡风、礼俗的实践者，乡土文化的传承者和宣传者。这些内生力量不是外来的"启蒙者"和"布道者"，而是土生土长，熟悉本地生产、生活，身体力行的"开拓者"。乡贤们身上体现的乡贤文化根植于中华传统文化，有很强的扩张力和渗透力。在中国农村精英大量涌向城市、乡村空心化、农村文化生活单一等背景下，乡贤文化对社会稳定、文明传承起到了重要作用。乡贤的感召力、乡贤文化的影响力无疑能够带动乡风向好、民风向上，更有示范、引领作用，也无疑是保护乡村文化，使乡愁绵延不绝的重要力量。

三、传承与再造"新乡贤"

村落是实现德育教化的场所，是"躺"在大地上的传统文化集成。乡贤与乡贤文化是村落中德育教化的引领者，也是村落群体的传道、授业、解惑者，村落文化的重要组成部分。“乡土社会秩序的维持，有很多方面和现代社会秩序的维持是不同的”①，村落历史记忆是维系文化认同的社会根基。在传统乡贤文化的土壤中生长的新乡贤和新乡贤文化体现着传承和创新。伴随着社会历史发展的步伐，乡贤主体发生了根本的变化，传统社会的乡绅阶层退出了历史舞台，新乡贤在大浪淘沙中诞生，返乡青年、大学生、地方文教工作者、学者、企业家、离退休人员等形成了现代社会新的乡贤群体，现代高科技发展让他们有更为便捷的路径和方式服务社会。相对于现代乡贤的服务能力及其作用的发挥，传统乡贤远远不及。因此，在协同推进城镇化建设和乡村振兴中，现代乡贤更能以自己的行动回报桑梓，服务家乡。

党中央明确提出，要传承乡风文明，就必须创新乡贤文化，以乡情、乡愁为纽带吸引、凝聚各方人士支持家乡建设。2018 年习近平总书记强调：“要推动乡村文化振兴，培育文明乡风、良好家风、淳朴民风，改善农民精神风貌，提高乡村社会文明程度，焕发乡村文明新气象。”把新乡贤文化的社会作用与美丽乡村建设结合起来，使新乡贤文化在乡村振兴战略实施中成为推动地方经济发展、引领传承优秀传统文化、增强文化自信的重要力量。在乡风文明建设中，发挥乡贤文化的引领，组建各种乡贤团队，焕发乡文明新气象等的价值显而易见。

传承乡贤文化，必须研究古乡贤。地方志中关于乡贤和乡贤文化的记载体现的是对古乡贤嘉言懿行的传承，一定程度上影响着世人，使人们在习德中受到精神熏陶，认识并了解乡贤的社会作用。再造新乡贤是现代乡土文化自觉的需要，是乡村振兴的需要。重塑乡村人文精神整体风貌，乡贤文化的自觉很重要，它有助于凝聚乡村文化建设的内生力量。乡贤文化的历史重归是当代乡村自治、乡村振兴的需要。近年来，“乡贤”回报社会、回报故乡的感人事例不断涌现，主要体现在各类公益事业、筹措资金、发展地方经济和文化、兴办企业以解决劳务输出等方面。不少活动都与新农村建设相伴相随，诸如图书和电脑捐赠、校舍装修、孤儿院资助等。更有教育意义的是，有的地方为加强爱国教育，增强爱乡情感，搭建乡贤与孩子们联系的桥梁，建立“乡贤馆”，不但展

① 费孝通．乡土中国［M］．北京：人民出版社，2008.

示当地历代乡贤的照片和资料，而且浓缩中国近代史上著名爱国民主人士的生平和简介资料，让孩子们对国家、对家乡有更直观、更深刻的了解和认识。有的地方的中学还建立了“乡贤厅”，不但以专题画像和资料介绍乡贤人物和事迹，而且将地方历史文化名人“惠政”的事迹编成教材。乡贤精神进入了课堂，乡贤精神成了一种文化，知乡贤、颂乡贤、学乡贤成为文化和思想道德建设的组成部分。乡贤教育在多个层面上起着作用，尤其在经济、社会、文化发展方面。宁夏在推进新乡贤文化建设的过程中，上述做法值得借鉴、尝试。

和谐社会需要和谐文化。古代乡贤在为地方社会发展和文化建设“惠政”的同时，使和谐社会的功能融注其中。当代意义上的“乡贤”在为社会、为地方、为家乡做出贡献的同时，同样发挥着社会和谐的重要作用，使乡村振兴战略相通、相融。从文化意义上说，文明乡风的建设，必须继承、发扬一切优秀的文化，这自然就包括古代优秀的乡贤文化。当代意义上的“乡贤”必然汲取地域文化精华，结合时代精神加以继承和发展，真正做到古为今用。和谐社会“既是充满着活力的社会，也是团结、和睦的社会。”① 这就要弘扬和谐精神，尊重知识、尊重人才、尊重劳动、尊重创造。在这个前提下，才能在乡村振兴过程中形成万众一心、共创伟业时代新局面，形成“我为人人，人人为我”的社会氛围。新乡贤的作为将与乡村振兴战略、精准扶贫策略等的推进融为一体。

无论是传承古乡贤文化，还是培育新乡贤文化，传承和培育的目的相同，文化根脉一致。乡村振兴中基层社会主义核心价值观的培养、和谐社会的建构、民族精神的传承等都需要乡贤文化。传承、弘扬古乡贤文化，有助于广大乡村社会继承、发扬乡村社会治理中的礼治秩序，移风易俗，建立新时代的村落文化信仰。培育新乡贤文化就需要新乡贤有新时代社会主义核心价值观，关注农业，关心农村，关爱农民并致力于扎根乡村，通过其嘉言懿行垂范乡里，在城镇化建设和乡村振兴协同发展中发挥更加重要的作用，这是培育新乡贤文化的根本所在。

首先，新乡贤文化的培育，目的是使新乡贤具备良好的道德品质，受当地乡村社会的肯定和推崇。在育化乡村广大人民群众中帮助广大村民形成正确的金钱

① 中共中央关于构建社会主义和谐社会若干重大问题的决议［EB/OL］. 新华网，2006-10-26.

观、利益观，坚持人民利益至上。新乡贤是直接为农村和农民服务的群体，谁有资格成为新乡贤，老百姓最有发言权。新乡贤必须真正服务群众，被群众认可、爱戴。其次，新乡贤文化的培育，必须建立一支强大的乡贤团队。这支团队必须树立全心全意为乡村服务的思想，真正融入百姓之中，成为百姓眼中的“自己人”。还要厘清新乡贤的不同路径，对城市返乡人员如乡村教师、医生等进行分类推进，使他们有坚定的服务家乡的信心，向新乡贤团队靠近。再次，铺平新乡贤成长的道路。对于立志于乡村建设发展的外地人员，基层组织要尽可能地为他们的工作、生活提供便利，使他们排除一切干扰，为乡村建设、发展贡献应有力量。运用好各类媒体进行宣传报道，不断增强社会影响力，形成推崇新乡贤、学习新乡贤，进而成为新乡贤的良好氛围。法规政策给予支持也是不可缺少的重要因素。因此，乡贤是一个多元群体，乡贤文化需要一个群体来影响民众。

新乡贤正是当代乡村优秀传统文化传承的代言人和守护者，也是乡村社会主义核心价值观的倡导者和践行者。在推进乡村振兴的进程中，他们道德品质高尚，工作能力突出，劳动技能和文化程度较高，是带领群众致富奔小康的带头人，是乡村振兴的动力源泉。发挥新乡贤实践创新能力，不仅与社会主义核心价值观的基本要求一致，也是乡村文明的基石和精神坐标。

四、乡贤与乡村振兴

影响人、感召人、激励人的精神力量是文化。乡贤文化在凝聚人心、教化群众、淳化民风方面发挥着重要作用，乡村振兴离不开乡贤文化。然而，农村精神文化生活匮乏，乡村振兴的文化短板日渐凸显。如何加强农村思想道德建设，引领广大民众树立以社会主义核心价值观，传承优秀的传统农耕文化蕴含的思想观念、人文精神、道德规范是实现乡村振兴的巨大挑战。乡贤文化在乡村振兴中扮演的角色至关重要，既要传承文脉，留住乡愁，又要用行动影响乡邻。

重塑乡村社会道德规范是村落文化兴盛的基础，也是乡村振兴的基本要求之一。乡村伦理道德、民风民俗等的重要承载者是村落，乡村振兴的主要内容就是反映乡村社会生活各个方面的伦理道德、社会秩序、民风民俗等，因此，乡村振兴是加强村落文化建设的目的和手段。当前村落文化中存在乡村仪礼缺场、民风民情衰落等文化建设短板，村落文化建设普遍存在各种形式的体育、娱乐活动，而法治、习俗等道德建设的内容很少甚至没有，重视并引导中国乡村社会思想道德建设是村落文化建设的主要内容，是实现乡村文化自信的重要途径和乡村振兴的基本要求。

乡村振兴涵盖的内容涉及诸多领域，包括社会、政治、经济、文化、环保等方方面面。乡村振兴在创造丰富的物质、文化需求的同时，更要通过各种途径满足广大人民群众的精神、文化需求，这就要求发展乡村文化，进行乡村文明建设，传播并推广乡贤文化，保护、传承优秀的历史文化。让新乡贤文化成为乡村振兴的重要力量，鼓励在外务工的农民工返乡创业，吸引各行各业人士选择乡居生活，发挥新乡贤文化作用，是村落文化得以传承的活性元素。

村落文化以农耕文明耕读传家、守望相助、敬畏自然等人文思想为主要内容，体现的正是教化泽备乡里，团结、凝聚人心的乡贤文化。乡贤文化是引领村落道德风尚、传承村落文化的纽带，能让人记住乡愁，维系乡情。乡村振兴的短板是乡村能人流失，基层社会治理的内生动力不足。重构乡贤文化，改善乡村治理，乡愁是支撑地域文化的另一种表现形式，它不仅表现为对某时、某地、某人的怀念，还包括对文化地理的眷恋、对历史传承的牵挂。改革开放40年，宁夏乡村社会变化很大，广大乡村正在实施的乡村振兴与地域传统文化、潜在的乡贤文化有着密切的关系，这是创新乡贤文化的深厚基础，通过乡贤文化联系故土、维系乡情，引领道德风尚，传承乡村文明。

乡村振兴需要新乡贤参与。新乡贤文化中的“尚贤敬德，造福桑梓”表现的一方面是对传统乡村社会人格品德的传承，另一方面是传统文化融注当代社会核心价值观，提升村落人文道德表现。在乡村振兴背景下，新乡贤们的经验、技能、文化修养和道德素养会渗透到村落空间的各个领域，他们是乡村振兴引领、践行的代表。

村落文化建设需要重构乡贤文化。中国社会不仅是乡土社会，“从基层看去，中国社会是乡土性的”①，还是人群熟悉，人与人相互信任的关系网络，“这种熟悉的、信任的社会关系，让充满智慧的中国古代统治者选择了乡村自治的基层治理模式，并让乡村自治传统在中国延续数千年。”② 从而使乡贤文化得以传承、发展数千年，这也是村落文化建设的价值和意义所在。乡村社会治

① 费孝通．乡土中国［M］．北京：人民出版社，2008.

② 李建兴．乡村变革与乡贤治理的回归［J］．浙江社会科学，2015（7）.

理需要乡贤文化与村落空间的重新对接、互动，让“乡土中国”的文化基因得到激发，热爱家乡、造福桑梓、喜好公益在熟悉的村落民间广大天地得以发挥，是村落社会、经济发展的需要，也契合当下乡村振兴需要乡贤文化引领、带动的国情。

建立新乡贤团队，聚拢村落人脉是乡村振兴的途径之一。“深入挖掘农耕文化蕴含的优秀思想观念、人文精神、道德规范，充分发挥其在凝聚人心、教化群众、淳化民风中的重要作用。”① 从村落走出去的各类人群，包括退休干部、工作人员、务工队伍及待在城里跟随子女的老人，都是村落人文资源。记住乡愁，回归乡里是他们的夙愿，也是乡村振兴引贤回乡的需要。“乡愁牵动乡贤，乡贤回乡则能在基层治理中发挥作用。有学者认为，当前中国需催生新的乡绅阶层，这对传统乡村文化的重构、乡村社会的稳固作用巨大。”② 乡贤治理体现着乡贤文化回归，整合村落内外经济、政治、文化等各种社会资源，聚拢乡村社会人脉的主要力量，推动乡贤治理回归，利用广泛的资源，依托在外谋生、发展的各类人群较高的个人威望和人格魅力，强化村落内部各类资源优势，凝聚村民的共识，形成治理主体合力。

发挥乡村民主管理作用，形成村落文化发展的良性管理机制。实行“民主选举、民主决策、民主管理、民主监督”，摒弃乡土社会各种陈规陋习，移风易俗，使乡贤回归与乡村文化建设协同推进，以乡贤们的视野、渠道和人脉，让乡土社会在乡村振兴中充满生机和活力，在村落文化传承和创新中发挥更大的作用。当下政府组织推动大学生村干部乡村治理模式，是基层社会治理的创新性路径，能够让返乡大学生有一个在基层社会锻炼的机会和平台。这里为他们提供的是一个全新的不同于学校、城市等处的全新的空间和平台，不仅为他们提供了一个历练自己，提升村落人群主体文明和基层经济、社会、文化生态、发展的全新平台，更为他们创造了一个发挥社会功能——“文化反哺”的平台，对改变村落人群思想观念、建设乡风文明，治理乡村社会都具有十分重要的现实意义。

实施乡村振兴战略，须破解人才瓶颈制约，使智慧、技术、管理下乡通道更加畅道，造就更多的乡土人才（乡贤）。“职业农民”是当下对村落空间主

---

① 中共中央国务院关于实施乡村振兴战略的意见［EB/OL］. 新华网，2018-02-04.

② 刘伟，严红枫，等. 浙江“乡贤文化”与乡村治理的采访和思考［N］. 光明日报，2014-07-02.

体人群的全新阐释，体现着在新技术条件下对农民肩负的责任和使命的新要求，不仅从概念上解决了农民开发“谁种地”和“怎么种”的问题，而且提出了夯实农业发展基础，实现固本安民的重要任务是培育新型农民，“要就地培养更多爱农业、懂技术、善经营的新型职业农民”①。因此，发挥新乡贤的带头示范作用，发掘农业潜力，激发乡村活力，为新乡贤施展才华提供了的新的更为广阔的天地。乡村振兴，新乡贤大有作为。

乡村振兴是实现中国乡土社会法治和德治的前提。美丽乡村体现着法治与德治的紧密结合，是中国乡村社会和谐发展的根本。村落空间是美丽乡村的天然空间，也是千百年来乡贤文化引导、规劝和教育得以续存的广阔天地。村落中明辨是非、善恶的行为规范、内化人心的基本道德准则、彰显村落社会文明的重要标志就是乡贤文化作用的发挥。乡村振兴战略内容丰富，包括乡村社会经济、社会、生态文明，以及治理体系创新和振兴，乡村振兴的关键和重点是在产业兴旺的基础形成乡村社会健全的自治、法治、德治体系，使村落文化的基础和规范管理更加厚重，加快美丽乡村社会文明进步的步伐。

在乡村振兴背景下，乡村治理中道德力量的运用通过乡贤引领和广大人民群众的广泛参与，以切实改善村民的生产、生活条件为目的，实现经济发展和道德文化建设协同推进。乡贤文化在中国乡村治理中的作用在一定程度上体现着当代村落文化的复苏。“这是中国历史的一种延续。”②新乡贤文化在乡村治理过程中的示范和引领作用体现的正是中国历史的延续，社会主义核心价值观扎根乡村，“繁荣、兴盛农村文化，焕发乡风文明新气象”③ 的时代选择。

作者简介：郭勤华，宁夏社会科学院副编审。

①② 陈松友，蔡冬婷．培育新型职业农民，为乡村振兴增添新动能［N］．光明日报，2018-06-07.

③ 中共中央国务院关于实施乡村振兴战略的意见［EB/OL］．新华网，2018-02-04.

宁夏乡村人才振兴问题研究

宋春玲

摘　要： 习近平总书记强调，要深刻认识实施乡村振兴战略的重要性和必要性，发挥好本土人才的作用。实现乡村振兴的关键性因素就是人才，积极培养本土人才，鼓励外出能人返乡创业，鼓励大学生村干部扎根基层，为乡村振兴提供人才保障。本文通过对宁夏乡村人才发展现状的总结，分析了宁夏乡村人才流失的原因，并对鼓励人才投身乡村建设提出了一系列的建议。

关键词： 宁夏；鼓励人才；投身乡村

党的十九大报告指出，实施乡村振兴战略，要坚持农业、农村优先发展。2020 年 12 月 7 日中国共产党宁夏回族自治区第十二届委员会第十二次全体会议通过了《关于制定国民经济和社会发展第十四个五年规划和二〇三五年远景目标的建议》，其中第九条规定：坚持农业、农村优先发展，全面推进乡村振兴。推动乡村人才振兴，发挥“两个带头人”作用，实施高素质农民培育工程和农村劳动力就业能力提升行动，鼓励各类人才返乡、入乡创业、兴业。

一、人才在乡村建设过程中的重要性

习近平总书记强调，要深刻认识实施乡村振兴战略的重要性和必要性，发挥好本土人才的作用。宁夏第十二次党代会提出，将创新作为驱动发展的新引擎。创新驱动本质上是人才驱动，以人才创新为第一资源。实现乡村振兴的关键性因素就是人才，尤其是本土人才，积极培养本土人才，用良好的环境、真挚的情感让外出打工的比较成功的人返乡创业，让大学生村干部热爱农村、扎根基层，保障乡村振兴最基本的人才基础。必须把人才队伍建设放在优先位置，作为战略工程，实行更加积极、开放、有效的人才政策，真正会集一批创新人才、创新团队。

乡村发展的硬实力、软实力，归根到底要靠人才实力，乡村振兴更离不开人才的强力作用。只有把人才引进来并且留下来，让人才真正地扎根农村、热爱农村，才能实现乡村的全面振兴。在农村，人才代表着先进的生产力，是创新的动力源，是先进文化的引领者，是促进农村发展、变革的主导因素，是带领群众发家致富的骨干力量。我们必须充分认识农村人才在农村经济、社会发展中的重要性，切实把农村人才队伍建设摆在重要位置来抓。

二、宁夏乡村建设过程中的人才发展情况

（一）宁夏乡村人才发展现状

宁夏为推进返乡创业、就业行动，年度新增建设用地计划指标优先保障县以下返乡创业用地，支持建设一批农民工返乡创业园、农村创新创业和返乡创业孵化实训基地。完善农村电商公共服务体系，建设一批县级农村电商服务中心、物流配送中心和乡镇运输服站，增加电商就业人数。还将返乡创业农民工首次创业纳入自治区创业补贴范围并给予补贴。

在支持灵活就业和新业态就业方面，支持劳动者依托平台就业，优化平台企业管理服务。落实自治区职业技能提升行动实施方案（2019—2021 年）、“百城万村”家政扶贫培训计划和工会技能培训促进就业行动，加大失业人员、农民工、退役军人、家政企业职业经理人及服务人员的培养、培训力度。支持职业院校（含技工院校）积极承担相应的培训任务。

开展产教融合型企业建设培训试点，加强公共实训基地和产教融合实训基地建设。支持各类企业和职业院校（含技工院校）合作建设职工培训中心、企业大学和继续教育基地，鼓励设备设施、教学师资、课程教材等培训资源共建和共享。

（二）宁夏乡村人才建设发展的不足之处

1. 基础设施不完善导致吸引人才力度不够

第一，乡村道路设计起点低，不能适应目前生产、生活发展的需要。第二，水利、电力、网络、居住环境情况较差。第三，对生活垃圾、生活污水未做到无害化集中处理，随意倾倒、堆放，不仅破坏了水源，对农作物造成污染，而且滋生饿殍蝇虫，极易传播传染病，给周围民众的健康带来极大的隐患。第四，部分乡村动力用电没有实现进村全覆盖，电信互联网信号不稳定，亟须增容和扩量。这些基础设施不完善问题导致吸引人才力度不够。

2. 产业结构不够优化导致吸引人才类型不广

第一，农业产业机械化、人工智能程度低，人畜种植，未实现无人机飞播观测、施肥、播种，未形成集生产、销售、餐饮和服务为一体的产业链条。第二，没有实现绿色环保种植，普遍使用化肥，减损了土地的肥力，含有危害人体的化学元素，有机肥、人畜粪肥推广使用不广泛。第三，花卉、油葵、枸杞、温棚蔬菜等高附加值经济作物未形成生产规模，互补性不强，未培育起适合本地发展条件的经济作物类型和品牌。第四，伴随着前几年城市化进程的加快，人口迅速向城市集聚，农村“空心化”严重。没有足够长的产业链，产业结构不优化，就没法吸引更多类型的人才。

3. 乡风不够优化阻碍培育更多的人才

第一，受传统思想的影响较大，多子多福的思想、重男轻女的思想影响了一代又一代的人，直接导致出生率高、人口增长过快、家庭经济条件差、教育水平低下等问题。第二，乡村的陈规陋习仍比较常见，比如在婚丧嫁娶的操办过程中，攀比、浪费、招摇等陋习随处可见。第三，农村人思想都比较固执，他们受传统礼教思想影响比较严重，只专注于农事活动，不能形成积极、健康的生活方式。文明的乡风是培育人才的基础，政府可以组织农村中发展较好的家庭到省外一些乡村振兴做得比较好的农村去参观，使他们受到更直接、更积极的影响，让他们回来后起到模范带头作用。

三、宁夏乡村人才建设的中的主要问题

（一）人才由农村向城市单向流动

第一，农业生产效率的提高使乡村人才外流。当前很多农村地区在大力发展现代农业的同时，更多的农业剩余劳动力被置换出来。由于农业产业结构单一，农村第二、第三产业不够发达，无法吸纳这些剩余劳动力，这部分人自然而然地向城市移动。第二，城乡发展不平衡加剧乡村人才外流。随着城市社会飞速发展，大量劳动力涌入城市，高水平的工资、高质量的生活、完备的基础设施和公共服务对农村劳动力尤其是青年人来说有着极强的吸引力。第三，乡村产业不足导致乡村人才外流。重视产业发展，提高产品和产业技术水平，改进工艺，研发新产品，不断挖掘、创新发展新特色……每一样都是以人才为核心的发展结果，每一样都是为人才搭建的施展舞台，只有大力发展农村特色才能稳步推进乡村振兴。

（二）缺乏爱农业、懂技术、善经营的新型职业农民

2015 年 7 月，习近平总书记在吉林调研时指出："任何时候都不能忽视农业，不能忘记农民，不能淡漠农村。""工欲善其事，必先利其器。"农业的出路是现代化，农业现代化的关键在科技进步。农民只有"懂技术"，才能把农业科技成果转化为现实生产力，促进农业、农村现代化发展。习近平总书记始终高度关注农民科技素质提升问题，在浙江、上海工作期间就倡导开展了"农村千万劳动力素质培训"工程，强调要"努力使农民成为具有新理念、新思想、新知识、新文化、新精神、新技能、新素质、新能力的新型农民"。宁夏需要在思想上有新观念，在工作上有新举措，在管理上有硬手段，在能力上有新提升，培育爱农业、懂技术、善经营的新型职业农民。

（三）缺乏城乡、区域之间人才培养合作与交流机制

人是生产力中最活跃的因素，人才是发展的第一资源。一个国家和民族要发展、进步，离不开人才；一个地方要实现转型发展、跨越发展，必须重视人才。

今年，宁夏把人才工作摆在突出位置，创新人才政策，扩大引才范围。坚持以人才强区工程为牵引，着力加强人才队伍建设，推动人才政策更加优越、项目更加集中、表彰更具影响力，将宁夏打造成为更有吸引力的西部人才高地。

四、鼓励人才投身乡村建设的对策建议

（一）积极改善宁夏乡村人才流失情况

要改变人才由农村向城市单向流动的局面，借血缘、亲缘、地缘纽带，引导、扶持在外在的乡村能人、原籍大学生及优秀的外出务工人员回乡创业、兴业，把在城市里积累的经验、技术及资金带回本土，造福乡梓。要创新人才引进方式，通过“大学生村干部”“三支一扶”“大学生志愿服务西部计划”“东西部人才扶贫协作”等方式引导并鼓励高校毕业生、创业能人到乡村工作和创业，为乡村振兴提供“源头活水”。要创新体制机制，完善政策、措施，通过出台一系列人才、财税、创业、就业政策，为人才搭建干事、创业的平台，并吸引企业家、党政干部、专家学者、技能人才等通过下乡担任第一书记，投资兴业，包村、包项目等方式参与到乡村振兴的伟大事业中来，以此激励各类人才在农村广阔天地大施所能、大展才华、大显身手，打造一支强大的乡村振兴人才队伍。

（二）积极培育新型职业农民

要创新乡村人才培育机制，大力扶持、培养一批爱农业、有文化、懂技术、善经营的新型职业农民，把当地有一定产业基础、有一定专业技术、有较好口碑的能人选来，分层、分类建立“乡土人才库”，同时组织开展专业知识、职业技能等培训，不断增强其生产水平、发展能力、致富本领。要通过外出培训、上挂锻炼、跟班学习等多种方式为乡村干部提供多种培训、锻炼的机会，切实解决一些乡村干部中存在的眼界不宽、知识面窄、思维僵化等问题，提高农村干部科学谋划工作和解决实际问题的能力，着力打造一支群众信任、作风过硬、清正廉洁的乡村干部队伍。通过持续的“培”和“育”，将乡村打造成为“孵化”人才的基地，加快构建一支数量充足、结构合理、素质优良的乡村

振兴生力军。推动乡村振兴战略实施，既需要培养科技人才、管理人才，也需要挖掘能工巧匠、乡土艺术家，既需要有号召力的带头人、有行动力的追梦人，也需要善经营、懂市场的"农创客"，懂技术、会管理的"田秀才"。

（三）与区内外专业技术院校合作，大力培养专技人才

培养乡村所需的各类青年人才，为乡村的未来发展打下基础。完善基层农技人员分级、分类培训机制，统筹利用各类培训资源，加强培训师资和课程体系建设，丰富理论教学、现场实训、案例讲解、互动交流等培训方式，对基层农技人员进行脱产业务培训。遴选一批业务能力较强、带动影响力较大的基层农技推广骨干人才，由省级农业农村部门统一组织培训，进一步提升其专业技能和实操水平，使其成为本地区、本领域重大农业技术示范推广的骨干力量、新型职业农民培训的优秀师资。支持基层农技人员通过脱产进修、在职研修等方式提升学历。支持有条件地区通过"定向招生、定向培养、定向就业"的培养方式吸引具有较高素质和专业水平的青年人才进入基层农技推广队伍。

同时可以通过组织乡土人才进党校培训、选拔培养乡土人才、编写乡土人才培训教材等形式集中培训农技推广、种养殖、电子商务、休闲农业、乡村旅游、农村医疗、乡村文化等领域乡土人才；选取一定数量的人才进行重点培养管理，带领农民发家致富并进行农业科技创新；同时，整合各界科研力量，组织编写乡村旅游、全科医生、农村电商、非遗、建筑、农村种养、农村文化、玩具工艺、种植和养殖等系列乡土人才培训教材，分专业每年开展实用技能培训，培养既有理论功底又懂实操技能的农村新型实用人才，为实施乡村振兴战略提供人才支撑。

（四）大力实施人才计划

第一，实施"人才回归"行动计划。鼓励成功创业的企业家充分挖掘、利用家乡资源和要素，把适合的产业转移到家乡进行再创业、再创新、再发展；当代农村"老龄化""空心化"现象严重，有的村庄只剩下几户人家，致使农村发展中人才短缺的问题日益显现和突出。乡村要振兴，就要改变人才由农村向城市单向流动的局面，让曾经"走出去"的成功人士"走回来"，实现"人才回流"，把在城市里积累的经验、技术及资金带回本土，造福乡梓。

第二，实施专家、学者返乡服务行动计划。以柔性引进为主，以项目合作、技术入股、聘任兼职、讲学授课等多种方式为家乡的经济发展献计献策；大学生村干部是乡村人才建设的中坚力量，这些人不但有文化、懂技术、会经营、善管理，刚从大学毕业，还有朝气，有理想，有抱负，有热情。他们能够帮助农民群众理清思路、加快发展，引导农民群众崇尚科学、弘扬新风，成为乡村振兴不可或缺的一支队伍。要注重建立、引导并鼓励高校毕业生到基层工作“下得去、留得住、干得好、流得动”的长效机制，让大学生“愿意来，又留得下”。鼓励大学生村干部扎根乡村，在乡村释放激情，在乡村实现梦想，真心扎根基层。

第三，实施“引凤还巢”行动计划。加大对返乡农民工，大中专毕业生，外出务工、经商人员等各类创业主体的支持力度；同时为新型职业农民、搬迁移民、建档立卡贫困户、未就业的大中专毕业生、复退军人、参加职业技能培训的学员等提供就业岗位。对于已经成为乡村人才的人，政府要想尽办法将其留住。出台“拿证升级”“引凤还巢”“企业用人、计较培训、政府买单”“巾帼行动”“青春建功”“百企帮白村”“绿领培养计划”等一系列人才政策。推行“政府+高校院所”培养模式，以政府购买服务为主要形式，深化产教融合，统筹调动高校院所、科研机构等教育资源，采取“分段式、参与式、菜单式”培训形式开展人才培育。营造良好的留才环境，浓厚的尊重人才、尊重劳动的工作氛围，进一步健全、完善人才政策体系，对引进的高层次人才按照规定兑现补贴，对从机关、事业单位引进的人才予以编制保障，让高层次人才真正落户、扎根。

第四，组建乡村振兴工作服务队。专门组建乡村振兴工作服务队，每村安排3—5名机关干部，其中队长是处级干部。每名服务成员服务3—5年，每人带五万元启动资金，每年要根据乡村振兴的评价体系对工作人员进行考核。在产业振兴、人才振兴、文化振兴、生态振兴、组织振兴五个方面全面服务乡村。比如在产业振兴方面，以“合作社+公司+农民”的模式引进企业，以优质的现代化农业产业优先（蔬菜、水果、鲜花等）建立现代农业产业园；在人才振兴方面，上门送政策、送服务、助学习，帮助引进农业专家指导团队、联系大学、研究所、农科院等，帮助乡村能人返乡，引进公共资金进行新型职业农民培训，举办农民工学堂等；在文化振兴方面，深挖乡村文化，建造文化广场、农民书屋、农村大舞台等，以“党建+文化”的模式对青少年进行爱国主义教育，对村子里的典型人物进行一对一的宣讲，在接高校建大学生实践基地；生态振兴方面，积极开展基础设施改造、升级和美丽乡村建设工作，每年对美丽庭院、美丽家庭进行评选，利用积分制督促村民爱护环境，提倡农业种植绿色化；在组织振兴方面，组建智慧党建平台，进行星级党支部评选，利用“党员巷长”制度发挥党员模范的带头作用，由支部领办经济股份合作社等。

（五）加大基础设施投入，做好农村引才、育才、留才

随着脱贫攻坚工作的深入推进，贫困村的变化也一天一个样，基础设施的建设更是需要长久管用。近年来，宁夏十分重视农村基础设施的建设，农村生产生活条件也得到了大幅改善。不过，也有一些地方因为标准过低，缺乏科学规划，扶贫领域基础设施重复规划、重复建设的教训不少。基础设施建设要着眼长远，标准不能太低，更不能凑合，既要当前适用，也要以后管用，为乡村振兴打下良好的基础。除此之外还要加大政策投入。在道路、交通等基础设施，以及教育、医疗、卫生等公共服务上加大政策投入，使基础设施完善，从根本上改变贫困地区的生产条件和生活环境。由于城乡居民长期以来存在社会资源分配方面的不平等，农村更加需要公共资源的优先配置，从而得到机会和利益补偿。只有真正实现资源的均等化配置，才有可能实现农村人才的回流。

五、结束语

乡村振兴既是普惠的民生福祉，也是发展的深刻革命，对于振兴中华、实现中华民族伟大复兴中国梦有着重要的意义。宁夏应以理念先行，以实干为基，以制度优势为保障，相信，一系列“组合拳”的强力出击，必将打造出安居乐业的美丽乡村。全面实现乡村振兴最需要的是乡村人才，是心系农民、心系农村的人才，是让农村的资源要素活化起来，让广大农民的积极性、创造性迸发出来，让全社会支农、助农、兴农力量汇聚起来的人才。他们能够为乡村振兴添活力、强动力、增后劲。鼓励人才投身乡村，任重道远，要以诚相待、以实相待，尽最大努力解决他们的后顾之忧，为他们创造良好的生活环境和工作环境，让人才能够真正地专心于乡村、专注于乡村。

作者简介：宋春玲，宁夏社会科学院农村经济研究所助理研究员。

以乡村旅游助力湖北省实施乡村振兴战略研究

徐　峰　王薇薇

摘　要：乡村旅游是推进乡村振兴的重要引擎、实现乡村振兴的特色路径，是“藏富于民”“变绿水青山为金山银山”的产业。乡村旅游的迅速火爆和新冠肺炎疫情对乡村旅游产业长达一年时间的考验，湖北省乡村旅游产业发展中存在的系列问题也逐步暴露出来，包括乡村旅游经营者的开发运营模式、消费者体验的满意度、政府支持监管等方面的诸多短板和困境，这些问题如不被精准、快速地解决，待到新一轮的旅游市场井喷之后，再治理成本将很高。文章建议，坚持“规范+引导”双管齐下，即通过“定标准、严监管、控土地”规范产业健康发展，通过“调结构、破瓶颈、强支撑”引导产业高质量发展。

关键词：乡村旅游；高质量；湖北省

湖北拥有丰富的山、水、花旅游资源，特色农业基础坚实，旅游消费人群的消费意愿和消费实力逐年攀升，乡村旅游发展底蕴厚重、前景广阔。但是，从目前湖北省乡村旅游行业发展的实际情况，尤其是新冠肺炎疫情爆发一年以来乡村旅游行业的发展态势来看，出现了较为明显的“特色不鲜明、差异化发展不充分、客流量总体不足、投资者不赚钱”的现象，不少项目黯然离场。基于此，课题组从湖北省乡村旅游产业发展存在的表象问题着手，深入剖析其深层次的原因，提出省、市、县三级政府可从“规范+引导”双角度引导湖北省乡村旅游行业尽快实现结构优化、服务提升、品质优质化发展。

一、湖北省乡村旅游行业发展概况

（一）乡村旅游发展势头强劲

目前，省政府主导打造了44个“湖北旅游名镇”、98个“湖北旅游名村”和14个“湖北旅游名街”，全省38个村被列入全国乡村旅游重点村名录，数量位列全国第一。2020年，尽管受疫情冲击，全省休闲农业和乡村旅游却仍实现了年接待游客量5500万人次，综合收入174亿元。2021年以来，全省乡村旅游以赏花为主题开展了一系列的节庆和推介活动，黄陂烂漫春花之旅、大冶楚天香谷芳香文化休闲体验游、枝江同心花海体验游入选农业农村部举办的2021中国美丽乡村休闲旅游行（春季）重点推介的精品线路，乡村旅游市场已经恢复至2019年同期的65%左右。

（二）产品供给不断丰富、完善

全省乡村旅游产品从单一的观光逐步拓展到多元并举，初步形成了以传统的乡村观光旅游产品为主导，以新兴的乡村休闲旅游产品、乡村度假旅游产品、乡村康养旅游产品、乡村体验旅游产品为补充的乡村旅游产品供给新格局，可为消费者提供更加多样化的菜单选择。

（三）区域布局不断拓展、延伸

全省乡村旅游发展已经初步形成多地开花、星星闪耀的生动发展局面，以城镇周边、景区周边、公路周边为基础的乡村旅游区域布局不断拓展并延伸，“城郊融合型、景区依托型、村镇主导型、公路串联型”等多种乡村旅游发展模式在全省各地已成气候。

（四）市场体系已经初步建立

全省乡村旅游品牌打造和营销管理日益成熟，保障体系初步建立。“灵秀湖北，乡约荆楚”品牌初步得到市场认可，各地乡村旅游主题活动深入人心；全省各级乡村旅游协会或合作社纷纷成立，信息共享、技术交流、抱团取暖等作用发挥明显。

（五）旅游基础设施持续完善

新型城镇化、乡村振兴等国家战略，以及“四好农村路”等的建设提升了乡村旅游基础设施接待能力及服务水平，能够容纳规模团队的乡村旅游区域越来越多。同时，数字乡村建设的迅猛推进促进了乡村旅游商贸物流的便捷性，推动了农旅融合发展。

（六）惠民、富民效果明显

乡村旅游加快了全省农村移风易俗进程，推进了农村资源资产化，带动了资金、技术、思维、信息等要素在城乡间加速流动，保证农民就近、就地实现创业和创收，村集体通过旅游合作社等形式也形成了较为固定的收入。

二、湖北乡村旅游业发展存在的问题及内在原因剖析

总体而言，湖北省乡村旅游发展还处于自发、无序、小打小闹的状态，属于典型的点状开发、点状经济，规范化发展不足，作为“富民产业”，对优化农村产业结构、带动农民增收的作用尚不显著，投资失败案例不在少数。

（一）经营者开发运营方面

1. 经营者对乡村旅游产业发展规律认识得不够，乡村旅游资源被低效开发

乡村旅游项目建设中，部分工商资本主体对乡村旅游产业发展阶段特点和投资收益周期认识得不够，对乡村旅游作为“富民产业”的定位理解得不全面，错将房地产等其他行业“收益高、回报快”的惯性投资思维运用到乡村旅游产业，过度追求“高大上”、盲目投资，尤其是一系列的规范乡村土地使用政策出台后，乡村旅游项目“投资大、见效慢”的特点与经营者试图靠其“赚快钱”的初衷矛盾，导致其无心经营，出现“烂尾”现象甚至土地流转中单方“毁约”、中途“跑路”，既损害了农民利益，也造成了资源的闲置和浪费，使乡村振兴留下诸多“后遗症”。甚至有投资者假借乡村旅游名义“跑马圈地、圈而不种”，变相大搞房地产开发，设法套取本该支持乡村旅游发展的专项资

金，导致支农资金低效甚至无效使用。

2. 发展思路和经营理念创新不够，同质化问题严重

一是三次产业联动性不足，抵抗风险能力不强。乡村旅游发展万变不离其"农"，纯粹以第三产业构筑的乡村旅游发展是不长久的。以特色种养殖业为基础，突出差异化旅游特色才是乡村旅游保持长期发展活力的"杀手锏"。湖北省很多主打赏花踏青类的景点由于未能因地制宜发展当地特色产业，挖掘当地文化体验、生态涵养、健康养生等价值，加上农业生产、农事互动具有时节性，旺季仅有几个月，淡旺季客流差异大，"一年只赚几个月"成为行业尴尬。

二是"抄袭式"跟风重复建设，高附加值旅游产品创新不足。部分经营主体一味追求短、平、快，盲目模仿热门旅游模式，缺乏差异化主题。有些景点甚至以半卖半送的门票收入为主要收入来源，缺少高附加值、可多次变现的旅游产品和服务项目，导致经营主体之间单打独斗，甚至为争客源出现"赔本赚吆喝"等"自杀式恶性竞争"，同质化问题成为乡村旅游的"经典死法"之一。各地一哄而上发展的"赏花游""采摘游"，多数是千篇一律的看花、摘果、品菜，缺少可以提升观赏体验和增加消费的旅游项目，游客想花钱却无处可花，大多"有人气、没财气""昙花一现"。

（二）消费者需求体验方面

1. 旅游产品内容单一、低端，导致"审美疲劳""打卡式旅游"

湖北省很多乡村旅游资源大同小异，"食、住、行、游、购、娱"六大环节互动不足，产品设计缺乏特色，经营项目单调，对乡村风俗民情、文化传统等要素挖掘、融合不够，与消费者多层次、多样化和高品位的旅游需求矛盾，极易产生"审美疲劳""一次性旅游"，导致游客"留不住、难再来"。乡村休闲游充斥着大同小异的农家乐、毫无特色的纪念品，缺乏对地域人文风情和文化底蕴的挖掘和开发，游客与乡村之间的精神纽带不牢固，难以吸引"回头客"，乡村旅游成为"一锤子买卖"。

2. 服务水平参差不齐，配套设施有待完善

相比于成熟景区，乡村旅游景点的游客服务中心、停车场、卫生间、Wi-Fi 网络、自助贩卖机、污染处理，以及供游客休憩的凉亭、长椅等便民服务设施不够完善，旅游标识不健全，人多、路堵、自驾游车难停等问题也一直是湖北省很多乡村旅游景区的“陈年槽点”和“心病”，尤其在旅游旺季，这些问题更加突出。大部分乡村旅游经营、管理人员并未接受过专业培训，从业人员缺少专业的接待和服务礼仪以及烹饪、营养、安全、卫生、管理以及经营等方面的知识，服务质量和水平不高，“村民很热情，服务不规范”。

（三）政府支持监管方面

1. 用地保障、人才支撑、资金扶持等稍显不足

一是用地指标紧张。目前，各级政府的建设用地指标非常紧张，在优先满足重大基础设施建设、重大项目建设等用途之后，乡村旅游项目通常被忽略，获批建设用地极其困难，很多项目因用地指标迟迟得不到落实，导致项目推进缓慢，出现“半吊子”工程，甚至最终被拆除，乡村资源开发、利用率大打折扣。土地使用的政策性约束也使一部分有实力、有想法欲进行旅游产品创新开发、改善并提升旅游服务设施的经营主体“望而却步”。

二是专业人才供给不足。高素质导游、景区专业管理人员、民宿经营等旅游管理专业人才缺乏，导致旅游项目开发层次很低，市场分析、拓展能力差。很多乡村旅游项目负责人明确表示员工中没有拥有研究生学历者，员工多以专科生为主，并且极少是旅游专业科班出身，缺乏规划策划、经营管理、宣传促销、配套服务等方面的专业人才和团队。一些乡村旅游景点管理人员是当地村干部或村民，缺乏专职、专业、有资质的导游服务人员，从业人员的综合素质普遍不高。

三是资金投入力度不够、投向不优。表现在多个方面：有实力的投资主体有限，扩大发展的自有资金短缺，欲争取外部资金又相当困难；农民个体由于认识不够、经验不足、收益不高而不愿过多投入；一些地方政府领导则认为发展乡村旅游与工业等其他产业相比为当地带来的税收有限，对乡村旅游产业带来的经济效益、社会效益和生态效益缺乏足够的认识，“重面子、轻里子”，支持乡村旅游产业发展的资金少且不稳定，图政绩热衷于造“盆景式”景点，做“形象工程”，导致乡村旅游发展方向“走偏”。

2. 规范化、标准化管理缺失，监管不到位

一是土地利用监管存“侥幸心理”。乡村旅游现阶段的用地政策不明，且从国家到地方不时有或大或小的调整，土地开发利用的跟踪监管机制不健全，

导致部分经营者试图"钻政策空子"圈地，出现"批用不符""拿而不用"等不实需求，个别地方政府也急于发展不按审批程序办事，"违规越线"，随意乱占用耕地和林地、破坏生态用地搞违规建设，假借种植、养殖名义申报土地却擅自改变用途建设经营性餐饮、娱乐项目，违规建设"大棚房""木屋民宿"，农田铺防水砖或林下建停车场现象比比皆是。另一方面，不少地方政府为了眼前利益不顾长远发展而对土地违规、违法利用存在"懒政"现象或"心存侥幸"，在一定程度上表现出"默许"态度，甚至有些地区为减少违法、违规用地数量，联合经营主体在土地变更调查时进行所谓的"技术处理"。

二是标准化体系建设滞后。目前湖北省乡村旅游还处于散乱状态，食宿质量和价格、公共环境卫生等方面缺乏统一的标准化体系，导致旅游管理部门在质量管理、监督等方面存在困难，服务质量难以掌控。乡村民宿的餐饮、住宿、购物、娱乐等应包含哪些方面的服务项目、达到什么样服务水平，亟须通过标准化体系建设来规范并引导；相关部门对经营乡村旅游的农户培训和监管不到位，导致住宿和餐饮价格不统一，乱收费现象仍然存在。

三是行业监管仍然存在漏洞。不少地方存在无证经营农家乐及其他旅游项目的现象，伴随着食宿标准随意、卫生状况糟糕、安全隐患严重、扰民事件频发等监管不到位问题。由于准入门槛低、管理缺失，部分民宿长期处于监管的灰色地带，没有营业执照、消防许可、特种行业许可等经营必备证照，一些民宿房屋土地不符合规定，导致自救通道和环保设施建设不完善，在消防、环保、安全等方面存在很大隐患。

三、推动湖北省乡村旅游产业高质量发展的建议

（一）规范发展：定标准、严监管、控土地

1. 制定并完善《湖北省乡村旅游标准体系》，发挥"乡村旅游标准化+"效应

在产业发展初期就树立行业标准，以标准化规范、推动乡村旅游产业供给侧改革，充分发挥"乡村旅游标准化+"效应，有效规避市场需求井喷之后转头整治市场要付出的沉痛代价。

第一，整合湖北省已有的旅游标准、乡村旅游标准，参考《全国旅游标准化发展规划》，乡村旅游标准应包括创新标准化体制机制、拓展标准化工作领域、强化旅游标准管理。第二，从标准体系的内容划分，结合湖北省乡村旅游发展的实际，《湖北省乡村旅游标准体系》至少应该包括《乡村旅游村庄建设与服务标准》《乡村旅游客栈服务质量等级划分与评定（含酒店、民宿）》《乡村旅游经营户服务质量等级划分与评定（含农家乐）》。第三，鼓励各地市州在省标准基础上制定具有地方特色和产业特色的细化的乡村旅游标准，使标准体系的操作性更强，比如恩施、神农架等鄂西山区需针对民族村寨保护改建制定相应标准，武汉、宜昌、襄阳等消费力较强的城市需要对民宿、游乐设施等进行提标设定。此外，通过标准普及、评比、验收、监督检查等强化地方政府的管理手段。

2. 加强综合监管，提高政府管理效能，强化行业自律

旅游是市场化程度高、监管难度很大的行业，单纯依靠政府力量，无法对其进行有效的监管，课题组建议采取“行政监管+法规监管+行业自律”的方式进行综合监管。

第一，针对文旅部门管理权限较弱的实际，建议强化文旅部门对乡村旅游产业的管理效能和权限。在项目设计、审批阶段，由文旅部门牵头农业、农村、文旅、自然资源、环保等，在为项目提供高效服务的同时，规避“抄袭式”跟风重复建设，并引导项目对资源环境进行保护。在产业规范管理过程中，由文旅部门牵头制定行业标准并监管体系运行，推动行业信用体系落地实施。第二，在《中华人民共和国旅游法》的基础上，将旅游外延扩容到“乡村旅游”，出台规范乡村旅游的地方性规章制度，鼓励诚信经营，打击违法、违规经营行为。第三，由文旅部门牵头行业协会，快速拓展行业协会的自我监管功能。近年来，湖北省涌现了一批民宿协会、酒店协会、乡村创意文化协会等，但是这类协会多数还停留在项目设计、项目运营上，在行业自律和行业监管上的作用尚未体现出来，且这类协会主要活跃于大中城市，与农村项目接触的渠道没有被完全打通。

3. 稳定乡村旅游用地政策，在给经营者吃“定心丸”的同时提高用地效率

不稳定的用地政策只会让经营者不断地寻求“打擦边球”或者“踩线”而不自知。发展乡村旅游必须加强旅游用地管理，既不能搞“一刀切”式的收紧供地，也不能“先供后收”让经营者蒙受巨大的损失。课题组建议：以管理为途径强化旅游产业用地保障、提高农村土地产业用地效率和效益。

第一，清晰界定乡村旅游用地概念。明确乡村旅游在使用农村集体建设用地时的边界和合法途径，让乡村旅游产业用地“有据可查，有法可依”，让经营者明明白白地放心用地。第二，比照农业生产设施用地制度，出台乡村旅游建设用地配套政策。课题组建议：1. 探索“分段超额累退制乡村旅游用地审批模式”；2. 允许社会资本投资建设连片面积达到一定规模的第一产业利用一定比例的土地发展休闲农业等经营活动；3. 修缮、改造、再利用村落中的农房，利用闲置宅基地整理结余的建设用地，挖掘农村的存量建设用地，支持乡村旅游发展。第三，严格土地“先用后批”制度，规范土地出让程序，提高土地出让手续办理效率。明确土地“先用后批”政策实行的条件，除发生灾害等不可抗情况，其他情况下一律严禁土地“先用后批”，坚决不能再出现被基层政府默许而后又被拆除的“大棚房”，寒了经营者的心，打击了乡村旅游产业。第四，严惩借乡村旅游大搞房地产，随意变更土地用途，破坏生态环境等违规、违法使用土地行为。第五，以旅游类特色小镇做试点推行乡村旅游节约、集约用地激励机制，对用地效率高的项目给予用地指标奖励，效果好则在全省推广。

（二）引导发展：调结构、破瓶颈、强支撑

1. 引导发展基于“农业+”“文化+”的乡村旅游项目，增强农村第一、第二、第三产业联动性

乡村旅游的本质是“周末经济”“后备厢经济”，不是“旅游目的地”，有实际产出的第一产业才是其灵魂，位于农村而建立在纯自然风景基础上的旅游不能等同于乡村旅游。疫情的发生，充分印证了脱离有实物产出的乡村旅游项目是没有生命力的。

第一，将乡村旅游产业嵌入“链长制”，做实农村第一、第二、第三产业融合发展。围绕湖北省确定的 10 个重点农业产业链，拓展农业的旅游功能、科教功能，发展“旅游+”“+旅游”，如五峰县的茶文化旅游、蕲春县的中医康养游、宜都市的柑橘公园等就是典型代表，开发销售形式多样、特色鲜明、基于第一产业的乡村旅游产品，发展“后备厢经济”，在增加乡村旅游卖点、

消除审美疲劳的同时，还能增加农民收入，真正将乡村旅游做成藏富于民的富民产业。第二，推动品质升级，提升文化内涵，打造精品，构建多层次、多样化、高品位的旅游产品体系。在乡村旅游中挖掘地域人文风情，开发文创产品，锁牢游客和乡村之间的精神纽带，吸引“回家客”“住家客”，发展针对大众群体的休闲度假产品和文化探寻，针对高消费人群的康养产品、研学产品，针对专业人群的艺术创作、田园和户外运动产品。

2. 创新人才引入和利用方式，以较低成本破除乡村旅游产业人才要素制约

目前，以湖北省农村可提供的软硬件条件，对乡村旅游产业高质量发展所需的专业型、复合型高端人才的吸引力是相对有限的，这是不可回避的事实。课题组建议：对高端人才采用“不为我所有，但为我所用”的“互联网+人才”方式，对一般人才采用“自己培养，就近就业、创业”的思路。

对策一：由政府牵头搭建人才交流信息平台，用“互联网+”的思维破解乡村旅游产业高端、复合型人才短缺问题。“互联网+人才”能有效打破时间限制，而乡村旅游产业对高端复合型人才的需求也不是长期的。“互联网+人才”能有效打破空间限制，可通过远程指导、异地营销等方式进行经营管理。同时，互联网还为乡村旅游发展提供了更为广阔的人才选择空间。总体来看，“互联网+人才”的模式综合成本更低，人才的双向选择效率更高。对策二：由文旅部门牵头，引导长期活跃于武汉等大中城市的旅游产业设计、运营团队与乡村旅游项目对接，使交流、合作渠道畅通。对策三：将乡村旅游管理人才、网络营销人才、厨师等技能人才纳入农村职业教育和实用人才培训范畴。建议在农村第一、第二、第三产业融合发展专项资金中单列人才专项资金，给予引入的特殊人才、高端人才补贴，间接降低用人企业、合作社的人才使用成本。

3. 整合资源创新运营模式

针对湖北省乡村旅游“散兵游勇”式的发展方式，课题组建议借鉴省内外乡村旅游产业发展的成功经验，创新运营模式。第一种：以股份制合作公司或合作社为主体，村集体、农户、专业旅游公司合作成立股份制合作公司或者合作社，以公司或合作社为主体进行资源整合，统一开发、运营，进行统一结算，统一分配客源，统一分配红利和租金，规避经营者之间分散化、低端化竞争。第二种：以行业协会为主体，整合资源，统一品牌、统一形象、统一营销，指导农家乐、民宿等级评定，搭建平台推动农家乐、乡村酒店、民宿及农产品的网上预约、销售，抱团发展，规避恶性价格竞争。第三种：以企业为主体，政府引导龙头公司整合农业资源，进行乡村旅游开发和运营，企业负责总体经营，包括基础设施建设、市场营销推广、经营标准制定、旅游产品定价等。第四种：鼓励乡村旅游项目引入“通票制”，逐步降低对“门票经济”的依赖程度。第五种：借助新媒体，发展云直播、短视频、云展览、云餐饮等云经济和线上经济，让休闲乡村旅游活动产生“未见其人，先闻其声”的宣传效果。

4. 进一步强化政府支持力度，做好金融服务和基础设施配套服务

明确乡村旅游产业作为“富民产业”的特点，政府加大对市场主体的金融支持，做好产业设施配套完善服务。第一，继续实施文化旅游专项金融政策，并将覆盖面扩大至乡村旅游产业。建立金融支持重点乡村旅游项目推荐名单，引导金融机构加大对名单内项目的支持力度；政府性融资担保机构积极为乡村旅游项目融资增信，鼓励金融机构认可国有担保公司担保增信。第二，各地结合实际情况，逐个解决乡村旅游项目的基础设施配套不到位情况，提升游客综合体验。当前，湖北省各地乡村旅游发展水平不一致，面临的基础设施难题也各不相同，因此，需要各基层政府做好“一对一、点对点”的针对性服务，比如恩施、宜昌等地的乡村旅游地普遍存在“网络不好”问题，襄阳等鄂西北乡村旅游地普遍存在“水质不好”“水压不足”问题，大城市周边乡村旅游地则存在较严重的堵车和停车难问题。

作者简介：徐峰，湖北省社会科学院财贸所副研究员；王薇薇，湖北省社会科学院农村经济研究所副所长、副研究员。

乡村振兴贵州样本法治保障建设：现状、问题与建议

王　喜　吴大华

摘　要：实施乡村振兴战略是以习近平同志为核心的党中央从党和国家事业全局出发、着眼于实现“两个一百年”奋斗目标、顺应亿万农民对美好生活的向往做出的重大决策部署。加强乡村法治建设是全面推进依法治国不可或缺的重要组成部分。当前还存在农民法治素养不高、农村基层干部执法不严等问题。为加大乡村法治建设力度，夯实党的组织领导、完善农村法治运行机制、提升农村基层干部法治能力，培养农村基层各治理主体的法治意识，构建自治、法治、德治一体的乡村治理体系，为乡村振兴“贵州样本”提供有力的法治保障。

关键词：乡村振兴；法治保障；现状；问题；对策

法治是国家治理的基本形式，是现代国家治理体系和治理能力现代化的重要保障。党的十九届五中全会指出，要优先发展农业和农村，全面推进乡村振兴。坚持把解决好“三农”问题作为全党工作的重中之重，走中国特色社会主义乡村振兴道路，全面实施乡村振兴战略。当前，贵州农村法治建设薄弱，不利于农业现代化的推进和农民合法权益的保护，也不利于“在乡村振兴上开新局”的目标的实现。为此，本文以贵州省实地调研为基础，在分析数据的基础梳理其存在的问题，并提出相应的对策和建议。

一、法治建设在打造乡村振兴“贵州样本”中的地位和作用

法治已成为解决改革、发展和稳定中根深蒂固的矛盾和问题的最有效、最稳定、最基本的手段。2018 年中央“一号文件”明确指出走中国特色社会主义乡村振兴道路“必须创新乡村治理体系，走乡村善治之路”。2018 年，贵州省出台《关于乡村振兴战略的实施意见》，明确强调要加强农村法治建设。2021 年 2 月 3 日至 5 日，习近平总书记视察贵州，对贵州工作做出“四新”的重要指示，要求贵州“在乡村振兴上开新局”，这些都与乡村振兴法治保障有着必然的联系。

（一）推动乡村法治建设是乡村治理现代化的必然要求

正如邓小平同志指出的，推进社会主义建设“还是要靠法制”“搞法制靠得住”①，乡村振兴也不例外。党的十八届四中全会指出，依法治国是我们坚持、发展中国特色社会主义的本质要求和重要保障。党的十九大以来，中央明确提出了构建自治、法治和德治结合的乡村治理体系，而村民自治作为农村基层民主，也应该走法治化之路。长期以来，我国的农村经济发展、农民的文化教育水平、农民的民主意识和法治意识远低于城市水平。我国农业和农村的主体仍然是农民，农民的整体素质普遍较低，农村地区的文盲和半文盲比例仍然较高。

因此，要实现农村由贫困、落后的社会状况进一步发展到实现现代化，无疑首先要求农民自身实现现代化，这里就包括生产方式、生活方式和思维方式的现代化。只有走法治化之路，才能将乡村治理通过法律和制度加以体现和保障，做到办事依法、遇事找法、解决问题用法、化解矛盾靠法，让法治真正成为乡村振兴的“压舱石”。

---

① 邓小平．邓小平文选（第 3 卷）［M］．北京：人民出版社，1993.

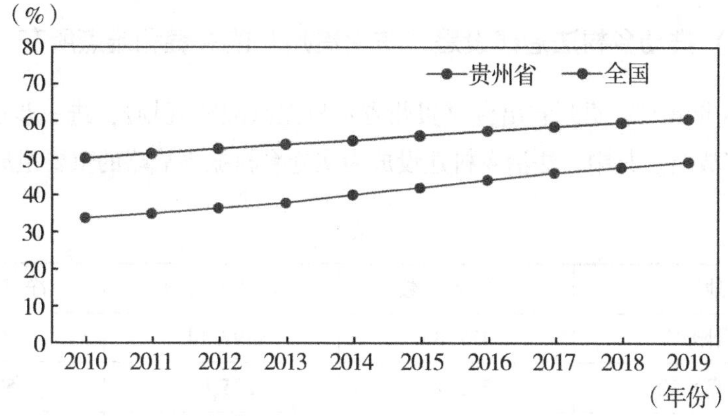

图 1　全国和贵州省常住人口城镇化率

数据来源：国家统计局

（二）推动乡村法治建设，让农民在乡村振兴中有更多的获得感

乡村振兴不是政府唱独角戏，农民才是乡村振兴的主体。努力调动农民的积极性、主动性和创造力是打造乡村振兴“贵州样板”的关键。

表 1　贵州省城乡居民基本保障情况

参保人数	年份			年均增速（%）
	2015	2019	2020	
城乡居民基本养老保险	1649.03	1855.60	1904.49	2.9
基本医疗保险	955.45	1060.22	4195.33	34.4
失业保险	205.31	276.07	297.93	7.7

数据来源：贵州省统计局《贵州数据概要》

如何把农民调动起来，需要创造全新的法治环境。只有通过法治建设，才能更好地调动各种生产要素，积极参与农村产业的振兴；只有促进法治建设，才能让农民在农村振兴实践中有更多的获得感。考虑到农村社会经济发展的实际情况，及时更新有关政策和措施，促进将农业相关政策和措施升级为立法。只有通过大力完善农村法治体系，寻找解决办法，迅速调整或废除不符合发展需求的立法，我们才能促进地方振兴战略顺利实施。

（三）推动乡村法治建设是“法治贵州”的关键和难点所在

2018 年 4 月，贵州省出台《贵州省乡村振兴战略规划》，进一步明确了实施乡村振兴战略。其中，法治乡村建设成为实施乡村振兴战略的重要组成部分。

表 2

地区	户籍人口数	常住人口数	净流出人数
贵阳市	427. 83	497. 14	-69. 31
六盘水市	353. 21	295. 05	58. 16
遵义市	819. 00	630. 20	188. 80
安顺市	307. 07	236. 36	70. 71
毕节市	937. 76	671. 43	266. 33
铜仁市	446. 38	318. 85	127. 53
黔西南州	368. 81	288. 60	80. 21
黔东南州	484. 73	355. 20	129. 53
黔南州	426. 65	330. 12	96. 53
合计	4571. 44	3622. 95	948. 49

数据来源：贵州省统计局《贵州省统计年鉴（2020）》

2020 年 6 月，贵州又率先在全国出台了《贵州省法治乡村建设实施意见》，该《意见》明确指出，到 2035 年，乡村法治可信赖、权利有保障、义务必履行、道德应遵守，乡风文明达到新高度、乡村社会和谐而稳定开创新局面，乡村治理体系和治理能力基本实现现代化，法治乡村基本建成。

贵州省曾是全国贫困人口最多、贫困面最大、贫困程度最深的省份，是全国脱贫攻坚的主战场之一。全省建档立卡贫困人口 923 万，占全国总脱贫人口的 7. 9%。全省 88 个县（市、区）中有国家级贫困县 66 个，有扶贫开发任务的县 83 个。2011—2020 年，贵州省贫困村由 13973 个减少至 0 个，建档立卡贫困人口从 1149 万人减少为 0 人，贫困发生率从 33. 4%下降至 0。①

① 王欧壹，李苗苗，杨大志，黄珊. 谱写中国减贫奇迹的贵州篇章［J］. 学习时报，2020-02-26.

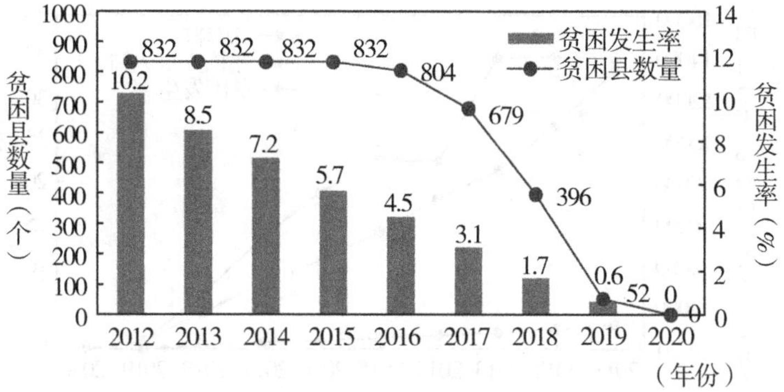

图 2　2012 年—2020 年全国脱贫发生率和剩余贫困县数量

数据来源：国家统计局《中国农村贫困监测报告（2020）》

贵州省在脱贫攻坚过程中采取了一系列举措，如期全面消除了绝对贫困，为乡村振兴战略的良好开局打下了基础。

表 3　全国城乡居民可支配收入和贵州省城乡居民可支配收入

可支配收入	年份						
	2014	2015	2016	2017	2018	2019	2020
全国城镇居民	28844	31195	33616	36396	39251	42359	43834
农村居民	10489	11422	12363	13432	14617	16021	17131
收入比值	2. 75	2. 73	2. 72	2. 71	2. 69	2. 64	2. 56
贵州城镇居民	22548	24580	26743	29080	31592	34404	36096
农村居民	6671	7387	8090	8869	9716	10756	11642
收入比值	3. 38	3. 33	3. 31	3. 28	3. 25	3. 20	3. 10

数据来源：国家统计局、贵州省统计局

值得注意的是，贵州作为一个传统的农业大省，在人口比例上，农村人口仍占多数，因此，农村基层法治建设面临的困难和问题仍然较多，农村基层法治建设不仅是“法治贵州”的重要组成部分，同样也是“法治贵州”建设的关键和难点所在。

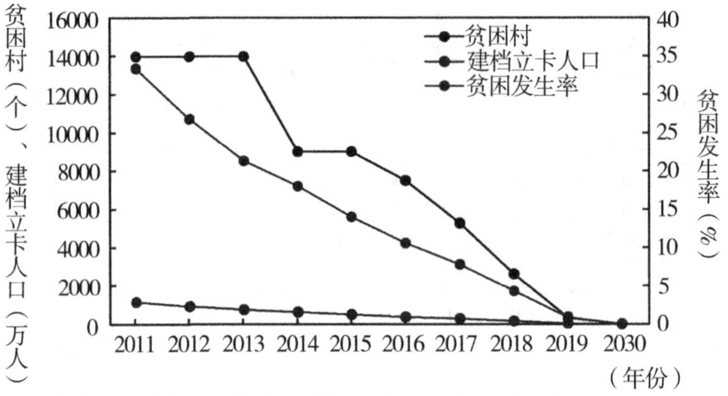

图 3　贵州省脱贫基本情况

数据来源：贵州省相关部门提供

（四）推动乡村法治建设，为乡村振兴战略营造良好的法治环境

农民是乡村振兴的直接受益者。加强乡村法治建设，确保每个人都在法律范围内开展工作，确保党的各项政策得到贯彻执行，使各种政策可以依法有效地保障群众利益。通过提高基层人员的法治意识，提高公众对法治的认识，可以更有效地实施本土文化的改造和振兴。恩格斯认为：“我们的小农，正如任何过了时的生产方式的残余一样，在不可挽回地走向灭亡。”① 面对世情、国情、党情的深刻变化，党的十八大提出了“两个一百年”的奋斗目标，十九大则进一步细化了“两个一百年”的奋斗目标，提出了乡村振兴战略，并细化为三个阶段，每个阶段目标、任务明确，如何整合、提升进而实现乡村振兴，无疑都迫切需要通过法治化为实现目标提供制度保障。

① 马克思，恩格斯. 马克思恩格斯选集（第 4 卷）［M］. 北京：人民出版社，1995.

二、贵州省乡村法治建设现状检视

贵州乡村法治的建设大致经历四个阶段①。党的十八大以来，贵州省高度重视乡村法治建设，在法治乡村建设方面取得了显著成就。

（一）改革开放以来贵州省乡村法治建设的主要成就

1. 初步建立了比较完善的乡村法律规范体系

改革开放以来，贵州在大力推进农村改革发展实践中先后出台了乡村法治相关条例、办法、文件共计40多部，为法治乡村建设提供了制度保障，如2008年出台了《关于加强市县政府依法行政的意见》，2011年出台了《关于加强法治政府建设的意见》，2017年出台了《贵州省法治政府建设实施方案（2017—2020年）》，2020年出台了《贵州省法治乡村建设实施意见》，2021年出台了《贵州省法治宣传教育条例》《关于全面推进乡村振兴加快农业农村现代化的实施意见》等有关文件，明确建设“法治贵州”的目标。这些文件的制定和出台是贵州深入学习、贯彻习近平的法治思想和“三农”工作的重要举措。

2. 初步建立起乡村基本公共法律服务体系

2015年10月，贵州省公共法律服务中心在省政务服务中心挂牌，成为国内首家落户省级政务中心的公共法律服务机构。截至2016年底，全省9个市（地）和2个县（市）已建成并投入使用公共法律服务中心。2017年底，全省基本建成县（市）公共法律服务中心。至2018年底，乡镇（街道）公共法律服务站和村（居）法律顾问机构基本建成，其中贵阳市已实现全覆盖。2020年7月，贵州出台《关于加快公共法律服务体系建设的实施意见》，提出到2020年，基本建成公共法律服务圈，力争做到法律服务“农村一小时、城市半

① 第一阶段，农村法治建设的初始阶段，1978年第十一届中央委员会第三次全体会议和1992年第14届中国共产党全国代表大会，确定了中国社会主义市场经济的改革方向。第二阶段，从党的十四大确立社会主义市场经济体制到1999年，“依法治国”被庄严写入宪法，特别是1998年颁布《中华人民共和国村民委员会组织法》，进一步深化了贵州省农村基层法治建设。第三阶段，从2000年到2012年，中共十八大召开，新农村建设启动，贵州农村法治建设不断深化。第四阶段，党的十八大以来，农村法制建设进入了快速发展的新阶段。

小时"，让人人都能享受公共法律服务。

此外，2019年6月全国乡村法治建设工作会议后，贵州省相继开展了一系列法治宣传教育活动，进一步推进基层公共法律服务体系建设，基本实现了对易地扶贫搬迁安置点的公共法律服务实体平台全覆盖。其中，全省1000—10000人以上的集中安置中心建立了227个公共法律服务工作室。积极开展"民主法治示范村（社区）"创建工作，2019年，第五批"民主法治示范村（社区）"共创建146个。目前，全省共有85个国家级"民主法治示范村（社区）"和807个省级"民主法治示范村（社区）"。

3. 普法宣传教育工作取得明显实效

以"七五"普法为例，一是拓宽宪法宣传广度，全省各级党政机关广泛组织开展"学宪法"主题活动，组织宪法"八进"活动6000余场，省、市、县三级同步开展声势浩大的"宪法健步行"和"千人宪法宣誓"活动，建设贵州宪法纪念馆和宪法宣传教育示范基地，推动宪法学习制度化、阵地化、常态化。二是增强《民法典》宣传深度，在建立省、市、县《民法典》万人宣讲团的基础上，又在农村基层组织、动员一支庞大的《民法典》普法宣传队伍，保证做到宣传"横向到边，纵向到底"，覆盖乡村。三是提升服务大局力度，积极推进"法治扶贫"行动。编印《脱贫攻坚涉农系列示范文本》《贵州大扶贫法治宣传一本通》等图书，开展"法律援助精准扶贫"，选派执业律师深入20个极贫乡镇进行驻点。法律援助律师共深入贵州省762个贫困乡镇、3900多个贫困村，开展扶贫法规政策宣讲64000余次，在全省843个易地扶贫搬迁安置点开展"送法进搬迁点"活动2000余场次。新冠肺炎疫情爆发后，推出"100名律师线上解答"活动，活动曝光32起疫情期间哄抬物价等典型违法案例，网络点击量突破7.5亿次。四是创新法治宣传举措。省级层面率先开通了"一网通办"普法法治服务平台——贵州省法治宣传教育云平台。建设全省资源统一共享的"双随机、一公开"行政执法信息平台，将法律、法规规定的抽查项目和调查结果公示，从而有效增强执法人员的自律和企业的守法意识。建设以"黔微普法"为主导的新媒体普法平台，成立由300多名执业律师组成的新媒体普法律师服务团体，提供免费的在线法律咨询服务。五是彰显法治社会建设成效。企业依法经营、管理水平显著提高，贵州省签订劳动合同的企业比例达到96.22%，高于全国平均水平6.22百分点。2019年，贵州营商环境便利度在全球190个经济体中排名第58位。2019年，贵州省调解刑事案件106954件、民事纠纷案件117423件，与2015年同期相比分别下降29%和30.7%。2019年统计数据显示，427201件民商事案件中，99.05%的群众感觉安全，98.1%的群众感到满意。

（二）乡村振兴战略背景下贵州乡村法治建设存在的问题

1. 农民的法治素养亟待进一步提高

不可否认，由于历史文化传统的影响及农村经济发展水平的制约，加上普法形式相对单一等诸多困难，农民的法律素养远远没有达到预期。虽然“中国特色社会主义法律体系已经基本建立”。贵州的法律宣传和教育活动还在继续推进，但还存在着农民法律意识薄弱，对法律的认可程度不够，农民守法意识、维权意识、监督意识不强等问题。

表4　全国和贵州农村剩余劳动力学历情况

地区	未上过学	小学	初中	高中或中专	大专及以上
全国	6.40	37.00	48.30	7.10	1.20
贵阳	7.31	45.63	41.96	4.04	1.07
六盘水	15.83	48.60	31.59	2.87	1.11
遵义	9.70	46.81	40.06	2.86	0.58
安顺	13.67	45.37	37.20	3.09	0.66
毕节	15.69	51.11	29.64	2.79	0.76
铜仁	9.86	47.42	37.54	4.20	0.98
黔西南	12.56	50.96	32.61	3.07	0.79
黔东南	13.30	48.16	33.93	3.72	0.89
黔南	11.27	46.90	37.49	3.60	0.74

数据来源：国家统计局、贵州省统计局

在法律意识方面，一方面，受中国传统文化的影响，宗族、宗亲等封建思想已深深扎根于骨髓。另一方面，也有城乡基本公共服务发展造成的差距，特别是现代社会的信息技术等各种资源，农村仍然相对匮乏，农民了解法律的渠道较少，农村接受法治教育的人更少。由于农民外出务工，农村留守人口主要有空巢老人、留守妇女、儿童等。毫无疑问，这些留守老人、妇女和儿童的法律意识显然更为淡薄。

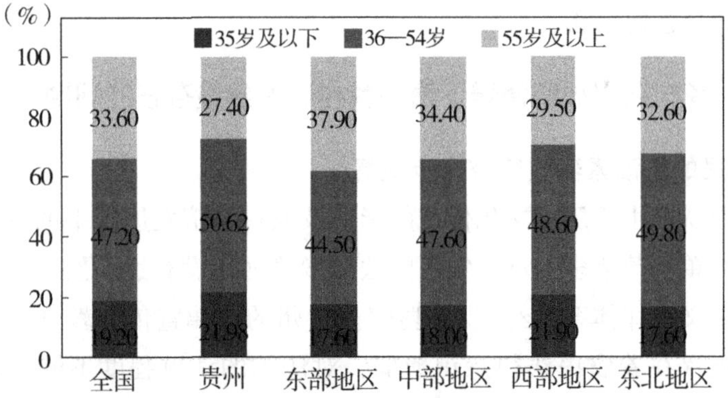

图4　全国和贵州农村剩余劳动力年龄结构情况

数据来源：国家统计局、贵州省统计局

2. 乡村基层干部依法办事能力亟待提升

调查发现，贵州省农村基层干部的法律意识不强，甚至有的村干部还是法盲。因此，不难理解，农村基层干部执法不力现象还大量存在。基层执法中，不守法现象较为普遍。与普通村民相比，基层干部法律意识相对强一些，但部分地方基层干部存在严重的"离村化"现象。他们白天回到村子里工作，晚上住在城里，服务基层群众的时间难以保证。也有一些干部，不是不懂法律政策，而是在实践中明知故犯。在执法过程中，他们更愿意利用自己的"关系"或"权力"来处理法律问题。另据中央纪委（国家监委）网站发布的数据，2015年7月以来，16个月共报告侵犯人民利益的不健康和腐败行为案件1884起，其中诈骗索赔、窃听、挪用公款、挪用民生资金的案件占总数的57.1%。值得注意的是，在通报的基层干部中，镇干部、村委会干部和工作人员不在少数。

3. 乡村基层立法工作还不够健全

贵州省先后出台了一系列配套政策法规。例如《贵州省农村居民最低生活保障工作规程》《贵州省农村最低生活保障制度与扶贫开发政策有效衔接实施方案》《贵州省义务教育条例》《贵州省促进就业条例》《贵州省城乡规划条例》《贵州省农田水利工程管理暂行规定》《贵州省农产品质量安全条例》《关于进一步加强农村医生队伍建设实施意见》《关于深化农村社区建设工作的实施意见》等。总体上，形成了以农业法为核心的农业法律体系，农业和农村经济整体经营管理实现了有法可依。然而，与农村相关的法律、法规分布不均，立法大多是原则性的。此外，随着农村改革的深入，过时的规范性法律文件没有得到及时的修改和完善，实践效果也不理想。如何实现脱贫攻坚成果同乡村振兴有效衔接，是亟待解决的现实问题。

4. 农村基层法律服务体系亟须完善

尽管贵州农村法律服务体系基本建立，但客观上仍存在一些问题和不足。就像一个中心法庭对2—3个乡镇有司法管辖权一样，一般情况下，越是经济不发达的地区，其管辖范围反倒越大。诚然，一场诉讼需要经过很多程序，如立案、传唤、开庭等，很多人感到麻烦，不愿通过法律途径来解决纠纷。与此同时，也有一些极端的现象：一些村民认为，如果他们通过法律途径解决纠纷，最终的结果可能是他们赔了钱、输了官司。此外，虽然每个乡镇都有司法所，但基层的司法助理大多是兼职的或临时工，法律素养和能力不高。在农村，农民遇到纠纷需要法律解决的时候，存在很多困难，甚至不知道应该通过哪些机构、部门，向哪些人员投诉，要求解决纠纷。

5. 贵州乡村法治运行机制还有待规范

当前，贵州农村法治运行机制已基本建立，但与乡村振兴的实际需要相比还存在一定差距。一是农村法律制度不完善。城乡二元结构并未从根本上消除，部分涉农法律与农村实际割裂，操作性不强。二是缺乏农民主体地位。农民作为管理对象，而相关管理者对农民的主体地位和保护还缺乏明确的认识。在当前的农业立法和行政立法中，存在着不同程度的管理思维。三是农民法律积极性的提升不够。一方面，由于农村执法工作滞后，法律缺乏具体内容，缺乏吸引力，无法建立农民对法律的亲和力；另一方面，农民参与法律活动的意识还没有完全形成。四是农村法律权威性不足。客观地讲，民事纠纷案件、刑事自诉案件，甚至一些农村刑事公诉案件，在法律事实模糊的情况下，当事人之间存在不同程度的和解，削弱了农村基层法律的权威，降低了农民对法治的认可度。

6. 村规、民约在实践中还处于粗放状态

村规民约作为实现村民自治的重要内容和载体，在维护农村秩序中发挥了重要的作用。但其制定程序、主要内容和具体执行相对粗糙而简单。一些村规、民约甚至由村委会或成员私下制定，缺乏相应的审查机制。当村民的利益与集体利益、国家利益发生冲突时，国家不可能对农村社会生活的各个方面进行全面、深入的干预，一些地方的村规、民约就可能违反国家法律的规定。村规、民约主要以道德为基础，在实施中未能得到充分保障，如果法律审查机制不健全，一些违反国家法律精神的村规、民约将影响农村法治的完善。

三、乡村振兴“贵州样本”法治保障建设对策与建议

（一）加强党对乡村法治的领导，强化乡村振兴的政治保障

坚持党的领导既是社会主义法治的根本要求，也是打造乡村振兴“贵州样本”法治保障的现实需要。习近平总书记指出：“党的十八届三中、四中全会分别把全面深化改革、全面推进依法治国作为主题并做出决定，坚持党的领导是社会主义法治的根本要求，是全面推进依法治国的题中应有之义。要把党的领导贯彻到依法治国的全过程和各方面。”① 中国共产党建党一百周年来，贵州的经济建设、政治建设、文化建设、社会建设、生态建设等各个领域都取得了巨大的成就，人民的生活也发生了翻天覆地的变化，这些都离不开党的领导和支持。同样，在打造乡村振兴“贵州样本”中，只有坚持党的领导，才能最大限度地推动乡村振兴战略的落地；只有坚持党的领导，才能确保乡村治理法治化的社会主义方向，才能发挥党总揽全局、协调各方的能力，才能更好地投入乡村治理现代化的进程中。

据统计，“截至2019年12月31日，中国共产党党员总数为9191.4万名，有基层组织468.1万个，比上年增加7.1万个。”② 毫无疑问，只有基层党组织得到全面提升，组织建设才能够牢牢把握乡村振兴“贵州样本”打造的总体要求，才能实现基层党组织的组织资源优势，切实转化为乡村振兴“贵州样本”法治保障优势。

---

① 习近平. 习近平谈治国理政（第2卷）[M]. 北京：外文出版社，2017：114.
② 人民网（http：//xj. cnr. cn/2014xjfw/2014xjfwtt/20200701/t20200701_ 525150778. shtml.）.

（二）夯实农村法治建设基石，助推乡村振兴的法治保障

经济基础决定上层建筑，乡村法治建设离不开农村经济发展的有力保障。农村法治的完善意味着把农业生产的发展和农村基层政权的巩固纳入农村法治的轨道。在此基础上，政府应着力加快发展高效现代农业，推进农业生产供给侧结构性改革，加大创新农业科技，转变应用能力，进一步稳定粮食生产，加大农村基础设施包括通信、交通等的建设，促进农村经济的繁荣发展，为农村法治建设奠定坚实的基础。此外，要积极适应农村法治建设的新要求，努力提高农村教育水平，合理分配教育资源，使农民熟悉法律程序，运用法律保护自己的合法权益。

（三）完善乡村法治运行机制，深化乡村振兴制度保障

乡村振兴战略提出后，贵州相继出台了《关于乡村振兴战略的实施意见》《贵州省“十百千”乡村振兴示范工程实施方案（2019—2021年）》《贵州省十大千亿级工业产业振兴行动方案》《关于全面推进乡村振兴加快农业农村现代化的实施意见》等，进一步明确乡村振兴战略的总体布局和设计，为完善农村法治运行机制提供了有力的法治保障。下一步要完善乡村法治运行机制。一是对出台的涉农法律制度，以及配套制度做进一步修订和完善。特别是要将那些经过实践证明行之有效、条件成熟的制度及时通过法定程序上升为法律，也要对不适应乡村振兴要求的法律、法规及时修改、废止。二是优化、完善法律在农村的运行体制机制。鉴于目前农村基层法治资源缺乏，要紧密联系农村基层实践，针对村民经常发生的邻里冲突、老人赡养、孩子抚养等问题，要采取送法到家的办法，积极探索简便易行的巡回审判方式，一方面减少村民的成本投入，另一方面可实现普法方式的创新与发展。

（四）完善村民自治规范体系，推动乡村振兴自律保障

《村民委员会组织法》作为村委会权力运行的基本法规，在一定程度上突出了村委会的产生、职责和运行。同时也在一定程度上弱化了村民自治的主体及村务监督小组的作用，这与村民自治的发展要求是不相适应的。在乡村振兴战略实施中，需重点考虑当地社会的特殊风俗和传统习惯。一要理清职责权限

和范围，不得曲解或另行安排法律已规定的事项，杜绝通过村规来扩大或缩小法律服务的范围。二要不断借鉴、吸收传统文化之精髓，对民间规范的运用要去粗取精。三要在村规、民约的制定与修改中充分发挥村民的积极性、主动性和创造性，保证村民的参与权、讨论权和投票权。四要对村规、民约进行法治改造。引进高素质的法学专家对村规、民约的制定进行指导、规范，坚决废除与国家法律相违背的内容，从而提高村规、民约的科学性。

（五）加强乡村普法教育宣传，推进乡村振兴宣传保障

一是突出普法的重点对象。要求着重抓好少数关键人员，狠抓乡镇干部、农村基层执法人员、驻村干部、农村"两委"班子成员，以及法治宣传员、人民调解员等。二是突出普法教育宣传的重点内容。要与农村的现实需要紧密结合，重点宣传与农民生产、生活密不可分的法律、法规，如《中华人民共和国民法典》《农村土地承包法》《土地管理法》《治安管理处罚法》等，力求这些法律家喻户晓、深入人心。三是创新普法教育途径，充分利用现代化的自媒体等平台，使法律宣传内容更加直观、简洁，便于群众接受、认可，实现宣传效果的最大化。

（六）加强农村法治队伍建设，提高乡村振兴人才保障

乡村振兴的法治保障离不开一支专业的人才队伍。当前，我省农村法律人才主要集中在司法所、法庭、乡镇派出所等机构，而基层法律服务队伍同时承担着大量的行政性质的工作。加强法治人员的法治意识和法治能力迫在眉睫。一是加大农村专业法律服务人才库建设力度。以司法所、派出所、法庭、综治办等机构为阵地，依照一定的人口比例配备一定数量的专业法律服务队伍，组建乡村振兴律师服务团队，进一步落实"一村一顾问"。二是加强乡村干部法律培训的力度。对于乡镇政府的工作人员、村干部及驻村干部进行有针对性的培训，聘请具有深厚理论知识、熟知基层和农村的法学专家对基层干部进行培训，从而提高此类人员治理的能力。三是完善基层干部的法治评估和考核机制。要将依法行政作为干部职位晋升的重要内容，同等条件下应优先提拔法治专业素养高、依法办事能力强的干部。

四、结语

打造乡村振兴的“贵州样本”，是深入学习、贯彻习近平总书记视察贵州重要讲话精神的历史使命。面对要“在乡村振兴上开新局”的殷切期望，如何利用法治手段来保障乡村振兴的有序推进是“法治贵州”建设的关键。法治建设是实现乡村振兴战略的必要前提和稳固基础，乡村振兴战略是促进法治发展、进步的动力和成果。乡村通过提高法治建设，加强对基层政权组织公共权力行使者和村支两委干部的权力约束保障农民的重要权益。同时建立、健全法治、德治、自治三位一体的乡村治理体系，为巩固脱贫攻坚成果同乡村振兴战略有效衔接、打造乡村振兴“贵州样本”提供强有力的法治保障。

作者简介：王喜，中国社科院法学研究所、贵州省社科院联合培养博士后、副研究员；吴大华，贵州省社会科学院党委书记、二级研究员、博士后合作导师。

乡村振兴视域下的乡村治理创新研究

——以贵州省黔东南州为例

张健翎

摘　要：乡村治理有效是乡村振兴的基石、保障和要求。随着乡村社会开放程度的提高、人口流动性的增强、外来不稳定性因素的介入、人口价值观念的变化等，乡村治理面临的情况越来越复杂，提高乡村治理体系和治理能力的现代化水平显得非常紧迫。因此，探索乡村振兴战略视域下乡村治理如何创新，是当前乡村工作的重要内容。

关键词：乡村治理；创新；黔东南

十九届四中全会提出必须加强、创新社会治理，完善新时代的社会治理体系，建设为民的社会治理共同体。开展脱贫攻坚、实施乡村振兴战略以来，以往封闭的农村开始通过“路”与外界逐渐融合，交通便利为群众的生活、出行、就医、求学、就业等带来了便利，同时也让流窜作案钻了空子，农村摩托车、大牲畜时常被盗，赌博、涉毒案件大幅上升，这些新的治安问题和安全隐患给乡村治理提出了新的要求，直接影响着实施乡村振兴，加快农业、农村现代化的进程。

一、黔东南州乡村治理工作现状

面对农村社会治安出现的新形势，黔东南州深入推动自治、法治、德治建设，不断丰富、创新农村社会治理内容和体制机制，实现了农村社会大局持续稳定，提高了农村治理的能力和水平。2020 年，黔东南州人民群众安全感和满意度分别排名全省第二位和第三位，呈现出社会持续和谐、稳定的大好局面。

（一）加强法治建设，夯实社会治理根基

1. 将“一中心一工程”延伸至村级

2350个行政村全部实现州、县、乡、村四级综治中心规范化建设100%全覆盖和“雪亮工程”视频监控全覆盖，提高了社会治安防控的信息化水平，提升了社会治安的公共安全管控能力。例如天柱县综治中心工作员通过视频巡查发现竹林镇地坌村路段边坡有棵高压线严重倾斜导致路面车辆堵塞问题，从线索推送、紧急处置、隐患消除到交通恢复畅通，仅用了2个多小时。

2. 建立群防、群治队伍

绝大多数村寨均组建不低于20人的治保队伍，主要负责在村里开展治安巡逻、安全隐患排查、鸣锣喊寨，处理突发紧急情况、救火和救灾等。比如剑河县久仰镇基佑村就成立了一支妇女消防队，还创新实施“十户一体”联防；台江县老屯乡长滩村推广得最好，该村通过“十户一体”进一步拓展到联卫生、联产业，群众反映很好。

3. 实施“一村一警务”管理体制

按照“五个一”的标准建设村警务室，配备警务助理原则上录用本村、高中以上文化程度（退伍军人和大中专毕业生优先）或本村村民评价较高的人员。“一村一警”管理体制在推动黔东南州农村治理中发挥了积极、重要的作用。如丹寨县兴仁镇摆泥村石龙景区遭人为肆意破坏事件、凯里市湾水镇岩寨村村民张某在亲戚家饮酒过量致死事件引起的纠纷均在警务助理的及时调解下得到解决，防止事态进一步升级恶化，把矛盾隐患化解在萌芽状态。

（二）创新机制体制，化解乡村矛盾

1. 大力推行网格化服务管理新机制

网格化服务管理自2015年全面推行以来，网格员及时就地化解一般矛盾风险9624件，上报重大隐患问题304件，避免造成群死、群伤事件（故）和重大财产损失。其中较为典型的是剑河县南埃村网格员部青辉及时上报信息避免了群体性事件发生。

2. 创新开展“五户联创”工作新机制

丹寨县创新开展的“联卫生创环境，联治安创稳定，联安全创平安，联产

业创富裕，联人心创活力”的“五户联创”农村社会治理模式，成为农村社会自我监督、自我管理、抱团发展的有效工作途径及措施。通过“五户联创”，各类矛盾、纠纷在基层得到了有效化解，因邻里、财产、婚姻、家庭等矛盾、纠纷引发的命案也得到了有效遏制。

（三）强化专班组建，攻坚突出治安问题

一是组建“扫黑除恶专班”，抽调专人负责扫黑、除恶相关日常工作，解决基层组织软、涣、散的问题；二是组建“禁毒禁赌扫黄专班”，先后成立了禁毒、禁赌、扫黄大队，组建了禁毒、禁赌、扫黄专业队伍，净化了社会风气，解决了乡村丑恶现象易抬头问题；三是组建“严打盗拐骗专班”，专班在破案实践中有针对性地打击各类盗窃违法犯罪活动，解决了警力分散制约机制问题。

（四）推广“枫桥经验”，发挥民间传统文化的独特作用

积极学习、借鉴“枫桥经验”，创新村寨治理。如锦屏县华寨村以村规、民约为载体的契约治理、从江县苗族“耶规”及侗族“款约”的以文化习俗为支撑的村寨自治，以及依托民间习惯法如通过“喊寨”预防、“扫寨”预警和“洗寨”应对重大灾害的村寨治理，增强了“社会协同”和“公众参与”的治理效果，为维护基层社会稳定做出了积极的贡献。

二、黔东南州乡村治理工作的主要短板

从黔东南州乡村社会治理现状来看，虽出现了不少乡村社会治理比较成功的典型示范案例，但由于群众参与社会治理意识和能力不足、基层自治组织主体参与治理不充分等，大多数采取的仍然是以政府为主导的乡村社会治理模式，村民自治、社会组织动员等能力都还很弱，阻碍着乡村治理体系和治理能力的现代化发展。

（一）乡村治理体制机制不适应

从政府层面看，目前乡镇政府机构分散，各个系统密切协作、齐抓共管的

能力弱，绝大部分乡村社会治理工作依靠政法综治部门单打独斗，工作效率低下，成效不够明显。从村级组织层面看，目前村（居）委会这一群众性自治组织承担了大量原本属于乡镇政府和部门的工作任务，成为政府部门的承受层、操作层和落实层。原本的村级自治管理功能日益萎缩，出现了“该管的未管，不该管的强管，管了的又管不好”的现象。从村民层面看，由于文化程度普遍不高，各家忙各家的，乡村社会发展普遍存在“有和谐，无活力”的现象。大量农村年轻人在外谋生，对村里的公共事务基本不关心。

（二）乡村治理观念理念不适应

不少基层领导干部尚未真正树立并践行“发展是第一要务，稳定是第一责任”的工作理念，对“促一方发展，保一方平安”的政治使命认识不清。部分乡村干部法治思维和法治意识淡薄，在决策或行政管理中存在不依法办事，在利益面前偏亲向友，重大决策不民主，工作方法简单、粗暴等情况。

（三）乡村治理受客观条件制约

首先，各种遗留矛盾较多。农村集体产权收益分配、土地征用补偿、林权纠纷、村级财务、基层干部作风、侵财盗窃等方面的利益纷争易发。尤其是林权纠纷存量较大，存在较大群体性事件隐患。其次，人口结构失调。实行计划生育以来，重男轻女的传统思想观念造成农村人口性别比例失调，加上“打工潮”带来的大量农村女孩嫁到城里、嫁到州外，农村大龄单身男子数量大幅增加。第三，流窜作案现象增加。盗窃农村摩托车、牲畜、基站电缆线等案件时有发生，对乡村社会治理来说是不小的挑战。第四，不少村没有“主心骨”。村里的能人少，调动不起村民参与村里事务的积极性。从事乡村治理和服务工作的多是村“五大员”，且大多数没有经过社会工作的专业培训。有的村多年没有发展党员，村“两委”话语权减弱，乡村工作者队伍青黄不接。第五，财力不足。集体经济基础差，存在大量“空壳村”，缺乏自有财力为村民群众服务。乡镇政府拨款补贴远远不能满足乡村管理费用。

三、黔东南州乡村治理创新发展的对策建议

乡村治理创新发展既要立足实际，又要放眼未来。一方面要遵循治理的一

般规律，提高农村社会治理的水平；另一方面要考虑城乡社会结构的差异，因地、因村制宜，选择符合村情、民情的治理模式，确保乡村善治有效、和谐有序。

（一）建立、健全现代乡村治理体制机制

1. 健全村级组织体系

加强党对乡村治理的集中、统一领导，坚持把夯实基层基础作为固本之策。农村基层党组织是党在农村全部工作主战斗力的基础，是乡村治理体系中的主心骨，是新时代加强、创新乡村治理，推动乡村治理现代化的核心和领导力量。要提高农村基层党组织在乡村振兴中的威信，加强农村新型经济组织和社会组织的党建工作，引导其始终坚持为农民服务的正确方向。

2. 加强村级组织队伍建设

充分发挥基层党员、干部的示范、带动作用，加强农村党员教育、管理和监督，教育并引导广大党员自觉用习近平新时代中国特色社会主义思想武装头脑。严格党的组织生活，全面落实“三会一课”、主题党日、谈心谈话、民主评议党员、党员联系农户等制度。扩大党内基层民主，推进党务公开。加强党内激励关怀帮扶，使党员与群众的联系密切，定期走访、慰问农村老党员、生活困难党员，帮助其解决实际困难。加强农村流动党员管理。稳妥、有序地开展不合格党员组织处置工作。加大在青年农民、外出务工人员、妇女中发展党员的力度。建立、健全党员档案管理制度，加强基层党员资料统计、分类和管理，及时了解基层党组织队伍状况。

3. 规范村级组织工作事务

明确乡镇和村级的事权分工，切实减轻村级组织负担。政府机构原则上不在村级建立分支机构，不得以行政命令方式要求村级承担有关行政性事务。交由村级组织承接或协助政府完成的工作事项，要充分考虑村级组织的承接能力，实行严格管理和总量控制。规范村级各种工作台账和各类盖章证明事项。推广村级基础台账电子化，建立统一的“智慧村庄”综合管理服务平台。

4. 强化乡村组织建设监督管理

推动全面从严治党向纵深发展、向基层延伸，严格落实各级党委尤其是县级党委主体责任，进一步压实县乡纪委监督责任，将乡村治理工作作为每年

市、县、乡党委书记抓基层党建述职评议考核的重要内容，纳入巡视、巡察工作内容，作为领导班子综合评价和选拔、任用领导干部的重要依据。织密农村基层权力运行“廉政防护网”，大力开展农村基层微腐败整治，推进农村巡察工作，严肃查处侵害农民利益的腐败行为。坚持抓乡促村整乡推进、整县提升，加强基本组织、基本队伍、基本制度、基本活动、基本保障建设，持续整顿软弱涣散村党组织。

5. 引领、推动社会力量参与农村社会治理

加强工会、共青团、妇联、科协、残联等群团组织建设，发挥各民主党派、工商联、无党派人士等的积极作用，共同参与农村社会治理。构建支持、引导社会各方面人才参与乡村振兴的政策体系，吸引、支持党政干部、专家、学者、医生、教师、技能人才下乡服务乡村振兴事业。完善购买服务机制，引导、支持农村社会工作和志愿服务发展。以乡愁、乡情为纽带，挖掘、回引、培育一批拥有一定资产、能力或知识，思想觉悟高的新乡贤参与乡村治理，为乡村建设服务。

（二）着力推进农村自治、法治、德治有机结合

1. 优化村民自治实践

坚持自治为基，加强农村群众性自治组织建设，推动乡村治理重心下移，健全、创新村党组织领导的充满活力的村民自治机制。一要建立、健全基层民主协商制度体系。涉及农村社区公共事务和村民切身利益的事项，均由议事协商委员会牵头，拓宽社情和民意表达渠道，有效激发广大群众参与农村社区建设的热情。二要加强自治组织建设。深入实施村民委员会组织法，完善农村民主选举、民主协商、民主决策、民主管理、民主监督制度。三要培育农村社会组织。加快转变政府职能，强化乡村共治意识，加快促进各类农村社会组织的建设和发展。四要创新村民自治模式。不断拓宽群众参与乡村治理的制度化渠道，让农民真正成为乡村治理的主体和乡村振兴的受益者，不断提升农民的获得感、幸福感、安全感。

2. 推进法治乡村建设

坚持法治为本，树立依法治理理念，完善乡村法律服务体系，强化法律在农民权益、农业支持、农村发展等方面的权威地位。一要开展法治教育。深入

开展“法律进乡村”宣传教育活动，以适应农村干部、群众对法律知识的现实需求，引导干部、群众尊法、学法、守法、用法。提高农村治理法治化水平。加强普法教育和法治宣传，进一步调动农村干部群众学法、用法的积极性，增强基层干部法治观念、法治为民意识和依法办事能力，将政府各项涉农工作全面纳入法治化轨道。二要建设法治乡村。加快完善农业、农村法律服务体系，健全农村产权保护、农业市场规范运行、“三农”支持保护等方面的法律制度，把政府各项涉农工作纳入法治化轨道，保障农村改革发展。健全农村公共法律服务体系，加强对农民的法律援助、司法救助和公益法律服务。深入开展“民主法治示范村”创建活动，深化农村基层组织依法治理。三是深化平安村寨建设。完善农村立体化社会治安防控体系建设，规范化建设村综治中心，实施“一村一警务”工程，构筑“村村有组织、网格有人管、户户有人看、重点部位有监控”的农村治安防控网。深入开展各项专项治理活动，依法严厉打击农村黑恶势力、宗族恶势力、家族恶势力和“村霸”，严厉打击黄、赌、毒，盗、拐、骗，破坏生态，网络诈骗，非法传销等违法、犯罪行为。创建区域宗教关系和谐示范区，持续开展反邪教斗争。加强社会矛盾纠纷排查化解，强化基层人民调解组织建设，健全并完善矛盾、纠纷动态排查制度、汇总研判制度和多元化解告知制度。加强安全生产监管。规范交通、民爆物品、消防、非煤矿山、建筑工地等领域安全管控，坚决遏制重特大安全生产事故发生。

3. 提升乡村德治水平

坚持德治为先，传承、弘扬优秀传统文化，以德治滋养法治精神，让德治贯串乡村治理全过程。一要强化道德教化作用。发挥中华传统文化、伦理道德的教化滋养作用，深入挖掘乡村熟人社会蕴含的道德规范，结合时代要求进行创新，引导农民向上向善、孝老爱亲、夫妻和睦、重义守信、勤俭持家、邻里互助、见义勇为、建立道德激励约束机制，实现家庭和睦、邻里和谐、干群融洽。深入宣传道德模范、身边好人的典型事迹，弘扬真善美，传播正能量，鼓励农民群众自我教育、自我管理、自我服务、自我提高。二要发挥村规、民约功能。弘扬公序良俗，促进自治、法治、德治有机融合。开展村规、民约示范创建活动，每年按建制村总数的5%创建村规、民约示范村。不断完善村规、民约内容，最大限度体现全体村民的合法利益和意愿，求得最大公约数，不得违背宪法和法律精神，不得妨碍并侵犯个人、集体合法权益和国家利益，特别要防止出现多数人侵犯少数人权益的情况，促使其更加契合法治精神和现代治理理念，增强传统村规、民约的现代价值。加强优秀村规、民约的宣传，发挥好典型示范作用。三要促进乡村移风易俗。引导村民群众崇尚科学文明，传播科学、健康的生活方式，抵制封建迷信活动和奢侈浪费的行为，做文明人、办文明事。争取在两年的时间内有90%以上行政村成立“红白理事会”或相应的群众自治组织，落实农村红白事项办理制度。深化农村殡葬改革，提倡建立集体祠堂和公墓。

（三）持续强化乡村治理的各项保障

1. 坚持“志智”双扶，激发乡村社会治理的内生动力

大力实施“领头雁”工程，注重从致富能人、合作社负责人、知识青年等群体中推选村支书和村干部。深入推进村干部报酬实行“基本报酬+购买服务+集体经济收益奖励”“三增”机制，让村干部安心干、乐意干。加大在青年农民、外出务工人员、妇女中发展党员的力度。实施高校毕业生基层成长计划，开展“三支一扶”、选调优秀高校毕业生到基层工作等，对农科类毕业生给予一定程度的政策倾斜。探索开展职业农民职称评定试点，加大优秀乡土人才评选、表彰活动。实施“村村都有好青年”选培计划，加强与各地商会对接，鼓励青年才俊回乡发展，充实农村基层人才队伍。大力培育新型职业农民，通过轮训培育一批专业大户、家庭农场主、农民合作社领办人和农业企业骨干。

2. 健全公共服务，提供乡村社会治理的外部保障

加大农村基础设施、公共服务设施和基本公共服务的投入，加快实现城乡基础设施和基本公共服务一体化。建立并完善公共服务支出、消费、增长、供给及管理模式，全面提升农村基本公共服务水平，实现城乡基础教育、基本医疗、基本养老等基本公共服务均等化和一体化，推进精准脱贫，加快提高农村社会保障水平，让全体农民都能过现代化生活。要重塑政府与企业、基层自治组织和各种非政府组织在公共服务投入方面的合作和互动关系，建立以农民需求为导向的公共物品决策体系，实现公共服务均等化，让乡村成为生态宜居之地，提升乡镇服务能力。

3. 借助大数据，提升乡村社会治理能力和水平

依靠当前的大数据驱动新时代，提高治理主体协同性，使得治理内容更具精准性，治理手段更具有效性。一是积极推进网格化管理。细化基层组织网络，将各项行政管理和事业服务职能融入网格、落实到人，推进管理方式从被动处置问题向主动解决问题转变，从事后执法向源头治理转变，推动政府管理全覆盖无缝隙，及时掌握群众需求，有效化解矛盾，提高服务群众的能力。二是全面推进公共安全视频监控建设联网应用“雪亮工程”建设，进一步升级技防措施，加快公共安全视频图像信息共享交换总平台、公安分平台、综治分平台建设，将“天网”“雪亮网”“地网”“社会视频”等资源进行深度融合运用。对视频监控、智能交通、移动上网、电子围栏、物联网、门禁系统等智能化信息采集渠道进行整合，强化综治大数据分析、处理、挖掘，实现对各类风险的自动识别、敏锐感知、及时预警和主动拦截，实现由事后追溯向事前预测、预警、预防转变。

参考文献

[1] 中共中央国务院印发《乡村振兴战略规划（2018—2022年）》[EB/OL]. http：//www.gov.cn/zhengce/2018-09/26/content_ 5325534.htm.

[2] 中共中央办公厅国务院办公厅印发《关于加强和改进乡村治理的指导意见》[EB/OL]. http：//www.gov.cn/zhengce/2019 - 06/23/content _ 5402625.htm-2019.

[3] 持续增强乡村治理效能 [EB/OL]. http：//theory.gmw.cn/2020-09/21/content_ 34205578.htm-2020.

[4] 高其才，池建华. 改革开放40年来中国特色乡村治理体制：历程、特质、展望 [J]. 学术交流期刊，2018（1）.

[5] 王斌，周晓荷. 推进治理体系和治理能力现代化 [N]. 河南日报，2021-10-28.

[6] 健全自治法治德治相结合的乡村治理体系 [J]. 农业、农村、农民（B版），2019（3）.

作者简介：张健翎，黔东南州社会科学院科研部部长、副研究员。

全面脱贫与乡村振兴有效衔接问题研究

——以宁夏为例

师东晖

摘　要：2020 年是国家“十三五”规划的收官之年，也是脱贫攻坚战实现全面胜利之年。当前和未来一段时间是脱贫攻坚与乡村振兴战略实施的交汇期，加快形成脱贫攻坚与乡村振兴相互协调、有效衔接的新格局是当前“三农”工作的主要内容。本文结合宁夏贫困发生率和乡村振兴评价指标体系，运用宁夏 2020 年的相关数据测算乡村振兴发展指数和脱贫攻坚发展指数，再借鉴物理学系统耦合协调模型，得出宁夏的脱贫攻坚与乡村振兴的耦合、协调程度为中度协调状态。宁夏脱贫攻坚与乡村振兴有效衔接具有向着良性协调推进的基础，但通过对宁夏乡村进行实地调查发现，脱贫攻坚与乡村振兴衔接还面临着脱贫攻坚产业发展基础不牢固、致贫与返贫风险难以掌控、可持续发展能力较弱、体制机制衔接尚不清晰等障碍。最后从统筹产业扶贫与产业振兴的有效衔接、构建相对贫困长效机制降低返贫风险、分类施策提升可持续发展能力、巩固脱贫质量，做好体制机制有效衔接几个方面探索宁夏脱贫攻坚与乡村振兴有效衔接的路径。

关键词：全面脱贫；乡村振兴；有效衔接；耦合协调度

一、引言

打赢精准脱贫攻坚战，实施乡村振兴战略是党的十九大提出的实现全面小康的标志性目标和重大战略，是党的“三农”工作的总抓手。2018 年 2

月，《中共中央国务院关于实施乡村振兴战略的意见》正式提出“做好实施乡村振兴战略与打好精准脱贫攻坚战有机衔接”的工作。2018 年 8 月，《中共中央国务院关于打赢脱贫攻坚战三年行动的指导意见》再次提出“统筹衔接脱贫攻坚与乡村振兴”的要求。2018 年 9 月，《乡村振兴战略规划（2018—2022 年)》进一步提出“推动脱贫攻坚与乡村振兴有机结合、相互促进”的要求。2020 年 6 月 10 日，习近平总书记在宁夏考察时再次强调，“要巩固、提升脱贫成果，保持现有政策总体稳定，推进全面脱贫与乡村振兴战略有效衔接”。可见，针对各地区现状探讨脱贫攻坚与乡村振兴如何有效衔接十分有必要。

二、文献综述

在国外的研究中，Ellis F 较早对发展中国家农村发展和乡村贫困问题进行研究，随后掀起了发展中国家乡村发展和农村贫困关系问题研究的热潮。Hulme，Bebbington A，Bourguignon F，Jalan J，Macmillan P，Cristobal，Islam N 等分别从不同学科视角对拉丁美洲、非洲的发展中国家，以及中国、印度等进行系统研究，指出农村发展要与消除农村贫困协同推进，以减轻贫困。Coirolo L 等考察了以社区为基础的农村发展和贫困问题，强调了以社区为基础的农村发展是减少农村贫困的一种有效途径。Macmillan P 从政治经济学和社会学角度研究了农村贫困、农村不平等和农村发展的关系。Carlos Gradin 利用搜集的中国农村家庭收入数据开展了对我国农村地区发展和农村贫困的差异的研究。

同样，作为我国学者的研究热点，特别是随着新时代背景下精准扶贫、精准脱贫工作实践的深入及实施乡村振兴战略的提出，国内关于全面脱贫与乡村振兴有效衔接方面的研究已经十分丰富，主要集中在以下几个方面：

第一，脱贫攻坚与乡村振兴内在逻辑关系的研究主要分为互斥论和过渡论。互斥论认为脱贫攻坚与乡村振兴在目标任务和政策着力点上具有差异性；过渡论认为脱贫攻坚是乡村振兴的部分内容和重要方面，是实施乡村振兴战略的基础，乡村振兴是稳定脱贫攻坚成果的有效保障。二者在目标导向、政策内容、主体作用、体制机制等方面具有共性，“存在内容一致、功能互构、价值一元性”和“主体共通等耦合性，两者间本质上是共生、共存、共促关系”。

第二，脱贫攻坚与乡村振兴有效衔接的路径研究。左停等指出，要做好二者的有效衔接，“既要抓好梯度跟进，又要抓好优化升级”。高强、豆书龙等指出乡村振兴和脱贫攻坚有机衔接存在“中央战略整体落地不够、区域支撑能力不强、工作体制机制不够顺畅”“产业发展升级困难”，以及“内生动力难以激发”等问题，应该“着力在体制机制统筹落实、产业发展多元鼓励、主体意识积极培育等方面精准发力”。廖彩荣等则从战略协同的角度提出通过采取“思想协同保障、产业协同保障、人才协同保障、文化协同保障、生态协同保障、组织协同保障、社会协同保障”等措施保障两大战略协同推进。李晓园等提出乡村振兴与精准扶贫的共生路径，主张以高质量扶贫产业、新农村建设、繁荣农村文化为接点，以产业扶贫推动农业强，以生态扶贫助力农村美，以教育扶贫实现农民富。

第三，脱贫攻坚与乡村振兴有效衔接地区实践研究。姚兴会对重庆黔江区李子村、陈晓萍对新疆、韩立达等对西藏少数民族聚居地区、李外禾对重庆涪陵区等多地方的协同推进脱贫攻坚与实施乡村振兴战略工作进行了系统总结，总结出其成功经验、主要做法和取得成效；此外，有学者甚至提炼出了协同推进的模式和机理；有的学者总结出协同推进的动力源泉，协同机制，方式、方法，保障措施等，这些既为协同推进实践提供了生动的经验模板，也为协同理论创新提供了权威的范本阐释。

综合国内外研究，我们发现国内外相关研究为本文提供了丰厚的理论基础和路径研究参考，但就目前的研究成果来看，仍有值得学术界进一步深入研究和探讨的空间；在研究的问题聚焦上，当前的研究成果较多集中在对乡村振兴和脱贫攻坚二者有效衔接的宏观理论的探讨；从地区实践问题的特殊性入手进行分析、探讨的成果不多，鲜见全面脱贫与乡村振兴耦合协同性的研究成果。基于廖文梅关于江西省脱贫攻坚与乡村振兴协同性研究视角，本文从宁夏脱贫和攻坚乡村振兴的实际出发，分析宁夏脱贫攻坚发展指数和乡村振兴水平发展指数，从耦合协调度的视角分析宁夏全面脱贫与乡村振兴的协同发展水平，为宁夏实现全面脱贫与乡村振兴有效衔接提供对策参考。

三、数据来源与指标体系构建

为了能够客观反映宁夏脱贫攻坚与乡村振兴协调发展程度，本课题结合宁夏贫困率和乡村振兴评价指标体系，运用宁夏2020年的相关数据测算其脱贫攻坚与乡村振兴水平，再尝试借鉴物理学系统耦合、协调模型分析宁夏脱贫攻坚与乡村振兴的耦合、协调程度，为脱贫攻坚与乡村振兴有效衔接提供客观数据支撑。

（一）数据来源

本研究的数据主要来源于《中国统计年鉴》《宁夏统计年鉴》，部分缺失数据参考当年的统计公报。

1. 脱贫攻坚的指标构建

本研究中脱贫攻坚的指标是基于绝对贫困的测量方法进行构建的，根据全国统一的测量标准，采用基于收入贫困获得的贫困发生率来衡量某一地区的贫困水平。脱贫攻坚水平与贫困发生率互为相反关系，因此，本研究利用贫困发生率来衡量脱贫攻坚水平。

2. 乡村振兴的指标构建

对于乡村振兴的评价指标体系，国内部分学者做了相关研究。本研究根据国家乡村振兴战略的要求，紧紧围绕产业兴旺、生态宜居、乡风文明、治理有效、生活富裕五个方面展开研究，同时吸收并借鉴了贾晋、韦家华、连漪、张挺等学者对乡村振兴评价指标体系的研究成果，结合《宁夏乡村振兴战略规划(2018—2022年)》，将产业兴旺、生态宜居、乡风文明、治理有效、生活富裕这五项指标作为乡村振兴评价指标体系的一级指标。含17个二级指标、21个三级指标在内的宁夏乡村振兴评价指标体系如表1所示：

表 1　宁夏乡村振兴评价指标体系

目标层	一级指标	二级指标	三级指标
宁夏乡村振兴评价指标体系	A 产业兴旺	A1 农业效率化	A11 人均农、林、牧、渔业产值
		A2 农业发展效益化	A21 农业土地产出率
			A22 农业劳动生产率
		A3 农业机械化	A31 亩均农业机械劳动总动力
		A4 农民组织化	A41 国家农民专业示范合作社数量
	B 生态宜居	B1 生产绿色率	B11 化肥施用强度
			B12 农药使用强度
		B2 有效灌溉率	B21 有效灌溉率
		B3 生活宜居率	B31 生活垃圾无害化处理率
			B32 空气质量优良天数
		B4 医疗配套率	B41 农村每万人卫生人员数
			B42 每万人养老服务机构数量
	C 乡风文明	C1 家庭之风	C11 农村居民平均受教育年限
		C2 民俗之风	C21 乡村公共文化服务覆盖率
		C3 社会之风	C31 每万人村文化活动场所数量
	D 乡村治理	D1 民主自治	D11 村民委员会成员数覆盖率
		D2 基层自治	D21 农村居民治安满意度
		D3 社会德治	D31 群众认可度
	E 生活富裕	E1 农民收入	E11 农村居民人均可支配收入
		E2 收入差距	E21 城乡居民收入之比
		E3 富裕程度	E31 农村居民恩格尔系数

（二）数据结果来源、评价方法与测算结果

1. 数据结果来源

数据结果来源于贾晋等《中国乡村振兴发展指数蓝皮书（2018）》，宁夏乡村振兴发展指数为 0. 246。

2. 耦合评价模型

耦合是物理学中的概念，指两个或两个以上的系统或运动形式通过各种相互作用而彼此影响的现象。协调是两个或两个以上系统或要素一种良性的相互关联，表现为系统之间或系统内要素和谐一致、良性循环的关系。耦合度和协调度表现为对系统或要素耦合、协调状态、程度的描述和度量。本文借助耦合协调度模型，可以揭示出宁夏在脱贫攻坚过程中与乡村振兴的协调度，来计算、分析二者的耦合关系来反映两个系统的整体功效和协同效应，计算公式如下：

$$C = 2\sqrt{U_1 U_2} / (U_1 + U_2) \tag{1}$$

式（1）中，C 为乡村振兴和脱贫攻坚效果两个系统的耦合度；U_1、U_2 分别为两个系统的综合评价指数，表示两个系统的综合发展水平。但此模型无法判断耦合是否为良性，当两系统的综合发展水平都比较低时，仍然能够得到较高的耦合度。为了避免此模型的不足，本研究引入耦合协调度模型，以此客观地反映乡村振兴与脱贫攻坚的协调发展水平，计算公式如下：

$$\begin{aligned} D &= \sqrt{C * T} \\ T &= \alpha U_1 + \beta U_2 \end{aligned} \tag{2}$$

式（2）中，D 为耦合协调度；T 为乡村振兴与脱贫攻坚两系统的综合协调指数，反映两系统的综合发展水平对协调度的贡献；∂ 、β 为待定系数，分别表示乡村振兴和扶贫的贡献系数。在两系统的耦合、协调发展过程中，考虑乡村振兴与脱贫攻坚同等重要，并根据前期研究，本研究均取 ∂ 、β 为 0.5。

3. 耦合协调的等级划分

根据 D 值的范围划分的耦合协调度的几个等级，本文设置耦合协调度在 $0.8<D\leqslant 1$ 为良好协调状态，$0.6<D\leqslant 0.8$ 为中度协调状态，$0.4<D\leqslant 0.6$ 为低度协调状态，$0.2<D\leqslant 0.4$ 为中度失调状态，$0<D\leqslant 0.2$ 为严重失调状态。

4. 宁夏脱贫攻坚水平分析

2018 年底，按照每人每年 2300 元（2010 年不变价）的农村贫困标准计算，宁夏全区农村贫困人口为 12 万人，比上年末减少了 11.5 万人；贫困发生率为 3.0%，比上年下降了 3.0 百分点。全年全区生态移民人均可支配收入 7602 元，比上年增长了 10.9%。

5. 宁夏脱贫攻坚与乡村振兴的耦合度

2018 年宁夏乡村振兴发展指数为 0.246，即 $U_1=0.246$，脱贫攻坚发展指数为 1-3%=0.97，即 $U_2=0.97$。

$$C = 2\sqrt{U_1 U_2} \ / \ (U_1 + U_2) = 0.803$$

$$T = \alpha U_1 + \beta U_2 = 0.608$$

$$D = \sqrt{C * T} = 0.699$$

通过计算得出宁夏 2018 年脱贫攻坚与乡村振兴耦合协调值为 0.699，介于 0.6 和 0.8，两者属于中度协调状态。由计算数据来看，宁夏脱贫攻坚与乡村振兴有效衔接具有向着良性协调推进的基础，我们要具体结合脱贫攻坚与乡村振兴衔接的具体问题采取相应的举措。

四、宁夏脱贫攻坚与乡村振兴衔接面临的障碍

通过对宁夏乡村的实地调查发现，脱贫攻坚与乡村振兴衔接还面临着些许困境，其主要困境还是源于脱贫后产生的困难和问题，这也是乡村全面振兴的难点。

（一）致贫与返贫风险难以掌控

随着精准扶贫、精准脱贫基本方略的实施，2020 年后，我国将总体进入农村绝对贫困基本消除的新局面，这也意味着我国贫困治理取得了显著成效。然而，公共行政实践困境、治理“内卷化”、地方“精英俘虏”等现象依然存在，贫困形态将呈现绝对贫困与相对贫困共存，以相对贫困为主的状态，且处于现行标准下的临界脱贫人口返贫的可能性较大，农村地区致贫因素和贫困形态也将发生变化，这其中产生新的贫困问题是当前我国未来乡村振兴面临的隐性挑战。一是由于贫困村得到大力度的资金投入和政策帮扶，在产业支持、基础设施建设、公共服务等方面与非贫困村相差较大，容易引起新的不平衡。非贫困村的发展资金存在不足，没有帮扶项目，逐渐成为发展的短板，长期这样下去，非贫困村面临相对贫困的可能性更大。二是致贫因素发生变化，会形成新的贫困问题。如个别家庭成员患有大病或慢性病，治疗阶段家庭支出大，存

在因病返贫或产生新的贫困风险；还有部分移民搬入新的搬迁区后家庭消费支出比例增大，存在因消费致贫的可能等。

（二）可持续发展能力较弱

虽然脱贫攻坚战取得了全国性的胜利，但贫困户脱贫后可持续发展能力较弱，主要表现在：一是稳定增收的基础仍不牢固。我区产业结构特别是种植业结构单一，大多以传统农业为主，增收显著的新兴特色产业规模小，产业链条短，仍以小农户家庭经营为主，生产、经营组织化程度低，市场培育不足，抵御风险能力弱；具有实力的龙头企业扶贫效果好，但数量少，对贫困户的覆盖面有限，农村合作社发挥的作用较弱。二是我区第二、第三产业发展虽然步伐加快，但总量依然小，特别是农产品加工业发育得不够成熟，大多数农产品的销售形式仍然体现为初级销售。转移就业的组织化程度不高，技能培训投入大却收效甚微，主要原因是就业岗位不充足、技能培训不够深、培训的工种与市场需求存在不平衡矛盾。三是脱贫群体年龄逐步增大，面临着无业可从的困境，可持续增收难以实现的问题逐步显现。部分收入略高于建档立卡户的边缘人口基本上都不符合建档立卡条件而被排除在扶贫政策外，其家庭状况不稳定，极易因病、因灾产生新的贫困。这些问题都将是乡村振兴面临的困境。

（三）体制机制衔接尚不清晰

随着我国精准扶贫的深入实施，各地区已经形成比较完善的体制机制，而乡村振兴战略正处于顶层设计阶段，二者在协调推进过程中，在体制机制衔接方面尚无实践探索，容易产生衔接不畅等问题。而关于扶贫工作机制，在与脱贫群众交流中，我们发现还存在以下问题：一是部分脱贫群众不清楚自己是如何脱贫的，只是扶贫工作人员告知他们已经脱贫。虽然经过考核机制证明贫困户和贫困村都已脱贫，但这其中也掺杂“摇摇欲坠”的贫困户，会在短期内影响脱贫的质量，在长期影响乡村振兴战略基础。二是精准脱贫后农户的长效治理机制还不清晰，尤其是产业可持续发展机制和社会治理机制。可持续发展机制主要依托的就是稳定、高效的产业，脱贫主要依靠的是产业发展，是贫困人群增收的主要来源，而乡村振兴的首要目标就是产业兴旺，因此，只有做好产业长效发展，才能建立可持续发展机制。三是贫困治理能力有待提升。虽然贫困地区基层组织得到加强，基层干部通过开展贫困识别、精准帮扶实现了贫困的基本治理，但将后期贫困治理全部压在了第一书记或驻村干部身上，难免给他们带来沉重的压力与负担。

五、脱贫攻坚与乡村振兴有效衔接的路径

总的来看，脱贫攻坚与乡村振兴衔接的实践可行性主要表现为两方面：一方面，乡村振兴可以借鉴脱贫攻坚的有效治理经验实现稳健推进，进一步巩固脱贫攻坚成果，高质量地打赢脱贫攻坚战，建立防返贫长效机制，为贫困地区乡村振兴奠定坚实基础；另一方面，脱贫攻坚利用乡村振兴机遇实现纵深发展，具体表现在：脱贫攻坚可以利用乡村振兴带来的城乡融合发展机遇，以及政策和资源下乡的机会，实现脱贫攻坚可持续性延长、综合性增强和城乡一体化扶贫治理模式的开启。

（一）构建相对贫困长效机制降低返贫风险

党的十九届四中全会审议通过的《中共中央关于坚持和完善中国特色社会主义制度、推进国家治理体系和治理能力现代化若干重大问题的决定》明确指出："坚决打赢脱贫攻坚战，巩固脱贫攻坚成果，建立解决相对贫困的长效机制。"随着2020年小康社会全面建成，绝对贫困已消除，相对贫困将长期存在。相对贫困成为乡村振兴面临的主要问题，从"志"（内生动力机制）、"智"（能力建设机制）、"制"（三元综治机制）、"治"（贫困治理机制）四个方面构建相对贫困长效治理机制是降低返贫风险的有效途径、乡村振兴的机制保障。一是对已退出的贫困村、脱贫户全面进行"回头看"，继续跟进落实脱贫攻坚后续巩固政策，防止返贫；二是逐步开展相对贫困村和相对贫困人口帮扶工作，继续划定相对贫困标准，精准识别相对贫困村和相对贫困人口，坚持结对帮扶工作机制，实行机关及企事业单位定点扶贫及市县级领导联县包乡扶贫制，建立相对贫困村、相对贫困人口退出机制及相对贫困帮扶工作考评机制。

（二）分类施策提升可持续发展能力

对于可持续发展能力较弱的脱贫村和部分收入略高于脱贫村的边缘村落，

稳定的可持续发展能力是脱贫攻坚与乡村振兴有效衔接的主要内容。一方面，根据乡村振兴评价指标体系对宁夏乡村综合发展水平进行分级，根据乡村级别实施不同的政策。对刚脱贫的乡村以产业长效发展为主，倡导产业融合发展，着力推动第一产业“接二连三”。既要专注于发展农业生产，又要推进农业高质量发展，发展现代农业，推动订单农业发展以助力小农户与大市场的有效对接，稳定增收基础，提升农户可持续增收能力。针对部分收入略高于脱贫村的边缘村落，加强政策投入和基础设施建设，精准施策，重点扶持，建立跟踪监管机制，降低其返贫风险。另一方面，创新技能培训形式和内容，提升乡村可持续发展能力。传统的技能培训内容呈现出与市场发展不匹配、培训效果较差等现象，这也直接影响乡村的可持续发展能力。脱贫村产业正在壮大发展，加工、销售和运输将成为新的市场需求，技能培训增加了物流运输、网络销售等内容，为脱贫攻坚与乡村振兴衔接提供技能岗位支撑。

（三）巩固脱贫质量，做好体制机制有效衔接

乡村振兴的任务包括产业兴旺、生态宜居、乡风文明、治理有效、共同富裕五个方面，是农业、农村现代化长久发展的最终目标。脱贫攻坚质量决定了乡村振兴的起点，巩固脱贫质量是乡村振兴的基础保障。脱贫攻坚期间形成了中央统筹，省负总责，市、县抓落实的管理体制、社会动员机制、考核评价机制、动态监测机制，为乡村振兴工作体制机制衔接明确了方向。一是在脱贫体制机制的基础上，乡村振兴继续构建从中央到地方的乡村振兴统筹管理体制机制，明确乡村振兴分工和合作机制，将乡村振兴纳入基层政府工作绩效考核的评价体系，制定乡村振兴项目的动态监测机制。二是总结驻村工作队、第一书记、大学生村干部、社会组织等力量参与扶贫的经验，做好脱贫攻坚人才选拔与组织振兴的衔接，总结道德评议会、社区理事会等扶贫中“三治融合”的县域贫困治理经验和模式，创新党建引领下的现代乡村治理体制机制，充分发挥党建引领和组织振兴的作用，推进乡村振兴战略的落实。三是在基层治理方面，如乡村振兴阶段的具体驻村方式、驻村人员要求、驻村时间等，应充分结合各地的实际情况做出相应的调整，打造一支“本社区化”的乡村基层治理队伍，增强村社的治理能力。

参考文献

[1] 汪三贵，冯紫曦．脱贫攻坚与乡村振兴有机衔接：逻辑关系、内涵与重点内容［J］．南京农业大学学报（社会科学版），2019（5）．
[2] 高强．脱贫攻坚与乡村振兴有机衔接的逻辑关系及政策安排［J］．南京农业大学学报（社会科学版），2019（5）．
[3] 徐虹，王彩彩．乡村振兴战略下对精准扶贫的再思考［J］．农村经济，2018（3）．
[4] 庄天慧，孙锦杨，杨浩．精准脱贫与乡村振兴的内在逻辑及有机衔接路径研究［J］．西南民族大学学报（人文社科版）．2018（12）．
[5] 豆书龙，叶敬忠．乡村振兴与脱贫攻坚的有机衔接及其机制构建［J］．改革，2019（1）．
[6] 李晓园，钟伟．乡村振兴中的精准扶贫：出场逻辑、耦合机理与共生路径［J］．中国井冈山干部学院学报，2018（5）．
[7] 左停，刘文婧，李博．梯度推进与优化升级：脱贫攻坚与乡村振兴有效衔接研究［J］．华中农业大学学报（社会科学版），2019（5）．
[8] 廖彩荣，郭如良，尹琴，胡春晓．协同推进脱贫攻坚与乡村振兴：保障措施与实施路径［J］．农林经济管理学报，2019（2）．
[9] 廖文梅，童婷，胡春晓．脱贫攻坚与乡村振兴的协同性分析：以江西为例［J］．农林经济管理学报，2019（2）．
[10] 姚兴会．脱贫攻坚衔接乡村振兴战略微观考察——以重庆市黔江区李子村为例［J］．重庆行政（公共论坛）．2018（5）．
[11] 陈晓萍．新疆乡村振兴与脱贫攻坚协调发展的重要性与协同性分析［J］．现代经济信，2018（19）．
[12] 韩立达，史敦友．民族地区乡村产业振兴实践研究——以西藏山南市滴新村为例［J］．西北民资大学学报（社会科学版），2018（5）．
[13] 李外禾．乡村振兴背景下涪陵区精准脱贫对策研究［J］．农村经济与科技．2018（13）．
[14] 贾晋，李雪峰，申云．乡村振兴战略的指标体系构建与实证分析［J］．财经科学，2018（11）．

[15] 韦家华，连漪．乡村振兴评价指标体系研究［J］．价格理论与实践，2018（9）．
[16] 郑家琪，杨同毅．乡村振兴评价指标体系的构建［J］．农村经济与科技，2018（17）．
[17] 张挺，李闽榕，徐艳梅．乡村振兴评价指标体系构建与实证研究［J］．管理世界，2018（8）．
[18] 李俊杰，耿新．民族地区深度贫困现状及治理路径研究——以“三区三州”为例［J］．民族研究，2018（1）．

作者简介：师东晖，宁夏社会科学院农村经济研究所助理研究员。

国外乡村振兴实践对我国乡村振兴的启示

刘伯霞　刘　杰　王　田　程　婷　何　强

摘　要：作为发展中国家，我国乡村振兴战略的实施除了要符合我国社会主义的基本国情，还需要借鉴国外的乡村建设经验，去芜存菁，最终走出一条符合中国实际的乡村振兴之路。本文首先从我国乡村振兴的内涵和国外乡村振兴政策的由来进行阐述；其次梳理了国外乡村振兴的实践经验，包括德国、英国、美国、法国等9个实施乡村振兴的发达和发展中国家；最后总结得出了有益于我国乡村振兴战略实施的8条启示，以期为我国乡村振兴建言献策，为实现我国农业、农村现代化提供帮助。

关键词：国外；乡村振兴；实践经验；启示

乡村问题是任何一个国家或地区在任何国情、任何发展阶段中都存在的问题，乡村衰落则是传统农业国的工业化、城镇化发展到了一定阶段后在城乡二元体制和市场机制作用下城乡差距拉大导致的结构性问题，对中国来说，乡村衰落是迈向现代化进程中“三农”问题的新表现和面临的新挑战。因此，习近平总书记在十九大报告中首次明确提出“实施乡村振兴战略”，这是中国现代化发展关键节点的必然选择。其实，在这之前世界上许多国家都已实施“农村振兴”“村庄更新”或“乡村振兴”战略，也有很多成熟的经验可供我们学习、借鉴。

一、我国乡村振兴战略的内涵与国外农村振兴政策的由来

（一）我国乡村振兴战略的内涵

习近平总书记提出的“乡村振兴战略”是对农村人口老龄化、农村空心

化、城乡公共服务均等化等问题的回应，是针对社会主要矛盾变化进行的部署。乡村振兴战略不仅涵盖了农民对美好生活的需要，也适应了城市居民对美好生活的需要，因为农村要为整个社会提供优良的生态环境。因此，在中国迈入中国特色社会主义新时代的背景下提出乡村振兴战略来统领“三农”工作，立意更高、要求更高，内涵也更加深刻。乡村振兴作为新农村建设的升级版，是未来促进中国农业、农村现代化的总战略，也是未来中国“三农”工作的总抓手。

（二）国外乡村振兴政策的由来

20 世纪 30—70 年代，随着各国经济的快速增长，欧美、日韩等一些发达国家在农业、农村的发展过程中遇到了种种困难，许多农村开始出现衰落的迹象，城乡差距不断扩大、农村人口大幅减少、土地抛荒、农村经济停滞、“城市病”等问题日益凸显，这些问题的出现对农业、农村的发展方式提出了新的要求。因此，各国的乡村振兴政策相继出台。例如，1961—1969 年，日本先后颁布了《农业基本法》《农协合并助成法》《结构政策的基本方针》《农业振兴法》等基本法案，对优化农业生产结构，促进农地流转振兴农业、农村提供了很大的帮助；英、美两国也制定了《农业法》《农业调整法》，开始重视乡村发展规划，鼓励财政支农，大力采取激励措施激活乡村经济。

二、国外乡村振兴战略的实践经验

（一）德国“村庄更新”战略

乡村振兴战略起源于德国，其发展经验已经先后被复制到欧洲及其以外的国家和地区，德国的乡村发展分为两个阶段：

第一阶段为 20 世纪 50—60 年代针对城市化问题提出的“乡村再发展”（Village Redevelopment）战略，其主要内容包括村落的集中整治、搬迁和再建。这一政策与我国“社会主义新农村建设”政策提出的背景较为相似，都是针对农村人口大幅减少引起的村庄凋零现象而提出的，以提升村容、村貌及构建现代化乡村服务功能为目的的乡村搬迁整治政策。第二阶段为 20 世纪 70—90 年代初德国提出的以提升乡村经济价值、生态价值和文化价值并举的“乡村更新”（Village Renewal）战略，即乡村振兴战略。该战略强调乡村面貌的独特性，避免简单复制城市发展经验，重视村庄规划和生态环境的整治，以实现乡村特色和自我更新。

德国的农村建设经历了一个长期的探索过程，在这一过程中，村庄更新作为改善农村地区生活条件的一种基本手段起着举足轻重的作用。德国乡村振兴的核心是土地整治。德国政府通过制定相关法律保障村庄更新的成果，颁布《联邦土地整理法》《德国空间规划法》和《农业结构预规划》等基础法律，以保障乡村建设的顺利进行。其中，德国有别于其他国家的一个鲜明特征在于实施了一项基于法律框架的乡村居民参与制度。该制度规定：“乡村居民组成了乡村社区，他们是乡村振兴战略中的主体。”这一制度重在倡导公众广泛参与到乡村建设中来，使乡村通过振兴回归原有风貌，使乡村居民拥有不低于城市平均水平的生活条件。

（二）英国的乡村发展实践

英国是世界上资本主义发展最早的国家，同时也是传统农村消失最早的国家。“二战”后，英国政府开始规划乡村建设，直到20世纪70年代，在农村地区形成了经济增长中心，提高了服务设施利用率，农业生产也获得了进一步的发展。1850年，英国实现了城乡一体化，传统农村开始消失。其主要做法有五点：

一是加强对农民的职业技术培训，促进农村劳动力转移。随着圈地运动的扩大和工业化的快速发展，英国大量的农村剩余劳动力开始向城市转移，其中大多数人成为技术熟练的产业工人，推动了工业革命的发展。

二是修订多项农业生产保护政策。为了保护本国农业生产的发展，英国政府对农业基础设施、农产品种植和牲畜饲养提供高额的财政补贴，对欧盟之外的国家进口的农产品征收关税，人为地提高外来农产品的价格，以保护本国农业。

三是建立完善的劳动者保障体制。英国有着完善的社保制度，建立了全国统一的医疗制度、义务教育制度和养老保障体制，城乡之间没有差别。

四是完善城乡立法和规划保障。英国将城市和乡村纳入统一的规划体系中，城乡地位没有差别，在立法、规划和实施层面均予以同等的保障。

五是实现公共服务设施和基础设施的均等化、全覆盖。通过多年的建设和发展，乡村地区公共交通达到村村通，教育设施、管制设施等设置齐全，与城市地区几乎没有差别。

（三）美国的乡村发展支持政策

美国是发达的工业化国家，长年务农的农民仅占人口总数的2%，但美国始终重视农业和农村的发展。美国在20世纪30年代初经历了经济大萧条时期，农产品生产过剩，价格极低，大量农场主入不敷出。面对大量农场主濒临破产的困境，罗斯福新政对经济大萧条下美国乡村振兴产生了重要影响。此后经过多年的强化和发展，美国形成了完善的支持乡村发展的政策体系。

首先，美国政府设立乡村管理机构来完善乡村规划法规体系，紧接着又采取多种措施刺激乡村经济复兴，主要制定并实施了商业和产业信贷担保计划、循环贷款计划、乡村合作发展授信计划、乡村可再生能源计划等。通过这些刺激性举措确保了美国乡村高质量的就业机会、乡村商业繁荣及可持续能源供给等，受益群体包括乡村居民个体、乡村公司、合伙人、公共个体、非营利公司、印第安土著、私人企业，等等。

其次，政府推行的小城镇建设政策与美国小城镇的发展有着密不可分的关系。1960年，美国推行的"示范城市"试验计划的实质就是通过对大城市的人口分流来推进中小城镇的发展，期望美国小城镇建设很好地带动乡村的发展。在小城镇的建设上，美国政府非常重视富有个性化功能的打造，结合区位优势和地区特色，注重生活环境、休闲旅游等多重目标的实现。

最后，政府注重乡村公共性服务的供给水平和质量的提高。政府在乡村公共基础设施服务方面建立了支持乡村电力、乡村通信和宽带、水资源和环境三大领域的投资计划。这些计划旨在促进乡村公共基础设施的多元化投资、乡村居民生活质量的提升、乡村生态环境的保障等。

（四）法国农村改革实践

法国农业在极短的时间内迅速实现了现代化。一方面得益于法国工业的高度发展；另一方面，缘于法国政府在农业现代化建设中采取了相宜的农业发展政策，适时推动农村改革。

1. 重视立法，强化乡村振兴制度供给

法国十分重视通过立法将乡村发展过程中的各种政策、目标和措施法律化，强化乡村振兴的制度供给。在农业发展和农村发展方面，法国陆续颁布了《农业指导法》《农业指导补充法》《土地指导法》《乡村整治规划》《乡村地区发展法》等多部法律、法规。法国政府尤其重视乡村环境的保护，在 1999 年、2000 年又相继颁布了《可持续发展法》和《环境法典》。

2. 加强农业用地管理，促进农业生产规模化、专业化、一体化

为加快战后农业经济的恢复和发展，法国加强了对农业用地的管理，以促进农业生产的规模化、专业化和一体化。规模化主要表现为对家庭农场经营规模进行合理控制，适度促进土地集中经营；专业化主要表现为法国按照“平原发展种植业，丘陵发展畜牧业，山地发展果蔬业”的生态适应性要求，对不同产区进行了合理划分，形成了以巴黎盆地为中心的粮食生产区、西部高原畜牧区和南部山地果蔬区三大重要产地；一体化主要表现为将农业与工商、运输、信贷等与农业相关联的部门结合起来，通过资本控股、合同缔结等方式组成利益共同体，并利用集聚效应带来的先进技术和充足资金带动农业生产结构的优化和升级，实现农业与其关联产业的一体化发展。

3. 促进三产融合，挖掘乡村多功能发展潜力

产业兴旺是解决农村一切问题的前提。法国不同的乡村根据当地的资源禀赋和社会需求发挥自身优势，通过挖掘特色资源，发展特色产业，加快第一、第二、第三产融合，延长农业产业链，提高农产品附加值，促进农业增效、农民增收，推动乡村经济发展。例如，法国以葡萄种植为基础，以乡村旅游为核心，融合农业生产、观光休闲、科学教育、娱乐餐饮、商务会谈等多功能为一体的复合型庄园综合体就是依托三产融合实现多元价值的新型产业模式，也是乡村旅游产业发展的典范。

4. 强化人才培养，提高农村劳动力综合素质

人才振兴是乡村振兴的重要支撑，法国乡村的快速发展离不开人才培养的助力。20 世纪 50 年代初，法国政府开始注重农民的职业教育问题，并根据需要分别设立了农业高等院校、中等院校、职业技术培训院校和成人培训学校，用来保障农业生产技术的研发和推广、年轻农民的培养和农户的再学习。法国农业部的数据显示，1975—2015年，学习农业的学生数量增长了近70%，大大推动了法国乡村的发展。

（五）日本"一村一品"战略

日本的乡村建设具有明显的阶段性，而且每一阶段都有相应的法律、法规作保障。在乡村振兴初期，通过农业灾害补偿制度、《农业基本法》等政策和农协组织的建立提升了农业生产力，提高了农民的生活水平。

日本"一村一品"的主要内容包括：一是以本地资源为基础，根据本国的地形特点、自然条件培育独具特色的农产品生产基地，打造特色产业，形成区域优势，譬如建立水产品产业基地、香菇产业基地、牛产业基地等。二是充分发挥日本综合农协的作用，在农产品的生产、加工、流通和销售环节建立产业链，促进产品顺畅交易。通过农协，"一村一品"政策很快为人们所熟知，加之资金、政策的支持，农民建设"一村一品"的激情高涨，大大推动了乡村发展。三是注重对人才的培养。一方面，通过完善教育指导模式，开设各类农业培训班，提高农民的综合素质和农业知识，结合当地实际开设课程，增强了课程的实践性；另一方面对农民进行职业培训，不断提高农民发展现代农业的能力。四是建立农业与医疗、教育、福利等非农事业的合作，使农民的生活条件和生活质量得到提高，使农村与城市产生良性互动。五是政府对农业生产给予大量的补贴和投入，支持农村发展。

为了促进中央政策的宣传与实施，引导农业科学发展，形成了一套"自上而下"的农协组织指导农业发展，打造了三大核心战略群，即以农产品为核心的战略群、地域资源活用战略群和以新技术为核心的战略群。通过企业合作战略对农业生产领域进行技术开发与技术转化、创新生产和流通体系、创造性使用并保护知识产权、推进农业生产安全作业4个方面的技术革新。

（六）韩国"新村运动"战略

为了缓解日益突出的城乡矛盾，韩国政府于1970年4月正式实施"新村运动"，"新村运动"及对农业、农村政策的调整在很大程度上解决了农业发展缓慢、城乡收入差距持续扩大和农村人口无序流动的问题。通过实施启蒙教育改变农民精神面貌；通过增加对农业的直接补贴和技术支持提高农民收入；通过调整农业产业结构大力发展非农产业；通过依靠农协提高农民组织化程度，加强农产品营销和农业生产的金融服务。到了20世纪90年代，随着乡村现代化的实现，城乡差别开始淡化。

韩国的“新村运动”从本质上来讲是一场从脱贫致富走向环境整治的乡村振兴运动。一是重视乡村公共设施建设。对乡村地区道路、桥梁、水利、住房等进行修建和完善，使得乡村面貌焕然一新，既提升了农民生活的幸福感，也激发了农民开展乡村建设的激情。二是重视乡村人才的培养。中央成立了研修院，地方成立了培训机构，分别对地方带头人和村里指导员进行专业培训，10年间培养了近17万名乡村建设人才。此外，各大学的教授和专家、学者还定期到乡村进行技术指导。三是重视乡村地区发展特色产业，增加农民的非农业收入。由于农民收入增长放缓，政府调整了发展方向，根据乡村的实际情况制定了乡村产业发展规划，鼓励、支持乡村发展特色鲜明的地域产品，以增加农民收入。

（七）荷兰、瑞士、匈牙利农业、农村发展实践

早在公元13世纪，荷兰人就开始利用传统风车作为排水动力，并通过制定土地整理等农业政策，发挥农业科技创新技术精简集约生产模式，以家庭农场为单位，建立互利共赢的农业合作机制来发展荷兰的农业和农村，从而使荷兰的农业农村建设获得巨大成功。

瑞士的乡村治理很成功，其成功离不开国家对农村发展的有效干预，主要体现在资金的补贴及发展规划的制定上，不仅包括经济上的援助，还包括制定具体的激励政策以实现乡村的繁荣发展。瑞士还把完善基础设施视为农村发展的首要任务，围绕“生态农业”主题在农村推广生态发展项目，在发展的过程中注重农村发展与自然环境的关系，更注重美化乡村环境，增强农村吸引力，在确保农业生产的同时保护自然和文化景观。

匈牙利在乡村振兴方面的成就主要体现在政府的干预上，最具特色的便是匈牙利建立的“市镇联合体”，这种体制极大地保障了乡村公共物品的有效供给。“市镇联合体”是由邻近的村镇整合在一起的组织，附近较小的村镇在合作的基础上整合成为一个规模较大的行政机构，共同解决单个自治村不能解决的问题，这与荷兰的互利共赢的农业合作机制有异曲同工之效。

三、国外乡村振兴经验对我国乡村振兴的启示

通过梳理国外乡村建设的实践，我们可以借鉴其有益的方面，但也不能简单地照搬、照抄，因为各个国家的国情不同，自然条件等各方面的差异也较大。立足国内，充分整合本土资源，尊重区域特色，探索出多元化的乡村发展模式，同时形成具有中国特色的乡村振兴之路，是中国乡村未来的发展趋势。

（一）明确乡村发展理念

根据国际经验，进行乡村建设的国家，首先会明确乡村发展理念，使乡村振兴战略的内容围绕这一理念展开，如德国"乡土化"和"城乡等值化"发展理念。明确我国乡村振兴的发展理念要准确把握我国乡村形态及其变化趋势，其主要特点是乡村与乡村已经分化成为不同类型——传统村落、城中村、中心村，呈现出不同的发展方向，这决定了乡村发展应有层次性。同时，要针对我国乡村的现实特征，因地制宜加紧全面完成乡村振兴建设的全域规划编制工作。规划理念应从增量型规划逐渐向绿色型规划转型，强化历史文化名村和传统村落的保护和管理。

（二）构建保障乡村振兴战略实施的法律体系

构建原则可以借鉴德国和英美乡村立法经验，以发展理念为基础，在不同层面上构建法律保障体系，通过法律和法规的形式推进乡村振兴各个层面的分工与协作。根据德国经验，以《空间规划法》《农业结构预规划》《土地整理法》等法律为基础实施的乡村振兴战略既给予了实施主体稳定的预期，又保证了实施过程的有序。

坚持乡村振兴制度框架体系中法制性规制机制的作用，促进乡村振兴规划和建设的机制化和法定化。各地可根据实际情况制定促进乡村振兴的地方性法规及规章，全面夯实乡村振兴的法治根基。

（三）注重政府引导，发挥农民与农民组织的作用

从英国农村发展和韩国"新村运动"的历程来看，政府的引导起了关键作

用。英国每年都会投入大量资金用于农村建设，这也是发达国家农业发展迅速的重要原因。韩国政府通过引导并调动广大农民参与乡村建设的积极性，培养村民自治的乡村内生力量，这也是韩国迅速实现农业、农村现代化目标的根本原因。在乡村建设过程中，可以借鉴韩国经验从农民的本质需求入手，充分发挥政府强大的组织和引导作用，因地制宜，以人为本，建立激励机制，调动农民参与乡村建设的积极性。

英国农村发展强调农民组织的作用。英国通过建立完善的劳动者保障体制让农民得到了切实的实惠，激发了农村组织的积极性和创造性，从而将政府主导的农村发展变成民间主导的群众运动。而且国外农村组织发育比较成熟，在农业科技推广、农民技能培训、农产品市场信息提供等方面发挥着不可替代的作用。十九大报告指出：中国需要进一步深化农村改革，加强村集体经济组织建设，推进村级、镇级集体经济组织产权制度改革，充分发挥村两委会作为连接政府和村民的纽带，提高村民政治参与度和提供社会化服务的积极性，还要注重发挥村集体经济组织在促进村民就业增收、提高村民福利等方面的作用。

（四）加快推进农村第一、第二、第三产业融合

我国农村第一、第二、第三产业融合正由起步阶段向纵深阶段迈进。

1. 以技术创新为手段，探索三产融合机制

农业生产技术的创新可以大大提高农业生产效率，进一步释放劳动生产力。日本通过不断革新农业科学技术，其农业生产设施、种植技术及生产方式得到了长足进步，进而实现了农业、农村现代化。因此，乡村发展应以技术创新为核心，不断推进乡村生产方式变革，提高农业生产效率。同时，还要发挥网络信息技术优势，延长农村产业生产链条，完善农村产业生产体系，以产业振兴助力乡村振兴。

2. 调整农村产业结构，加快三产融合进度

乡村振兴要以第一、第二、第三产业融合发展为抓手，坚持以农业为基础，发展与当地资源禀赋结合的特色产业，构建以土特产的加工、销售和旅游业为主的融合体系，逐渐形成一条完整的产业链。例如：法国乡村的生态旅游业就是农村第一、第二、第三产业融合发展的典范，覆盖了从农产品生产到加工，再到销售服务的整条产业链。这就需要乡村根据当地资源环境的承载力和

要素禀赋，调整产业结构和经济发展模式，坚定不移地走三产融合的乡村发展道路。

（五）强化公共服务能力，调整乡村空间结构

乡村振兴要把公共服务建设作为重中之重，优先将公共基础服务设施纳入规划，不断改善乡村交通、通信设施等基础服务设施。同时，加大公共财政向乡村基础设施建设的倾斜度，推进城市公共服务建设和社区建设向乡村延伸，在乡村振兴战略框架下创新构建“城市与农村命运共同体”。

日本乡村空间结构的调整贯串城乡发展的各阶段，主张以公共服务能力为导向，推动村庄自主合并，是提高地方管理效能的有效举措。目前，我国乡村发展仍处于以行政单元为基础的公共服务设施建设模式，公共服务设施利用率低下，公共服务能力无法充分发挥其优势，出现了公共服务水平不均等的现象。因此，在乡村振兴战略实施过程中，应充分借鉴日本乡村空间结构的调整经验，综合考虑乡村发展各方面因素，整合乡村资源，推动乡村空间结构有序调整，转变乡村公共服务配套方式，进而实现乡村公共服务均等化目标。

（六）打造地方特色农业，提高农产品附加值

日本通过发起乡村“一村一品”运动，充分发掘乡村地方特色，提高农产品自身价值，塑造富有地域性特征的产业集群，培育地方“精品”，大大提升了农村经济发展水平。因此，在乡村振兴过程中应充分发掘乡村的地方特色，培育一批具有地方特征的乡村产业、一批具有地方特色的农业品牌。

中国农业资源丰富，农产品种类多，各地区特有的自然资源和生态条件造就了品种多样、具有区域特色的农产品。现阶段，中国应立足于地方特色农业资源和比较优势，打造地方特色农业，建立、健全乡村农产品质量安全体系，巩固特色农产品生产，提高特色农产品质量，做大、做强农产品品牌，形成优质特色农产品产区，以质量和特色为抓手提高农产品的附加值，促进农民收入提高。

（七）促进农业科技创新，培育高素质农业人才

科技创新是农业发展的强大动力，欧美等发达国家非常重视农业技术的推

广，大部分农民都掌握了现代农业经营方法、农业机械的操作方法，农业生产率非常高。我国农村居民普遍文化程度不高，掌握的农业科技知识十分有限，为了使新科技在农村尽快转化为生产力，就需要政府提供必要的技术指导，组织技术人员深入农村第一线开办培训班，举行农业科技知识讲座，指导农民进行现代化的农业生产，并在全国范围内建立起多层次、范围广的科学技术研究和推广体系。

要激发乡村建设源源不断的活力，就必须坚持科技创新，高度重视科技对乡村发展的作用，不断吸纳各类有知识、懂科技的高素质人才来建设农村。新时代的农业国际竞争就是农业科技力量的较量，因此，必须以科技为引领，推动乡村振兴。首先，对于乡村发展，要有科学的规划和总体布局，在做好顶层设计的同时还要了解不同乡村之间的差异性，因地制宜、循序渐进地推进。其次，针对乡村振兴的不同环节要匹配先进的科技理论、科技产品、科学技术和科研人才，还要加大科研投入，鼓励社会资本进入农业科技创新领域。

（八）加快培育乡村新型经营主体

从经营主体来看，截至 2018 年，我国返乡、下乡创新创业人员累计达到 780 万，其中近九成是多人联合创业。

在中国，由于城镇化进程的加快，大量农村人口向城市转移，新型农业经营主体成为农村土地流转的主要对象。为实现农业产业化经营，新型农业经营主体应发挥带头作用，组织并引领小规模分散农户参与生产。现阶段，种养大户、家庭农场、农民合作社、龙头企业等新型农业经营主体不断涌现，政府也出台了《“十三五”全国新型职业农民培育发展规划》，加强职业农民培训，培养一大批有文化、懂技术、会经营的新型职业农民，用现代理念和科技造就一批现代化农民。欧美等发达国家农村的发展经验表明，尊重农民的正当权益、发挥农民组织的作用是决定农村发展的关键。外国政府在农村建设的工程项目都与农民生活、生产息息相关，让农民得到了切实的实惠，激发了农村组织的积极性和创造性，从而将政府主导的农村发展变成民间主导的群众运动。

参考文献

[1] 宁满秀，袁祥州，王林萍，邓衡山. 乡村振兴：国际经验与中国实践——

中国国外农业经济研究会 2018 年年会暨学术研讨会综述［J］. 中国农村经济，2018（12）.
［2］张延龙. 德国乡村振兴战略的发展经验及其启示［J］. 中国发展观察，2020（Z8）.
［3］常江，朱冬冬，冯姗姗. 德国村庄更新及其对我国新农村建设的借鉴意义［J］. 建筑学报，2006（11）.
［4］仵明丽. 美欧等发达国家乡村演变的历程与启示［J］. 时代金融，2015（5）.
［5］虞志淳. 英国乡村发展特色解析［J］. 小城镇建设，2019（3）.
［6］管窥美国的新农村建设［J］. 云南农业，2008（7）.
［7］乔婷. 发达国家和地区乡村振兴经验及借鉴［J］. 内蒙古民族大学学报（社会科学版），2020（6）.
［8］龙晓柏，龚建文. 英美乡村演变特征、政策及对我国乡村振兴的启示［J］. 江西社会科学，2018（4）.
［9］沈费伟，刘祖云. 发达国家乡村治理的典型模式与经验借鉴［J］. 农业经济问题，2016（9）.
［10］周建华，贺正楚. 法国农村改革对我国新农村建设的启示［J］. 求索，2007（3）.
［11］汪明煜，周应恒. 法国乡村发展经验及对中国乡村振兴的启示［J］. 世界农业，2021（4）.
［12］陈新. 国外乡村建设对我国欠发达地区乡村振兴的若干启示［J］. 乡村科技，2019（30）.
［13］刘震. 城乡统筹视角下的乡村振兴路径分析——基于日本乡村建设的实践及其经验［J］. 人民论坛·学术前沿，2018（12）.
［14］王鹏，刘勇. 日韩乡村发展经验及对中国乡村振兴的启示［J］. 世界农业，2020（3）.
［15］赵宇华，于志勇. 日本乡村振兴的历史经验及启示［J］. 国际公关，2020（6）.
［16］贾磊，刘增金，张莉侠，方志权，覃梦妮. 日本农村振兴的经验及对我国的启示［J］. 农业现代化研究，2018（3）.

[17] 何磊. 韩国乡村转型发展的背景、路径及其经验 [J]. 农业经济, 2014 (12).
[18] 荷兰农业成功之道 [J]. 国际社会与经济, 1995 (7).
[19] 刘国远. 瑞士农村建设及农业政策调整 [J]. 乡镇论坛, 2008 (5).
[20] 孟祥林. 乡村振兴战略: 国外的成功实践与我国的发展选择 [J]. 河北科技大学学报 (社会科学版), 2019 (3).
[21] 张薇, 张宝仁. 论韩国新村运动及其对我国的几点启示 [J]. 延边大学学报 (社会科学版), 2013 (6).
[22] 张军. 乡村价值定位与乡村振兴 [J]. 中国农村经济, 2018 (01).
[23] 王亚华, 苏毅清. 乡村振兴——中国农村发展新战略 [J]. 中央社会主义学院学报, 2017 (6).
[24] 李仁熙, 张立. 韩国新村运动的成功要因及当下的新课题 [J]. 国际城市规划, 2016 (6).
[25] 金俊, 金度延, 赵民. 1970—2000 年代 (年) 韩国新村运动的内涵与运作方式变迁研究 [J]. 国际城市规划, 2016 (6).
[26] 我国返乡下乡创业创新人员达 780 万人带动收入增加 [EB/OL]. http://news.cctv.com/2019/01/10/ARTIhsWlL0s1eFHQn0LMF1GZ190110.shtml.

作者简介: 刘伯霞, 甘肃省社会科学院区域经济研究所研究员、甘肃农业大学财经学院硕士生导师; 刘杰 (通讯作者), 甘肃农业大学财经学院硕士研究生; 王田, 甘肃农业大学财经学院硕士研究生; 程婷, 甘肃农业大学财经学院硕士研究生; 何强, 甘肃农业大学财经学院硕士研究生。

以城乡融合发展助推乡村振兴战略实施

——河北省及各设区市城乡融合发展定量分析和推进路径研究

时方艳

摘　要：乡村振兴战略是破解我国"三农"问题的金钥匙，为农业、农村现代化指明了方向。习近平总书记在2020年底召开的中央农村工作会议上强调，推动城乡融合发展见实效，健全城乡融合发展体制机制，促进农业转移人口市民化。新发展格局下，城乡融合发展是破解新时代社会主要矛盾的关键抓手，也是国家现代化的重要标志，建立、健全城乡融合发展体制机制和政策体系是实现乡村振兴和农业、农村现代化的重要制度保障。河北省的特殊区位、特殊功能和特殊任务决定了河北省城乡融合发展进程必定引发学术界广泛关注。因此，本研究主要以河北作为样本，研究以城乡融合发展助推乡村振兴战略实施，从"经济发展""社会发展""生态环境""文化教育""空间要素""政策制度"6个方面构建城乡融合发展水平测度指标体系，采用TOPSIS模型从时间、空间两个维度对河北省城乡融合发展水平进行定量测度与评价，并在对测度结果进行综合研判的基础上提出河北省及11个设区市以提升城乡融合发展水平助推乡村振兴战略实施的推进路径，激发乡村振兴更多更强劲的内生动能。

关键词：河北省；城乡融合发展；乡村振兴；TOPSIS模型

一、研究综述

党的十八大以来，中国形成了城乡一体化战略下的新型城乡关系，农业、农村取得了飞跃式发展。在取得一系列成果的基础上，城乡关系进入了城乡融合发展的新阶段，主要表现为通过要素、区域及生活方式的融合促进城乡发展。河北省位于首都世界级城市群腹地，是京津冀协同发展战略实施主体，是雄安新区千年大计的建设主体，是2022年北京冬奥会联合举办地。河北省特殊的地位、特殊的功能和特殊的任务，决定了河北城乡融合发展进程必定引起学术界的广泛关注，成为城乡融合发展和乡村振兴研究的热点区域。

自2017年党的十九大明确提出建立、健全城乡融合发展的体制机制和政策体系以来，河北省委、省政府对城乡发展失衡问题及构建新型城乡关系高度重视，先后出台了《关于建立健全城乡融合发展体制机制和政策体系的若干措施》《关于实施乡村振兴战略的意见》《推进农业供给侧结构性改革加快培育农业农村发展新动能的实施意见》《关于完善农村土地所有权承包权经营权分置办法的实施意见》《关于推进“互联网+”现代农业行动的实施意见》《河北省农村产权交易管理暂行办法的通知》《关于支持返乡下乡人员创业创新促进农村一二三产业融合发展的实施意见》等一系列政策文件，推动城乡改革不断深化，城乡二元分割的体制机制壁垒开始松动，城乡互动、融合发展的步伐明显加快。但进一步调查发现，一些基层政府及其部门对“城乡融合发展”还停留在“泛概念化”的认知水平上，不清楚所在区域的城乡融合发展水平定位及其相对优劣势，因而在实操层面思路不清、抓手不明。新时代的城乡发展应在新发展理念框架下探索城乡融合发展的新思路、新机制和新路径。深入研究河北省城乡融合发展水平，深刻认识到其重要性和特殊性，明晰城乡融合发展所处的阶段，进而提出有针对性的对策建议，对河北省全力做好“三件大事”，建设经济强省、美丽河北，助推乡村振兴战略实施意义重大。

二、河北省城乡融合发展水平定量测度与评价

（一）指标体系和测度方法简要说明

评估指标体系的设置是对城乡融合发展进行测度、评价的前提条件，城乡融合发展是一个较为复杂的动态系统，既涉及经济、收入等方面的相关内容，也涉及生态、空间等内容。因此，在选取评估指标体系时以乡村振兴“产业兴

旺、生态宜居、乡风文明、治理有效、生活富裕"为总指引，以体现创新、协调、绿色、开放、共享五大发展理念为总要求，按照科学性、系统性、层次性、全面性与重要性兼顾和定性指标定量化原则，经过反复比较和筛选，最终确定从经济发展、社会发展、生态环境、空间要素、文化教育和政策制度 6 个方面来构建我省城乡融合发展水平测度指标体系。共计 6 个一级指标、22 个二级指标，如表 1 所示：

表 1　河北省城乡融合发展水平测度指标体系及具体计算方法

目标层	一级指标	二级指标	
		指标名称	指标含义
城乡融合发展水平测度	经济发展(A1)0.221	现代农业发展(A11)0.0363	农业产业化经营率(%)
		城乡二元经济结构(A12)0.0308	二元对比系数
		GDP 水平(A13)0.0424	人均 GDP(元)
		城乡投资状况(A14)0.0394	城乡人均固定资产投资(元)
		城乡生活水平差异(A15)0.0352	城乡每百户家用汽车拥有量比
		城乡居民收入差距(A16)0.0367	城乡居民人均可支配收入比
	社会发展(A2)0.248	城乡医疗卫生水平差距(A21)0.109	城乡卫生机构数比
			城乡卫生机构床位数比
		居民消费差距(A22)0.035	城乡居民人均消费支出比
		居民生活消费质量(A23)0.0573	城乡居民家庭恩格尔系数比
		城乡社会保障(A24)0.0471	城乡居民最低生活保障人数比
	生态环境(A3)0.17	工业固体废物处理情况(A31)0.0546	一般工业固体废物综合使用率(%)
		单位 GDP 能耗情况(A32)0.0322	规模以上工业企业能源消耗情况(万吨标准煤)
		农业用水效率(A33)0.0407	节水灌溉面积(千公顷)
		绿化程度(A34)0.0425	人工造林面积(千公顷)
	空间要素(A4)0.097	城镇化水平(A41)0.0478	人口城镇化率(%)
		资金流动和配置(A42)0.049	年末金融机构贷款余额(亿元)

续表

目标层	一级指标	二级指标	
		指标名称	指标含义
	文化教育(A5)0.133	居民文化消费水平(A51)0.0349	城乡人均文教、娱乐消费支出比
		受教育程度水平(A52)0.0552	各级、各类学校在校学生数(万人)
		有线广播电视覆盖率(A53)0.0432	电视节目综合覆盖率(%)或有线电视广播用户数(万户)
	政策制度(A6)0.168	对外依赖程度(A61)0.0434	实际利用外资金额(亿美元)
		土地利用情况(A62)0.0609	耕地面积(千公顷)
		制度衡量指标(A63)0.0632	财政收入占 GDP 的比重

注：1. 数据来源于《河北统计年鉴》和《河北农村统计年鉴》，部分数据来源于我省和各设区市的国民经济和社会发展公报。

2. $二元对比系数=\frac{第一产业 GDP 比重/第一产业从业人员比重}{非第一产业 GDP 比重/非第一产业从业人员比重}$

3. 指标中涉及的城乡比采用乡村指标数值/城市指标数值。

4. 表中数值为一级和二级指标权重，计算公式为：

$$指标权重=\frac{指标变异系数（标准差/平均值）}{变异系数之和}$$

计算结果显示：一级指标中，“社会发展”“经济发展”和“生态环境”所占权重较大，权重占比由高到低依次为社会发展、经济发展、生态环境、政策制度、文化教育和空间要素。

采用 TOPSIS 评价模型进行测度，可减少权重赋值等主观因素干扰，相对客观地进行评估，应用过程也简单、方便，对样本数据的量和具体指标的选择没有严格限制，可以进行广泛应用。

定量测度的步骤主要包括：第一，构建河北省城乡融合发展水平测度指标体系样本矩阵；第二，采用标准化的方法对原始数据进行规范化处理；第三，采用客观赋权法中的变异系数法确定各个评估指标的权重；第四，确定正理想解和负理想解，计算各个评估指标与正理想解和负理想解的距离 Ci，Ci 越大，评估对象与理想解越接近，则评估对象结果越优；第五，根据 Ci 值的大小对各个评估对象进行排序，Ci 值越大代表城乡融合发展水平越高。

（二）河北省城乡融合发展水平测度结果与评价

1. 河北省城乡融合发展水平稳步提升，但总体融合度仍处于全国中等偏下水平

取2011—2018年度数据进行测评，结果见表2、表3。Ci值自2011年后逐年攀高，标志着我省城乡融合发展总体水平在稳步提升，与国家城乡融合发展趋势吻合。但从时间维度看，2018年Ci值最高为0.632，其他年度均在0.6以下。根据专家、学者给出的一般分类排序规则（见表4），只有2018年1个年度城乡融合度处于“良好水平”，其余7个年度均处于中等偏下水平。

表2　2011—2018年河北省城乡融合发展水平测度结果（Ci值）

年份	经济发展	社会发展	生态环境	空间要素	文化教育	政策制度	总值
2011	0.118	0.620	0.288	0.092	0.107	0.442	0.395
2012	0.284	0.598	0.198	0.109	0.238	0.461	0.400
2013	0.516	0.449	0.239	0.222	0.407	0.416	0.404
2014	0.612	0.396	0.411	0.339	0.526	0.306	0.435
2015	0.676	0.410	0.661	0.508	0.603	0.285	0.502
2016	0.783	0.385	0.687	0.686	0.633	0.320	0.527
2017	0.711	0.381	0.819	0.859	0.725	0.423	0.568
2018	0.900	0.453	0.860	0.893	0.615	0.586	0.632

表3　2011—2018年河北省城乡融合发展水平测度结果排序

年份	经济发展	社会发展	生态环境	空间要素	文化教育	政策制度	总值
2011	8	1	6	8	8	3	8
2012	7	2	8	7	7	2	7
2013	6	4	7	6	6	5	6
2014	5	6	5	5	5	7	5
2015	4	5	4	4	4	8	4
2016	2	7	3	3	2	6	3
2017	3	8	2	2	1	4	2
2018	1	3	1	1	3	1	1

表 4　2011—2018 年河北省城乡融合发展水平测度结果分类排序

城乡融合发展水平	与理想值的接近程度	包括的年份	合计
较高水平	$C_i \geq 0.8$		
良好水平	$0.6 \leq C_i < 0.8$	2018	1
中等水平	$0.3 \leq C_i < 0.6$	2011、2012、2013、2014、2015、2016、2017	7
较低水平	$C_i < 0.3$		

从空间维度看，全省 11 个设区市中，城乡融合度处于中等水平的有 5 个，处于较低水平的有 6 个，整体融合度亦处于中等水平以下，具体见表 5。

表 5　河北省 11 个设区市城乡融合发展水平测度结果分类排序

城乡融合发展水平	与理想值的接近程度	包括的地区	合计
较高水平	$C_i \geq 0.8$		
良好水平	$0.6 \leq C_i < 0.8$		
中等水平	$0.3 \leq C_i < 0.6$	石家庄（含辛集）、廊坊、张家口、唐山、邯郸	5
较低水平	$C_i < 0.3$	秦皇岛、邢台、保定（含定州）、承德、沧州、衡水	6

国内相关研究也证实了这一判断。肖向东等基于省际面板数据对区域城乡一体化水平进行测度与聚类分析认为，河北省在城乡一体化发展过程中处于第四类，属于发展水平较低的省份；杨建涛等运用 ANP-TOPSIS 模型对中国城乡发展一体化进行测度，结果显示，河北省城乡融合发展处于探索期；丁凡采用两种不同的方法对全国各省份城乡融合发展水平进行测度，结果是河北省分别排名第 20 位和第 21 位，在全国分地区城乡融合发展中处于中等偏下水平，相较于广东、江苏、浙江、上海、北京等省市，城乡融合发展水平尚有相当大的

提升空间。

2. 不同领域融合度差异化发展特征明显，"社会发展"和"政策制度"是当前城乡融合发展水平提升的短板和瓶颈

表2、表3对2011—2018年河北省城乡融合发展水平测度结果显示：

第一，"经济发展"的城乡融合度相对处于最好水平。Ci值从2011年的0.118持续且强劲上升到2018年的0.900，表明随着时间的推移，城乡融合发展水平中的经济发展融合度稳步提升，总体处于较高水平。

第二，"社会发展"的城乡融合度年度间差异较大，且有下降趋势。Ci从2011年最大值0.620持续下降到2017年的最小值0.381，2018年有所回升，但也仅达到0.453。这一结果表明，城乡融合发展过程中社会发展融合度某种程度上滞后于经济发展融合度，受城乡"二元结构"发展模式的影响，城乡之间、市县之间公共服务差距仍然较大。

第三，"生态环境"融合度快速攀升，成为河北省城乡融合发展的一大亮点。Ci值从2012年的最小值0.198迅速攀升到2018年的0.860，表明生态环境融合度总体不断提升且势头良好，这可能与河北省近几年高度重视生态环境建设、铁腕治污、推进农村"厕所革命"等，并取得较明显的效果密切相关。

第四，"空间要素"融合度年度差距较大，总体融合发展水平快速提升。Ci最大值为0.893（2018年），最小值为0.092（2011年），2015年后融合度提升加速，有力支撑了近年来河北省不断优化城镇布局、城乡基础设施一体化建设不断推进并向农村延伸的政策效果。

第五，"文化教育"融合度不断提升，总体处于良好水平。Ci最大值为0.725（2017年），最小值为0.107（2011年），Ci值变化趋势大体上与时间一致，表明河北省城乡融合发展中文化教育融合度不断向前推进，证实了河北省在文化教育发展方面的积极作为，县域义务教育均衡发展不断取得新的突破，城乡居民文化消费水平不断增加，推动文化教育融合度提升。

第六，"政策制度"融合度堪忧，总体融合度仍处于较低水平。2015年Ci值最小，为0.285；2018年最大，但也仅为0.586。且2011—2015年基本处于下降趋势，2016年后才有所回升，但总体融合度仍处于较低水平。说明河北省城乡融合发展的体制机制还有待进一步建立并完善，尤其是外资利用、土地管理和使用、财政收入分配等一系列确保农业、农村优先发展，城乡要素自由合理流动的政策和制度保障还没有形成。

3. 河北省11个设区市城乡融合发展水平两极分化

表6、表7对河北省11个设区市城乡融合发展水平测度结果表明，11个设区市城乡融合度两极分化现象严重，横向对比差距较大。

表6 河北省11个设区市城乡融合发展水平测度结果（Ci值）

地　区	经济发展	社会发展	生态环境	空间要素	文化教育	政策制度	总值
石家庄市（包含辛集市）	0.429	0.332	0.353	0.723	0.210	0.500	0.357
唐山市	0.470	0.488	0.285	0.644	0.133	0.393	0.334
秦皇岛市	0.369	0.275	0.213	0.335	0.163	0.382	0.254
邯郸市	0.282	0.823	0.281	0.315	0.177	0.371	0.314
邢台市	0.466	0.454	0.292	0.086	0.205	0.285	0.299
保定市（包含定州市）	0.268	0.621	0.343	0.180	0.173	0.483	0.288
张家口市	0.293	0.391	0.733	0.284	0.091	0.588	0.340
承德市	0.364	0.509	0.207	0.023	0.024	0.115	0.230
沧州市	0.375	0.336	0.329	0.153	0.157	0.340	0.257
廊坊市	0.521	0.465	0.248	0.628	0.116	0.695	0.344
衡水市	0.373	0.465	0.267	0.013	0.220	0.242	0.271

表7 河北省11个设区市城乡融合发展水平测度结果排序

地　区	经济发展	社会发展	生态环境	空间要素	文化教育	政策制度	总值
石家庄市（包含辛集市）	4	10	2	1	2	3	1
唐山市	2	4	6	2	8	5	4
秦皇岛市	7	11	10	4	6	6	10

续表

地　区	经济发展	社会发展	生态环境	空间要素	文化教育	政策制度	总值
邯郸市	10	1	7	5	4	7	5
邢台市	3	7	5	9	3	9	6
保定市（包含定州市）	11	2	3	7	5	4	7
张家口市	9	8	1	6	10	2	3
承德市	8	3	11	10	11	11	11
沧州市	5	9	4	8	7	8	9
廊坊市	1	5	9	3	9	1	2
衡水市	6	6	8	11	1	10	8

第一，石家庄（包含辛集）、廊坊、张家口、唐山、邯郸5市城乡融合发展整体处于中等水平（见表8）。石家庄（包含辛集）城乡融合发展水平总体排名第一，但“经济发展”和“社会发展”融合度偏低，与其省会地位不相称。廊坊市城乡融合发展水平总体排名第二，生态环境、文化教育的融合度相对靠后，在生态环境方面，尤其是绿化程度、受教育水平等方面有继续提升的空间。张家口市城乡融合发展水平总体排名第三，经济发展、社会发展和文化教育的融合度相对靠后，未来在GDP水平、城乡居民收入差距、城乡社会保障等方面尚需持续发力。唐山市城乡融合发展水平总体排名第四，生态环境、文化教育融合度排名比较靠后，未来在降低单位GDP能耗、提升文化教育水平等方面还有很长的路要走。邯郸市城乡融合发展水平总体排名第五，作为具有悠久历史文化的古城，其“社会发展”“文化教育”融合度排名相对靠前，但经济发展、生态环境和政策融合度指标排名靠后。

第二，邢台、保定（包含定州）、衡水、沧州、秦皇岛、承德6市城乡融合发展整体处于较低水平，需要全方位提升，但在时序上亦应有所侧重（见表8）。

表 8　河北省 11 个设区市城乡融合发展水平优劣对比及提升方向

地区		相对优势指标	相对劣势指标	重点提升方向
城乡融合发展中等水平地区	石家庄市（含辛集市）	空间要素、生态环境、文化教育、政策制度	经济发展、社会发展	GDP 水平、城乡投资状态、城乡居民收入差距
	廊坊市	经济发展、政策制度	生态环境、文化教育	绿化程度、受教育程度水平
	张家口市	生态环境、政策制度	经济发展、社会发展、文化教育	GDP 水平、城乡居民收入差距、城乡社会保障
	唐山市	经济发展、社会发展、空间要素	生态环境、文化教育	单位 GDP 能耗情况、受教育程度水平
	邯郸市	社会发展、文化教育	经济发展、生态环境、政策制度	GDP 水平、城乡居民收入差距、单位 GDP 能耗情况、对外投资
城乡融合发展较低水平地区	邢台市	经济发展、文化教育、生态环境	空间要素、政策制度	城镇化水平、资金流动和配置、对外投资
	保定市（含定州市）	社会发展、生态环境、文化教育、政策制度	经济发展	GDP 水平、城乡投资状况、城乡居民收入差距
	衡水市	文化教育	空间要素、政策制度	对外投资、财政收入、城镇化水平
	沧州市	经济发展、生态环境、文化教育	社会发展	居民生活消费质量、城乡社会保障、城乡医疗卫生水平差距
	秦皇岛市	经济发展、空间要素、文化教育、政策制度	社会发展、生态环境	城乡社会保障、单位 GDP 能耗情况、绿化程度
	承德市	经济发展、社会发展	生态环境、文化教育、政策制度	GDP 水平、城乡投资状况、单位 GDP 能耗情况、对外投资

三、基于TOPSIS模型测度结果的河北省城乡融合发展助推乡村振兴战略实施的推进路径分析

（一）城乡融合发展中等水平地区推进路径

石家庄市以建设现代化省会和创新型城市为目标，以打造生物医药和新一代信息产业先进制造业基地、国家重要的综合交通枢纽和现代物流中心为总体要求，以大力发展正定新区自贸试验片区为重要载体，以统筹、协调发展"四大经济"为抓手，辐射、带动冀中南地区加快发展。以产业生态化和生态产业化为思路发展生态经济，在不断推动纺织、建材、钢铁、石化等传统产业转型升级、节能减排的基础上，着力推动都市农业发展，打造现代农业示范区，发展经济林和林下经济，支持农产品精深加工。

廊坊市加快大兴国际机场临空经济区建设，培育国际高端航空运输产业集群，建设高端高新产业聚集区，打造京津走廊生态宜居城市。强化"利剑斩污"专项行动，保持散煤和"散乱污"企业动态清零，开展建筑工地扬尘专项整治、重污染天气应急能力提升等方面的重点工作。持续改善空气质量，落实应急减排差异化定量管控。强化土壤环境联动监管，大力推进造林绿化，提高森林覆盖率。继续推进农村人居环境整治，不断提升行政村达到县级以上文明村标准比例，实现"四好农村路"建设全域覆盖。发展更优质的教育，普惠性幼儿园数量持续增加，覆盖率不断提高；普通高中教育优质化、特色化持续发展，职业教育产教融合、普职融通。

张家口市优化城镇发展布局，加快城市功能提档、升级，推动绿色城镇建设，着力打造特色产业集群。坚定不移地推进产业转型、升级，加快新旧动能转换，培育支柱性产业项目，增强有效投资后劲，推进农业供给侧结构性改革，培育国家级、省级龙头企业，全面启动"空心村"治理，加快推进特色小镇建设。推动城乡居民人均可支配收入增加，持续加大民生投入，不断增加财政用于民生领域支出。补齐民生领域短板，提高城乡基础设施和公共服务水平，提高社会保障水平，提高城乡低保标准，推动农村互助幸福院建设，增加空巢老人入住。

唐山市做大、做强临港产业，高水平建设滨海特色城镇，打造对外开放新高地，带动全省开放发展。坚定不移治污、减排、改善生态，经济高质量发展和环境高水平保护协同推进，不断提升环境质量。强力推进污染企业治理，不断推进土壤污染防控。全力保障高校毕业生、农民工、退役军人等重点群体就业，控制城镇登记失业率。满足群众优质教育需求，增加教育供给，推动校企协作创新，加快高等教育水平建设。

邯郸市突出城市文化特色，打造京津冀联动中原的区域中心城市。全力打好污染防治攻坚战，坚决打赢蓝天保卫战，优化产业布局，稳妥推进安全、清洁取暖，持续开展工业企业深度治理，保持“散乱污”企业动态清零。扎实推进净土保卫战，建立耕地土壤环境质量提档和分类清单，深化土壤污染防治先行区建设，加强生态系统保护和修复。

（二）城乡融合发展较低水平地区推进路径

邢台市依托产业发展优势，建设先进装备制造和食品加工重要基地、城乡统筹发展示范区，打造京津冀联动中原的重要节点城市。抓好项目建设和有效投资，保持经济健康、平稳运行，发挥投资关键作用、消费基础作用、外贸拉动作用，稳增长和提质量统筹施策，经济实现量的合理增长和质的稳步提升。推进高质量新型城镇化，统筹城市功能、产业发展、生态保护，优化区域空间格局，建设城乡融合发展示范区，培育特色小镇，加快农业转移人口市民化，推动常住人口城镇化率不断提高。

保定市主动靠拢对接雄安新区，加强与雄安新区一体规划、协同建设，打造成为支撑雄安新区发展的核心腹地和京津冀区域中心城市。促进消费扩容、升级，构建新技术支撑、新业态引领、新模式广泛应用的现代服务业体系，发展消费热点。加快补齐农村地区在基础设施和公共服务方面的短板，加强就业、创业培训引导，强化农民增收致富的造血功能，缩小城乡居民人均收入差距。

衡水市积极培育劳动密集型基础产业，推进产、城、教融合发展，打造生态宜居美丽湖城。全面提升城镇品质，促进城乡融合发展。提高就业和社会保障水平，坚持就业优先，支持职业技能提升、转岗培训及失业保障，确保零就业家庭动态清零。

沧州市推进黄骅港高质量发展，加快渤海新区建设，加速临港产业聚集，打造沿海高质量发展强市。增进民生福祉，实施全民健康行动，深化“四医联动”改革，完善城乡基层公共医疗服务体系，全面实施乡村医疗机构一体化管理，加快乡镇卫生院绩效分配制度改革，为群众提供全方位、全周期的健康服务。促进就业强化保障，聚焦重点群体实施援企稳岗、就业指导等“一揽子”帮扶措施，鼓励创业带动就业，深入推进全民参保计划，建设养老服务体系，落实低保标准城乡一体化自然增长机制，促进社会救助与扶贫开发、医疗救助与大病保险有效衔接。

秦皇岛市促进港、产、城深度融合创新发展，加快北戴河新区建设，建设国家高新技术产业基地、国际滨海休闲度假之都、国际健康城和一流国际旅游城市。推动智能产业融合发展，将县域特色产业做精、做强，坚持因地制宜、精准发力，在县域经济特色化、特色经济产业化、产业经济集群化上下硬功夫，培育县域特色产业集群发展、壮大，成为推动经济高质量发展新的增长点。高标准推进乡村振兴和人居环境改善，加快市政道路建成通车，全面升级垃圾收运处置体系，提升农村垃圾收集处理率。

承德市加快建设国家可持续发展议程创新示范区，积极发展林下经济，大力发展有机农副产品开发和旅游休闲产业，打造国际旅游城市。加大民生投入，提高民生投入占财政支出的比重，提高城乡居民养老和基本医疗保险参保率，建立城乡低保年标准正常增长机制。

四、结论

城乡融合发展的核心要义是从根本上破除长期形成的城乡二元社会结构，经济社会发展要从城市优先转变为农业、农村优先，体现着城市经济对农村经济的反哺、城市社会对农村社会的回馈。显然，这是一项涉及面极广的复杂的系统工程，是一项长期的战略任务，不能急于求成，更不可能一蹴而就。必须首先从建立城乡融合的体制机制和政策体系入手，步步为营，久久为功。可对标广东、四川、重庆、上海等地的先进经验，结合河北省实际，从优化城镇布局形态、扎实推进乡村振兴、推进城乡一体化建设、夯实制度保障等方面提出顶层设计思路，以城乡融合发展助推乡村振兴战略实施，巩固脱贫攻坚成果和成效，推动乡村振兴取得新的质的关键性飞跃。

参考文献

[1] 段龙龙. 新型城镇化与乡村振兴协同发展路径：逆城镇化视角 [J]. 现代经济探讨，2021 (5).

[2] 孙群力，周镖，余丹. 城乡融合发展水平的地区差异和收敛性研究 [J]. 经济问题探索，2021 (5).

[3] 战振海，姜会明. 社会资本下乡助力乡村振兴的路径研究 [J]. 东北农业科学，2020 (6).

[4] 徐维祥，李露，周建平，刘程军. 乡村振兴与新型城镇化耦合协调的动态演进及其驱动机制 [J]. 自然资源学报，2020 (9).

[5] 徐宏潇. 城乡融合发展：理论依据、现实动因与实现条件 [J]. 南京农业大学学报（社会科学版），2020 (5).

[6] 赵早. 乡村振兴视域下城乡融合发展的逻辑与路径探析 [J]. 学习论坛，2020 (8).

[7] 赵华，丁凡. 新时代城乡融合发展水平的测度研究——基于新发展理念的视角 [J]. 南大商学评论，2019 (4).

[8] 文丰安. 乡村振兴战略与新型城镇化建设融合发展：经验、梗阻及新时代方案 [J]. 东岳论丛，2020 (5).

[9] 邹一南. 从二元对立到城乡融合：中国工农城乡关系的制度性重构 [J]. 科学社会主义，2020 (3).

[10] 丁凡. 城乡融合发展理论内涵与水平测度 [D]. 南京：南京大学，2019.

[11] 杨建涛，王艳华，高建华. 基于 ANP-TOPSIS 的中国城乡一体化发展测度研究 [J]. 经济经纬，2016 (1).

[12] 肖向东，罗能生. 我国城乡居民收入差距的省际差异及其影响因素——基于面板数据的空间计量分析 [J]. 湖南大学学报（社会科学版），2015 (1).

作者简介：时方艳，河北省社会科学院农村经济研究所实习研究员。

畅谈中国共产党与百年乡村振兴

——第九届中国·贵州“后发赶超”论坛在贵阳举行

谢忠文

2021年5月29日，由中国社会科学院科研局、中国社会科学院国情调研贵州基地、贵州省社会科学院主办，白云区委区政府承办，贵州省国家治理现代化地方实践高端智库等单位协办的第九届中国·贵州“后发赶超”论坛在贵阳市白云区举行。来自全国相关领域的专家学者120余人参会。

贵州省政协副主席任湘生、中国社会科学院科研局副局长王子豪出席会议并讲话；贵州省社会科学院党委书记吴大华，白云区委副书记、区长步岚先后致辞。

贵州省政协副主席任湘生在讲话中指出，2010年以来，贵州迎来了发展史上的“黄金十年”。十年来，在党中央的坚强领导下，贵州各族群众牢记嘱托，感恩奋进，秉持后发赶超，推动跨越的主基调，各项事业实现大踏步前进。今天的贵州，脱贫攻坚实现历史性全面胜利，综合实力实现历史性跨越，开放格局实现历史性重塑，数字经济实现历史性突破，环境质量实现历史性提升，人民生活实现历史性改善，谱写了“黄金十年”后发赶超的精彩篇章。他指出，在中国社会科学院的大力支持下，“后发赶超”论坛已连续举办八届，每届一个主题，每届一个特色，形成了一系列重要成果，为贵州经济社会跨越式发展提供了重要理论服务和智力支持，成为学习贯彻习近平新时代中国特色社会主义思想的重要载体、总结宣传贵州经济社会发展成就的重要窗口和繁荣发展哲学社会科学的重要平台。本届论坛以“中国共产党与百年乡村振兴”为主题，时机好、主题好、形式好，呼应时代背景，紧扣贵州实际，相信通过大家的研讨交流，思想火花的碰撞会迸发出无穷智慧，一定能够取得丰硕的理论成果，为贵州经济社会高质量发展，围绕“四新”抓“四化”，全面实现乡村振兴，积极建言献策。他强调，省直有关部门要认真梳理各位专家学者的意见建议，报省委省政府参考，在工作中吸收借鉴。

中国社会科学院科研局副局长王子豪在讲话中指出，党的十八大以来，中国减贫成果举世公认，为人类减贫事业贡献重要力量。站在新的历史时期起点上，我们要高举习近平新时代中国特色社会主义思想伟大旗帜，坚持理论联系实际，提升学术原创能力，用更多高质量成果为增进人民群众福祉，实现固定脱贫攻坚成果同乡村振兴有机衔接，开辟乡村新局面，做出更大贡献。

贵州省社会科学院党委书记吴大华在致辞中总结回顾了社科院在开展乡村振兴方面研究的重要成就和丰富经验，在省委、省政府的坚强领导下，在中国社会科学院的大力支持和各地社会科学院以及战略合作单位的帮助下，贵州省社会学科院一定能够为服务贵州高质量发展以及推动乡村振兴做好理论和实践上的贡献。

白云区委副书记、区政府区长步岚在致辞中表示，举办本届中国·贵州“后发赶超”论坛，意义非常深远，是落实习近平总书记视察贵州重要讲话的理论研究，为贵州实现“闯新路”提供方法指引和智力支持重要体现，白云区将以本次论坛为契机，认真听取专家学者的意见建议，学习先进理念和成功经验，全面抓好乡村振兴等各项工作，推进白云区经济社会高质量发展。

开幕式上，举行了“中国社会科学院国情调研贵州基地”揭牌仪式。开幕式结束后，来自中国社会科学院、各省级社会科学院、省外高校和贵州省内的百余名专家学者，围绕“中国共产党与百年乡村振兴”这一主题展开主旨演讲和分组研讨交流。主旨演讲环节由中国社会科学院人口与劳动经济研究所党委书记钱伟主持。中国社会科学院数量经济与技术经济研究所所长李平以《大数据与实体经济深度融合》为题，作了主旨演讲；山西省社会科学院党组书记、院长杨茂林以《全面推进乡村振兴战略　为高质量高速度转型发展蹚出新路》为题，广东省社会科学院党组书记郭跃文以《奋力书写全面推进乡村振兴的广东篇章》为题，北京市社会科学院党组成员、副院长（正局级）鲁亚以《在乡村振兴中传承创新脱贫攻坚的珍贵经验》为题，山东省社会科学院党委副书记王兴国以《山东农业 GDP“后万亿”时代的发展增长级》为题，天津市社会科学院副院长施琪以《激发文旅融合新活力　拓展乡村振兴新路径》为题，甘肃省社会科学院党委委员、纪委书记王琦以《适应新时代　打造新智库》为题作了主旨演讲；贵州省社会科学院党委常委、副院长黄勇以《贵州构建现代乡村产业体系的路径与对策》为题作了主旨演讲。

下午，与会代表继续围绕会议主题作了充分研讨和交流。

作者简介：谢忠文，贵州省社会科学院智库处处长、副研究员。

后 记

在中国共产党成立100周年和开启全面建设社会主义现代化国家新征程之际，以“中国共产党与百年乡村振兴”为主题的第九届中国·贵州“后发赶超”论坛于2021年5月29日在贵州省贵阳市白云区召开。

本届论坛由中国社会科学院科研局/学部工作局、中国社会科学院国情调研贵州基地、贵州省社会科学院主办，贵阳市白云区委区政府承办，贵州省国家治理现代化地方实践高端智库等单位协办。贵州省政协副主席任湘生、中国社会科学院科研局副局长王子豪出席会议并讲话。来自中国社会科学院、各省（自治区、直辖市）社会科学院、贵州省有关单位的领导和专家学者120余人参加会议。与会有关专家学者，围绕会议主题进行了广泛而深入的研讨。

本届论坛收到征文70多篇，经专家评审，将其中较为优秀的论文40多篇编入本书。在本书编委会的领导下，科研处处长许峰研究员、副处长杨雪梅，张松、李妍等同志具体承担了本书的编辑工作，社会研究所方翌同志负责本书的英文目录翻译工作。中央民族大学出版社及本书责任编辑为本书的出版费心尽力，各位作者配合文稿修改工作，在此一并表示衷心的感谢。

由于成书仓促，如有不当之处，敬请作者和读者批评指正。

编　者

2022年8月

后 记

[illegible]

编 者

2022 年 8 月

后 记

[illegible]

编 者

2022 年 8 月

[illegible]

编　者

2022年8月

编 者

2022年8月